Claude Bérisé

Ça se disait Autrefois

Dictionnaire des expressions et proverbes perdus

EDITIONS CPE

Retrouvez tous les ouvrages édités par CPE sur le site internet : www.cpe.editions.com

Comprendre combien le passé
irrigue encore notre présent…

Arlette Farge

Preface

« Elle est bien girofle », ainsi parlait-on autrefois d'une jolie fille. Cela avait beau être de l'argot, comme l'indique Claude Bérisé, tout fait rêver en cette expression florale comme de revenir un peu en arrière à l'époque où les métaphores empruntées à la nature étaient pléthore et douces de sens. Ce Dictionnaire des expressions et proverbes perdus fait faire un poétique voyage, parfois drolatique, dans une langue accompagnée de ce que les hommes ressentent et aussi de la façon dont leur corps, leurs gestes, leurs pensées se rassemblent en de courtes phrases vivantes, colorées, syncopées..

Ce parler d'autrefois contenait en lui et à travers des mots de chaque jour tout le souvenir d'une gestuelle et d'une sensibilité corporelle que nous ne possédons plus de la même façon. « Être chargé de cuisine », par exemple, renvoie de façon malicieuse au gros ventre, nous dit Claude Bérisé. C'est un clin d'œil à ces grosses panses emplies ressemblant à des garde-manger. À écouter cette petite phrase, on imagine derechef une période où manger à sa faim n'était peut-être pas si fréquent… Chaque proverbe et expression fait pénétrer en un univers de signes visuels, qui se déplace entre le charme et la coquine cruauté ou privauté.

Claude Bérisé ne s'arrête ni à la nostalgie ni à l'exotisme de ces expressions populaires ; ce serait peut-être trop facile, peut-être vain. À chaque fois qu'il en est besoin, il donne des indications complémentaires et a l'intelligence de remettre les locutions dans leur contexte historique.

La transmission du passé est à ce prix. Elle n'est pas dans la contemplation d'une histoire morte mais dans une recherche sensible permettant de comprendre combien le passé irrigue encore notre présent et d'entrevoir le moyen d'en garder vivante la part la plus inventive.

Pour cela, que Claude Bérisé soit remercié et que son dictionnaire fasse bon voyage en nos esprits.

Arlette Farge

Directrice de recherche au C.N.R.S.
(Centre nationale de la recherche scientifique)
Enseignante à l'E.H.E.S.S.
(École des hautes études en sciences sociales)

Avant-propos

Tout auteur est amoureux de ses mots et comme tous les amoureux, il est jaloux. Il regarde avec beaucoup de méfiance les greffes plus ou moins heureuses qu'un usage débridé parvient à nous imposer. Il n'ignore pourtant pas que la langue est un être vivant qui se nourrit toujours d'apports extérieurs aussi nombreux que variés, mais il reste viscéralement hostile à des intrusions permanentes que plus rien ne contrôle. Nourrir notre vocabulaire, soit ! Le gaver inconsidérément de termes indigestes à l'utilité souvent contestable, non !

Des gardiens du temple

En 1801, dans la présentation de la 1ère édition de leur *« Nouveau vocabulaire français »*, François et Étienne de Wailly écrivaient déjà : *«…l'on a banni dans ce Vocabulaire la foule de tours et d'expressions néologiques dont on cherche chaque jour à nous inonder »*. Cinquante ans plus tard, en préface de la 14e édition du *« Nouveau dictionnaire de la langue française »*, MM. Noël et Chapsal faisaient état des mêmes préoccupations : *« Nous n'avons admis qu'avec une extrême réserve les mots nouveaux.. Nous nous sommes arrêtés à ceux dont il nous a semblé que la langue ne pouvait plus se passer »*.

Pourtant, des gardiens du temple zélés et vigilants n'ont jamais manqué. En 1999, Jean Dutourd a brillamment repris le flambeau. Dans un ouvrage de combat plein de saveur et d'esprit, l'académicien écrit notamment (1) : *« Submerger la langue sous un afflux de mots étrangers et de néologismes hâtifs fabriqués par des techniciens ou des marchands finit par détruire non seulement la langue elle-même, mais encore le passé, l'histoire, les coutumes, les traditions…et surtout cette chose si charmante qu'est le génie national…»*. Comme il a raison ! Nous devrions tous nous ranger derrière sa bannière et rejoindre sans tarder la croisade qu'il mène principalement contre les sirènes anglo-saxonnes, des conquérantes pleines d'arrogance qui remplissent nos oreilles d'une cacophonie que je qualifierais volontiers d'anglo-saxophones…

Avant que notre beau paysage linguistique ne disparaisse définitivement dans le rétroviseur, il peut donc paraître utile de passer en revue les vieux parlers qui décorent si bien nos dictionnaires anciens, tout particulièrement ceux d'un XIXe siècle pas trop enfoncé dans l'histoire et qui nous offre de ce fait un territoire sémantique où l'on se déplace encore aisément. Je pense que l'on peut comparer ce recueil d'expressions perdues à un album de cartes postales. Aussi bien que les images, les formules vieillies savent nous replonger dans des visions et des pensées qui ne nous sont plus familières. Pittoresques et savoureuses, souvent insolites et parfois cocasses, ces cartes postales lexicales nous rappellent que le génie d'un peuple est soumis lui aussi à la dure loi de l'éphémère et qu'un effort de protection s'impose. Les tableaux, les sculptures, les vitraux et d'autres merveilles sont classés. Pourquoi ne pas inscrire également des locutions perdues à l'inventaire supplémentaire des monuments historiques ? Posée en forme de boutade, cette question a au moins le mérite d'insister sur le fait que la langue fait partie du patrimoine national et que la disparition de pans entiers de ses richesses ne doit pas nous laisser indifférents.

Un classement alphabétique et un index

Une présentation thématique aurait pu paraître souhaitable. Satisfaisante pour l'esprit, elle a par contre l'inconvénient de compliquer la recherche. C'est donc le bon vieux classement alphabétique qui a été retenu, comme dans les dictionnaires.

Les 5 340 expressions contenues dans le livre trouvent leur place en fonction du mot-clé autour duquel elles sont bâties. Transcrites en caractères gras, les locutions perdues sont souvent accompagnées d'une abréviation qui les situe dans le niveau de langue :

(Arg.) : *Argot*	(Loc.Pro.) : *Locution proverbiale*
(Pop.) : *Populaire*	(Pro.) : *Proverbe*

Une définition, allant de la simple *« actualisation »* jusqu'à la *« traduction »* lorsque c'est nécessaire, est proposée pour chaque article. L'ensemble est accompagné d'un indice chiffré que l'on retrouve dans l'index.

Faisant suite, on trouve fréquemment, en caractères italiques, une troisième partie comportant des explications supplémentaires et des commentaires où les anecdotes, les références historiques et les citations littéraires sont nombreuses.

L'exemple suivant permettra d'illustrer ce qui vient d'être dit :

Être dans les brindes (Loc.Pro.)

Être ivre (423)

Une brinde était un verre que l'on buvait à la santé de quelqu'un. Au XVIe siècle, Rabelais parle d'une brinde pour évoquer un vase à deux anses destiné à recevoir du vin.

Signalons au passage que le domaine des langues régionales n'a pas été abordé. Leur champ lexical foisonnant, au contour souvent mal délimité, n'aurait pas permis d'obtenir la simplicité et la concision recherchées dans ce type de travail.
L'ensemble se termine sur un index. Rassemblant certains mots importants figurant dans les trois parties d'un article, il permet de découvrir rapidement chacune des 5 340 expressions perdues qui composent ce volume.
L'exemple cité plus haut est identifié par la référence B423. Pour le situer, il suffit de rechercher dans l'ouvrage le n° 423 de la lettre B.

Dans l'index, la cote B423 figure à :

brinde, ivresse, saoul, verre, boire, siècle XVIe, Rabelais (François), vase, anse et vin.

S'il répond aux questions ponctuelles que l'on peut se poser au sujet des tournures perdues, l'index autorise également une approche thématique d'un sujet donné. On peut ainsi constater que le substantif *« cheval »* est cité 119 fois, rappelant s'il en était besoin le rôle considérable tenu par la plus noble conquête de l'homme dans la vie quotidienne de nos aînés. Le record absolu est détenu, sans surprise, par le mot *« femme »* qui fait l'objet de 177 références...Viennent ensuite *« manger », « boire »* et *« argent »*, ce qui n'est pas non plus pour nous surprendre ! En relevant la fréquence statistique de certains termes cités dans l'index, on pourrait ainsi se livrer (très modestement) à une petite étude de sociologie historique basée sur les vieux parlers. De quoi vérifier que les changements considérables des modes de vie n'ont pas altéré de façon significative les préoccupations fondamentales qui meublaient déjà la tête de nos prédécesseurs...

Présentes dans le passé, mais absentes à la fin du XXe siècle

Pour composer ce recueil, une condition préalable devait être remplie : il fallait impérativement que les expressions sélectionnées figurent dans l'un au moins des très nombreux dictionnaires parus avant le XXe siècle, mais on ne devait pas les retrouver dans les ouvrages diffusés à partir de l'année 2000.

Pour la concision de leurs articles, pour leur approche linguistique ni trop littéraire, ni trop historique, où la recherche de l'étymon et de la première occurrence n'est pas la préoccupation dominante, ce sont les éditions 2004 du *« Petit Larousse illustré »* et du *« Petit Robert »* qui ont été choisies comme références, comme bases de comparaison.

Du côté des livres anciens, les emprunts les plus fréquents ont été faits aux œuvres suivantes :

« Dictionnaire universel » de M. Antoine Furetière (1690),
« Dictionnaire de la Société de Trévoux » (1704),
« Nouveau vocabulaire français »
de MM. François et Étienne de Wailly (1801),
« Dictionnaire de l'Académie française » (édition de 1841),
« Nouveau dictionnaire de la langue française » de MM. Noël et Chapsal (14e édition,1852),
« Dictionnaire classique universel » de M. Th. Bénard (22e édition, 1873),
« Dictionnaire général de la langue française » de MM. Adolphe Hatzfeld et Arsène Darmesteter (1ère édition, vers 1880).
« Nouveau dictionnaire national » de M. Louis-Nicolas Bescherelle (3e édition, fin XIXe siècle),

La forme et le fond

Dans le domaine lexical, les polysémies sont nombreuses. Employés souvent dans des sens différents, des centaines de mots se sont par la suite spécialisés, l'usage privilégiant une utilisation aux dépens d'une autre. On peut citer à titre d'exemples, les quelques termes suivants qui, en plus de leur sens actuel, en possédaient un autre qui s'est perdu :

- la *ravaudeuse*, qui raccommode à l'aiguille des vêtements usés, était également une femme qui raconte des balivernes, qui importune avec des paroles inutiles ou désagréables,

- le *dévoiement*, qui est synonyme de détournement du droit chemin, était utilisé pour évoquer une diarrhée,

- le *fendeur*, un homme dont le travail est de fendre du bois ou des ardoises, était aussi celui qui fait le mauvais, qui prend souvent un air maussade.

Par contre, pour ce qui concerne les locutions, c'est la stabilité générale. Mises à part quelques rares exceptions, elles gardent la même signification au fil des années. Lorsque l'on observe des changements, ils ne concernent pratiquement que la forme. Ces variations sont d'ailleurs le plus souvent des raccourcissements ou des simplifications :

- « *Pas de ça Lisette, ça gâte les manchettes* » (M115) s'est réduit de nos jours à « *Pas de ça Lisette* », la référence à l'habillement et aux manchettes s'étant évaporée...

- « *Être chatouilleux sur la croupe* » (C738), formule empruntée au langage de l'équitation, est devenu simplement « *Être chatouilleux* »,

- « *Il me le paiera plus cher qu'au marché* » (C309) se résume maintenant à « *Il me le paiera cher* », l'allusion au marché et aux prix moins élevés que l'on peut y trouver ayant disparu.

Les glissements diachroniques intervenant sur des expressions concernent parfois des changements de mots n'altérant pas le sens. Aujourd'hui, on a « *une araignée dans le plafond* » alors qu'autrefois, il s'agissait d'un « *hanneton* »...(P391). De même, on est maintenant « *fêlé* » alors qu'on avait auparavant une « *fissure* » (F179) !

Mais, si légère soit-elle, toute modification est toujours riche d'enseignements et il arrive que l'on suive avec étonnement l'évolution progressive du langage. C'est ainsi que notre locution « *Revenir à la charge* » est le résultat d'un glissement du préfixe de réitération. En 1801, MM. de Wailly citaient cette expression sous la forme : « *Venir à la recharge* ».

Reflets de leur époque, les expressions s'adaptent évidemment à l'esprit et à l'air du temps.

Paru en 1801, le « *Nouveau vocabulaire français* » de François et Étienne de Wailly est encore imprégné de la verdeur du langage révolutionnaire. Les deux auteurs n'ont pas été effrayés par certaines locutions proverbiales du genre : « *Baiser le cul de la vieille* » (B24), une formule employée au billard lorsque l'on perd sans avoir marqué un seul point (2). Paru un demi siècle plus tard, au cœur du XIXe siècle, le « *Nouveau dictionnaire de la langue française* » rectifie le tir. L'inspecteur général Noël et le grammairien Chapsal(3) parlent alors de « *Baiser le derrière de la vieille* »...Un début d'autocensure qui est le résultat de l'influence grandissante de la morale chrétienne. Alors que MM. de Wailly donnaient en 1801 une définition scientifiquement irréprochable du mot « *pénis* » en disant qu'il s'agit de la « *partie sexuelle externe du mâle* », Noël et Chapsal choisissent tout bonnement de faire l'impasse sur le mot…Le comble de l'autocensure règne sur le « *Dictionnaire classique et universel* » de Th. Bénard. Élaborée sous un Second Empire autoritaire et volontiers puritain, la 22e édition ne paraît qu'en 1873. Il est inutile d'y chercher des mots comme « *pénis* », « *vagin* », « *coït* », etc…On est allé jusqu'à éliminer le verbe pronominal « *s'accoupler* » pour ne retenir qu'une seule définition du substantif masculin « *accouplement* » : « *Assemblage par couples : accouplement de bœufs* » !

Jouer avec les expressions perdues

Selon le lieu ou le moment, chacun pourra proposer des petites devinettes à son entourage.

On trouvera peut-être plaisant de rechercher dans l'index les locutions dans lesquelles les petits travers d'une personne connue seront supposés reconnaissables. Des choses du genre :

« *C'est une diligence embourbée* » (D176) (quelqu'un d'une lenteur proverbiale),

« *Il est brave jusqu'au dégainer* » (B408) (tant que les risques sont faibles et que le danger n'est pas imminent),

« *Il a tendance à s'enluminer le museau* » (E141) (à abuser de l'alcool)

ou encore :

« *Elle est belle au coffre* » (C446) (laide mais riche),

« *Elle se plâtre* » (P407) (elle est abondamment fardée),

« *Il a la visière courte* » (V146) (il ne comprend rien à rien).

Certaines devinettes comportent des pièges, d'autres apparaissent comme de véritables énigmes. À moins d'être un spécialiste du vieux langage, qui pourra encore savoir ce que signifie :

« *Faire le tour du bâton* » (B107) (réaliser des profits illicites),

« *Tirer la bécassine* » (B150) (cacher sa force au jeu),

« *Porter le bonnet vert* » (B288) (donner ses biens pour éviter la banqueroute).

Si l'on vous disait :

« *Je retiens mon vent* » (V31), n'en déduisez pas que la personne en question supporte les inconvénients d'une consommation déraisonnable de « *légumes venteux* ». Elle a tout simplement décidé de retenir sa respiration…

Nous pourrons conclure avec cette dernière chausse-trape qui ne manque pas de saveur :

« *Monter un cheval à poil* » (P452), qui signifiait que l'on montait à cru, c'est-à-dire sans selle !

Claude Bérisé

(1) « À la recherche du français perdu », p.15, Jean Dutourd. Plon, 1999

(2) L'expression est à rapprocher d'une autre plus connue, toujours en usage chez les boulistes : « Baiser Fanny ». La coutume voulait que le joueur dont le score final est égal à zéro dépose un baiser sur le postérieur dénudé et rebondi qu'une complice lui tendait complaisamment. De nos jours, on se contente généralement de le dire sans le faire…

(3) MM. Noël et Chapsal sont également les auteurs d'une « Grammaire française », un ouvrage de référence publié en 1823.

A

Marcher à pas *abandonnés*
Marcher au hasard (1)

Un grand *abatteur* de quilles
Un homme qui se vante de prouesses qu'il n'a pas faites (2)

***Abattre* le cuir d'un animal** (Pop.)
Le dépouiller, l'écorcher (3)

Être de l'*abbaye* de quelqu'un
Appartenir à la même association, au même parti ou au même groupe (4)

Des souliers en cuir d'*abbaye* (Loc.Pro.)
Des chaussures très souples, douces à porter (5)

Pour un moine, l'*abbaye* ne chôme pas (Pro.)
Une personne en moins ne change rien à l'affaire (6)

C'est un petit *abbé*
Se disait d'un jeune ecclésiastique aux manières recherchées qui aime fréquenter la haute société (7)

Marcher d'un pas d'*abbé*
Marcher lentement en adoptant une allure grave (8)

Une table d'*abbé*
Une table somptueuse, très bien garnie (9)

Avoir une face d'*abbé*
Arborer un visage rubicond (10)

Le moine répond comme l'*abbé* chante
Dans une hiérarchie, on adopte souvent l'avis de son supérieur (11)
Cette relation de dépendance hiérarchique, particulièrement remarquée autrefois dans le domaine religieux, a

même donné naissance à un jeu très prisé des enfants où l'on devait imiter parfaitement le meneur appelé « l'abbé ».

Un enfant *abécédaire*

Un enfant qui commence à apprendre à lire (12)
Subsistant maintenant sous forme de substantif masculin, ce terme était souvent employé autrefois comme adjectif. Il désignait d'une manière générale un débutant. C'est ainsi qu'on parlait ironiquement d'un docteur abécédaire qui débute ses études, d'un vieillard abécédaire qui se lance dans un apprentissage quelconque, d'une ignorance abécédaire, etc.

Un *abîme* appelle un abîme (Pro.)

Un mal nous entraîne dans un mal encore plus grand (13)

La messe en est aux dernières *ablutions*

Se disait en général d'une chose qui se termine (14)

Jamais bon chien n'*aboie* à faux (Prov.)

Un homme sage ne se fâche jamais sans raison (15)
Ce vieux proverbe s'utilisait également pour dire qu'un homme habile manque rarement son coup.

Le grenier d'*abondance*

Se disait d'un entrepôt où l'on faisait des stocks de grains en prévision des temps de disette (16)

Un *abreuvoir* à mouches (Arg.)

Se disait autrefois, dans une langue verte un peu crue, d'une grande plaie au visage ou à la tête (17)
Très utilisée, l'expression était qualifiée par certains dictionnaires de locution proverbiale.

Un bon cheval va bien tout seul à l'*abreuvoir* (Loc.Pro.)

Dans un repas, se disait ironiquement de celui qui quitte la table pour aller chercher lui-même du vin au buffet (18)

Réduire un homme à l'*absurde*

Le forcer à avouer qu'il a tort (19)

Accidenter son style

Pour un auteur, donner à son style une forme variée et pittoresque (20)

Servir une *accolade* de lapereaux

Dans le langage des cuisines, se disait de deux lapereaux servis ensemble (21)

On l'a accommodé tout de rôti (Loc.Pro.)

Il a été fort maltraité (22)

S'*accoster* de quelqu'un

Le fréquenter en montrant de l'empressement (23)

Faire l'*accouchée*

S'attarder au lit par mollesse (24)

Elle est parée comme une *accouchée* (Loc.Pro.)

Se disait d'une femme qui se met au lit en restant maquillée (25)

Le caquet de l'*accouchée*

Qualifiait autrefois une conversation futile semblable à celle que l'on peut avoir avec une accouchée à qui l'on rend visite (26)

L'*accoutrer* de toutes pièces
En dire beaucoup de mal. L'accabler de reproches ou d'injures (27)

Se défendre comme un sanglier *acculé* (Loc.Pro.)
Se défendre avec vigueur (28)

***Accuser* juste**
Être très exact dans un récit (29)

Il ne lui faut plus que de l'*ache*
Se disait d'un malade qui n'a plus beaucoup de temps à vivre (30)
Dans la Grèce antique, cette plante était utilisée lors des services funèbres.

Un cheval bien *acheminé*
Se disait d'un cheval bien dressé, qui marche droit devant lui (31)

***Acheter* tête et queue**
Acheter en payant trop cher (32)

***Acheter* par francs et vendre par écus**
Vendre bien plus cher qu'on a acheté (33)
L'écu est une ancienne monnaie dont la taille et la valeur ont varié au fil des temps. À titre d'exemple, signalons qu'à la fin du XIXe siècle, l'écu d'argent valait cinq francs. C'était une grosse pièce de 37 millimètres de diamètre, au titre de 900 millièmes de métal pur et pesant 25 g.

Un disciple de Saint-*Acheul*
Un adversaire des principes révolutionnaires (34)
Saint-Acheul est un faubourg d'Amiens qui était célèbre pour son abbaye. Sous la Restauration, les Jésuites s'y consacraient à l'enseignement.

En hiver, le feu *acoquine*
Il exerce une sorte de fascination et fait prendre des habitudes d'oisiveté (35)

Il se croit de la côte d'*Adam* (Loc.Pro.)
Il se vante, à tort, d'appartenir à une très ancienne famille (36)

Passez chez moi, si votre chemin s'y *adonne*
Si ça ne vous fait pas faire un grand détour (37)

***Adroit* de ses mains comme cochon de sa queue** (Pop)
Se disait de quelqu'un de très maladroit (38)

Avoir plus d'*affaires* que le légat (Loc.Pro.)
Être débordé de travail (39)

C'est un faiseur d'*affaires*
Se disait de celui qui ne vit que de spéculations (40)

Être au-dessus de ses *affaires*
Être à la tête d'une entreprise très florissante (41)

C'est un expert en *affaires* de canapé
Se disait d'un coureur de jupons (42)

***Affamer* un réservoir**
Soutirer une grande quantité d'eau (43)

***Affamer* son écriture**
Écrire en lettres trop fines (44)

Affiler le caquet de quelqu'un

L'informer d'une intrigue ou d'une affaire en espérant qu'il s'empressera de la répandre en l'amplifiant (45)

Affranchir une futaille

Faire brûler un peu d'alcool éthylique à l'intérieur afin que le goût du bois neuf ne se communique pas au liquide qu'on y versera (46)

Affranchir un animal

Le châtrer (47)
Autrefois, les vétérinaires demandaient souvent aux « affranchisseurs » de faire les castrations.

Ce pain a l'*âge* de la lune

Se disait du temps qui s'est écoulé depuis la nouvelle lune (48)

L'âge n'est fait que pour les chevaux (Loc.Pro.)

Peu importe l'âge que l'on a, si on le porte bien (49)

Il a des mœurs *agrestes*

C'est un être frustre, aux manières rustiques et un peu sauvages (50)

Bon droit a besoin d'*aide* (Prov.)

Il ne suffit pas d'avoir des droits, il faut encore être capable de les faire valoir (51)

Aigre comme verjus (Pop)

Se disait d'une personne acariâtre (52)

Chien d'*aiguail* ne vaut rien au haut du jour

Cette expression, employée autrefois par les chasseurs, évoquait le fait qu'un chien dressé pour la chasse du matin ne doit pas être utilisé pour chasser à d'autres moments de la journée (53)
L'aiguail est la rosée qui se dépose sur les feuilles.

Disputer sur la pointe d'une *aiguille*

Se quereller pour des riens (54)

C'est un homme *aiguilleté*

C'est un homme guindé, au maintien un peu raide et affecté (55)
Allusion aux aiguillettes utilisées comme ornements dans l'habillement, notamment pour la confection des uniformes.

Lâcher l'*aiguillette*

Satisfaire un besoin naturel (56)
Autrefois, les hauts-de-chausses étaient attachés au pourpoint par des aiguillettes. La mode passa sous Louis XV lorsque les braguettes furent équipées de boutons. On disait d'un homme impuissant qu'un maléfice lui avait noué les aiguillettes...

Courir l'*aiguillette*

Chercher fortune, en parlant des femmes de mauvaise vie (57)
Autrefois, à Toulouse, les prostituées étaient obligées de porter une aiguillette sur l'épaule en signe d'infamie.

C'est un maître qui serre les vieilles *aiguillettes*

C'est un maître très économe, un peu avare (58)
Allusion aux cordons de la bourse.

Manger un *aiguillon* de vin

Manger des viandes salées qui font boire (59)
L'expression a notamment été utilisée par Rabelais.

À dur âne, dur *aiguillon* (Pro.)
Allusion à ceux qui sont « blasés du palais » et qui préfèrent les mets relevés et de haut goût (60)

Le mortier sent toujours l'*ail* (Pro.)
Il nous reste toujours quelque chose de l'éducation que l'on a reçue (61)
Il est évidemment question ici du mortier utilisé en cuisine pour broyer l'ail et les épices.

Tirer une plume de l'*aile* de quelqu'un
Lui soutirer de l'argent, lui extorquer une chose que l'on convoite (62)

Tirer d'une chose pied ou *aile*
En tirer profit d'une manière ou d'une autre (63)

Se faire donner sur les *ailerons* (Loc.Pro)
Recevoir une leçon, se faire rabattre son orgueil, sa jactance ou son impertinence (64)

Vouloir voler avant d'avoir des *ailes*
Vouloir faire une chose qui est au-dessus de ses forces (65)

Je n'en donnerais pas une *aillie* (Loc.Pro.)
Je n'en fais aucun cas, je n'en voudrais absolument pas (66)
L'aillie était une variété de prunelle dont on tirait une sorte de piquette.

Qui m'*aime*, aime mon chien
Quand on aime véritablement une personne, on se doit d'aimer également tout ce qui lui appartient et tout ce qui fait partie de son entourage (67)

Il *aime* mieux deux œufs qu'une prune (Loc.Pro.)
De deux avantages, il préfère celui qui est le plus grand (68)

Envoyer quelqu'un prendre l'*air* à Toulon
L'envoyer au bagne (69)
Après la fermeture des bagnes de Brest, Rochefort et Lorient, le bagne de Toulon a servi de dépôt pour les condamnés que l'on décidait de transférer dans les colonies.

Prendre un *air* de feu
S'approcher du feu pour s'y réchauffer (70)

Avoir un pied levé et l'autre en l'*air*
Se disait d'une personne inquiète, qui n'est pas sûre d'elle (71)

Avoir un front d'*airain*
Être d'une extrême impudence, ne rougir de rien, tout braver (72)
Rappelons que l'airain est une variété de bronze réputée pour sa relative dureté.

Un ciel d'*airain*
Se disait d'une période de canicule (73)

Être renfermé entre quatre *ais*
Être placé dans un cercueil (74)
L'ais est un vieux mot qui désignait la planche de bois préparée par le menuisier. On dit maintenant « Être entre quatre planches ».

N'être malade que de trop d'*aise* (Loc.Pro.)
Se disait d'une personne riche dont la santé est menacée par l'inactivité et les excès de table (75)

À son point et *aisement* (Loc.Pro.)
Se disait pour exprimer le fait que l'on peut se sentir à l'aise et faire comme on l'entend (76)

Il a été bien *ajusté*
Se disait ironiquement d'un homme que l'on a maltraité ou bien encore d'un homme sur lequel on a tenu des propos désobligeants ou malveillants (77)

***Ajuster* ses flûtes**
Bien préparer tout ce qu'il faut pour réussir (78)

Une affaire passée par l'*alambic*
Une affaire examinée avec le plus grand soin (79)

Ne faire qu'*alambiquer*
Avoir la manie de se perdre dans de vaines subtilités (80)

S'*alambiquer* la cervelle
S'épuiser en se consacrant avec beaucoup d'application à des choses trop abstraites (81)

Vivre dans les *alarmes*
Vivre dans l'inquiétude ou le chagrin (82)

Faire de l'*alchimie* avec les dents (Loc.Pro.)
Se disait d'un avare qui accroît sa fortune en réduisant à l'extrême ses frais de bouche et en se privant excessivement des choses les plus nécessaires (83)

Il faut l'inviter avec ses *alentours*
Il ne se rend à une invitation qu'avec ceux qui font partie de son entourage (84)

Faire l'*alléluia* d'une chose
En faire l'éloge, en vanter l'excellence (85)

C'est du haut *allemand*
C'est inintelligible (86)

Donner l'*aller* et le venir
Appliquer une gifle sur les deux joues (87)
Familièrement, on dit maintenant que l'on donne un aller et retour.

C'est un las d'*aller*
C'est un homme mou, lent et paresseux (88)

***Aller* terre à terre**
Se disait lorsque l'on ne cherche pas à s'élever au-dessus de son rang, de sa fortune ou de ses capacités. Ne pas s'exposer et ne rien hasarder tout en restant modeste (89)

N'y *aller* que d'une fesse (Pop.)
Agir mollement, lentement (90)

Au long *aller* petit fardeau pèse (Pro.)
Lorsque le trajet est très long, une charge légère peut sembler bien lourde (91)

Tout va y *aller*, paille et blé
Tout est fait pour assurer une complète réussite (92)

Va-t'en *aller* voir s'ils viennent, Jean (Pop.)
Se disait familièrement pour exprimer une désillusion à la suite d'une espérance déçue ou d'une promesse qui n'a pas été tenue (93)

Ce qui vient de la flûte va s'en *aller* avec le tambour
Le bien disparaît aussi vite qu'il est venu (94)

***Allonger* le visage à quelqu'un**
Lui faire éprouver une vive déception ou une complète stupéfaction (95)

***Allumer* la lampe** (Loc.Pro.)
Verser du vin dans le verre de quelqu'un pour le forcer à boire (96)

Avoir des *allures*
Entretenir secrètement une liaison galante (97)

C'est un *almanach* de l'an passé
Se disait d'une chose complètement périmée qui n'a plus aucun intérêt (98)

Son corps est un *almanach*
Se disait d'une personne qui, à chaque variation atmosphérique, se ressent de quelque douleur ou de quelque infirmité (99)

Faire des *almanachs* (Loc.Pro.)
Faire des pronostics en l'air (100)

Prenez de mes *almanachs* (Loc.Pro.)
Suivez mes conseils (101)

Se tuer de sa propre *alumelle*
(Loc.Pro.)
Ruiner sa santé par des excès de débauche (102)
L'alumelle était autrefois le terme employé pour désigner une lame. À l'origine, le mot évoquait surtout la partie tranchante de cette lame.

Être sec comme de l'*amadou*
Être d'une maigreur extrême (103)

Avoir un cœur d'*amadou*
Tomber très facilement amoureux (104)

Il faut casser le noyau pour manger l'*amande* (Loc.Pro.)
Il faut se donner de la peine pour jouir ensuite du bénéfice escompté (105)

Mettre quelqu'un aux *ambles*
(Loc.Pro.)
L'obliger à remplir ses obligations (106)
Située entre le pas et le trot, l'amble est une allure fatigante et assez peu naturelle pour le cheval.

Les battus payent l'*amende*
(Loc.Pro.)
Se disait lorsque l'on blâme ou que l'on condamne celui qui a tort (107)
Allusion à l'époque des duels où les torts allaient à celui qui était battu.

Va-t'en battre le prévôt, tu payeras double *amende*
Se disait ironiquement à un homme qui se plaint d'être désœuvré (108)

Mal vit qui ne s'*amende* (Pro.)
Celui qui ne sait pas se corriger ne peut réussir sa vie (109)

Cela n'*amendera* pas votre marché (Loc.Pro.)
Cela n'améliorera pas vos affaires ou votre condition (110)

Ce qui est *amer* à la bouche est doux au cœur (Pro.)
Ce qui au début paraît désagréable peut cependant se révéler salutaire (111)

On ne peut mâcher *amer* et cracher doux (Pro.)
Les mauvais traitements finissent par aigrir le caractère (112)

Être d'une bêtise *amère*
Être d'une très grande bêtise (113)

Avoir l'œil *américain* (Pop)
Se disait d'une personne qui jette des regards perçants, scrutateurs (114)

Faire les choses à l'*américaine*
Agir à la manière des Américains, avec beaucoup de laisser aller (115)
Relevée dans une encyclopédie du XIXe siècle, cette formule n'est peut-être plus valable de nos jours...

Le faux *ami* ressemble à l'ombre du cadran
Il disparaît à l'approche de l'adversité, comme l'ombre du style sur un cadran solaire lorsque les nuages s'interposent (116)

***Ami* au prêter, ennemi au rendre**
Quand on demande à quelqu'un de rembourser l'argent qu'on lui a prêté, on s'en fait souvent un ennemi (117)
Dans le même sens, on disait également « Au prêter dieu, au rendre diable ».

Un *ami* à prendre et à déprendre
Se disait d'un ami entièrement dévoué (118)

***Ami* de Socrate, ami de Platon, mais encore plus ami de la vérité** (Pro.)
Se disait de celui qui suit volontiers l'avis des gens les plus recommandables tout en gardant toujours l'indépendance de son propre jugement (119)
Ce proverbe est directement inspiré de sa version en latin « Amicus Plato, sed magis amica veritas ».

De l'*amidon* de santé
Se disait de la fécule de pomme de terre (120)

D'une *amie* trop fine, vous n'avez jamais bon compte
Une maîtresse qui a trop d'esprit ne peut que vous attirer des ennuis (121)

Pour se dire *amis*, il faut avoir mangé ensemble un minot de sel
Les meilleures amitiés se reconnaissent à ce qu'elles sont souvent assez anciennes (122)
Il fallait effectivement beaucoup de temps pour consommer l'équivalent d'un minot de sel avec un ami. Rappelons que le minot de Paris était une mesure de capacité correspondant à environ 39 litres...

Il faut découdre et non déchirer l'*amitié* (Loc.Pro.)
Si l'on prend la décision de rompre avec un ami, il est préférable de s'en détacher en évitant tout éclat (123)

Ne laissez pas croître l'herbe sur le champ de l'*amitié*
Ne négligez pas vos amis (124)

Une étoffe qui a de l'*amitié*
Se disait d'une étoffe qui est maniable et agréable au toucher (125)

Brûler une *amorce*
En venir aux mains, se battre en duel (126)

***Amour* apprend les ânes à danser**
L'amour est capable de donner de la grâce aux gens les plus grossiers (127)

C'est un vrai remède d'*amour*
(Loc.Pro.)
Se disait ironiquement d'une femme très laide (128)

La terre est en *amour* (Pop.)
Se disait dans les campagnes d'une terre dont l'état de fermentation est favorable à la croissance de la végétation (129)

C'est une parcelle de terre *amoureuse*
Se disait d'une bonne terre où le fumier et les labours permettent une très belle récolte (130)

Il n'y a point de laides *amours*
En imagination, un cœur épris embellit toujours l'objet de sa passion (131)

S'*amuser* à la moutarde (Loc.Pro.)
Rire à des riens.
Prendre en considération des choses complètement insignifiantes ou inutiles (132)

Vivre le grand *an*
Vivre longtemps (133)
Dans la Grèce antique, le grand an représentait la durée de 36 000 ans au bout de laquelle les platoniciens croyaient que les astres recommencent leur cours.

Jeter la dernière *ancre*
Tenter un dernier effort pour réussir dans une affaire désespérée (134)

On ne jette pas l'*ancre* dans le fleuve de la vie
On ne peut arrêter le cours du temps (135)
On ne peut s'empêcher, ici, de penser à Lamartine et à son Lac : « Ô temps ! suspends ton vol ; et vous, heures propices. Suspendez votre cours ! »…

Nul ne peut faire bonne *andouille* de tels boyaux
(Loc.Pro.)
Un homme honnête ne doit pas chercher à accroître sa fortune avec des biens mal acquis (136)

S'en aller en brouet d'*andouille*
Se disait d'espérances qui s'évanouissent rapidement (137)

Être vêtu comme une *andouille*
Se disait de quelqu'un qui se couvre de trop de vêtements (138)

C'est un *âne* rouge
Se disait à propos d'une personne qui est d'une très grande méchanceté (139)

C'est un *âne* débâté
Se disait d'un homme qui aime trop les femmes et qui multiplie les expériences sexuelles (140)
Allusion aux performances sexuelles de l'âne…

Il est sérieux comme un *âne* qu'on étrille
Se disait d'un homme qui prend un air absorbé et grave (141)

C'est l'*âne* recouvert de la peau du lion
Se disait d'un homme qui n'est en réalité qu'un faux brave (142)

Ce sont les armoiries de Bourges, un *âne* dans une chaise
Se disait lorsque l'on voyait un ignorant qui est confortablement installé dans un fauteuil (143)
Il semblerait qu'autrefois, l'image de la bonne ville de Bourges n'était pas à son plus haut…

Votre *âne* n'est qu'une bête
Façon détournée de dire à une personne qu'elle se trompe, qu'elle ne sait pas ce quelle dit (144)

C'est un *âne* parmi les singes
Se disait d'un homme imprudent qui, sans le savoir, est le jouet de personnages rusés et railleurs à qui il sert de tête de Turc (145)

C'est l'*âne* du moulin
Se disait d'un maladroit sur lequel retombent tous les reproches, justifiés ou non (146)

On l'a sanglé comme un *âne*
Il a été sévèrement puni (147)

Avoir un vin d'*âne*
Être tout hébété après avoir bu (148)

Il s'escrime bien d'une mâchoire d'*âne*
Se disait d'un homme qui a la réputation d'être un gros mangeur (149)

On ne saurait faire boire un *âne* qui n'a pas soif
On ne peut forcer un entêté à faire ce qu'il n'a pas envie de faire (150)

Brider un *âne* par la queue
Se disait lorsqu'on s'y prend gauchement, que l'on fait une chose de travers (151)

Il cherche son *âne* alors qu'il est monté dessus
Il cherche une chose qu'il a dans les mains (152)

C'est l'*âne* de la communauté, il est toujours le plus mal bâté
(Loc.Pro)
On fait toujours passer les intérêts particuliers avant l'intérêt général (153)

Autant vouloir tirer des pets d'un *âne* mort (Pop.)
Autant vouloir tenter l'impossible (154)

Chantez à l'*âne*, il vous fera des pets
Rendez service à un ignorant, vous n'aurez qu'à vous en plaindre (155)

Le jour du jugement dernier approche, les *ânes* parlent latin
Se disait d'un ignorant qui se met en tête de parler de ce qu'il ne connaît pas (156)

***Ange* à l'église et diable à la maison**
Se disait d'une femme acariâtre qui affecte la douceur en public (157)

C'est un *ange* de grève
Se disait ironiquement d'un portefaix dont les crochets fixés sur son dos pouvaient faire penser aux ailes d'un ange (158)
Les portefaix et tous ceux qui cherchaient de l'embauche à Paris se rassemblaient sur la place de Grève, actuelle place de l'Hôtel de ville.

Des lieux à l'*anglaise*
S'est dit de toilettes munies d'un clapet et d'une petite chasse d'eau (159)
Un dispositif qui est semblable à ce que l'on connaît actuellement dans nos W.C. chimiques.

Avoir la maladie *anglaise*
Être triste, mélancolique (160)
On dit maintenant que l'on a le spleen…

Une *anguille* de haie
Se disait d'un orvet (161)

Toujours le pâté d'*anguille* (Loc.Pro.)
Se disait pour exprimer le fait qu'une chose se répète d'une manière continuelle et monotone (162)

Rompre l'*anguille* au genou (Loc.Pro.)
Vouloir faire une chose impossible (163)

Il est comme l'*anguille* de Melun, il crie avant qu'on l'écorche (Pro.)
Se disait de quelqu'un qui s'effraie avant d'être placé en face du danger (164)
Ce proverbe viendrait, dit-on, de ce qu'un bourgeois de Melun, nommé Languille, s'était mis à crier en voyant arriver le bourreau alors qu'il tenait le rôle de saint Barthélemy dans une comédie.

Femme se retourne mieux qu'*anguille* (Pro.)
Les femmes masquent souvent leurs desseins qu'elles font réussir par des tromperies (165)
La misogynie était autrefois toute naturelle…

À trop presser l'*anguille*, on la perd (Pro.)
Se disait lorsqu'une chose nous échappe au moment précis où l'on s'efforce de la tenir (166)

Il a mis à son doigt un *anneau* trop étroit (Loc.Pro.)
Il s'est marié avec une femme qui a peu de fortune (167)

Il a l'air *antique*
Ses vêtements sont passés de mode (168)

C'est l'*antre* du lion (Loc.Pro.)
Se disait d'un endroit où il est facile d'entrer, mais d'où il est difficile de sortir (169)
Allusion à la fable de La Fontaine « Le lion malade et le renard ».

Faire son *août*
Faire ses provisions (170)
Allusion à la moisson qui se fait au mois d'août.

Ce sont faucilles d'après *août* (Loc.Pro.)
Se disait d'une chose qui arrive trop tard (171)

Juillet et *août*, ni femme ni chou (Pro.)
En juillet et août, il faut garder ses forces pour les travaux des champs (172)

En moissonnant se passe l'*août* (Pro.)
Le travail fait paraître le temps moins long (173)

Bourbes en mai, épis en *août* (Pro.)
Les pluies du mois de mai sont bonnes pour les récoltes du mois d'août (174)

Promettre d'*aplanir* les monts
Promettre beaucoup et ne rien faire ensuite (175)

Avoir une *apostrophe* sur le dos
Se disait d'une personne bossue (176)

Envoyer une *apostrophe* à quelqu'un
Lui donner une gifle (177)

Il faut que l'*apostume* crève (Loc.Pro.)
Se disait d'une affaire cachée qui doit finir par éclater (178)
En médecine, l'apostume était un abcès.

C'est un *apothicaire* sans sucre (Loc.Pro.)
Se disait d'un homme à qui il manque les choses les plus nécessaires à l'exercice de son métier (179)

C'est l'*apothicairerie* des gouvernements
Allusion au lieu où se nouent des intrigues (180)
Vieille expression employée notamment par Balzac.

Faire le bon *apôtre* (Loc.Pro.)
Jouer à l'homme de bien, affecter des sentiments de probité et d'honneur (181)

Avoir une figure d'*appelant* (Loc.Pro.)
Se disait d'une personne qui a mauvaise mine (182)
Rappelons que l'appelant est celui qui fait appel en justice.

À l'*appétit* d'un écu, laisser mourir un cheval de cent louis
Se disait à propos d'une personne qui économise exagérément sur les dépenses d'entretien, au risque de compromettre gravement son patrimoine (183)

Des gens *appointés* contraires (Loc.Pro.)
Se disait à propos de personnes qui passent leur temps à se contredire mutuellement (184)

Bienvenu qui *apporte* (Pro.)
On fait bon accueil à la personne qui paye ou qui fait des cadeaux (185)

Ce qu'on *apprend* au ber dure jusqu'au ver (Pro.)
On se souvient jusqu'à la mort de ce qu'on a appris dans la plus tendre enfance (186)
Autrefois, le mot ber s'employait souvent pour désigner un berceau.

***Appuyer* la botte**
Adresser directement et brutalement une critique ou un trait piquant à une personne dans le but de l'embarrasser, de la déstabiliser (187)
Dans le lexique de l'escrime d'où elle est tirée, cette expression fait allusion à l'action qui consiste à appuyer la pointe de l'épée sur la poitrine de l'adversaire après l'avoir touché.

Placer un cheval en *arbalète*
Atteler un cheval seul devant les deux chevaux du timon (188)

Faire l'*arbre* fourchu
Marcher sur les mains (189)

Quand l'*arbre* est tombé, chacun court aux branches
Lorsqu'un homme est en disgrâce, tout le monde en profite pour l'accabler ou pour le dépouiller (190)

On ne jette les pierres qu'à l'*arbre* chargé de fruits
Les hommes en vue sont l'objet des critiques les plus virulentes (191)
Se disait également à propos des personnes instruites.

Se tenir au gros de l'*arbre* (Loc.Pro.)
Rester fidèle à ce qui est le plus généralement admis (192)

Débander l'*arc* ne guérit pas la plaie
Abandonner une attitude hostile ne suffit pas pour réparer le mal qui a été fait (193)

Crotté comme un *archidiacre*
(Loc.Pro.)
Couvert de boue de la tête aux pieds (194)
Représentants de l'évêque, c'est à pied que les archidiacres faisaient autrefois leurs visites aux curés du diocèse.

Être ferme sur ses *arçons*
Défendre farouchement ses opinions (195)
De nos jours, certains disent encore qu'ils sont droits dans leurs bottes…

Il n'y manque pas un *ardillon*
Il ne manque rien, l'équipement est complet (196)

Parcourir l'*arène*
Combattre (197)
Il nous reste maintenant l'expression « Descendre dans l'arène ».

***Argent* comptant porte médecine** (Pro.)
Dans la vie, l'argent adoucit bien des peines (198)

Y aller bon jeu, bon *argent*
(Loc.Pro.)
Agir sérieusement et de bonne foi (199)

Avoir de l'*argent* mignon
Avoir des petites économies que l'on se réserve pour les employer à volonté sans entamer ses revenus principaux (200)

Payer en *argent* blanc
Payer avec des pièces d'argent (201)

L'*argent* est rond, il faut qu'il roule (Pro.)
L'argent est fait pour être dépensé (202)

Qui a de l'*argent* a des coquilles
(Pro.)
Celui qui a de l'argent peut se payer tout ce qui lui plaît, même le superflu (203)

C'est un bourreau d'*argent*
(Loc.Pro.)
Se disait d'un homme très dépensier (204)

N'avoir que de l'*argent* mort
(Loc.Pro.)
Conserver chez soi des pièces en argent qui ne rapportent pas d'intérêts (205)

Être chargé d'*argent* comme un crapaud de plumes (Loc.Pro.)
Se disait par plaisanterie d'une personne qui n'a pas un sou (206)

Il entend très bien l'*argot*
Se disait d'un homme à qui l'on n'a plus rien à apprendre, un homme adroit et intelligent, mais également un peu fourbe et pas très honnête (207)

Ce livre est un habit d'*arlequin*
Se disait d'un livre composé de morceaux empruntés à différents auteurs (208)

Elle est sous les *armes*
Elle est apprêtée et très maquillée (209)

Faire son *armoire* (Loc.Pro.)
Profiter de l'occasion pour s'enrichir ou pour faire à bon compte des provisions pour l'avenir (210)

Avoir le nez d'un *arpent*
Avoir un nez exceptionnellement long (211)
L'arpent était une ancienne mesure de surface. À Paris, il était équivalent à 34 ares 19 centiares, soit 3 419 m2, mais l'arpent commun valait 4 221m2 et l'arpent des eaux et forêts 5 172 m2.

De l'eau d'*arquebusade*
Se disait autrefois d'un vulnéraire utilisé notamment pour soigner les plaies provoquées par les armes à feu (212)

Réussir à lui *arracher* une dent
(Loc.Pro.)
Se disait autrefois à propos d'un avare à qui l'on avait réussi à soutirer un peu d'argent (213)

S'*arraisonner* avec quelqu'un
Lui faire entendre raison (214)

***Arrondir* sa pelote**
Augmenter sa fortune (215)

***Arrondir* un cap**
Dans le vocabulaire des marins, naviguer autour d'un cap en restant assez proche de la côte (216)

***Arroser* son pain de ses larmes**
Vivre dans la misère ou dans la douleur (217)

Manger tout son bien en un *article* (Loc.Pro.)
Se ruiner en très peu de temps (218)

***Avoir* un as percé**
Au jeu de la bouillotte, avoir un as qui est la seule carte de sa couleur (219)
La bouillotte était un jeu de cartes où la ruse constituait l'essentiel de la stratégie. Les joueurs dupés étaient nombreux et l'on pouvait y perdre de grosses sommes. C'est pour cette raison qu'à la fin du XIXe siècle, il ne fut pratiqué que dans les salons privés fréquentés par des hommes.

À l'*Ascension*, blanche nappe et gros mouton (Pro.)
Pour les fêtes de l'Ascension, les élevages de moutons peuvent déjà fournir des belles bêtes (220)

Un *assassin* attitré
Se disait d'un tueur à gage (221)

***Assassiner* les gens de ses affaires**
Les fatiguer, les importuner en leur parlant trop longuement d'affaires personnelles (222)

Son *assiette* dîne pour lui
Se disait de celui qui ne se rend pas à une table d'hôte à l'heure du repas et qui doit néanmoins payer son écot (223)

Un marchand de vin à l'*assiette*
Se disait d'un vendeur de vin au détail qui propose en plus un petit service de restauration (224)

Il n'est pas grand *astrologue* (Loc.Pro.)
Se disait ironiquement d'un homme qui est maladroit en toute chose (225)

Il faut voir de quelle couleur sont les *atouts*
Il faut voir où en est cette affaire (226)

Ce pain n'a pas d'*âtre* (Loc.Pro.)
Se disait d'un pain qui n'est pas assez cuit (227)

Dans cette maison, l'*âtre* est froid (Loc.Pro.)
Se disait à propos d'une maison où l'on fait de la mauvaise cuisine (228)

Être là comme un chien d'*attache* (Loc.Pro.)
Être continuellement occupé à une chose sans pouvoir la quitter (229)
On parlait d'un chien d'attache pour désigner un chien de garde qui est à l'attache le jour et qui est lâché pendant la nuit.

Prendre l'*attache* de quelqu'un
Se placer sous ses ordres (230)

Porter des bas d'*attache*
Porter des bas de soie que l'on attachait autrefois à la partie inférieure du haut-de-chausse (231)
Ces bas ne furent ensuite utilisés qu'au théâtre.

***Attacher* un clou à la roue de la fortune** (Loc.Pro.)
Saisir l'occasion de s'enrichir (232)

S'*attacher* au char d'une femme
Rejoindre les rangs de ses admirateurs (233)

Il ne faut que la queue d'une vache pour *atteindre* au ciel, mais encore faut-il qu'elle soit bien longue
Se disait ironiquement à ceux qui trouvent toujours que tout est facile (234)

Qui s'*attend* à l'écuelle d'autrui a sou-vent mal dîné (Loc.Pro.)
Il ne faut pas trop compter sur les autres (235)

***Attendre* quelqu'un comme les moines font avec l'abbé** (Pro.)
Ne pas l'attendre pour dîner, bien que son arrivée soit certainement imminente (236)

Les chevaux courent les bénéfices et les ânes les *attrapent* (Pro.)
Ceux à qui l'on confie un emploi ne sont pas toujours ceux qui en sont dignes (237)
Autrefois, les charges visées par ce proverbe étaient surtout les charges ecclésiastiques.

Être *au-dessous* de ses affaires
Être menacé de faillite (238)

Être *au-dessus* de ses affaires
Faire de gros bénéfices et augmenter notablement sa fortune (239)

Mieux vaut porter l'*auge* que de faire ce métier-là (Loc.Pro.)
Se disait pour exprimer tout le mépris que l'on a pour un type de métier (240)
Allusion à l'auge des maçons que l'on remplit de mortier et que l'on fait ensuite porter par un manœuvre.

***Aujourd'hui* en chère, demain en bière** (Pro.)
On peut être aujourd'hui en bonne santé et mourir le lendemain (241)

***Aujourd'hui* chevalier, demain vacher** (Pro.)
On peut toujours connaître un revers de fortune très rapide (242)

***Aujourd'hui* marié, demain marri** (Pro.)
Un mariage plein de joie peut être suivi d'une amère déception (243)

***Aujourd'hui* en fleurs, demain en pleurs** (Pro.)
Aujourd'hui très heureux, demain très malheureux (244)

Dérober l'*aumône* aux pauvres
Mendier par fainéantise alors que l'on pourrait vivre en travaillant (245)

Faire tout du grand de l'*aune*
Faire les choses très en grand, avec excès et démesure (246)

On sait ce qu'en vaut l'*aune*
Se disait d'une chose qui à été prouvée (247)

***Auner* l'habit de quelqu'un**
Lui infliger une correction en se servant d'une trique ou d'un bâton (248)

Il a toujours dix *aunes* de boyaux vides pour fêter ses amis (Pro.)
Se disait d'un grand mangeur qui est toujours prêt à participer à un repas de fête (249)
Ancienne mesure de longueur, l'aune de Paris correspondait à environ 1,20 m.

***Aussitôt* pris, aussitôt pendu** (Pro.)
Se disait pour exprimer la grande promptitude avec laquelle une chose s'est faite (250)

***Autant* lui en pend à l'oreille** (Pro.)
Il pourrait bien lui arriver la même chose (251)
Deux variantes existaient également. On pouvait dire « autant lui en pend sur la tête » ou « autant lui en pend devant les yeux ». On sait que la version moderne, au sens un peu différent, est « cela vous pend au nez ».

***Autant* qu'il en pourrait tenir dans mon œil**
Se disait pour exprimer le fait qu'on ne pourrait y loger la moindre petite chose (252)

***Autant* de frais que de salé**
Il y en a autant d'une sorte que de l'autre (253)

À la charge d'*autant*
À condition que l'on me rende la pareille (254)

Le prêtre vit de l'*autel* (Pro.)
Il est juste que chacun puisse vivre de l'exercice de sa profession (255)

Élever *autel* contre autel
Provoquer des divisions au sein d'un groupe (256)
Cette expression a été employée également pour la création d'entreprises rivales.

Être amis jusqu'aux *autels*
(Loc.Pro.)
Être très amis, pour autant que cette amitié ne s'oppose pas à la conscience ou à la religion (257)

Mériter des *autels*
Être digne des plus grands honneurs (258)

Faire une chose de son *autorité* privée
Faire une chose de son propre chef, sans avoir demandé une autorisation (259)

C'est un estomac d'*autruche*
(Loc.Pro.)
Se disait d'un gros mangeur (260)
On prétendait autrefois que l'autruche pouvait digérer du fer...

Mal d'*autrui* n'est que songe
(Pro.)
Les malheurs des autres ne nous touchent que très peu (261)

Prendre son cœur par *autrui*
(Loc.Pro.)
Se mettre à la place des autres (262)

Morceau *avalé* n'a plus de goût
(Pro.)
Il ne reste rien d'un plaisir passé (263)

Ne faire que tordre et *avaler*
Manger gloutonnement, avec avidité (264)

***Avaler* la vie comme un verre d'eau**
Mener une existence douce et facile (265)

***Avaler* sa cuiller** (Arg.)
En argot, s'enfuir (266)

***Avaler* sa gaffe** (Arg.)
Mourir, dans l'ancien argot des marins (267)

Un *avaleur* de frimas
Se disait de celui qui se lève très tôt (268)
Rabelais a employé plusieurs fois cette expression.
Se disait aussi de celui qui se nourrit d'illusions.

Un *avaleur* de pois gris
(Loc.Pro.)
Se disait d'un homme qui a la réputation d'être gourmand et glouton (269)

Un *avaleur* de charrettes ferrées
(Loc.Pro.)
Se disait d'un fanfaron, d'un homme qui joue les matamores (270)
Une charrette ferrée avait les roues garnies de crampons à glace.

Prendre *avantage* pour monter à cheval
Se servir d'une élévation quelconque (271)

À femme *avare* galant escroc
(Pro.)
Femme avare est souvent volée par son amant (272)

Revenir dans un *ave*
Revenir dans très peu de temps (273)

Dire ses pater et ses *ave* sur le dos de quelqu'un
Dire du mal de quelqu'un (274)
L'expression pouvait également signifier qu'on le rouait de coups.

Cheval de peine ne mange pas l'*aveine* (Pro.)
Les chevaux que l'on utilise à des travaux de force ne sont généralement pas nourris qu'avec de l'avoine (275)
Tombé en désuétude, le mot aveine a ensuite été remplacé par le mot avoine.

Mettre à la grosse *aventure*
Prendre des parts dans le financement d'un navire ou de sa cargaison, au risque de tout perdre en cas de naufrage ou de mauvaise rencontre avec des pirates (276)

Un mal d'*aventure*
Se disait d'un panaris (277)

Faire l'*averlante*
Jouer les femmes habiles (278)
Un averlant (ou averlan) était un paysan wallon originaire d'Haver, dans le duché de Limbourg. Tout en paraissant lourdauds et grossiers, les rouliers du village d'Haver faisaient le trafic des chevaux sous le prétexte de vendre des produits de leur pays. En Lorraine, ces wallons étaient encore appelés haverlings.

Pour faire un bon ménage, il faut que l'homme soit sourd et la femme *aveugle* (Loc.Pro.)
Il faut que la femme ne voie pas les défauts de l'homme et que l'homme n'entende pas les cris de la femme (279)

Crier comme un *aveugle* qui a perdu son bâton (Pro.)
Crier très fort (280)

Juger des choses comme un *aveugle* juge des couleurs (Pro.)
Porter un jugement sur des choses que l'on ne connaît pas (281)
La logique contenue dans ce proverbe est imparable, même si elle n'est pas très charitable…

C'est un *aveugle* qui en conduit un autre (Pro.)
Se disait d'une personne chargée d'en diriger une autre et qui montre peu de savoir-faire (282)

Avoir les jambes *avinées*
Chanceler après avoir trop bu (283)

Un bon *avis* vaut un œil dans la main (Pro.)
Un avis sage guide notre conduite aussi bien que les yeux qui dirigent notre marche (284)

Être assoiffé comme bourse d'*avocat* (Pro.)
Avoir recours à un avocat revient toujours assez cher (285)

Faire un dîner d'*avocat*
(Loc.Pro.)
Faire un bon dîner, fin et copieux (286)

Être toujours ouvert comme la gibecière d'un *avocat* (Loc.Pro.)
Un avocat est toujours à la recherche d'une nouvelle cause à plaider (287)

Le vent n'entre jamais en la maison d'un *avocat*, l'argent en bouche les pertuis (Loc.Pro.)
Les avocats sont des gens très riches (288)

De jeune *avocat* héritage perdu et de jeune médecin cimetière bossu (Pro.)
Si vous avez besoin des services d'un avocat ou d'un médecin, il est préférable d'en choisir un qui possède une solide expérience (289)

***Avoine* de février emplit le grenier** (Pro.)
Le meilleur moment pour semer l'avoine, c'est le mois de février (290)

Piquer l'*avoine* (Loc.Pro.)
Être placé en sentinelle (291)

Écouter à l'*avoine* (Loc.Pro.)
Perdre son temps (292)

Avoir bien gagné son *avoine* (Loc.Pro.)
Se disait à quelqu'un qui a bien travaillé pendant la journée (293)

C'est un homme qui a reçu de l'*avoine* (Loc.Pro.)
Se disait d'un homme qui a été repoussé par celle qu'il aime (294)

Se retrouver entre l'orge et l'*avoine* (Loc.Pro.)
Avoir à choisir entre deux alternatives aussi désavantageuses l'une que l'autre (295)
Cette locution fait allusion au fait que l'avoine et l'orge étaient des céréales peu appréciées que l'on réservait principalement à l'alimentation animale.

Manger son *avoine* dans un sac (Loc.Pro.)
Se disait d'un avare qui cache aux autres le véritable état de sa fortune (296)

Il aurait besoin d'un picotin d'*avoine* (Loc.Pro.)
Se disait d'un jeune homme que l'on juge trop timide en présence des femmes (297)
Allusion à l'ardeur que l'avoine communiquerait aux chevaux...

***Avoir* le sac** (Arg.)
Être riche, avoir la poche bien garnie (298)

***Avouer* la dette** (Loc.Pro.)
Reconnaître que l'on a tort (299)

S'*avouer* de quelqu'un
En appeler au témoignage de quelqu'un qui vous connaît et vous estime (300)

***Avril* pleut aux hommes, mai pleut aux bêtes** (Pro.)
La pluie d'avril est bonne pour les blés, celle de mai est favorable aux herbages (301)

Travailler en *avrillé*
Travailler en manches de chemise (302)
Avrillé, substantif masculin aujourd'hui disparu, ne s'employait que dans cette expression.

L'*aze* le quille
Cette formule bouffonne se disait dans le sens de « je m'en moque, qu'il aille au diable » (303)
L'aze est un vieux mot qui désignait

un âne ou une ânesse. Il a été longtemps en usage dans les parlers du sud de la France.

Appeler azor (Arg.)
Dans l'argot des théâtres, siffler un acteur (304)
Azor était le nom que l'on donnait familièrement à un chien.

Ne parler que par *b* et par f

Employer des termes grossiers (1)

On disait autrefois que les termes grossiers ou injurieux commençaient souvent par la lettre b ou par la lettre f. C'est donc ainsi que l'on faisait allusion à ces mots qu'il était en principe interdit d'écrire ou de prononcer…

La joie est *babillarde* (Loc.Pro.)

On aime faire part de la joie que l'on éprouve (2)

Faire baiser le *babouin*

Le babouin était autrefois un marmouset ou une figure ridicule peinte sur la façade d'un corps de garde. Le soldat coupable d'une faute légère devait y déposer un baiser en guise de punition (3)

Passer le *bac*

L'expression s'employait autrefois pour exprimer le fait que l'on passe à l'action, que l'on se décide à faire quelque chose (4)

Être passé au *bac*

Être perdu, être très loin de son point de départ (5)

Jouer des *badigoinces* (Pop.)

Manger (6)

Bien que vieilli, ce terme de badigoinces, peu à peu entaché de vulgarité, fait encore partie du vocabulaire populaire et familier. Il s'emploie pour évoquer les lèvres, les babines. Un badigoincier était un gros mangeur.

Ce voile *badine* bien
Se disait d'un voile qui ondule ou qui voltige au vent (7)

À trousse-*bagage*
Signifiait qu'une chose est faite en toute hâte (8)

Ne pas s'amuser à la *bagatelle*
Ne pas se contenter d'une amourette, pousser les choses plus loin que ne le permet la simple galanterie (9)

Courir la *bague*
Se disait lorsque l'on décide de se hâter, de marcher très vite (10)
La bague était l'anneau que l'on suspendait à un poteau et que les jouteurs cherchaient à emporter avec la pointe de la lance

En avoir la *bague* au doigt
Se disait lorsque l'on participe à des réjouissances sans dépenser d'argent (11)

Sortir vie et *bagues* sauves
Se sortir sans dommage d'un mauvais pas (12)

Passer quelqu'un par les *baguettes*
Dans une réunion, dire chacun à son tour une chose désagréable à propos d'une personne en particulier, qu'elle soit présente ou non (13)
Les baguettes étaient une punition autrefois en usage dans les armées. L'homme puni se dénudait le haut du corps et passait entre deux haies de soldats qui le frappaient chacun d'un coup de baguette. Cette punition a été abolie en France en 1788.

En *bailler* à garder
Tromper habilement (14)
On sait que le vieux verbe « bailler » signifiait « donner ». Il s'agissait ici de donner de fausses raisons pour berner son interlocuteur.

Bailler le lièvre par l'oreille
Faire de vaines promesses (15)

Bailler le moine par le cou
Porter malheur (16)
Cette expression fut employée notamment par Rabelais.

Un bon *bâilleur* en fait bâiller deux (Pro.)
L'ennui est contagieux (17)

Prendre un *bain* de Valentin
(Loc.Pro.)
Se disait à propos d'un mari trompé qui prend un bain avant de se coucher avec sa femme, alors qu'un galant profite de cette absence momentanée pour prendre sa place dans le lit conjugal (18)

C'est un *bain* de crapauds
Se disait d'un lieu où l'eau est sale et boueuse (19)

Elle est chaude comme un *bain*
Se disait d'une boisson qui n'est pas fraîche (20)

C'est un *bain* qui chauffe
Se disait d'un gros nuage annonciateur de pluie (21)

Le *baiser* de Lamourette
Se disait d'une réconciliation passagère (22)
Allusion au discours qui fut prononcé

par l'abbé Lamourette, évêque constitutionnel de Lyon, devant l'Assemblée législative du 7 juillet 1792. Pour célébrer leur soit-disant réconciliation, il a invité les parlementaires à s'embrasser mutuellement. La réconciliation fut évidemment de courte durée et chacun retourna vite aux positions de son parti.

Vous devriez *baiser* la trace de ses pas (Loc.Pro.)
Vous devriez être très reconnaissant des services qu'il vous a rendus (23)

***Baiser* le cul de la vieille** (Loc.Pro.)
À certains jeux, comme le billard, perdre une partie sans marquer un seul point (24)
Au jeu de boules, encore maintenant, ceux qui perdent sans marquer un seul point sont parfois invités à embrasser le postérieur d'une dame...qui a été représentée en peinture sur une toile. On dit encore, dans ce cas, qu'il font « Fanny ».

Mettre le *bal* en train
Soulever une question qui agite les esprits (25)

Donner le *bal* à quelqu'un
Maltraiter une personne en lui faisant des reproches très durs ou en lui donnant des coups (26)

Rôtir le *balai* (Loc.Pro.)
Mener une vie de débauche (27)
On sait qu'une légende populaire affirmait que les sorciers et les sorcières se rendaient régulièrement au sabbat en chevauchant un balai. Ils y dansaient autour d'un grand feu en s'en approchant de plus en plus près. On comprend dans ces conditions que le balai finissait par être rôti...
Parfois, l'expression s'employait également pour dire que l'on passe sa vie dans l'exercice d'une profession subalterne.

Faire *balai* neuf (Loc.Pro.)
Montrer beaucoup de zèle lorsque l'on vient d'être embauché (28)

Traire à sa *balance* (Loc.Pro.)
Attirer quelque chose ou quelqu'un de son côté (29)

Envoyer quelqu'un à la *balançoire* (Pop.)
Se débarrasser de lui (30)

Il y a des *balayures* devant chaque porte (Loc.Pro.)
Chaque famille a ses propres soucis (31)

C'est le refrain de la *ballade* (Loc.Pro.)
Se disait d'un mot, d'une expression ou d'une idée qu'une personne ramène sans cesse dans ses discours (32)

Juger la *balle*
Prévoir l'issue d'une affaire (33)

Un artiste de *balle*
Se disait autrefois d'un artiste sans talent (34)

De la marchandise de *balle*
Se disait autrefois d'une marchandise de médiocre qualité (35)
La marchandise de balle était notamment celle qui était vendue par les colporteurs.

Baller du talon (Loc.Pro.)
Se sauver en courant (36)

Baller la queue
Se disait d'une personne qui montre un peu trop sa satisfaction (37)
Allusion au chien qui remue la queue lorsqu'on lui fait des amitiés.

Être enflé comme un _ballon_
Se disait d'une personne bouffie d'orgueil (38)

Enlever le _ballon_ (Arg.)
Donner un coup de pied aux fesses à quelqu'un (39)

Une danseuse qui a du _ballon_
Se disait d'une danseuse qui est gracieuse et très légère (40)

Entrer dans le _balustre_
Se disait, sous l'ancien régime, de quelqu'un qui approche un prince à son lever ou bien lorsqu'il est à table (41)
Une balustrade de bois séparait en général les courtisans du lit royal. Être autorisé à franchir cette barrière représentait un très grand privilège.

Corner le _ban_
Dans les armées, sonner la retraite (42)

Ne tenir ni part ni _bande_ (Loc.Pro.)
N'être ni pour ni contre (43)

Faire _bande_ et lice (Loc.Pro.)
Se liguer (44)

Jouer dans la grande _bande_
Autrefois, faire partie du groupe des vingt-quatre violons de la chambre du roi (45)

C'est un esprit _bandé_
Se disait d'une personne attentive et concentrée (46)

Bander sa caisse (Arg.)
En argot, s'en aller (47)
On dirait maintenant «faire sa valise».

Faire partie des vieilles _bandes_
Se disait autrefois des militaires incorporés dans l'infanterie (48)

Porter la _bandoulière_
Exercer la profession de garde-chasse (49)

Faire de pennon _bannière_
(Loc.Pro.)
Monter en grade (50)
Le pennon était un fanion triangulaire que les simples chevaliers arboraient à l'extrémité de leur lance, alors que la bannière était un emblème seigneurial.

Faire _bannière_
Se vanter, se mettre en avant (51)

Cent ans _bannière_, cent ans civière (Pro.)
En être réduit à la misère après avoir connu une longue période d'opulence (52)

Monter en _banque_
Monter sur une scène pour y jouer les bouffons (53)
Autrefois, banque signifiait également théâtre. Ce sens disparu est à l'origine du terme saltimbanque qui évoquait le fait de danser sur les planches.

Faire _banqueroute_ à l'honneur
Manquer à sa parole (54)

C'est un enfant difficile à *baptiser*
Se disait d'une affaire difficile à arranger (55)

Se faire jeter dans son *baquet*
Se disait lorsque l'on est désagréablement surpris, déconcerté (56)
C'était un peu l'équivalent de notre expression « tomber de haut ».

Faire la *barbe* à quelqu'un
Être plus habile et talentueux que lui (57)
On disait également « faire barbe à quelqu'un » pour exprimer le fait qu'on lui tient tête.

Faire *barbe* de foin à quelqu'un
Le traiter fort mal (58)

Lui donner l'étrenne de sa *barbe*
L'embrasser après s'être rasé de près (59)

Il a la *barbe* trop jeune
Se disait d'un homme jeune et sans expérience qui veut faire l'important (60)

***Barbe* bien étuvée est à moitié rasée** (Pro.)
Une affaire bien préparée est à moitié faite (61)

S'en torcher la *barbe* (Loc.Pro.)
Se disait lorsque l'on décide de se passer d'une chose (62)

Prêter sur la *barbe* d'un capucin (Loc.Pro.)
Prêter de l'argent sans avoir aucune garantie de remboursement (63)
Les religieux capucins étaient connus pour porter une longue barbe.

Bouche à cour, *barbe* rase et pied ferré (Loc.Pro.)
Sous l'ancien régime, se disait des personnes qui avaient le droit de manger à la cour et de s'y faire raser la barbe (64)

Avoir son extrait de *barbe* (Arg.)
Se disait lorsque l'on est ivre (65)

Coucher à *barbette* (Loc.Pro.)
Coucher sans bois de lit, sur un matelas posé à même le sol (66)

Glorieux comme un *barbier* (Loc.Pro.)
Vantard et vaniteux comme pouvaient l'être les barbiers (67)
Il faut croire qu'autrefois, la profession ne jouissait pas de la meilleure réputation…

Un *barbier* rase l'autre (Loc.Pro.)
Les personnes qui exercent la même profession se rendent souvent des services mutuels (68)

***Barboter* dans la fontaine d'Hippocrène**
Faire de mauvais vers (69)
Dans la mythologie grecque, l'hippocrène était une fontaine du mont Hélicon que le cheval Pégase avait fait jaillir d'un coup de sabot. Elle était consacrée aux muses et ses eaux avaient, disait-on, la vertu d'inspirer les poètes.

Il a pris de la *barbotine* (Loc.Pro.)
Se disait de ceux qui improvisent des vers (70)
Les potiers utilisaient de la barbotine pour coller des garnitures décoratives

sur les ouvrages en terre. L'expression proverbiale est une sorte de comparaison entre les potiers et les poètes amateurs qui aiment plaquer des bouts rimés sur les circonstances de la vie courante.

Se moquer de la *barbouillée*
Ne tenir aucun compte de ce que les autres peuvent dire ou faire et ne penser qu'à la réussite de ses affaires (71)

Barbouiller une affaire
La compliquer inutilement, la gâter par des maladresses (72)

Se *barbouiller* la tête
Avoir des trous de mémoire (73)

Être *bardé* de cordons
Porter de nombreuses décorations (74)

Être le *bardot* de la maison
Se disait d'une personne sur laquelle pèsent toutes les corvées et que l'on tourne en ridicule (75)

Une femme couverte de *baron*
(Arg.)
Se disait en argot d'une femme mariée (76)
Ce terme de baron a signifié également voleur.

Passer la *barque* (Loc.Pro.)
Se disait lorsque l'on est à l'agonie (77)

Un vin qui est au-dessous de la *barre*
Se disait d'un vin qui est très bas dans le tonneau et qui a perdu de sa qualité (78)
On disait de même qu'un vin qui se gâte est un vin qui tourne à la barre.

Un homme au-dessous de la *barre*
Se disait d'un vieillard ou d'un incapable (79)

Tenir *barre* à quelqu'un
Lui résister fermement (80)

Ne faire que toucher *barres*
(Loc.Pro.)
Arriver dans un endroit et en repartir aussitôt (81)
Cette expression fait allusion à un jeu qui était très apprécié par les écoliers. Deux équipes s'affrontaient en essayant de faire des prisonniers. Les membres des deux camps pouvaient se réfugier derrière des barres qui formaient une sorte d'enclos. Pour marquer un point, il fallait sortir de son camp, courir et parvenir à toucher les barres du camp adverse, puis revenir aussitôt vers ses équipiers sans se faire capturer.

Jouer aux *barres*
Se chercher mutuellement (82)

Parler à sa *barrette* (Loc.Pro.)
Sermonner fortement quelqu'un (83)
Rappelons que la barrette était autrefois le bonnet à trois ou quatre cornes des ecclésiastiques.

Le *bas* bout d'une table
Se disait pour parler de la place la moins appréciée, en général celle qui est située près de la porte (84)
Par opposition, le haut bout de la table correspondait à la place d'honneur.

Être *bas* percé
N'avoir presque plus d'argent, avoir épuisé presque toutes ses ressources (85)

Allusion à un tonneau que l'on perce assez bas pour pouvoir le vider presque complètement.

Bas les *branles* !
Ordre de quitter son hamac et de se lever (86)
Chez les marins, le branle était un hamac. Ce terme vient évidemment du mouvement communiqué par la houle. De cette époque, il nous reste l'expression « branle-bas de combat ».

Cela lui va comme un *bas* de soie (Loc.Pro.)
Se disait d'une chose qui lui convient parfaitement, qui semble avoir été faite pour lui (87)

C'est un tour de *Basque*
Se disait d'une supercherie (88)

Courir comme un *Basque*
Courir très vite (89)

Prier Dieu à *basse* note
Prier Dieu à voix basse (90)

Le cœur haut et la fortune *basse* (Pro.)
Se disait d'une personne qui a plus d'audace que de fortune (91)

Ce sont des nouvelles de *basse-cour*
Se disait des nouvelles fausses ou peu sûres (92)

Les eaux sont *basses*
L'argent commence à manquer (93)

C'est un *bassin* d'eau chaude
Se disait d'une chose de peu de valeur (94)

Dire à plein *bassin*
Raconter sans rien omettre (95)

Porter son *bât*
Avoir sa part de peines et de fatigues (96)

Être rembourré comme le *bât* d'un mulet
Se disait de quelqu'un qui porte plusieurs épaisseurs de vêtements (97)

C'est un vrai cheval de *bât*
Se disait d'un homme dépourvu d'intelligence (98)

Qui ne veut selle, Dieu donne *bât* (Pro.)
En voulant quitter une situation inconfortable, on s'expose à tomber dans une qui est pire (99)

Mettre un chapeau à cornes en *bataille*
Le porter de travers (100)

Qui *bâte* la bête la monte (Pro.)
Celui qui pourvoie à la toilette d'une femme est aussi celui qui profite de ses faveurs (101)

Faire le *bateau* (Arg.)
Se disait de deux joueurs qui s'entendent pour faire perdre ceux qui parient contre l'un des deux (102)

Arriver en quatre *bateaux* (Loc.Pro.)
Arriver en se donnant une importance ridicule (103)

***Bâtir* de boue et de crachats**
Construire peu solidement (104)

Bâtir à chaux et à ciment
Construire très solidement (105)

Bâtir sur le devant (Pop.)
Commencer à prendre du ventre (106)
Se disait en particulier d'une femme enceinte.

Faire le tour du _bâton_
Réaliser des profits illicites (107)

Battre l'eau avec un _bâton_
Faire des efforts inutiles (108)

Sauter le _bâton_
Faire une chose contraint et forcé, malgré soi (109)
L'expression viendrait de l'habitude que l'on a de faire sauter un animal par-dessus un bâton lorsque l'on veut le dresser.

C'est un aveugle sans _bâton_
Se disait d'une personne qui ne peut agir faute des ressources nécessaires (110)

Tourner au _bâton_ (Loc.Pro.)
Être entièrement sous l'autorité de quelqu'un (111)

Faire essuyer le _bâton_ (Loc.Pro.)
Pousser quelqu'un en avant pour qu'il prenne les premiers coups (112)

Perdre son _bâton_ (Arg.)
Dans la langue verte des théâtres, l'expression signifiait « perdre contenance » (113)

Mener une personne le _bâton_ haut
La traiter avec dédain et dureté (114)

Se retirer d'une affaire le _bâton_ blanc à la main (Loc.Pro.)
En sortir en étant ruiné (115)

Être sûr de son _bâton_ (Loc.Pro.)
Être sûr de soi, de ce que l'on affirme (116)

Aller sans _bâton_ (Loc.Pro.)
Marcher sans précaution (117)

Tirer au court _bâton_ avec quelqu'un
Contester tout ce qu'il dit, sans rien lui céder (118)
Dans l'armée, les courts bâtons étaient des épieux ou des demi-piques.

C'est un _batteur_ (Pop.)
Se disait à propos d'un menteur (119)

Un _batteur_ de pavé
Se disait d'un homme désœuvré ou d'un fainéant qui ne pense qu'à se promener dans les rues (120)

Il fait bon _battre_ un glorieux, il ne s'en vante pas (Pro.)
Un homme prétentieux ne fait pas état des revers qu'il a pu subir (121)

Se faire _battre_ dos et ventre (Loc.Pro.)
Recevoir une sévère correction (122)

Battre le chien devant le lion (Loc.Pro.)
Corriger le plus faible devant le plus fort, dans l'espoir que le plus fort en tire la leçon pour lui-même (123)

Faire _battre_ la poudre à son cheval
Le retenir et le faire trépigner sur place (124)

Les sabots du cheval soulèvent alors de la poussière qu'autrefois on appelait souvent de la poudre.

Battre à froid

Perdre son temps, se donner du mal pour rien (125)

Allusion au forgeron qui doit chauffer et faire rougir le fer s'il veut le travailler.

Battre tantôt les baguettes, tantôt le tambour

Affirmer tantôt une chose, tantôt une autre (126)

Battre le job (Arg.)

Dans l'argot des théâtres, se disait d'un acteur qui s'embrouille et qui ne sait plus ce qu'il dit (127)

Ne battre que d'une aile

Se disait d'une personne qui a bien perdu de sa vigueur (128)

S'employait également pour les animaux.

Se battre les joues

Se réjouir en se moquant de quelque chose ou de quelqu'un (129)

Se battre les flancs pour faire quelque chose (Loc.Pro.)

Faire beaucoup d'efforts pour parvenir à réussir (130)

Allusion aux coups d'éperons que le cavalier donne à sa monture pour renforcer son ardeur. Se disait principalement des efforts qui ne sont pas couronnés de succès.

C'est un homme battu de l'oiseau (Loc.Pro.)

Se disait d'une personne découragée, rebutée par une suite de revers ou affaiblie par une maladie (131)

Tout cela fleure comme baume

Se disait d'une affaire très juteuse (132)

En être encore à la bavette

Se disait d'une personne qui est trop jeune pour se voir confier des responsabilités (133)

Gentilhomme de Beauce, qui vend ses chiens pour avoir du pain (Pro.)

Se disait d'un noble qui vit dans la gêne (134)

Voir également G78.

Passer la plume par le bec de quelqu'un (Loc.Pro.)

Donner à quelqu'un l'avant-goût d'une chose que l'on a l'intention de lui refuser (135)

Causer bec à bec (Loc.Pro.)

Parler en tête-à-tête (136)

Avoir le bec bien effilé (Loc.Pro.)

Parler avec aisance et un peu de malice (137)

Faire le bec à quelqu'un (Loc.Pro.)

L'instruire de ce qu'il doit dire ou ne pas dire (138)

N'avoir que du bec (Loc.Pro.)

Parler avec abondance et être incapable d'agir (139)

Donner du bec et de l'aile (Loc.Pro.)

Faire tout son possible, employer toutes sortes de moyens (140)

Il n'y a plus que le *bec* à ourler pour faire une canne (Loc.Pro.)
Se disait pour se moquer de ceux qui sont toujours très impatients de découvrir ce que sera un ouvrage à son achèvement (141)

Se refaire le *bec* (Loc.Pro.)
Faire un bon repas (142)

Tortiller du *bec* (Arg.)
En argot, manger (143)

Passer de *bécarre* en bémol (Loc.Pro.)
Tenir un discours incohérent, se contredire ou sauter brusquement d'un sujet à un autre (144)
Rappelons qu'en musique, le bécarre est un signe qui replace à sa hauteur initiale une note qui avait été modifiée par un dièse ou un bémol.

Savoir à fond le *bécarre* et le bémol (Loc.Pro.)
Connaître parfaitement le solfège et la musique (145)

Aile de perdrix et cuisse de *bécasse* (Pro.)
Se disait pour rappeler qu'en gastronomie, ces morceaux étaient alors considérés comme les meilleurs de ces deux oiseaux (146)

Brider la *bécasse* (Loc.Pro.)
Piéger adroitement quelqu'un de manière à ce qu'il soit obligé de tenir ses engagements et qu'il ne puisse plus se dédire (147)
Cette locution proverbiale fait allusion à la chasse à la bécasse qui se pratiquait notamment avec des lacets ou des collets qui se resserrent d'eux-mêmes lorsque l'oiseau se débat.

Être sourd comme une *bécasse*
Se disait d'une personne atteinte d'une surdité assez prononcée (148)

Tendre le sac aux *bécasses* (Loc.Pro.)
Tendre un piège à quelqu'un pour lui faire une farce ou encore pour le séduire (149)

Tirer la *bécassine* (Loc.Pro.)
Dissimuler sa véritable force à un jeu et perdre volontairement au début pour inciter un adversaire moins fort à s'engager et à miser des plus grosses sommes (150)

***Bêcher* quelqu'un** (Pop.)
En dire beaucoup de mal (151)

On lui a bien lavé son *béguin* (Pop.)
On l'a réprimandé vertement (152)
Porté à l'origine par les béguines, le béguin était également une sorte de bonnet que l'on mettait aux jeunes enfants et qui était maintenu par une bride passant sous le menton.

Les ânes ont les oreilles bien longues parce que leurs mères ne leur ont point mis de *béguin* (Loc.Pro.)
Cette phrase était répétée aux petits enfants pour qu'ils acceptent plus facilement de porter ce petit bonnet dont la bride était gênante (153)

Faire son *behourd*
Faire son apprentissage (154)
Dans les anciens romans de chevalerie, le behourd était une lance. Le terme s'est ensuite généralisé et a signifié également coup de lance, joute, course et combat à cheval, lance au poing.

Montrer à quelqu'un son *béjaune*

Lui montrer à quel point il peut être sot et ignorant dans ce qui fait le sujet de la conversation (155)
En fauconnerie, le béjaune est un tout jeune oiseau de proie non dressé, dont le bec porte encore une sorte de membrane jaune.

Brebis qui bêle perd sa goulée

(Pro.)
Lorsque l'on parle à table, on n'a plus ensuite le temps de manger (156)

La *brebis* bêle toujours de même

(Pro.)
On ne peut guère changer des manières qui nous sont naturelles (157)

Connaître le sort de *Bélisaire*

(Loc.Pro.)
Être réduit à la mendicité (158)
Bélisaire fut un brillant général de l'empereur byzantin Justinien. Il se couvrit de gloire en combattant les Perses, les Vandales, les Ostrogoths et en repoussant les Huns. Il est tombé plusieurs fois en disgrâce à la suite de fausses accusations de conspiration. À chaque fois réhabilité, une légende du XIIe siècle raconte pourtant qu'il a eu les yeux crevés et qu'il a terminé sa vie en mendiant. La légende de Bélisaire a inspiré plusieurs peintres célèbres, dont Van Dyck et David.

Prendre sa *belle*

Saisir l'occasion (159)
Allusion à la troisième partie qui départage deux adversaires qui ont successivement été vainqueurs des deux premiers jeux.

Être du quatorzième *bénédicité*

(Loc.Pro.)
Se disait de ceux que l'on taxait de bêtise (160)
Allusion au quatorzième verset de cette célèbre prière qui stipule : « Benedicite, omnes bestiae et pecora, Domino ».

Donner à quelqu'un sa *bénédiction*

Le renvoyer, le congédier (161)

Faire un *bénéfice* de nature

Aller à la selle avec une issue favorable (162)
Cette expression était à l'origine utilisée par les médecins.

Il faut prendre le *bénéfice* avec les charges (Loc.Pro.)

Dans toute chose, il faut accepter les avantages et les inconvénients (163)

Avoir appétit de pain *bénit*

N'être jamais satisfait de ce que l'on a et vouloir toujours autre chose, bien que la chose convoitée ne soit pas nécessairement meilleure (164)

C'est un donneur d'eau *bénite*

(Loc.Pro.)
Se disait des déclarations d'amitié et des vaines promesses que certains peuvent vous faire (165)

Trinquer avec le *béquillard*

(Arg.)
En argot, être entre les mains du bourreau (166)
Allusion à la potence qui a la forme d'une béquille.

C'est une vieille *béquille*
Se disait ironiquement d'un radoteur (167)

Bien *béquiller* (Arg.)
En argot, bien manger (168)
Bec est le radical de béquille.

Être *bercé* d'une chose
En avoir entendu parler maintes et maintes fois (169)

Tirer au *berceau*
S'exercer au tir à l'arc ou à l'arbalète (170)
Allusion au fait que l'entraînement des archers se faisait souvent dans des allées bordées de grands arbres formant une voûte.

L'heure du *berger*
Le moment jugé favorable aux amants (171)
Par extension, l'expression évoquait également les meilleurs moments pour réussir une affaire.

Bon *berger* tond, mais n'écorche pas (Pro.)
Se disait pour signifier qu'il ne faut pas maltraiter les personnes qui sont à notre service (172)
Autrement dit, il ne faut pas trop les malmener si l'on veut pouvoir continuer à les utiliser. Cette assimilation du personnel à des animaux d'élevage que l'on exploite ne semblait pas trop gêner ceux qui nous ont précédés…

En être au *berniquet* (Pop.)
Être réduit à la mendicité (173)
Le berniquet était une sorte de bahut dans lequel on conservait le son.

Être marqué sur le nez comme les mou-tons de *Berry* (Loc.Pro.)
Se disait d'une personne qui porte une tache sur le visage (174)
Dans le Berry, les éleveurs marquaient sur le museau les moutons de chaque troupeau.

Doux comme un mouton de *Berry* (Pro.)
Se disait d'un homme doux et gentil (175)
On se contente maintenant de dire qu'il est « doux comme un mouton ».

C'était le temps où la reine *Berthe* filait
Expression qui s'employait pour dire que l'on parlait d'une époque très ancienne, très lointaine (176)
La reine Berthe dont il s'agit était la fille de Lothaire, roi de Lorraine.

En être réduit à la *besace*
Être ruiné, être obligé de compter sur l'aide des autres pour survivre (177)

***Besace* bien promenée nourrit son maître** (Pro.)
Un mendiant actif et rusé peut récolter de nombreuses aumônes (178)

Selon l'argent la *besogne* (Pro.)
Pour qu'un ouvrier fasse du bon travail, il faut qu'il soit correctement payé (179)

Il est né le samedi, il aime la *besogne* faite (Loc.Pro.)
Il n'est pas très ardent au travail (180)
D'un travail fait trop rapidement, on disait : « Ça sent le samedi ».

Remonter sur la *bête* (Loc.Pro.)
Retrouver les biens que l'on avait perdus (181)

La charge dompte la *bête* (Pro.)
Les responsabilités et les soucis donnent un peu de sagesse (182)

C'est une *bête* épaulée (Loc.Pro.)
Se disait d'une fille qui a connu de nombreuses aventures galantes (183)
Cette expression proverbiale a été également employée pour parler d'une personne sans esprit et sans capacité ou encore d'une personne qui a perdu tout son crédit.

Tirer la *bête*
Tirer un mauvais numéro à la loterie (184)

Être à la *bête*
Aux cartes, perdre et payer ses adversaires (185)

Faire la *bête* du bon Dieu
Pousser la crédulité jusqu'à la bêtise (186)

Qui se fait *bête* le loup mange
(Pro.)
Il ne faut pas être trop bon et compréhensif si l'on ne veut pas que des gens sans scrupules en profitent pour vous nuire (187)

Au temps où les *bêtes* parlaient
Allusion à une époque qui n'a jamais existé (188)

On n'y voit ni *bêtes* ni gens
(Loc.Pro.)
Se disait d'un endroit très obscur (189)

Entrer en *bette*
Se disait lorsque l'on se met à boire (190)
Mot aujourd'hui disparu, « bette » était une contraction de « buvette ».

Il connaît son heure pour *beuner* (Pop.)
Se disait de celui qui fait ses visites à l'heure des repas pour se faire inviter (191)

Lui ôter son bon *beurre*
Se disait à propos d'une personne que l'on prive d'une chose à laquelle elle tient beaucoup (192)

Savoir de quel côté son pain est *beurré* (Loc.Pro.)
Savoir reconnaître ce qui convient à ses intérêts (193)

Placer son argent chez le *beurrier* (Arg.)
Placer son argent à la banque (194)

C'est un livre bon pour la *beurrière*
Se disait d'un mauvais livre dont les libraires ne veulent pas et que l'on essaierait de faire vendre par la beurrière (195)

Dire *beuse* à quelqu'un
Le narguer (196)
Le mot beuse, aujourd'hui disparu de nos dictionnaires, est une corruption du mot boîte. Une beuse était à l'origine une boîte verticale dans laquelle ceux qui travaillaient le cuivre rangeaient leurs plaques ou leurs chutes.

C'est un bon *biberon*
Se disait d'une personne qui boit beaucoup (197)

C'est une *bibliothèque* renversée

Se disait d'une personne qui a beaucoup lu et qui a mal assimilé, qui mélange un peu tout ce qu'elle a pu apprendre (198)

Des propos de *bibus*

Se disait de paroles qui ont peu d'importance (199)

Un bibus était un objet sans valeur, une chose que l'on pouvait dédaigner.

Pousser son *bidet*

Faire calmement et tranquillement ses affaires, à son propre rythme (200)

A l'époque de la poste aux chevaux, le bidet était un petit cheval que l'on n'attelait pas à une voiture et qui était monté par l'estafette ou par le courrier.

Grand *bien* ne vient pas en peu d'heures (Pro.)

Une fortune se construit en général assez lentement (201)

Les *biens* de fortune passent comme la lune (Pro.)

Si l'on n'y prend garde, une fortune peut se dilapider très rapidement (202)

Payer sa *bienvenue*

Arroser son arrivée (203)

C'est le peintre des enseignes à *bière*

Expression méprisante employée à propos des peintres amateurs dont les œuvres sont maladroites et empreintes d'une très grande naïveté (204)

Les propriétaires de buvettes, souvent assez pauvres, peignaient eux-mêmes leur propre enseigne.

C'est un *bijou* de la foire Saint-Ovide

Se disait d'un homme de peu de valeur (205)

C'est un *bijou* du parvis

Se disait à Paris d'un repris de justice (206)

Allusion à un homme condamné à une peine infamante et qui avait fait amende honorable sur la place du Parvis-Notre-Dame.

Faire tout à la *billebaude*

Faire les choses dans le désordre et dans la confusion (207)

Être à *billes* égales (Loc.Pro.)

N'avoir aucun avantage l'un sur l'autre dans une situation de concurrence (208)

Faire courir le *billet*

Convoquer une assemblée en faisant porter un billet à chacun de ses membres (209)

C'est le *billet* à La Châtre (Loc.Pro.)

Se disait d'un engagement écrit dont on sait à l'avance qu'il ne sera pas respecté (210)

Allusion à la mésaventure du marquis de La Châtre. Avant de partir pour un voyage qui allait le séparer de sa maîtresse Ninon, il exigea qu'elle lui écrive un billet où elle s'engageait à lui rester fidèle pendant son absence. Mais, pour tromper l'ennui, Ninon fit une nouvelle conquête. Dans un mouvement d'abandon amoureux, elle se serait écriée : « Ah ! le bon billet qu'a La Châtre ! ».

Faire courir le *billet* chez les orfèvres

Se disait pour avertir les orfèvres ou les joailliers qu'une pièce d'argenterie était manquante et que des voleurs pouvaient chercher à s'en défaire (211)

Faire *binet*

Restreindre ses dépenses, épargner jusqu'aux plus petites sommes (212)
Le binet était une sorte de petite bobèche que l'on fixait sur les chandeliers et qui permettait de brûler les bougies jusqu'au bout. Faire binet est en somme la forme ancienne de notre expression : « Faire des économies de bouts de chandelle ».

Être frappé du vent de *bise*

(Loc.Pro.)
Subir un grand malheur (213)
Se disait aussi de la personne qui est menacée de ruine. On sait par ailleurs que la bise est un vent du nord sec et froid.

Il lui donnerait quinze et *bisque*

Se disait d'un homme qui est très supérieur à un autre dans de nombreux domaines (214)
Cette expression est tirée du langage en usage au jeu de paume. Voir B215.

Prendre bien sa *bisque*

Choisir le moment le plus favorable, profiter d'une circonstance heureuse (215)
Au jeu de paume, la bisque était un avantage de quinze points qu'un joueur accordait en cours de partie à un autre. Le mot bisque est dérivé de l'italien « bisca » qui désignait une académie de jeu.
Prendre sa bisque a signifié également que l'on quittait son travail pour se divertir.

Mettre quelqu'un au *bissac*

Le réduire à la mendicité (216)
Le bissac était une sorte de long sac fermé aux deux bouts et s'ouvrant par le milieu. Les compagnons le portaient sur l'épaule, une partie reposant sur la poitrine et l'autre partie s'appuyant sur le dos.

Voir tout en *blanc* (Loc.Pro.)

Voir toute chose sous un jour favorable (217)
« Le duc de Chevreuse, toujours voyant tout en blanc,...». Mémoires du duc de Saint-Simon.
De nos jours, l'optimiste voit plutôt tout en rose et le pessimiste continue à voir tout en noir...

Être réduit à *blanc* estoc

Être entièrement ruiné (218)
Couper un bois à blanc estoc, c'était en couper tous les arbres sans laisser le moindre baliveau.

Tirer au *blanc*

Atteindre le cœur de la cible (219)
Pour les entraînements au tir, la cible n'était souvent qu'une simple marque blanche.

Ne plus avoir un *blanc* pour vivre

Ne plus avoir un sou (220)
Le blanc était de la petite monnaie d'argent.

C'est un mangeur de *blanc* (Arg.)

Dans l'ancienne langue verte, se disait d'un maquereau, d'un souteneur (221)

Une *blancherie* de cuivre
Se disait autrefois d'une batterie de cuisine (222)

Des actions qui ne font que *blanchir*
Se disait des efforts inutiles, improductifs (223)

Entreprendre de *blanchir* un nègre
Se lancer dans une entreprise vouée à l'échec (224)
Expression relevée sous cette forme dans le dictionnaire Noël et Chapsal, édition de 1852.

***Blanchir* l'eau**
Ajouter de la farine à l'eau bue par les animaux (225)

Se payer un *blanchisseur* (Arg.)
En argot, prendre un avocat (226)

Tête de fou ne *blanchit* jamais (Pro.)
Se disait des fous qui, jadis, n'atteignaient généralement pas l'âge de la vieillesse (227)

Hasard à la *blanque* (Pro.)
Advienne que pourra (228)
La blanque était une sorte de loterie dont les billets gagnants correspondaient à des numéros prédéterminés. Le terme provenait d'une corruption du mot blanche. On disait également « trouver blanque » pour exprimer le fait que l'on ne trouvait pas une chose recherchée dans un endroit bien précis.

Être pris comme dans un *blé* (Loc.Pro.)
Être surpris, être attrapé sans qu'il soit possible de nier ou de s'échapper (229)

Bon champ semé bon *blé* rapporte (Pro.)
Une bonne éducation est toujours profitable aux enfants qui l'ont reçue (230)

Battre comme *blé* vert (Loc.Pro.)
Battre violemment, sans retenue (231)

Ne nous mettez pas au gland quand nous avons du *blé* (Loc.Pro.)
N'allez pas nous entraîner dans une situation pire que celle où nous sommes (232)

Vous ne savez pas où le soulier le *blesse* (Loc.Pro.)
Les gens les plus heureux en apparence ont souvent des peines cachées (233)

Faire un conte *bleu*
Se lancer dans un récit mensonger qui n'a aucune vraisemblance (234)

En être tout *bleu* (Arg.)
Se disait dans l'ancienne langue verte lorsque l'on est surpris, stupéfait ou encore très irrité (235)

Jurer en *bleu*
Dire des jurons qui se terminent par le suffixe bleu : sacrebleu, ventrebleu, etc. (236)

Le royaume du *bleu*
Se disait d'un pays imaginaire, où tout est beau et agréable (237)

Faire des coups *bleus* (Loc.Pro.)
Faire des efforts inutiles, des tentatives qui n'aboutissent pas (238)

Emporter le *bloc* (Arg.)
Se disait en argot d'une femme qui quitte un bal sans avoir été invitée à danser (239)

C'est un homme délicat et *blond* (Loc.Pro.)
Se disait d'un jeune homme qui fait le beau et le difficile (240)

Il est *blond* comme un bassin
Se disait d'un homme dont les cheveux sont d'un blond très pâle (241)

C'est un *blond* d'Égypte (Loc.Pro.)
Se disait ironiquement d'un homme qui est de race noire (242)

C'est la pièce de *bœuf*
Se disait de ce qui se répète tous les jours (243)
L'expression s'employait également pour désigner, dans un ensemble d'objets, celui qui est le plus important.

Il a l'âge d'un vieux *bœuf*
Se disait d'un jeune homme qui a atteint l'âge de quinze ou seize ans (244)

Être le *bœuf*
Être celui ou celle qui doit supporter pour les autres tous les soucis, toutes les fatigues ou encore tous les frais (245)

Se mettre dans le *bœuf*
Être ruiné, se retrouver dans une situation proche de la misère (246)

Avoir son *bœuf*
Laisser voir, par sa mauvaise humeur, que l'on est contrarié ou en colère (247)

Il est de la paroisse de Saint-Pierre-aux-*Bœufs*, le patron des grosses bêtes (Pro.)
Se disait à Paris d'une personne qui est d'une grande stupidité (248)

Je *boirai* après vous (Loc.Pro.)
Je vivrai plus longtemps que vous (249)

Il n'y a pas d'eau à *boire* (Arg.)
Se disait en argot d'un travail ou d'une affaire où il n'y a rien à gagner (250)

À petit manger bien *boire* (Pro.)
Quand on vous donne peu de chose à manger, on se dédommage en buvant beaucoup (251)

***Boire* un affront**
Le subir sans oser se plaindre (252)

***Boire* comme un templier**
Boire d'une manière excessive (253)

Faire *boire* une étoffe
La tenir lâche en la cousant (254)
On dit dans le même sens « faire boire un ourlet, un surjet, un rempli, etc.»

Il a dû *boire* plus que je ne lui en ai versé
Se disait de celui dont l'ébriété est manifeste (255)

Buvons, jamais nous ne *boirons* si jeunes (Pro.)
Profitons pleinement du temps présent (256)

Trouver visage de *bois*
Se heurter à une porte fermée (257)

Il n'est feu que de *bois* vert (Pro.)
Dans certaines affaires, on a besoin de faire appel à des gens assez jeunes (258)

Il n'est *bois* si vert qui ne s'allume (Pro.)
Les gens les plus doux et les plus patients peuvent parfois se mettre en colère (259)

Le *bois* tortu fait le feu droit
(Pro.)
Quand les buts sont honnêtes, on ne doit pas renoncer à employer des moyens détournés pour arriver à ses fins (260)

Porter bien son *bois*
Marcher d'un pas régulier, en se tenant droit (261)
Allusion aux soldats qui, autrefois, défilaient en portant haut la pique.

Charger un homme de *bois*
Lui donner des coups de canne ou de bâton (262)

C'est un homme de *bois*
Se disait d'un homme au caractère faible, sans énergie et sans volonté (263)
À opposer à « un homme de fer », encore en usage.

Abattre bien du *bois*
Faire beaucoup de travail en peu de temps (264)
On dit également « c'est un grand abatteur de bois » pour parler ironiquement de celui qui se vante d'avoir accompli des prouesses.

Cette maison est pire qu'un *bois*
Se disait d'une maison où se réunissent des gens malhonnêtes (265)

Avoir l'œil au *bois* (Loc.Pro.)
Veiller à ne pas se laisser surprendre, à préserver ses intérêts (266)

Crosse d'or et évêque de *bois*
(Pro.)
Se disait autrefois d'un évêque peu vertueux qui vivait dans le luxe (267)

Mettre le chandelier sous le *boisseau*
Par jalousie ou par intérêt, laisser volontairement des talents dans l'obscurité (268)

La *boîte* à Perrette
Se disait de la caisse secrète d'une association qui fait de ses fonds un emploi caché (269)
Version ancienne de la caisse noire. On disait couramment « recevoir de l'argent de la boîte à Perrette » pour laisser entendre que l'on ne savait pas très bien d'où venait cet argent qui était dépensé.
De même, pour dire que l'on ignore l'usage qui a été fait de son argent, on affirmait que cet argent était passé dans la boîte à Perrette.

La *boîte* à dominos (Arg.)
Expression qui désignait le cercueil dans l'ancien argot des prisons (270)

Dans les petites *boîtes* sont les bons onguents (Loc.Pro.)
Les personnes de petite taille font souvent preuve de grandes qualités (271)

Il faut attendre le *boiteux* (Pro.)
Avant de croire à une nouvelle, il faut en attendre la confirmation (272)

Faire *bon* pour quelqu'un
S'obliger à payer pour lui (273)

Faire son *bon* jour (Pop.)
Communier, recevoir l'Eucharistie (274)

Après *bon* vin, bon cheval (Pro.)
Après avoir un peu bu, on a tendance à pousser son cheval (275)

On pourrait maintenant appliquer ce proverbe à la voiture, mais attention aux contrôles d'alcoolémie !

Qui bon l'achète, *bon* le boit (Pro.)
Quand on veut avoir de la qualité, il faut y mettre le prix (276)

Aux derniers le *bon* (Pro.)
Ce qui reste lorsque tout le monde a fait son choix est souvent le meilleur (277)

N'aller que par sauts et par *bonds*
Se disait d'une personne dont les actions sont précipitées et sans liens entre elles (278)

***Bonhomme*, garde ta vache** (Loc.Pro.)
Prends bien garde qu'on ne te trompe (279)

Un pauvre *boniface*
Se disait d'un homme simple, sans malice (280)

Le *bonjour* vient du dehors (Loc.Pro.)
Se disait pour rappeler que c'est à celui qui arrive de dire bonjour (281)

Faire *bonne* mine à mauvais jeu (Loc.Pro.)
Cacher adroitement son mécontentement (282)

La garder *bonne*
Conserver de la rancune (283)

Aux *bonnes* fêtes les bons coups
Les gens qui sont malintentionnés choisissent souvent un jour de fête pour accomplir leurs mauvais coups (284)

Prendre le *bonnet*
Être reçu à son doctorat (285)

Parler *bonnet* rouge
Utiliser des mots du langage révolutionnaire (286)
En 1793, le bonnet rouge est devenu officiellement le symbole républicain dont on coiffa l'image de la liberté.

Parler à son *bonnet*
Se parler à soi-même (287)

Porter le *bonnet* vert
Être obligé de vendre ses biens pour éviter la banqueroute (288)
Le bonnet vert est devenu ensuite la coiffure des forçats condamnés à perpétuité.

S'en moquer comme un âne d'un coup de *bonnet*
Se disait d'une chose qui nous est indifférente (289)
Le coup de bonnet, devenu ensuite coup de chapeau, évoque évidemment cette salutation que l'on fait en se découvrant.

Jeter son *bonnet* (Loc.Pro.)
Renoncer à tout espoir de succès (290)
L'équivalent de « jeter l'éponge ».

Ce sont deux têtes dans un *bonnet* (Loc.Pro.)
Se disait de deux personnes très liées et qui sont toujours du même avis (291)

Porter son *bonnet* de travers
Être de mauvaise humeur (292)

Courir le bon *bord*
Pratiquer la piraterie (293)

Des comptes *borgnes*
Se disait de comptes dont certains articles ne sont pas clairs (294)

Donner dans la *bosse*
Donner dans le panneau, se faire duper (295)
Certains auteurs affirment que cette expression viendrait de l'époque où les spéculateurs se rendaient en foule à la banque de la rue Quincampoix pour échanger leur monnaie d'or ou d'argent contre des billets. Un bossu, qui se tenait à la porte de l'établissement, se serait enrichi en louant sa bosse que les clients auraient utilisée comme pupitre pour effectuer les écritures nécessaires à la transaction.

Prendre une *bosse*
Faire ripaille, manger plus que de raison (296)
Allusion au ventre qui s'arrondit en pareilles circonstances…

Dessiner d'après la *bosse*
Dessiner en utilisant un modèle en plâtre (297)

Avoir de beaux *bossoirs* d'argent
(Arg.)
Dans l'argot des marins, se disait d'une femme à la poitrine généreuse (298)
Rappelons que les bossoirs étaient des pièces de bois qui supportaient les ancres et qui étaient placées en saillie, à l'avant du navire.

Où va la *botte* ?
S'employait pour dire « où allez-vous ? » (299)

C'est quelqu'un qui va d'abord à la *botte*
Se disait d'une personne dont il faut se méfier, qui fait des réponses vexantes à des plaisanteries pourtant anodines (300)
Allusion à l'escrime où la botte est un coup donné avec la pointe du fleuret ou de l'épée.

Accoler la *botte* de quelqu'un
Lui faire des révérences, lui prodiguer des marques de soumission (301)

C'est un singe *botté* (Loc.Pro.)
Se disait d'une personne petite, mal faite et mal habillée (302)

Il y a laissé ses *bottes* (Loc.Pro.)
Il n'en est pas revenu, il y est mort (303)

Graisser ses *bottes* (Loc.Pro.)
Se préparer à partir en voyage (304)
Dans le même sens, on disait « prendre la botte ».

Graissez les *bottes* d'un vilain, il dira qu'on les lui brûle (Pro.)
On ne reçoit que des reproches en remerciement des services que l'on peut rendre à un homme grossier et sans éducation (305)

Je ne m'en soucie pas plus que de mes vieilles *bottes*
Cela m'est complètement indifférent (306)

Dire des injures à propos de *bottes* (Pro.)
Proférer des injures sans raison valable (307)

Rarement vieux *bouc* sans barbe

(Pro.)
Se laisser pousser la barbe était autrefois la marque presque exclusive du grand âge (308)

Prendre sur sa *bouche*

Épargner sur ses dépenses de nourriture (309)

Dire de *bouche*

Dire quelque chose de vive voix (310)

Être sur sa *bouche*

Être gourmand (311)

N'avoir ni *bouche* ni éperon

C'est une personne stupide et complètement insensible (312)
Cette expression est tirée du vocabulaire de l'équitation. Elle fait allusion à un cheval qui ne comprend aucun ordre, qu'il soit transmis par la bride ou par les éperons.

Traiter quelqu'un à *bouche* que veux-tu

Lui offrir un repas très copieux (313)

Manger de la viande de broc en *bouche*

La manger dès qu'elle a été tirée de la broche (314)
Broc est un très vieux mot qui désignait une broche.
On ne le retrouvait plus que dans cette expression disparue.

Faire bonne *bouche* à quelqu'un

En prendre soin pour capter sa confiance (315)

Il arrive beaucoup de choses entre la *bouche* et le verre (Pro.)

Il suffit parfois d'un instant pour manquer une affaire (316)
Ce proverbe viendrait de ce qu'Ancée, roi d'Arcadie, portait un verre à sa bouche lorsqu'on vint lui dire qu'un sanglier saccageait sa vigne. Ayant posé son verre sans le boire, il se mit en chasse aussitôt et...se fit tuer par l'animal.
En Grèce, l'Arcadie était la partie centrale du Péloponnèse.

Avoir un grand flux de *bouche*

Se disait à propos d'une personne qui est très bavarde, qui parle continuellement (317)

C'est un saint Jean *bouche* d'or

(Pro.)
Se disait de quelqu'un qui est éloquent ou qui croit l'être (318)
Allusion à saint Jean Chrysostome, un père de l'Église grecque qui vivait au IVe siècle et qui fut évêque de Constantinople. Ce qualificatif de Chrysostome (bouche dorée) montre combien son éloquence pouvait être grande. Le proverbe s'appliquait également à un flatteur ou bien encore à celui qui parle avec franchise et sans ménagement.

Demeurer sur sa mauvaise *bouche*

Rester sur un échec ou sur un affront (319)

N'avoir pas plus de crédit qu'un chien à la *boucherie* (Pro.)

Dans une affaire, n'avoir aucune autorité ni aucune influence sur les autres, ne rien pouvoir faire (320)

À bon vin il ne faut point de *bouchon* (Pro.)
Les bonnes marchandises se font connaître d'elles-mêmes et elles sont vite réclamées par tous (321)

Elle est torchée comme un *bouchon* (Arg.)
Se disait en argot d'une femme mal habillée (322)
Un bouchon était un paquet de linge entortillé.

Tomber à *bouchon* (Pop.)
Tomber sur le ventre ou sur le visage (323)

Mener quelqu'un comme un taureau *bouclé*
Le mener par le bout du nez (324)
Allusion à l'anneau (boucle) que l'on passe dans le nez du taureau pour qu'il soit plus facilement maîtrisable.

Donner le *boucon* à quelqu'un
L'empoisonner (325)
Le boucon désignait autrefois le poison que l'on utilisait pour éliminer les animaux dits nuisibles.

Faire un *boudin* (Loc.Pro.)
Marier un gentilhomme à une riche roturière (326)
Cette locution proverbiale est une allusion à, d'une part, l'enveloppe du boudin, sa partie noble, représentée par le gentilhomme, et d'autre part à l'intérieur même de cette enveloppe, la partie la moins noble mais aussi la plus nécessaire qui est symbolisée par la riche roturière.

Nous mangerons du *boudin*, la grosse bête est à terre
(Pro.)
Se disait par plaisanterie de quelqu'un qui vient de faire une chute (327)

C'est un souffleur de *boudin*
(Loc.Pro.)
Se disait d'un homme au visage bouffi (328)

C'est une âme de *boue*
Se disait d'une âme basse et méprisable (329)
« Ces âmes que le ciel ne forma que de boue ». Pierre Corneille.

Il va comme une *bouée*
Dans le langage des marins, se disait d'un navire qui est trop lent (330)
La bouée flotte, elle est secouée, mais elle n'avance pas par elle-même.

Avoir une écriture *boueuse*
Se disait d'une écriture où les lettres bavent et rendent la lecture difficile (331)

Faire de la *bouillie* pour les chats (Pro.)
Se donner beaucoup de peine pour faire une chose qui ne servira à rien (332)
Le sens de cette expression a évolué. Elle ne s'emploie plus maintenant que pour qualifier un texte confus et incompréhensible.

***Bouillir* du lait à quelqu'un**
(Loc.Pro.)
Lui faire plaisir, lui dire des choses agréables (333)

N'être bon ni à rôtir ni à *bouillir*
Se disait d'une personne, d'un animal ou d'une chose inutile, dont on ne peut rien faire (334)

Boire le *bouillon* pointu (Pop.)
Prendre un lavement avec un clystère (335)

Boire un *bouillon* de canard (Pop.)
Boire un grand verre d'eau (336)

Faire *bouillonner* ses malades
Se disait d'un médecin qui met tous ses patients à la diète en ne leur prescrivant que des bouillons (337)

C'est du bois de *boulange*
Se disait avec mépris du bois de bouleau (338)

La *boule* noire lui tombe toujours (Pro.)
Le sort lui est toujours défavorable (339)
De même, lorsque les mauvais traitements semblent habituellement réservés à la même personne, on disait « il attrape toujours la boule noire ».

Aller à l'appui de la *boule*
Seconder celui qui se lance dans une affaire (340)
L'expression s'emploie encore au jeu de boules lorsque sa propre boule pousse légèrement celle de son partenaire de manière à ce qu'elles soient toutes les deux les plus proches du but.

Tenir pied à *boule*
Travailler avec assiduité à un ouvrage (341)
L'expression était utilisée au jeu de quilles.

Une *boulée* de clefs
Se disait autrefois d'un gros trousseau de clefs (342)
L'habitude s'était prise d'attacher les clefs avec un cordon relié à une boule de bois.

C'est un bon *bouleux*
Se disait d'un homme assez médiocre, mais qui malgré tout est un exécutant fort et courageux (343)
Le mot « bouleux » est un terme qui était en usage dans le monde du cheval. Il s'appliquait plus spécialement à un animal de trait auquel on réservait les travaux de force.

Faire les choses à la *boulevue*
Agir d'une manière irréfléchie et avec précipitation, sans y prêter toute l'attention nécessaire (344)
*Le dictionnaire Bescherelle de la fin du XIX*e *siècle relie cette expression à la pratique du jeu de boules. Il propose deux formes orthographiques : « à la boule vue » ou « à la boulevue ».*

Lui faire *bouquer* les verges
Se disait lorsque l'on oblige un jeune enfant à embrasser une grande personne (345)
On disait également « faire bouquer le singe » lorsque l'on oblige une personne à accomplir quelque chose qu'elle n'a pas envie de faire.

Elle fait porter le *bouquet* à son mari (Loc.Pro.)
Se disait d'une femme infidèle (346)

Rendre le *bouquet*
Rendre une invitation à dîner (347)
On accompagnait autrefois les invitations d'un bouquet de fleurs.

Avoir le *bouquet* sur l'oreille

Se disait d'une jeune fille à marier (348)
S'employait aussi pour une maison à vendre…

Planter le *bourdon* quelque part (Loc.Pro.)

S'y établir, y résider (349)
Le bourdon était un bâton de pèlerin fait au tour et garni d'un ornement en forme de pomme.

Un vin *bourgeois*

Se disait d'un vin que l'on a dans sa cave, qui est authentique et non frelaté (350)
Le vin bourgeois s'opposait au vin de cabaret dont la qualité, à l'époque, n'était pas garantie.

Le poisson *bourgeois*

Se disait du poisson que le propriétaire d'un bateau à le droit de prélever dans le produit d'une pêche (351)

Avoir un *bourier* dans les yeux

Ne plus voir très clair, avoir la vue brouillée (352)
Dans certaines régions, le terme de « bourier » était synonyme de poussière, petits morceaux de paille, tout ce que l'on peut ramasser avec une pelle et un balai en faisant le ménage d'une pièce. L'orthographe « bourrier » était également admise.

Il y a bien de la *bourre* dans cet ouvrage

Il s'y trouve des choses inutiles ou même mauvaises, mêlées à d'autres qui sont bonnes (353)

Insolent comme un valet de *bourreau* (Loc.Pro.)

Se disait d'une personne d'une très grande insolence (354)

Être brave comme un *bourreau* qui fait ses pâques (Loc.Pro.)

Se disait d'un homme qui est très bien vêtu alors qu'il n'a pas l'habitude de l'être (355)
Dans le langage familier, être brave signifiait également être bien habillé. On disait encore « brave comme une noce ». La braverie était l'ensemble des plus beaux vêtements qu'une personne possédait.

Fagot cherche *bourrée* (Pro.)

Version ancienne qui correspond à notre proverbe : « Qui se ressemble s'assemble » (356)
La bourrée était un fagot de branchettes. On réchauffait les fours en y brûlant une bourrée.

Être saoul comme la *bourrique* à Robespierre

Se disait d'une personne complètement ivre (357)
Certains auteurs prétendent que cette expression serait une allusion au général Henriot, sorte de brute alcoolique que Robespierre maintenait à son poste parce qu'il faisait toujours respecter les ordres du Comité de salut public sans jamais protester. D'autres affirment qu'il s'agit simplement d'une évocation de la guillotine que Robespierre saoulait en la gavant de sang.

Les doublures de sa *bourse* se touchent

Se disait d'une personne dont la bourse est plate, qui n'a plus un sou (358)

Faire bon marché de sa *bourse*

Se vanter d'avoir payé une chose moins cher qu'elle n'a coûté réellement (359)

Être amis jusqu'à la *bourse* (Pro.)
Rester amis tant que l'un des deux ne cherche pas à emprunter de l'argent à l'autre (360)

Loger le diable dans sa *bourse*
N'avoir plus un sou (361)
Se disait aussi à propos d'un avare.

Sa *bourse* a un flux de ventre
Se disait d'une personne qui dépense l'argent sans compter (362)

Cette chose est demeurée au *bout* de ma plume
Se disait d'une chose que l'on a oublié d'écrire (363)

Danser du *bout* des pieds
Danser sans plaisir, sans entrain, à contrecœur (364)

Au *bout* de l'aune faut le drap
(Pro.)
Toutes les choses ont une fin (365)
« Faut » veut dire ici « manque ». Le verbe « falloir » s'employait également dans le sens de « manquer ». Lorsqu'une pièce de drap est mesurée et coupée, au-delà de cette mesure, il n'y a évidemment plus de drap. L'aune est une ancienne mesure de longueur qui valait environ 1,20 m à Paris.

Tenir le haut *bout*
Être celui ou celle qu'on écoute, avoir une grande influence au sein d'un groupe ou d'un parti (366)

Être dans la *bouteille* (Loc.Pro.)
Être dans le secret d'une affaire (367)

Faire une *bouteille* (Loc.Pro.)
Se disait lorsque l'on commet une erreur (368)

Avoir été nourri dans une *bouteille* (Loc.Pro.)
Être sans expérience, n'être jamais sorti de chez soi (369)
Dans le même sens, on disait encore « n'avoir rien vu que par le trou d'une bouteille ».

C'est de la misère en *bouteille*
(Loc.Pro.)
Se disait d'une misère qui est cachée sous une apparence de richesse, d'opulence (370)

Il a bu la *bouteille*, le bouchon lui est resté dans le corps (Pro.)
Se disait de quelqu'un qui se remet difficilement de ses excès de boisson (371)

Revenons à nos *bouteilles*
(Loc.Pro.)
Cette locution proverbiale est une forme ancienne de « revenons à nos moutons » (372)

Porter les *bouteilles* (Loc.Pro.)
Marcher lentement (373)

***Bouter* dessus** (Pop.)
Mettre son chapeau (374)

***Bouter* sous le nez** (Pop.)
Se disait pour manger et boire (375)

C'est un *boute*-tout-cuire
Se disait d'un goinfre qui mange de tout et en grande quantité (376)

Un courtaud de *boutique*
Se disait par mépris d'un individu qui ne connaît que les choses de son métier et qui est ignorant de tout le reste (377)

Cela sort de la *boutique* de Satan (Loc.Pro.)
Se disait d'une calomnie (378)

Faire de son corps une *boutique* d'apothicaire (Loc.Pro.)
Prendre continuellement des médicaments (379)

C'en est un de la Grand'*boutique*
Se disait d'un avocat (380)
La Grand'boutique était le nom que le peuple de Paris donnait autrefois au Palais de justice et à la Préfecture de police.

Je n'en donnerais pas un *bouton*
Se disait d'un objet qui n'a aucune valeur (381)

Sa soutane ne tient plus qu'à un *bouton*
Se disait d'un prêtre qui est sur le point de rompre ses vœux et de quitter l'Église (382)

Mettre le *bouton* haut
Rendre une chose difficile (383)

Serrer le *bouton* à quelqu'un
Exercer sur lui des pressions, le presser de faire quelque chose (384)

C'est une rose qui ne laisse aucun regret de ne l'avoir pas vue *bouton* (Loc.Pro.)
Se disait d'une femme qui est restée belle et qui a conservé beaucoup de fraîcheur (385)

C'est un homme qui est toujours *boutonné*
Se disait d'un homme secret, qui cache soigneusement ses pensées, ses opinions ou ses projets (386)

Racler le *boyau* (Pop.)
Jouer mal d'un instrument à cordes et à archet (387)

C'est un cheval qui a du *boyau*
Se disait d'un cheval dont les flancs sont bien arrondis (388)

Aimer quelqu'un comme ses petits *boyaux* (Pop.)
Tenir beaucoup à lui (389)

S'en être sorti les *braies* nettes (Pop.)
Se disait d'une personne qui s'est sortie honorablement d'une mauvaise affaire (390)

Un âne chargé d'or ne laisse pas de *braire* (Pro.)
Même élevé à une haute situation, un homme revient toujours à ses premières habitudes (391)

Le rendre chaud comme *braise* (Loc.Pro.)
Se venger rapidement d'un affront qu'on a reçu (392)

Il est passé là-dessus comme chat sur *braise* (Loc.Pro.)
Se disait de quelqu'un qui, dans un écrit ou dans un discours, passe rapidement sur quelque chose qu'il ne veut pas approfondir (393)

Tomber de la poêle dans la *braise* (Loc.Pro.)
Quitter un état fâcheux pour un état encore pire (394)

Avoir du *bran* de Judas (Loc.Pro.)
Se disait autrefois des taches de rousseur que l'on a sur le visage ou sur les mains (395)

S'attacher aux *branches*
Évoquer un sujet en négligeant le fond et en ne parlant que des choses inutiles ou de très peu d'importance (396)

Il vaut mieux s'attacher au gros de l'arbre qu'à ses *branches*
(Pro.)
Il est préférable de s'adresser au chef plutôt qu'à ses subordonnés (397)

Enlever un fardeau tout *brandi*
Le soulever d'un seul coup (398)

Danser un *branle* de sortie
Se disait lorsque l'on est chassé énergiquement d'un endroit (399)

Être fou comme *branle* gai (Pro.)
Se disait d'une personne qui est d'une gaieté excessive (400)

N'oser *branler* devant quelqu'un
Se disait d'une personne qui est figée par la crainte lorsqu'elle se trouve en face d'une autre qu'elle redoute particulièrement (401)

Faire les beaux *bras*
Avoir des manières affectées par lesquelles on croit se rendre agréable (402)

Faire les grands *bras*
Se donner une importance que l'on n'a pas réellement (403)

Du pain de *brasse*
Autrefois, le pain de brasse était un grand pain de 10 à 12 kg (404)

Être en *brassières*
Vivre dans un état de gêne et de contrainte, ne pas disposer d'une liberté totale (405)
Le terme de brassières ne s'utilisait autrefois qu'au pluriel. Il désignait alors une sorte de petite chemise très serrée qui servait à maintenir le buste des femmes et surtout des enfants.

Lui donner des *brassières* de sainte Catherine
Lui rendre les agréments perdus de la jeunesse (406)

C'est un *brave* à trois poils
Se disait, un peu par plaisanterie, d'un homme qui a déjà donné de nombreuses démonstrations de son courage et de sa bravoure (407)

Il est *brave* jusqu'au dégainer
Se disait d'un fanfaron, d'un faux brave qui est courageux tant que le danger n'est pas immédiat et pressant (408)

Faire un repas de *brebis* (Pro.)
Se disait d'un repas où l'on ne boit pas (409)

Qui se fait *brebis* le loup mange
(Pro.)
Il peut être dangereux de se montrer trop bon (410)

À *brebis* tondue Dieu mesure le vent (Pro.)
Dieu épargne les plus démunis (411)

Dire deux mots et une *bredouille* (Pro.)
Exprimer directement et sans ménagement sa façon de penser (412)
Au jeu de trictrac, la bredouille était une partie qui comptait double. À l'origine, être bredouille signifiait seulement que l'on perdait cette partie double.

Afficher à la *bretèche*

Rendre publique une sentence en la placardant à la porte de l'hôtel de ville (413)

Autrefois, ce vieux mot de bretèche désignait une forteresse, une citadelle ou encore des éléments défensifs intégrés dans plusieurs types de fortifications.

Faire un tour de *breton*

Se disait alors d'un croc en jambe (414)

Le *breton* menace quand il a féru

Le breton frappe d'abord et menace ensuite (415)

Le vieux verbe férir ne s'emploie plus aujourd'hui que dans l'expression : « Sans coup férir », qui veut dire sans susciter de résistance, sans recevoir aucun coup. Autrefois, le verbe férir avait un emploi plus large et il était synonyme de frapper, blesser, atteindre. Dans la marine, il s'employait également dans le sens d'aborder ou de s'échouer.

Donner une *bricole* à quelqu'un

(Loc.Pro.)

Essayer de le tromper, utiliser des moyens détournés pour obtenir son assentiment (416)

L'expression ne s'employait qu'en mauvaise part. On a accusé Mazarin d'être un expert en bricoles…

C'est un oison *bridé*

Se disait d'une personne un peu niaise et sotte (417)

Une oie ou un oison bridé était à l'origine une oie ou un oison auquel on avait passé une plume dans les ouvertures de la partie supérieure du bec, pour l'empêcher de traverser les haies et d'entrer dans les jardins.

Du blé *bridé*

Se disait d'un blé sur pied dont l'épi se dessèche ou se recourbe (418)

Chacun *bridera* sa bête

Chacun sera libre de faire à sa guise, selon sa fantaisie (419)

Des *brides* à veaux

Se disait d'explications un peu sottes qui ne peuvent convaincre que des gens simples (420)

Se disait également des fausses nouvelles et des contes absurdes destinés à se divertir aux dépens des gens crédules.

Avoir plus de *brillant* que de solide

Se disait d'une personne qui a de l'esprit, mais dont les jugements ne sont pas excellents (421)

Brillanter son style

Employer des tournures trop recherchées, qui ne sonnent pas juste (422)

Être dans les *brindes* (Loc.Pro.)

Être ivre (423)

Une brinde était un verre que l'on buvait à la santé de quelqu'un. Au XVIe siècle, Rabelais parle d'une brinde pour évoquer un vase à deux anses destiné à recevoir du vin.

À navire *brisé* tout vent est contraire (Pro.)

Quand on manque des moyens nécessaires, tout peut être cause d'échec (424)

Se la *briser* (Arg.)
Se disait en argot lorsque l'on s'en va (425)

Il ne faut pas mettre tout son rôt sur une seule *broche*
(Loc.Pro.)
Version ancienne de « Il ne faut pas mettre tous ses œufs dans le même panier » (426)

Couper *broche* à quelque chose
Interrompre brutalement le déroulement d'une chose, empêcher qu'elle ne continue (427)
Dans ce sens, la broche en question était une petite cheville de bois avec laquelle on bouche un trou percé dans un tonneau. Cette cheville était ensuite coupée au raz de la douve, de sorte qu'il devenait impossible de l'extraire facilement à la main.

Faire un tour de *broche*
S'approcher du feu et se chauffer rapidement de tous les côtés (428)

Élever un enfant à la *brochette*
Élever un enfant avec beaucoup de tendresse et d'attention (429)

Autant pour le *brodeur* (Loc.Pro.)
Expression proverbiale qui signifiait que l'on ne croit pas un seul instant à ce qui a été dit (430)

Il n'y a si bon cheval qui ne *bronche* (Pro.)
Aussi habile qu'il soit, un homme peut toujours se tromper (431)
On disait qu'un cheval bronche lorsqu'il fait un faux pas.

Donner une *brossée* à quelqu'un
(Pop.)
Le malmener, le battre (432)
Allusion à l'action de brosser un habit ou un cheval avec une certaine énergie.

Prendre une *brouée* de feu
Se chauffer légèrement, en passant (433)
Une brouée était une pluie subite et courte.

S'en aller en *brouet* d'andouille
(Loc.Pro.)
Se disait d'une chose qui n'aboutit à rien (434)
À l'origine, le brouet était un bouillon que l'on portait avec une certaine solennité comique à une jeune mariée le lendemain de ses noces. Il était préparé à partir d'œufs, de lait et de sucre.
Se disait également d'un mauvais ragoût.

Être condamné à la *brouette*
Se disait de l'homme qui était contraint de participer à des travaux de terrassement ou de fortification (435)

C'est une créance hypothéquée sur les *brouillards* de la Seine
Se disait d'une créance dont le paiement n'est pas garanti (436)

Se sauver à travers les *brouillards*
Réussir à échapper à une discussion gênante (437)

Se sauver par les *broussailles*
Se tirer d'embarras comme on peut (438)

L'herbe sera bien courte s'il ne trouve pas de quoi *brouter*
Se disait d'un homme habile qui s'adapte à toutes les situations et qui réussit toujours à en tirer profit (439)

C'est un *broyeur* d'ocre
Se disait autrefois d'un mauvais peintre (440)

L'un a le *bruit*,
l'autre lave la laine (Pro.)
Il y en a un qui reçoit les compliments et le salaire, mais c'est l'autre qui travaille...(441)

Jouer à la carte *brûlée*
Tricher en utilisant une carte mise de côté (442)

Une enchère *brûlée*
Se disait d'une enchère faite avec précipitation (443)

Donner une *brûlée* à quelqu'un (Pop.)
Lui infliger une sévère correction (444)

Il est fait comme un *brûleur* de maison
Se disait d'un homme mal habillé ou dont les vêtements sont en désordre (445)

Attacher le *brûlot*
Prendre une mesure décisive et dangereuse (446)

Dans la *brume*, tout le monde est pilote (Pro.)
Quand tout le monde est ignorant, personne n'est plus qu'un autre capable de commander (447)

***Brusquer* une volaille**
La passer à la flamme après l'avoir plumée, afin de brûler ce que la main n'a pu enlever (448)
On se contente maintenant de dire qu'on la flambe. Les langues vernaculaires sont par contre assez riches en termes utilisés dans ce sens. Dans l'Aube, on la falotte. En Côte-d'or, on la fait friller, etc.

À brusquin *brusquet* (Loc.Pro.)
Vous me parlez d'une manière désobligeante, je vous réponds de même (449)
On donnait souvent ce nom de Brusquet à des chiens.

Aussi chanceux que le chien à *Brusquet* (Pro.)
Se disait d'une personne qui n'a pas de chance (450)
Brusquet était également le nom d'un personnage imaginaire dont le petit chien aurait été mangé lors de sa première sortie dans les bois. Voir B449.

Avoir cela dans ses *bucoliques*
Se disait des choses de peu de valeur amassées au fil des années (451)

Repasser le *buffle* à quelqu'un (Pop.)
Lui donner une volée de coups de bâton (452)
Il s'agit évidemment d'une allusion au cuir de buffle.

Donner le *buis* à une chose (Loc.Pro.)
La nettoyer ou la restaurer, lui donner meilleur aspect (453)

Avoir un menton de *buis*
Se disait ironiquement d'une personne qui a le menton qui avance (454)

Il n'y a si petit *buisson* qui ne porte ombre (Pro.)
Il faut se méfier des personnes de modeste condition, elles sont capables également de nous nuire (455)

Trouver *buisson* creux (Pro.)
Ne pas trouver la chose ou la personne à l'endroit où on la cherche (456)

Se sauver à travers les *buissons* (Pro.)
Chercher des échappatoires lorsque la discussion avec un adversaire devient assez vive (457)
Voir également B(438).

Tel bat les *buissons* qui n'attrape pas les oiseaux (Pro.)
C'est lui qui a eu toute la peine et c'est un autre qui a eu tous les profits (458)

Prendre l'air du *bureau*
S'informer de l'état d'avancement d'une affaire, chercher à connaître les intentions de ceux qui doivent en décider (459)

C'est un vrai *bureau* d'adresses
Se disait d'une personne qui aime les commérages, qui s'informe de tout et qui le répand partout (460)
« Le bureau d'adresses » fut pendant longtemps le nom qui était donné à « La Gazette de France » fondée par Renaudot.

N'avoir ni bure ni *buron*
Se disait à propos d'une personne qui ne sait ni où elle va manger, ni où elle va coucher (461)
On disait d'un endroit complètement inhabité : « Il n'y a ni bure ni buron ».

Elle ne s'est peinte qu'en *buste*
Se disait d'une personne qui, en parlant d'elle-même, passait sous silence ses défauts ou les circonstances qui peuvent lui être défavorables (462)

Être bien *buvant*, bien mangeant
Être en bonne santé (463)
Cette expression a été utilisée notamment par La Fontaine.

C'est un vin qui rappelle son *buveur*
Se disait d'un vin particulièrement apprécié, qui donne envie d'en boire encore (464)

Buveurs d'eau n'ont jamais besoin des pieds d'autrui (Pro.)
Le meilleur moyen de ne pas être saoul, c'est de ne boire que de l'eau (465)

Friser la *cabriole*
Danser en agitant les pieds rapidement lorsque l'on est en l'air (1)
Cette figure était une variante de l'entrechat.

Envoyer une lettre sous *cachet* volant
Le cachet volant était un cachet de cire apposé sur le pli supérieur d'une lettre. Non adhérent au pli intérieur, il permettait d'ouvrir la lettre sans rompre la cire (2)

C'est un *cadet* de haut appétit (Loc.Pro.)
Se disait d'un jeune homme qui aime à faire bonne chère (3)
Se disait également d'un jeune homme qui n'hésite pas à faire de grandes dépenses.

C'est un *cadet* qui ne boude pas (Loc.Pro.)
Se disait d'un homme intrépide (4)
Le corps des cadets était composé de jeunes militaires d'origine noble qui servaient tous comme volontaires. Louis XIV et Louis XV ont créé des compagnies de cadets qui ont disparu à l'époque de la Révolution. Il existait un emploi de cadet-gentilhomme dans chaque compagnie d'infanterie et de cavalerie.

Prendre son *café* aux dépens de quelqu'un (Loc.Pro.)
Se moquer de quelqu'un, s'en amuser (5)

La belle *cage* ne nourrit pas l'oiseau (Pro.)
On peut donner toutes les apparences de la richesse et vivre en réalité dans la gêne (6)

Jeter quelqu'un aux *cagnards*
L'abandonner avec mépris (7)
Le cagnard était autrefois un endroit mal entretenu où l'on faisait coucher les chiens.

C'est une *caille* coiffée
Se disait souvent d'une femme galante, d'une courtisane (8)

Battre la *caisse*
Recruter des troupes (9)

Donner un coup sur la *caisse*
Partager officiellement quelque chose entre deux personnes (10)

Battre tantôt la *caisse*, tantôt le tambour
Se contredire à chaque instant (11)

Sauver la *caisse*
Ironiquement, partir avec les fonds qui vous ont été confiés (12)

Il a le corps *calciné* (Loc.Pro.)
Se disait de quelqu'un qui a fait un usage immodéré des liqueurs alcoolisées (13)

Frauder la *calebasse* (Loc.Pro.)
Lors d'un partage, ne pas attribuer à chacun la part qui lui revient (14)

Vendre la *calebasse* (Loc.Pro.)
Révéler un secret (15)

Ne pas figurer sur son *calendrier*
Être en mauvais termes avec cette personne (16)

Vouloir réformer le *calendrier*
(Pro.)
Vouloir changer ce qui est bien (17)

Cela n'était pas sur son *calepin*
(Loc.Pro.)
Il ne s'y attendait pas (18)
Le terme de calepin désignait autrefois un dictionnaire polyglotte qui avait pour auteur Ambroise Calepin. Né près de Bergame en 1435 et mort en 1511, il a consacré toute sa vie à cet ouvrage qu'il a rédigé en latin et en italien.

Caler la voile
Baisser d'un ton, se radoucir ou même se soumettre. Parler avec moins de hauteur (19)
Dans l'ancien parler de la marine à voile, on calait les mâts de hune ou de perroquet en les abaissant le long du mât qui les porte. On calait « à mi-mât » ou on calait « tout bas ».

Être doré comme un *calice*
Se disait d'un tissu galonné et chamarré d'or (20)
Ironiquement, l'expression s'appliquait également à la personne portant une tenue décorée de cette manière.

Être à *califourchon* sur quelque chose
Tenir beaucoup à quelque chose, l'avoir à cœur (21)

Il aurait besoin d'une *calotte* de plomb (Loc.Pro.)
Se disait d'une personne qui est très étourdie ou qui manque de sérieux (22)

Baiser la *camarde* (Pop.)
Mourir (23)
L'adjectif camard, synonyme encore parfois usité de camus, s'applique à un nez aplati. L'expression fait allusion au squelette humain représentant la mort et dont la face est privée de nez.

Il est comme le *camelot*, il a pris son pli (Loc.Pro.)
Se disait d'une personne que l'on estime incorrigible (24)
Le camelot était une étoffe de laine qui se défroissait difficilement.

Mettre quelqu'un au pli du *camelot* (Loc.Pro.)
Le soumettre à l'obéissance (25)

Être maître de la *campagne*
Dans un jeu, dans une compétition, se disait lorsque l'on prend l'avantage sur son adversaire (26)

Être prompt à se mettre en *campagne*
S'irriter, s'emporter rapidement (27)

***Camper* un soufflet à quelqu'un** (Pop.)
Le gifler avec force (28)

Être *camus* comme un chien d'Artois (Pro.)
Être confus, déconcerté, ne savoir que dire ou que faire (29)
Dans le même sens, on disait également : « Être camus comme un chien de Boulogne ».

Vendre un *canard* à moitié (Loc.Pro.)
Faire des promesses mensongères (30)

Vendre du bois *canard*
Se disait de bois qui a trop longtemps séjourné dans l'eau (31)

Faire la *cane* (Pop.)
Manquer de courage dans une situation où il faudrait pourtant en avoir (32)
Allusion à la cane qui, au moindre bruit, s'empresse de plonger.

Elle marche comme une *cane*
Se disait d'une femme qui marche en balançant ses hanches (33)

Il n'y a plus que le bec à ourler et c'est une *cane* (Loc.Pro.)
Se disait par plaisanterie à ceux qui trouvent toujours que tout est facile (34) *(Voir aussi B141)*

Quand les *canes* vont aux champs, la première va devant (Loc.Pro.)
Se disait pour se moquer de ceux qui cherchent à démontrer une évidence (35)
On le disait également pour se moquer de ceux qui refusent de passer devant en usant d'une politesse cérémonieuse.

Vivre la *canne* à la main
Vivre comme un bourgeois qui n'a pas besoin de travailler (36)

Mettre quelque chose en *cannelle*
Briser quelque chose en en faisant des petits morceaux (37)
Allusion au fait que la cannelle se vend notamment en petits rouleaux très cassants.

Crever comme un *canon* de vieux mousquet (Pop.)
Mourir subitement (38)
Se disait aussi de la personne qui subit un échec inattendu.

C'est un vrai *canonicat* (Pop.)
Se disait d'un emploi peu fatigant, qui exige peu de travail (39)

***Canonner* une voile**
Dans le langage de l'ancienne marine, replier une voile en la roulant (40)

Un *canonnier* de la pièce humide (Arg.)
Dans la langue verte de l'époque, se disait d'un infirmier militaire (41)

Un *canot* jaloux
Se disait d'un canot dont les côtés sont bas et qui se retourne facilement (42)

Vous pouvez chanter un beau *cantique*
Vous l'avez échappé belle (43)

Avoir *cap* et queue
Se disait d'une pièce d'étoffe qui est entière (44)
Cap, ici, signifiait évidemment tête. On possédait cette pièce d'étoffe de son début jusqu'à sa fin.

Un cheval *cap* de more
Se disait d'un cheval au poil rouan, dont la tête et les pieds sont noirs (45)
Allusion aux Mores ou Maures, du nom donné autrefois aux arabes qui ont colonisé l'Espagne.

N'avoir que la *cape* et l'épée (Loc.Pro.)
Être pauvre, mais de bonne noblesse (46)

C'est un homme de *capeline*
Se disait d'un homme d'épée (47)
Sorte de chapeau porté autrefois par les gens du peuple, la capeline était également un casque de fer à l'usage des fantassins.

Faire son *capital* d'une affaire
S'en occuper en priorité (48)

Monter au *Capitole*
Se disait à propos d'une personne qui remporte un succès éclatant (49)
Désignant la citadelle bâtie sur l'une des sept collines de Rome, le Capitole était le symbole de la puissance romaine.

Il n'y a qu'un pas de la roche Tarpéienne au *Capitole* (Pro.)
Le triomphe est souvent bien près de la ruine (50)
La roche Tarpéienne se trouvait à l'extrémité sud-ouest du Capitole. C'est là que l'on précipitait dans le vide les condamnés coupables de trahison.

***Caponner* quelqu'un**
Le cajoler (51)
Le vieux verbe caponner était autrefois employé pour signifier que, par hypocrisie, on feignait la souplesse et la soumission auprès des gens dont on dépendait. Le capon était un poltron, un lâche. Le verbe caponner a disparu et le substantif capon, variante de chapon, a vieilli.

Faire pic et *capot*
Battre complètement son adversaire, remporter une victoire totale (52)
Rappelons qu'aux cartes, est capot celui qui n'a fait aucune levée et qui n'a marqué aucun point. « Rester capot » voulait dire être stupéfait, ne plus savoir que faire ou que dire.

Il a pris le *capuchon* (Pop.)
Se disait de celui qui se fait moine (53)

Parler comme un *capucin*
Se disait d'une personne qui parle du nez (54)

Meublé à la *capucine* (Loc.Pro.)
Se disait d'un appartement mal meublé (55)

Jusqu'à la troisième *capucine*
(Arg.)

Complètement (56)

On donnait le nom de capucines aux bagues de fer ou de cuivre qui maintenaient sur son bois le canon d'une arme à feu. On parlait ainsi de la première, de la deuxième capucine d'une arquebuse. On disait notamment « enfoncé jusqu'à la troisième capucine » ou encore « saoul jusqu'à la troisième capucine ».

Être dans le *caquet*
Faire parler de soi (57)

Les morceaux *caquetés* se digèrent plus aisément (Loc.Pro.)
Le plaisir de la conversation aiguise l'appétit (58)

C'est le marquis de *Carabas*
Se disait d'une personne qui possède beaucoup de biens qui ne sont pas d'un seul tenant (59)

Le marquis de Carabas est un personnage de l'un des contes de Perrault. L'expression s'employait également pour parler d'une personne vaniteuse, fière de ses titres bien que de noblesse douteuse.

Caracoler sur son dada
Parler avec passion et abondance de son sujet de prédilection (60)

C'est une *carafe* d'orgeat
Se disait d'une personne sans caractère, sans énergie (61)

Le sirop d'orgeat, apaisant et doux, est le contraire d'une boisson stimulante...

Ce n'est que du *carat*
Se disait des choses brillantes qui n'ont pas une grande valeur (62)

C'est un sot à vingt-quatre *carats* (Loc.Pro.)
Se disait d'un homme qui a atteint les sommets de la bêtise (63)

En joaillerie, un titre de 24 carats correspond à de l'or pur.

Faire ses *caravanes*
Se disait d'un jeune homme qui s'amuse beaucoup, jusqu'à se lancer dans le libertinage (64)

Qui entre en pape au conclave en sort *cardinal* (Pro.)
Ce n'est pas toujours le candidat qui se croit le mieux placé qui est élu (65)

Un vol à la *care* (Arg.)
Dans l'ancienne langue verte, l'expression faisait allusion au vol effectué par un filou qui demande de la monnaie (66)

Mettre le *carême* bien haut
Exiger de quelqu'un qu'il fasse des choses trop difficiles à accomplir (67)

Se disait également lorsque l'on promet une chose dont on sait qu'elle ne se produira pas avant longtemps.

Prêcher sept ans pour un *carême* (Pro.)
Répéter toujours en vain la même chose (68)

Avoir jeûné le *carême* (Pro.)
Se disait d'une personne maigre et au teint pâle (69)

On disait de même qu'une personne amaigrie par les privations est un saint de carême.

C'est un amoureux de *carême*
Se disait d'un amoureux trop timide (70)

Il faut faire *carême-prenant* avec sa femme et Pâques avec son curé (Pro.)
Rappelons que le carême-prenant est le nom donné familièrement aux trois jours gras qui précèdent le mercredi des Cendres (71)

Tous les trente-six *carêmes* (Loc.Pro.)
Se disait d'une chose qui se produit rarement (72)

C'est un peintre qui *caresse* le nu
Se disait d'un peintre habile à faire deviner la nudité sous les vêtements (73)

***Caresser* la bouteille** (Pop.)
Boire à petit coups et avec délices (74)

Du bois *carié*
Se disait du bois vermoulu (75)

Il est triste comme s'il venait d'enterrer *carnaval* (Loc.Pro.)
Triste comme on peut l'être le mercredi des Cendres, le lendemain du dernier jour de carnaval (76)

Jeûner en *carnaval*
En être réduit à de très grandes privations (77)

Tirer une *carotte* de quelqu'un (Pop.)
Obtenir adroitement d'une personne ce qu'elle n'avait nullement l'intention de vous donner (78)

Jouer la *carotte*
Au jeu, ne risquer que des petites sommes (79)

Ne vivre que d'une *carotte*
Vivre mesquinement, restreindre ses dépenses (80)

***Carotter* l'existence** (Pop.)
Vivre d'expédients (81)

Faire la *carpe* pâmée
Feindre de se trouver mal (82)
Les carpes, par temps chaud et ensoleillé, se couchent parfois à la surface, ouvrent la bouche et ferment les yeux, comme si elles allaient mourir.

Faire l'œil de *carpe* à quelqu'un
Lui faire les yeux doux (83)

Il est juste et *carré* comme une flûte (Pro.)
Se disait d'une personne ni juste ni loyale (84)
Se disait évidemment par antiphrase, puisqu'une flûte n'est jamais carrée.

Jeter du cœur sur du *carreau* (Arg.)
En argot, vomir sur le sol tout ce que l'on vient de manger (85)
La formule est imagée, à défaut d'être élégante…

Traiter quelqu'un comme un valet de *carreau*
Le traiter avec beaucoup de mépris (86)

Un brochet *carreau*
Se disait d'un très gros brochet (87)

C'est de la *carrelure* de ventre (Pop.)
Se disait d'un plat copieux, d'un bon repas (88)
La carrelure était le nom que l'on donnait à des semelles neuves cousues

sur des vieux souliers ou sur des vieilles bottes.

Avoir une *carrière* dans le corps
Se disait d'une personne qui souffre de calculs rénaux (89)
Allusion au nom donné autrefois à cette affection que l'on appelait encore « la maladie de la pierre ».

Se donner *carrière*
Se laisser emporter par le désir que l'on a de dire ou de faire quelque chose (90)

Faire passer *carrière* à quelqu'un (Loc.Pro.)
Le contraindre à faire une chose malgré lui (91)

Donner *carrière* à son cheval
Lui lâcher la bride, le laisser libre de courir (92)

C'est un cheval de *carrosse* (Pro.)
Se disait d'un homme brutal et stupide (93)

Savoir la *carte* du pays
Connaître les habitudes, les centres d'intérêts ou les petites intrigues qui règnent au sein d'une société, d'une famille, etc. (94)

Perdre la *carte* (Loc.Pro.)
Se troubler, s'embrouiller, perdre la tête (95)

Régler un *cartel*
Passer un accord au niveau des états pour procéder à un échange de prisonniers (96)

Marcher sur un *cas*
Écraser une crotte (97)

Au *cas* que Lucas n'eût qu'un œil, sa femme aurait épousé un borgne (Pro.)
Se disait pour se moquer de ceux qui sont trop prévoyants ou qui imposent trop de conditions (98)

Lui en donner sur le *casaquin* (Pop.)
Lui infliger une correction (99)
Autrefois sorte de déshabillé court réservé aux hommes, le casaquin a ensuite été en usage chez les paysannes et les femmes du peuple, avant de désigner une sorte de veste qui se portait sur les jupes à paniers et les crinolines Second Empire.

Avoir quelque chose dans le *casaquin*
Être inquiet, troublé ou encore malade (100)

Apprendre une nouvelle par *cascade*
Apprendre une chose par le bouche à oreille (101)

Un discours plein de *cascades*
Se disait d'un discours ou l'auteur passe brusquement d'une chose à l'autre, sans transition (102)

Le patron de la *case* (Pop.)
Se disait ironiquement du maître de maison (103)

Il porte un *casque* à mèche
Se disait par plaisanterie d'un homme qui porte un bonnet de coton (104)

Il en a dans le *casque* (Arg.)
Se disait de quelqu'un qui n'a plus les idées très claires, qu'il soit saoul ou un peu fou (105)
Dans le même sens, on disait également « il manque un clou à son casque ». Voir également C419.

Donner de la *casse* à quelqu'un
Déposséder quelqu'un de son emploi (106)
Allusion à la sanction en vigueur dans l'armée où un militaire peut être cassé de son grade.

Si c'est du grès, on vous en *casse* (Pro.)
Réponse que l'on faisait pour faire comprendre que l'on refuse d'accorder ce qui est demandé (107)

Elle a *cassé* sa cruche (Arg.)
Se disait en argot d'une jeune fille qui a perdu sa virginité (108)

N'en *casser* que d'une dent
Tirer peu de profit d'une chose (109)

***Casser* sa ficelle** (Arg.)
En argot, s'évader (110)

***Casser* sa marmite** (Arg.)
En argot, se ruiner (111)

Faire un tour de *casserole* (Pop.)
Suivre un traitement antivénérien (112)
Dans le même sens, on disait encore « passer à la casserole », une expression qui est toujours usitée mais qui a désormais un sens très différent lorsqu'il s'agit d'une dame !

Regarder sa *casserole* (Arg.)
Dans le vieil argot, consulter sa montre (113)
Les montres de gousset les plus courantes étaient encore assez volumineuses.

Mettre sa *casquette* en casseur d'assiettes
La porter de travers (114)
Un casseur d'assiettes était un homme querelleur, peu recommandable, une sorte de voyou.

C'est un *casseur* de raquettes (Pop.)
Se disait d'un homme fort et vigoureux (115)

Il figure sur le grand *catalogue* (Arg.)
Se disait ironiquement d'un mari trompé (116)
Autrefois, en argot, le « grand catalogue » désignait la longue liste des cocus. Il est à remarquer que l'expression ne s'appliquait alors qu'aux hommes !

Appliquer un *cataplasme* de Venise (Arg.)
En argot, donner une gifle (117)

On lui a fait son *catéchisme*
On lui a dicté ce qu'il devra dire ou faire (118)

C'est du vin *catholique*
Se disait de vin allongé d'eau (119) (Voir C377)
De nos jours, on dit encore dans ce cas que le vin est « baptisé »…

C'est un *catholique* à gros grains (Loc.Pro.)
Se disait d'un homme qui ne respecte

pas toujours les interdits de la religion (120)
L'expression serait apparue à l'époque de la Ligue, à la fin du XVIe siècle.

Céder au temps
Attendre un moment plus favorable (121)

Plaider contre sa *cédule*
(Loc.Pro.)
Contester une obligation que l'on s'était pourtant engagé à respecter (122)
La cédule était une reconnaissance de dette écrite sur un simple billet, sous seing privé.
L'expression était également employée dans le sens de « nier l'évidence ».

Être grosse à pleine *ceinture*
Se disait d'une femme dont la grossesse est déjà bien avancée (123)

Parler sous la *ceinture* (Arg.)
En argot, promettre de l'argent à quelqu'un pour l'inciter à s'engager dans une affaire (124)

Être pendu à la *ceinture* de quelqu'un
L'accompagner partout, être toujours avec lui (125)

Détacher sa *ceinture* (Loc.Pro.)
Perdre sa virginité, ou encore se marier (126)
Allusion directe à la ceinture de chasteté.

Faire le *Céladon*
Faire celui qui éprouve de beaux sentiments (127)
Céladon est le héros de l'Astrée, le roman pastoral d'Honoré d'Urfé. Céladon, un jeune berger, y est dépeint comme un amoureux délicat et passionné.

Se faire *celer*
Laisser croire que l'on n'est pas chez soi, ne pas répondre (128)

Manger des épinards à la *célestine*
Se disait d'épinards réchauffés et resservis plusieurs jours de suite (129)
On parlait également d'omelette à la célestine qui, très épaisse, était présentée pendant deux ou trois jours. Les célestines étaient des religieuses de l'ordre de saint Benoît.

Il faudrait les brûler pour en avoir de la *cendre* (Pro.)
Se disait ironiquement d'un bon mari et d'une bonne épouse, pour laisser entendre que l'un et l'autre sont devenus fort rares (130)

Prendre la *cendre* et le cilice
Faire grande pénitence pour obtenir le pardon de ses péchés (131)
Rappelons que le cilice était une chemise ou une large ceinture de crin portée directement sur la peau par pénitence.

Les *cendres* ne peuvent pas couvrir le feu (Pro.)
Se disait de la situation financière assez critique d'une personne qui a plus de dettes que de biens (132)

En acheter un *cent* pesant
En acheter cent livres, c'est à dire environ cinquante kilogrammes (133)

Contrairement à ce qu'affirment certains dictionnaires du XIXe siècle, le cent pesant n'est pas l'équivalent du quintal. Bescherelle ou encore Hatzfeld et Darmesteter, eux, ne s'y trompent pas. Ancienne mesure de masse, la livre de Paris correspondait à environ 490 g. L'acheteur d'un cent pesant en avait donc pour 49 de nos kilogrammes.

Chercher deux *centres* en un cercle (Pro.)

Vouloir faire une chose impossible (134)

On ne connaît pas plus l'homme au chapeau que le vin au *cerceau* (Pro.)

De même que la personne bien habillée n'est pas nécessairement honnête, le tonneau de bel aspect ne contient pas forcément un vin d'une très grande qualité (135)

Le cerceau dont il est question est évidemment une allusion aux cercles dont sont ceinturés les tonneaux. L'habit ne fait pas le moine…et le tonneau ne fait pas le vin !

Tracer le *cercle* de Popilius

Faire pression sur une personne afin qu'elle vous accorde ce que vous lui demandez (136)

Allusion au cercle que Popilius traça avec sa baguette autour du roi d'Égypte Ptolémée, en lui recommandant de ne pas en sortir tant qu'il ne lui aura pas fait connaître sa décision en faveur de la paix ou de la guerre.

Elle est au lieu où le *cerf* a posé sa tête (Loc.Pro.)

Se disait d'une chose qui est très difficile à trouver (137)

Allusion aux bois abandonnés par le cerf lors de la mue.

On connaît le *cerf* à ses abatturs (Pro.)

On juge souvent du caractère d'un homme par ses actions ou ses discours (138)

Au *cerf* la bière, au sanglier le barbier (Pro.)

Les blessures causées par les andouillers du cerf passent pour être plus dangereuses que celles qui sont dues aux défenses du sanglier (139)

Dans ce vieux proverbe, la bière désigne évidemment le cercueil et le barbier est celui qui faisait autrefois office de chirurgien. On trouvait encore quelques barbiers-chirurgiens en 1789.

Elle a la bouche en *cerise*

Se disait d'une jolie bouche féminine qui est à la fois petite, vermeille et arrondie (140)

C'est un marchand de *cerises* (Arg.)

Dans l'ancienne langue verte, c'est le nom que l'on donnait aux maçons de la banlieue parisienne (141)

Formule méprisante que les Parisiens employaient aussi pour désigner en général tous les habitants de la banlieue.

C'est un *cerisier* (Pop.)

Nom donné jadis par les Parisiens à un cheval de louage (142)

Ce sont ces chevaux qui transportaient les cerises de Montmorency jusqu'aux marchés de la capitale.

Être en *cervelle* (Loc.Pro.)

Rester en éveil, être très attentif (143)

Tenir quelqu'un en *cervelle*
(Loc.Pro.)
Faire naître chez lui des inquiétudes, des craintes, des soucis (144)
De même, on disait « entrer en cervelle » pour exprimer le fait que l'on s'inquiète.

Essuyer la *cervelle* de quelqu'un
(Loc.Pro.)
Subir sa mauvaise humeur (145)

C'est une *cervelle* de lièvre
(Loc.Pro.)
Se disait d'une personne qui a une très mauvaise mémoire (146)

Qui a du pain nargue le *chagrin*
(Pro.)
Le seul véritable malheur est de ne rien avoir à manger (147)

Mettre quelqu'un à la *chaîne*
L'envoyer aux galères (148)
Les condamnés aux travaux forcés étaient conduits au bagne enchaînés les uns aux autres. On parlait du ferrement ou du départ de la chaîne.

N'être ni *chair* ni poisson
Hésiter entre deux partis (149)

Il n'y a point de belle *chair* près des os (Pro.)
Une femme trop maigre n'est pas belle (150)

Avoir la *chair* courte
Avoir une peau qui se gerce facilement (151)

Jeune *chair* et vieux poisson (Pro.)
La viande est meilleure lorsqu'elle provient d'animaux jeunes, mais le poisson est préférable lorsqu'il est assez gros (152)

Il y a plus de *chair* que de pain
(Loc.Pro.)
Se disait d'une personne corpulente qui n'est pas riche (153)

La *chaise* d'affaires
C'est ainsi que l'on nommait, à la cour, la chaise percée du roi (154)
Louis XIV, paraît-il, continuait de s'occuper des affaires du royaume lorsqu'il y était installé.

Une *chaise* de commodité
Désignait une chaise dont le dossier peut être relevé ou abaissé au moyen d'une crémaillère (155)

Une *chaleur* de foie
Se disait d'un mouvement de colère brusque et passager (156)

Chamailler des dents (Arg.)
Se disait pour bâfrer, manger gloutonnement (157)

Avoir des *chambres* à louer dans sa tête (Loc.Pro.)
Se disait d'une personne qui a des visions ou qui est un peu folle (158)

Rejeter le moucheron et avaler le *chameau* (Pro.)
Éviter les petites fautes et en commettre des plus grandes (159)
Ce proverbe est tiré de l'évangile de saint Matthieu : « Malheur à vous, guides aveugles, qui faites passer votre boisson de peur d'avaler un moucheron et qui avalez un chameau ! ».
Dans un autre registre, signalons que le mot chameau, dans le langage populaire, s'est appliqué également à une femme de mauvaise vie…

Il y a encore du *champ* pour faire glane (Pro.)
Il y aura du travail pour tout le monde (160)

Être du régiment de *Champagne* (Pro.)
Se moquer de l'ordre et de la discipline (161)

Regarder en Picardie pour voir si la *Champagne* brûle (Pro.)
Se disait d'une personne qui lance des regards obliques (162)

Avoir un œil aux *champs* et l'autre à la ville (Pro.)
Se méfier de tout (163)

Un rien le met aux *champs*
Se disait de quelqu'un qui s'inquiète ou qui se fâche très facilement (164)

Être fou à courir les *champs*
(Loc.Pro.)
Se disait d'une personne dont la folie est patente et assez grave (165)

Se sauver à travers *champs*
(Loc.Pro.)
Se disait d'une personne qui échappe à une question pressante en détournant la conversation (166)

Rogue comme un *chancelier*
(Loc.Pro.)
Se disait d'un homme de mauvais caractère (167)
Certains historiens disent que le chancelier Michel de l'Hôpital pourrait avoir inspiré cette locution.

Mieux vaut jouer contre un pipeux que contre un *chanceux*
(Loc.Pro.)
Au jeu, un tricheur est moins redoutable qu'un homme qui a de la chance (168)

Être placé sur le *chandelier*
Être en vue, occuper une place éminente (169)

Embrasser le dessous du *chandelier*
Nom donné au jeu qui consistait à embrasser une dame sur la tête de laquelle un chandelier a été placé (170)

Il fait le *chandelier*
Se disait de celui sur lequel on attire la jalousie d'un mari pour qu'il ignore le véritable nom de l'homme qui courtise sa femme (171)

Moucher une *chandelle* à vingt-cinq pas
Être très adroit au tir au pistolet (172)

Moucher la *chandelle* comme le diable mouche sa mère
(Loc.Pro.)
Éteindre une chandelle en coupant la mèche trop bas (173)

La *chandelle* brûle (Pro.)
Se disait lorsque l'on est pressé et que l'on perd inutilement un temps précieux (174)

C'est un bon enfant, il ne mange pas la *chandelle* (Pro.)
Se disait d'une personne insignifiante (175)

Donner une *chandelle* à Dieu et l'autre au diable (Pro.)
Chercher à s'attirer les bonnes grâces de deux partis opposés (176)

Il y a des nouvelles à la *chandelle* (Pro.)
Se disait lorsque l'on attend l'arrivée d'une lettre ou d'une visite (177)
Les petits grumeaux qui se forment près de la flamme d'une bougie étaient supposés annoncer l'arrivée d'une lettre ou d'un visiteur.

En être réduit à la *chandelle* bénite (Pro.)
Se disait d'une personne qui est à l'article de la mort (178)

Cette femme est belle à la *chandelle* (Pro.)
Se disait d'une femme dont la beauté est moins évidente le jour, en pleine lumière (179)

Souffler sa *chandelle* (Arg.)
En argot, mourir (180)

Ses cheveux frisent comme des paquets de *chandelles* (Loc.Pro.)
Se disait d'une personne aux cheveux raides (181)

Tel *change* qui ne gagne pas (Pro.)
On ne gagne pas nécessairement à vouloir tout changer (182)

***Changement* de propos réjouit l'homme** (Pro.)
Il ne faut pas toujours parler de la même chose (183)

Le temps va *changer* (Loc.Pro.)
Se disait lorsqu'on voit quelqu'un faire une chose qui est contraire à ses habitudes (184)

C'est un homme qui paye comme un *changeur*
Se disait d'un homme qui a la réputation de payer ses achats au comptant et en argent liquide (185)

Il est riche comme un *changeur*
Se disait d'un homme qui garde chez lui de très grosses sommes en argent liquide (186)

Mener une vie de *chanoine* (Pro.)
Mener une vie tranquille et douce (187)

Les mots font les *chansons* (Pro.)
Il faut s'en tenir à ce qui a été écrit ou dit (188)
Se disait également pour inciter quelqu'un à s'expliquer.

Qui bien *chante* et bien danse fait un métier qui peu avance (Pro.)
On ne fait pas fortune si on ne pense qu'aux plaisirs de l'existence (189)

Une porte mal graissée *chante* (Pro.)
Il faut parfois se résoudre à acheter la discrétion d'une personne (190)

C'est bien *chanté* (Loc.Pro.)
Se disait par moquerie à une personne qui dit quelque chose que l'on n'approuve pas (191)

Ce n'est pas à la poule de *chanter* devant le coq (Pro.)
Une femme se doit de rester discrète en présence de son mari (192)

Chanter magnificat à matines
Agir à contretemps (193)
Le magnificat est un cantique qui se chante aux vêpres, l'après-midi.

Chanter à quelqu'un sa gamme (Loc.Pro.)
Lui faire une sévère réprimande, lui dire ses quatre vérités (194)

C'est comme si vous _chantiez_ femme sensible (Pop.)
Se disait à quelqu'un pour essayer de lui faire comprendre que l'on ne prête aucune attention à ce qu'il dit (195)

Boire comme un _chantre_ (Loc.Pro.)
Boire beaucoup (196)

Chantre qui tousse perd sa note (Pro.)
Se disait à une personne qui été interrompue et qui ne sait plus où en était la conversation (197)

Elle a coiffé un mauvais _chapeau_ (Pop.)
Se disait de celle qui a terni sa réputation d'honnête femme (198)

Enfoncer son _chapeau_ (Pop.)
Prendre une décision courageuse et hardie dans une situation difficile (199)

Mettre son _chapeau_ de travers
Prendre une attitude menaçante (200)

C'est son frère _chapeau_
Se disait d'un homme qui s'attache à un personnage plus important en lui servant de faire-valoir (201)
Un frère chapeau était un moine subalterne qui en accompagnait un autre et qui portait un chapeau au lieu du capuchon.

C'est la plus belle rose de son _chapeau_ (Pro.)
Se disait du plus grand honneur que l'on puisse faire ou du plus grand avantage que l'on puisse accorder à une personne (202)

Être comme saint Roch en _chapeaux_ (Pro.)
Être abondamment pourvu d'une chose, en avoir plus qu'il n'en faut (203)
Les statues de saint Roch, très nombreuses, le représentent coiffé de chapeaux souvent différents.

Qui a bonne tête ne manque pas de _chapeaux_ (Pro.)
Un homme habile trouve toujours le moyen de se procurer ce qui lui est nécessaire et de réparer notamment les pertes qu'il a pu subir (204)

Chercher _chape-chute_ (Pro.)
Chercher une occasion de profiter de la négligence ou du malheur de quelqu'un (205)
Une chape-chute était une bonne aubaine.

Défiler son _chapelet_
Cesser toute pratique religieuse (206)

Le _chapelet_ commence à se défiler
Se disait lorsque plusieurs personnes d'une même famille commencent à manquer (207)

Il n'a pas gagné cela à dire son *chapelet*

Se disait de quelqu'un qui reçoit le juste châtiment d'une faute qu'il a commise (208)

Il faut se méfier du *chapelet* du connétable (Pro.)

Il faut se méfier d'une apparence faussement rassurante (209)

Ce proverbe fait allusion à la singulière dévotion du connétable Anne de Montmorency qui avait toujours son chapelet à la main lorsque, à la tête de l'armée, il ordonnait de brûler un village, de faire main basse sur une garnison ou encore de faire pendre un soldat. Maréchal de France en 1522, connétable en 1537, le duc de Montmorency fut conseiller de François Ier et de Henri II.

Faire *chapelle* (Arg.)

Se disait d'une femme qui relève ses jupes pour se chauffer au feu de la cheminée (210)

Jouer à la *chapelle*

S'occuper sérieusement de choses inutiles ou sans importance (211)

Le jeu de la chapelle était un divertissement enfantin qui consistait à imiter les cérémonies de l'Église.

C'est pain et vin de *chapitre* (Pro.)

Se disait autrefois d'un pain et d'un vin excellents, tels que ceux que certains chapitres distribuaient à leurs chanoines (212)

Se coucher en *chapon*

Se coucher après un bon dîner (213)

Il a les mains faites en *chapon* rôti

Se disait d'un voleur, d'un homme qui a les doigts crochus (214)

Prendre un *char* numéroté

Se disait ironiquement lorsque l'on utilisait une voiture de louage (215)

Charbonner une muraille

Dessiner ou écrire sur un mur avec un morceau de charbon (216)

L'ancêtre du tag, qui présentait au moins l'avantage de se nettoyer facilement.

Être bête à manger du *chardon* (Loc.Pro.)

Être stupide et borné (217)

Allusion à l'âne qui, on le sait, ne bénéficiait pas dans le passé de la meilleure réputation.

Il est *chargé* de ganache

Se disait d'un homme qui a de très grosses mâchoires (218)

Il a été bien *chargé* d'appointements (Pro.)

Se disait de quelqu'un que l'on a battu à coups de poing (219)

Charger de bois le front de quelqu'un

Avoir une liaison avec sa femme (220)

Des *charités* de cour

Se disait des perfidies semblables à celles que les courtisans s'échangeaient ordinairement (221)

Prêter des *charités* à quelqu'un (Pro.)

Chercher à faire croire qu'il a dit ou fait quelque chose de mal (222)

Faire *Charlemagne* (Pro.)
Se retirer d'un jeu immédiatement après avoir gagné une partie (223)

Autant que *Charlemagne* en Espagne (Pro.)
Se disait d'une chose qui dure longtemps et qui ne donne aucun résultat (224)

Il a fait plus que *Charles* en France (Pro.)
Se disait d'une personne qui a accompli de très grandes choses (225)
Allusion aux guerres longues, meurtrières et très coûteuses que Charles VII a dû soutenir contre les Anglais pour reconquérir son royaume.

***Charpenter* sur quelqu'un** (Pop.)
Le battre avec un bâton (226)

Bien mener sa *charrette*
Bien conduire ses affaires (227)
On ne se sert plus beaucoup de charrettes, mais on utilise toujours des barques. Il est donc logique de dire encore que l'on mène bien sa barque…

***Charrier* droit** (Pop.)
Se conduire avec sagesse et prudence (228)

C'est un cheval de *charrue*
Se disait d'un homme stupide et grossier (229)

C'est lui qui tire la *charrue*
Dans une équipe, se disait de celui qui fait l'essentiel du travail et qui se donne beaucoup de peine (230)

C'est une *charrue* mal attelée (Pro.)
Se disait d'une association dont les membres dirigeants ne s'accordent pas (231)

Une ferme de six *charrues*
Se disait autrefois d'une ferme où six charrues sont nécessaires pour assurer le labourage annuel des terres (232)

C'est un cheval qui a de la *chasse*
Se disait d'un cheval qui a de la vigueur dans les membres postérieurs (233)

Cette affaire est une *chasse* morte
Se disait d'une affaire qui n'a pas été menée jusqu'à son terme (234)

C'est de l'huître de *chasse*
Se disait des huîtres qui été ont acheminées par le chasse-marée (235)
Le chasse-marée était le voiturier qui transportait le plus rapidement possible les produits de la mer des ports de pêche jusqu'aux lieux de consommation. Le terme s'appliquait également à la voiture elle-même ainsi qu'au bateau de pêche à trois mâts que l'on utilisait en Bretagne.

C'est un homme qui *chasse* bien au plat (Pop.)
Se disait d'un homme qui n'est pas chasseur, mais qui accepte volontiers de manger le gibier que les autres ont tué (236)

Leurs chiens ne *chassent* pas ensemble
Se disait de deux personnes qui ne sont pas en bons termes l'une avec l'autre (237)

Chasser aux blancs moineaux (Pro.)
Perdre son temps en cherchant à faire une chose impossible (238)

Faire un repas de _chasseur_
Se disait d'un repas rapide et léger (239)

Une messe de _chasseur_
Se disait d'une messe qui est dite à la hâte (240)

Être affamé comme un _chasseur_
Avoir une faim de loup (241)

Des harengs de _chasseurs_
Dans le langage de la pêche, se disait des harengs qui sont immédiatement livrés au commerce dès qu'ils sont pêchés (242)

Aller comme un _chat_ maigre (Loc.Pro.)
Courir très vite (243)

Bailler le _chat_ par les pattes (Loc.Pro.)
Présenter une chose par l'endroit qui est le plus difficile à saisir (244)

Jeter le _chat_ aux jambes de quelqu'un (Loc.Pro.)
Lui créer des difficultés, essayer de contrecarrer ses projets (245)

Emporter le _chat_ (Loc.Pro.)
Partir discrètement, sans saluer personne (246)

C'est de la musique de _chat_ (Loc.Pro.)
Se disait d'une musique dont les notes sont aigres et discordantes (247)

C'est le nid d'une souris dans l'oreille d'un _chat_ (Loc.Pro.)
Se disait d'une chose totalement impossible (248)

On ne peut retenir le _chat_ quand il a goûté à la crème (Loc.Pro.)
Il est difficile de corriger une personne qui s'est habituée à une chose agréable (249)

Acheter le _chat_ pour le lièvre (Loc.Pro.)
Conclure un marché sans avoir vu ce que l'on achète (250)

On ne peut pas prendre de tels _chats_ sans mitaines (Loc.Pro.)
Se disait d'une affaire très délicate, difficile (251)

Dès que les _chats_ seront chaussés (Loc.Pro.)
Se disait d'une heure très matinale (252)

Avoir joué avec les _chats_ (Loc.Pro.)
Avoir des égratignures sur le visage (253)

Être _chaud_ de vin
Se disait lorsque l'on a un peu trop bu (254)

Tomber de fièvre en _chaud_ mal (Pro.)
Tomber d'un état fâcheux dans un état qui est encore pire (255)

C'est un _chaud_ lancier (Loc.Pro.)
Se disait ironiquement d'une personne que l'on taxe de froideur (256)

Donner une *chaude* (Pop.)
Ranimer vigoureusement la flamme d'un feu lorsque l'on vient de passer quelques heures à l'air froid ou dans une pièce qui n'est pas chauffée (257)

Des semences *chaudes*
Se disait autrefois de certaines graines employées en médecine comme médicaments (258)
On parlait des semences chaudes majeures (anis, fenouil, cumin, etc.) et des semences chaudes mineures (persil, carotte, céleri, etc.).

Elle sonne comme un *chaudron*
Se disait ironiquement d'une mauvaise cloche (259)

Le *chaudron* mâchure la poêle
(Pro.)
Se disait lorsqu'une personne critique chez celles qui lui sont pourtant supérieures des défauts qu'elle présente elle-même d'une manière encore plus évidente (260)
Pris au sens figuré, le vieux verbe mâchurer signifiait également critiquer, décrier.

Le couvercle est digne du *chaudron* (Pro.)
Se disait de deux personnes qui sont aussi folles l'une que l'autre (261)
Ce proverbe a été cité notamment par Rabelais.

Il fait comme le *chaudronnier* qui met la pièce à côté du trou
(Loc.Pro.)
Se disait de celui qui fait du mauvais travail parce qu'il n'est pas assez attentif (262)
L'expression visait surtout les chaudronniers ambulants venus d'Auvergne que la population qualifiait souvent de « chaudronniers au sifflet ».

Avoir les pieds *chauds* (Pro.)
Jouir des commodités de la vie, être dans une situation heureuse et agréable (263)
On disait d'une personne qui évoque sans s'émouvoir les misères des autres : « Il en parle à son aise, il a les pieds chauds ».

Ce n'est pas pour vous que le four *chauffe* (Pro.)
Vous n'avez rien à espérer, ce n'est pas pour vous que toutes ces choses sont préparées (264)

Je ne me *chausse* pas à son point (Pro.)
Je ne m'accorde pas très bien avec lui (265)
Le point correspondait à la taille de la chaussure. C'est ensuite devenu la pointure.

S'enfuir un pied *chaussé* (Pro.)
S'enfuir en toute hâte, sans avoir le temps de s'habiller (266)

Être né *chaussé* et vêtu
Être né de parents fortunés (267)

Avoir son bonnet *chaussé*
Être obstiné et ferme dans ses opinions (268)
Dans le même sens, on disait encore que l'on « se chausse d'une opinion ».

Ne s'intéresser qu'aux mieux *chaussées*
Ne courtiser que les femmes riches et jolies (269)

C'est une personne qui n'est pas aisée à *chausser*
Se disait d'une personne que l'on ne persuade pas facilement (270)

***Chausser* tous les hommes à la mesure de son pied** (Pro.)
Juger les autres d'après soi-même (271)

Nous allons lui *chausser* de près les éperons
Se disait lorsque l'on décide de poursuivre de très près quelqu'un qui s'enfuit (272)

***Chausser* le brodequin**
Se disait des acteurs qui tiennent un rôle dans une comédie (273)
Pour ceux qui se spécialisaient dans les tragédies, on disait plutôt « chausser le cothurne », ce qui était une allusion à la tragédie classique grecque.

Tirer ses *chausses*
S'en aller, s'enfuir (274)

C'est elle qui porte les *chausses* (Loc.Pro.)
Se disait d'une femme qui gouverne son mari (275)
De nos jours, on parle d'un ménage où la femme porte la culotte…

Tenir quelqu'un au cul et aux *chausses* (Loc.Pro.)
Le serrer de si près qu'il ne peut s'échapper ou qu'il ne peut éviter de faire ce que l'on attend de lui (276)

Prendre son cul pour ses *chausses* (Loc.Pro.)
Se méprendre grossièrement (277)

Faire dans ses *chausses* (Loc.Pro.)
Avoir une très grande peur (278)

Avoir des *chausses* de deux paroisses (Loc.Pro.)
Porter des bas dépareillés (279)
Plus généralement, on parlait également d'un habit de deux paroisses pour une tenue composée de pièces de couleurs différentes.

C'est un gentilhomme de Beauce, qui se tient au lit quand on répare ses *chausses* (Pro.)
Se disait pour se moquer de la noblesse rurale qui vit dans la pauvreté (280) (Voir B134).

Il n'a qu'un peigne dans un *chausson*
Se disait à propos d'une personne pauvre dont l'avoir se réduit à très peu de chose (281)

Tout son équipage tiendrait dans un *chausson*
Se disait d'une personne pauvre qui ne possède que très peu de vêtements (282)

Chacun sait où sa *chaussure* le blesse (Pro.)
On connaît en général assez bien ce qui nous est défavorable (283)

L'occasion est *chauve* (Pro.)
Se disait d'une occasion dont on doit se saisir rapidement, qui ne s'offre à nous que pendant très peu de temps (284)
On ne peut profiter de cette occasion qui se présente en la retenant par les cheveux puisqu'elle est chauve…

La *chaux* enrichit le père et ruine les enfants (Pro.)
Les sols ne sont fertilisés par la chaux que temporairement. Ils cessent de produire si l'on n'utilise pas d'autres engrais (285)
Ce proverbe ne fait que traduire un aspect des connaissances agronomiques du moment.

C'est une affaire à *chaux* et à ciment (Loc.Pro.)
Se disait d'une affaire sérieuse, dont les finances sont très solides (286)

Faire voir bien du *chemin* à quelqu'un (Loc.Pro.)
Le pourchasser méthodiquement, ne lui laisser aucun répit, ne pas lui faire de quartier (287)

Couper *chemin* à quelque chose
En arrêter le cours, en empêcher les progrès et la réussite (288)

Prendre le *chemin* de la Grève (Loc.Pro.)
Se conduire mal au point de risquer de périr sur l'échafaud (289)
La place de Grève, à Paris, fut le lieu des exécutions capitales de 1310 à la Révolution. Elle s'est appelée « Place de l'Hôtel-de-Ville » à partir de 1806.

En tout pays il y a une lieue de mauvais *chemin* (Pro.)
Il n'est pas d'entreprise qui ne comporte quelque difficulté (290)

C'est le *chemin* de Villejuif
Se disait d'une chose longue et étroite (291)

Bonne terre, mauvais *chemin* (Pro.)
Dans les terres grasses, les chemins sont mauvais car défoncés et remplis d'ornières (292)

Il nous montre le *chemin* de Saint-Jacques (Loc.Pro.)
Se disait d'un cheval qui, au repos, porte l'un de ses antérieurs en avant de la ligne d'appui, de manière à s'appuyer sur la pince sans poser le talon (293)

C'est un homme qui *chemine* bien
Se disait de celui qui parvient à ses fins (294)

C'est un chevalier de *cheminée* (Loc.Pro.)
Se disait autrefois par mépris d'un chambellan qui restait auprès de son maître pendant que les autres chevaliers s'en allaient à la guerre (295)

Se chauffer à la *cheminée* du roi René (Pro.)
Se chauffer au soleil (296)
Allusion à l'habitude qu'avait le roi René de Provence d'aller se chauffer au soleil dans les belles journées d'hiver.

Il faudra faire une croix sur la *cheminée* (Loc.Pro.)
Se disait lorsqu'un événement assez rare venait de se produire (297)
Bien des choses se passaient sous le manteau des larges cheminées campagnardes. Les maîtresses de maison y faisaient la cuisine, les vieux y avaient leur banc et la famille s'y réunissait pour les veillées.

Cahoter sur des *chemins* ferrés
Se disait des chemins dont le revêtement comporte des pierres très dures et inégales (298)

Le verre de vin est la *chemise* du capucin (Pro.)
Lorsqu'on est en sueur, il faut changer de chemise ou boire un verre de vin (299)
Les capucins étaient des religieux franciscains introduits en France par Catherine de Médicis et Charles IX en 1572. Vivant d'aumônes, ils étaient vêtus d'une robe grossière d'étoffe brune, d'un manteau et d'un capuchon très pointu. Ils ne portaient pas de chemise...

Être condamné à la *chemise* ardente
La chemise ardente était un vêtement enduit de soufre que l'on faisait porter à ceux qui étaient condamnés au bûcher (300)

Être condamné à la *chemise* d'ivrogne
La chemise d'ivrogne était une peine infamante en usage en Angleterre au XVIIe siècle. Un tonneau sans fond, percé d'un gros trou pour la tête et de deux trous latéraux pour les bras, servait de vêtement au condamné que l'on promenait ainsi dans les rues (301)

Prendre une *chemise* blanche
Se disait au jeu de l'hombre lorsque l'on rejetait ses neuf cartes pour en prendre neuf autres (302)
D'origine espagnole, l'hombre se jouait à trois personnes avec un jeu de cinquante deux cartes dont on retirait les huit, les neuf et les dix.

Les frères de la *chemise*
Nom que l'on donnait aux chanoines réguliers de Latran (303)

Il va compter ses *chemises* (Arg.)
Dans l'argot des marins, se disait d'un homme qui a le mal de mer et qui s'apprête à vomir (304)

Payer en feuilles de *chêne* (Pro.)
Payer avec des billets qui n'ont plus de valeur (305)

Petit homme abat grand *chêne* (Pro.)
Pour vaincre, l'intelligence peut se montrer supérieure à la force (306)

Avoir les pieds sur les *chenets*
Vivre dans le confort, sans avoir à se fatiguer (307)

C'est une méchante *chenille*
Se disait d'une personne malfaisante (308)
On traitait également de chenille quelqu'un de très laid.

Il me le payera plus *cher* qu'au marché (Pro.)
Je me vengerai (309)
On se contente maintenant de dire : « Il me le payera cher ».

Faire *chère* entière
Prendre part à un banquet qui est suivi de plusieurs divertissements (310)

Faire grande *chère* et bon feu (Pro.)
Faire une grande dépense (311)

Une *chère* de commissaire (Pro.)
Se disait d'un repas où l'on sert du poisson et de la viande (312)

Certains disent que l'expression serait née à l'époque des édits de pacification rendus par Louis XIII, où les commissaires chargés d'en faire respecter les prescriptions étaient soit catholiques, soit protestants. Les catholiques mangeaient de la viande, mais les protestants n'acceptaient que du poisson.

Chère d'homme fait vertu (Pro.)
Pour réussir une affaire, il est nécessaire d'être présent (313) (Voir V70)
Le mot « chère » a d'abord désigné le visage.

La _cherté_ y est
Se disait d'une chose que tout le monde veut acquérir (314)
Dans le même sens, on disait encore que « cherté foisonne ».

C'est un _cheval_ échappé
Se disait d'un jeune homme impulsif et remuant, qui refuse souvent d'obéir (315)

C'est un _cheval_ de trompette
(Loc.Pro.)
Se disait d'un homme que les menaces n'effrayent pas, d'un homme courageux qui n'a jamais peur de rien (316)
Les chevaux de trompette était des chevaux que les fanfares militaires utilisaient pour leur calme et leur relative indifférence au bruit, notamment au son éclatant de la trompette.

Écrire à quelqu'un une lettre à _cheval_
Lui écrire en employant des termes méprisants et hautains, en proférant des menaces (317)

Votre _cheval_ n'est qu'une bête
(Loc.Pro.)
Se disait ironiquement à quelqu'un qui est dans l'erreur, qui se trompe grossièrement (318)

C'est le _cheval_ du père Canaye
Se disait d'un cheval très doux (319)

C'est le _cheval_ de Caligula (Pro.)
Se disait du comportement extravagant que l'on observe parfois chez les gens de pouvoir (320)
L'empereur romain Caligula vénérait son cheval Incinatus au point de lui construire une résidence somptueuse. Il allait le nommer consul lorsqu'il fut assassiné en 41 après J.-C.

C'est le _cheval_ qui se venge du cerf (Pro.)
Se disait de la personne qui, par haine, est prête à se venger en s'exposant à des conséquences qui peuvent se révéler catastrophiques (321)
Allusion à une fable de La Fontaine.

Jouer à _cheval_ fondu
Jeu où des enfants forment une file en se tenant courbés pour que les autres puissent sauter sur leurs dos (322)

À jeune _cheval_ vieux cavalier
(Pro.)
Un cheval jeune et fougueux doit être monté par un cavalier d'expérience (323)

Le _cheval_ hygiénique
Se disait d'un cheval de bois monté sur un pivot articulé retenu à l'avant et à l'arrière par des ressorts (324)
Pour se donner de l'exercice, on donnait des impulsions longitudinales

rappelant un peu celles que procure un cheval lancé au galop.

Un *chevalier* du crochet (Arg .)
En argot, désignait un chiffonnier (325)

Un *chevalier* grimpant (Arg.)
Chez les voyous, l'expression faisait allusion à un homme pratiquant le vol au bonjour (326)
Se disait en argot d'un vol où l'on s'introduit dans une maison en frappant plusieurs fois à la porte pour vérifier que les occupants habituels sont bien absents, quitte à se retirer en s'excusant et en prétextant une erreur si quelqu'un se présente.

Quand le foin manque au râtelier, les *chevaux* se battent (Pro.)
Lorsque les conditions de vie se détériorent, les gens deviennent agressifs (327)

Il est brouillé avec son *chevet*
Il ne parvient plus à dormir (328)
Le mot chevet à connu une évolution assez récente de son sens, ce que les linguistes appellent encore un glissement diachronique. Autrefois synonyme de traversin, le terme semble maintenant s'attacher surtout au petit meuble que l'on place à la tête du lit et que l'on appelle justement la table de chevet.

Nos *cheveux* sont comptés (Pop.)
Tout ce qui doit nous arriver ne se fait que grâce à la permission divine (329)
Lié à l'intervention divine, le mythe de la destinée était autrefois bien plus présent dans les têtes.

Avoir de beaux *cheveux* (Arg.)
Se disait ironiquement pour qualifier une personne laide, difforme ou mal vêtue (330)

Il ne faut plus qu'une *cheville* pour le tenir
Se disait en parlant d'un homme qui ne doit sa fortune qu'à un gros coup de chance (331)

Mettre un cheval en *cheville*
Atteler un cheval devant celui qui est entre les brancards pour le seconder dans ses efforts (332)
De là viendrait l'expression «être en cheville avec quelqu'un ».

C'est une monture *chevillée*
(Arg.)
Dans l'ancienne langue verte, l'expression désignait une femme qui marche les jambes serrées l'une contre l'autre (333)
L'expression trouve évidemment son origine dans le langage propre à l'équitation.

Autant de trous, autant de *chevilles* (Pop.)
Se disait à une personne qui trouve des réponses ou des excuses à tout (334)

Où la *chèvre* est attachée, il faut qu'elle broute (Pro.)
Il faut bien gagner sa vie là où l'on se trouve (335)

La *chèvre* a pris le loup (Pro.)
Se disait d'une personne qui voulait en tromper une autre et qui s'est trouvée elle-même dupée par cette autre (336)

On n'a jamais vu une *chèvre* morte de faim (Pro.)
Il peut être avantageux de s'habituer à manger de tout, comme le fait la chèvre (337)

Prendre la *chèvre* (Loc.Pro.)
Se fâcher très facilement pour peu de chose (338)
On dit maintenant que l'on prend la mouche….

Il aimerait une *chèvre* coiffée (Loc.Pro.)
Se disait d'un homme qui tombe facilement amoureux de toutes les femmes qu'il voit (339)

À la chandelle, *chèvre* semble demoiselle (Pro.)
Il est préférable d'être au grand jour pour juger de la beauté d'une femme (340)

Se faire traîner en *chèvre* morte (Loc.Pro.)
Se faire traîner sur le dos (341)

Grinchir à la *chicane* (Arg.)
Dérober la bourse ou la montre de quelqu'un en lui tournant le dos (342)
Dans la vieille langue argotique, le verbe grinchir était synonyme de voler.

***Chicaner* sa vie**
Se défendre avec acharnement lorsque l'on est accusé en justice (343)

Il n'est festin que de gens *chiches* (Pro.)
Les personnes les plus économes sont celles qui sont capables de faire les plus grandes dépenses dans les occasions exceptionnelles (344)
Dans le même sens, on a aussi ce vieux proverbe « ce que chiche épargne, large le dépense ».

Jeter un os à la gueule du *chien* pour le faire taire (Loc.Pro.)
Faire un cadeau à une personne que l'on craint dans le but d'acheter son silence et sa passivité (345)

C'est le *chien* de Jean de Nivelle, il s'enfuit quand on l'appelle (Pro.)
Se disait d'un homme qui s'éloigne quand on veut le retenir (346)
« Le Petit Robert » et « Le Petit Larousse » ne mentionnent plus ce vieux proverbe dont l'emploi, bien que plus rare, n'a pourtant pas complètement disparu. Certains y voient une simple allusion à la fable de La Fontaine :
« Ce n'était pas un sot, non, non, et croyez m'en,
Que le chien de Jean de Nivelle ».
D'autres préfèrent une interprétation plus historique en rappelant que Jean de Nivelle et son frère furent déshérités par leur père Jean II de Montmorency qui les a traités de chiens lorsqu'il a constaté qu'ils ignoraient son ordre de venir se ranger aux côtés du roi Louis XI contre le duc de Bourgogne.

Ça ne vaut pas les quatre fers d'un *chien* (Loc.Pro.)
Se disait d'une chose qui n'a aucune valeur (347)

Cela n'est pas tout *chien* (Loc.Pro.)
Se disait d'une chose pas trop mauvaise (348)

C'est un beau *chien* s'il voulait mordre (Loc.Pro.)
Se disait d'un homme qui a belle apparence, qui paraît brave mais qui en réalité manque de courage (349)

C'est un *chien* qui aboie à la lune (Loc.Pro.)
Se disait de quelqu'un qui profère des paroles véhémentes mais inutiles contre une personne qui est plus puissante que lui ou qui est trop éloignée pour pouvoir l'entendre (350)

C'est droit comme une jambe de *chien* (Loc.Pro.)
Se disait d'une chose tordue ou d'une jambe mal faite (351)

Jamais à un bon *chien* ne vient un bon os (Pro.)
La chance ne favorise pas souvent ceux qui en seraient pourtant les plus dignes (352)

Avoir du *chien* dans le ventre
Supporter les malheurs ou les souffrances (353)

Il a été à Saint-Malo, les *chiens* lui ont mangé les os (Pro.)
Se disait parfois d'une personne dont les mollets sont très maigres (354)
La coutume voulait qu'à Saint-Malo, on lâchait la nuit de gros chiens qui sillonnaient la ville et qui déchiraient les jambes de ceux qu'ils rencontraient.
Avant de libérer les molosses, on faisait sonner une cloche pour avertir la population.

C'est une charrue à *chiens* (Loc.Pro.)
Se disait en parlant de deux associés qui ne s'accordent pas (355)

***Chiffonner* une femme**
Se permettre des privautés avec elle (356)

***Chiffrer* la messe**
Dans le langage des écoliers, la manquer par paresse ou négligence (357)
Les enfants disaient également entre eux qu'ils avaient chiffré un pain pour exprimer le fait qu'ils l'avaient dérobé.

Une *chiliade* d'années
Se disait d'une durée de mille ans (358)

Payer *chiquet* à chiquet
Payer peu à peu, par petites sommes (359)
Du vieux français chiket qui veut dire découpé, haché. D'une manière plus générale, ce mot dont l'usage s'est perdu évoquait une petite quantité, la plus petite partie d'un tout : boire un chiquet de vin pour boire un petit verre de vin.

Il faut avoir jeune *chirurgien*, vieux médecin et riche apothicaire (Pro.)
Cet ancien proverbe fait allusion à la bonne vue et aux gestes précis d'un jeune chirurgien, à l'expérience et au diagnostic plus sûr d'un vieux médecin ainsi qu'à la très grande variété des remèdes que l'on trouvait chez un riche apothicaire (360)

Il est tondu comme un enfant de *chœur* (Loc.Pro.)
Se disait d'un homme bien rasé ou chauve (361)

À force de *choisir*, on prend souvent le pire (Loc.Pro.)
Il n'est pas toujours souhaitable d'avoir l'embarras du choix…(362)

Dire le mot et la *chose*
Parler très librement, sans retenue (363)

Chou pour *chou*, Aubervilliers vaut bien Paris
Se disait pour marquer une parfaite égalité entre deux choses (364)

Il a été trouvé sous un *chou*
Se disait d'un homme de naissance inconnue (365)

Faire la *chouette*
Dans certains jeux, être seul contre deux ou plusieurs adversaires (366)
Cette expression était notamment employée au piquet, au trictrac, au billard, etc. Par extension, la formule était également utilisée lorsque l'on est amené à tenir tête à plusieurs personnes à la fois.

Être la *chouette*
Se disait d'une personne qui est en butte aux railleries ou au mépris des autres (367)

Être larron comme une *chouette* (Loc.Pro.)
Avoir une réputation de voleur (368)
L'expression proverbiale vient de ce que l'on a cru longtemps que la chouette, comme la pie, avait l'habitude de dérober l'argenterie.

Manger les *choux* par les trognons
Être mort et enterré (369)
On dit maintenant que l'on va «manger les pissenlits par la racine ».

Aller à travers *choux*
Agir sans réflexion et sans méthode (370)

S'y entendre comme à ramer les *choux* (Loc.Pro.)
Se disait d'une personne qui veut faire une chose à laquelle elle ne connaît rien et pour laquelle elle n'a aucune pratique (371)
L'ironie vient du fait que chacun sait que l'on ne rame que les plantes grimpantes comme les pois, les haricots, etc.

Faire valoir ses *choux*
Se mettre en avant, vanter ses propres qualités (372)

Se *choyer* de quelque chose
S'en régaler (373)

Faire renier *chrême* et baptême (Pro.)
Pousser à bout la patience d'une personne (374)

Être du bon *chrême* (Loc.Pro.)
Se disait d'une personne qui est très crédule (375)

Entendre le *chrétien* (Loc.Pro.)
Comprendre, parler un langage intelligible (376)
On disait encore « parler chrétien ».

C'est un vin *chrétien* (Loc.Pro.)
Se disait d'un vin coupé d'eau (377) (Voir C119)
De nos jours, on dit que c'est un vin baptisé…

Avoir *chrétienté*
Avoir reçu le baptême (378)

Marcher sur la *chrétienté* (Pop.)
Avoir des bas et des souliers percés, ou encore marcher nu-pieds (379)

L'expression viendrait du fait que les pèlerins de Saint-Jacques-de-Compostelle usaient leurs souliers et leurs bas sur les chemins, en terre chrétienne.

C'est du *chrysocale*
Se disait d'une personne ou d'une chose qui a du brillant mais qui n'a pas de valeur réelle (380)
Le chrysocale était le nom que l'on donnait à un alliage de cuivre et de zinc offrant plus ou moins l'apparence de l'or. C'était en réalité un laiton.

De grande montée, grande *chute* (Pro.)
Ce vieux proverbe souligne le côté incertain et parfois éphémère de la chance ou de la fortune (381)
Petite leçon à l'usage des ambitieux. Se retrouve dans toutes les langues sous des formes diverses.

Si le *ciel* tombait, il y aurait bien des alouettes prises (Pro.)
Se disait pour se moquer des gens trop méticuleux qui cherchent à se prémunir contre des accidents qui ne peuvent jamais se produire (382)

Ciel pommelé et femme fardée ne sont pas de longue durée (Pro)
Les femmes qui se fardent trop ne peuvent pas masquer très longtemps les atteintes de l'âge (383)

Voir les *cieux* ouverts
Avoir une grande joie, nager dans le bonheur (384)

Ferrer les *cigales* (Loc.Pro.)
Mettre un trop grande application à faire quelque chose, perdre son temps (385)
Allusion aux fers munis de crampons à glace utilisés en hiver pour les chevaux. On trouve cette locution très ancienne dans l'œuvre de Rabelais.

C'est une *cigogne* (Pop.)
Se disait d'une femme longue et maigre (386)

Ce sont des contes de la *cigogne* (Loc.Pro.)
Se disait d'histoires ridicules, dépourvues de toute vraisemblance (387)

Il a de l'esprit, il a couché au *cimetière*
Se disait ironiquement d'un imbécile (388)
Le cimetière, là où règnent les esprits...

En mettre *cinq* et en retirer six (Loc.Pro.)
Se disait familièrement en parlant de ceux qui mettent les cinq doigts dans un plat pour prendre un beau morceau (389)

C'est une *cire* molle
Se disait d'un enfant doux et docile (390)

Cela va comme de *cire*
Se disait d'une chose s'ajustant parfaitement, comme ce serait le cas avec un moulage en cire (391)

Aux pèlerinages de la région, on dépense beaucoup en vin et peu en *cire* (Pro.)
On boit beaucoup et on fait peu de dévotions (392)

Arriver comme de *cire* (Loc.Pro.)
Arriver fort à propos (393)

Cela n'est pas plus gros qu'un *ciron*

Se disait d'une chose extrêmement petite (394)

Avant l'invention du microscope, le ciron était l'acarien que l'on considérait généralement comme le plus petit animal existant.

Écrire un livre à coups de *ciseaux*

Se disait d'un livre qui n'est composé que de passages empruntés à d'autres auteurs (395)

Voulez-vous faire un *civet*, prenez un lièvre (Pro.)

Avant d'entreprendre une chose, il faut s'assurer que l'on dispose de tout ce qui est nécessaire (396)

Traîner quelqu'un sur la *claie*

Le vilipender publiquement (397)

Autrefois certains condamnés étaient placés sur une claie en osier que l'on faisait traîner par un cheval.

Ce traitement infamant fut ensuite réservé aux cadavres des suppliciés dont on voulait salir la mémoire.

Payer en argent *clair*

Payer comptant (398)

On disait également « payer en clairs deniers ». En argot moderne, lorsque l'on demande de payer, ne dit-on pas parfois qu'il faut « éclairer» ?

Il ne fera jamais que de l'eau *claire*

Se disait d'un homme à la réussite duquel on ne croit pas (399)

Être entre le blanc et le *clairet*

(Loc.Pro.)

Être un peu saoul, être entre deux vins (400)

Autrefois, les Anglais appelaient « clairet » le vin de Bordeaux.

À bête sûre, il ne faut pas de *clairon* (Pro.)

Se disait lorsque l'on croit en la sagesse et la fidélité d'une femme (401)

Plus généralement, le proverbe s'appliquait aussi à toutes les personnes dont la fidélité était connue.

Chez lui, l'argent est *clairsemé*

(Loc.Pro.)

Se disait d'une personne assez pauvre (402)

Faire *claquer* son fouet

Faire l'important, avoir une attitude arrogante (403)

C'est une armoire vide fermée à *clef* (Loc.Pro.)

Se disait autrefois d'un homme peu intelligent mais qui a fière allure (404)

C'est une *clef* de meute

Se disait d'une personne qui a beaucoup d'influence sur les autres (405)

L'expression est empruntée au langage de la vénerie. Une clef de meute est un chien capable de mettre les autres sur la bonne piste.

Mettre les *clefs* sur la fosse

Renoncer à une succession (406)

Une ancienne coutume voulait que les clefs du défunt soient posées sur sa fosse dans le cas où les héritiers renonçaient à la succession. « Cette veuve à mis les clefs sur la fosse de son mari ».

C'est parler latin devant un *clerc*

Se disait pour faire comprendre qu'il faut éviter de parler d'un sujet devant une personne qui le connaît bien mieux que vous (407)

Compter de *clerc* à maître

Tenir les comptes avec une grande exactitude (408)

Une poignée de bonne vie vaut mieux qu'un nuée de *clergie*

(Pro.)

Dans la vie, l'honnêteté a une plus grande impor-tance que l'instruction (409)

Autrefois, le terme de « clergie », qui était à l'origine synonyme de « clergé », signifiait également science, savoir, ou même littérature.

Faire aller sa langue comme un *cliquet* de moulin

Parler beaucoup (410)

Faire sonner la grosse *cloche*

Faire parler ou agir celui qui est le premier responsable dans une affaire (411)

Fondre la *cloche*

Prendre enfin une décision dans une affaire qui a été longuement débattue (412)

Être étonné comme un fondeur de *cloche* (Loc.Pro.)

Rester stupéfait en découvrant un malheur auquel on ne s'attendait pas (413)

Les fondeurs de cloche sont parfois très déçus de constater que le résultat du moulage présente des graves défauts.

C'est un gentilhomme de la *cloche*

Se disait autrefois dans certaines villes du descendant d'un échevin qu'une décision de l'assemblée municipale avait anobli (414)

L'expression vient de ce que les assemblées qui se réunissaient pour élire les officiers municipaux étaient très souvent convoquées au son de la cloche.

Il faut mettre le *clocher* au milieu de la paroisse (Pro.)

Il faut mettre à la portée de chacun les choses dont tout le monde a besoin (415)

Il ne faut pas *clocher* devant les boiteux (Pro.)

Il ne faut rien dire de ce qui pourrait faire allusion aux infirmités ou aux défauts de ceux qui vous écoutent (416)

Dans ce sens, le vieux verbe « clocher » est évidemment synonyme de « boiter ».

On ne peut sonner les *cloches* et aller à la procession

On ne peut faire deux choses à la fois (417)

Se tenir *clos* et couvert

Cacher ses pensées et ses intentions, être peu communicatif (418)

Au sens propre, l'expression signifiait « se réfugier dans un lieu sûr ».

Il lui manque un *clou*

Se disait d'une personne un peu folle (419)

Cogner sur le *clou*

S'endormir en position assise ou debout, avec des mouvements saccadés du menton vers les bas (420)

On n'en donnerait pas un *clou* de soufflet (Pro.)

Se disait pour marquer le peu d'estime que l'on a pour une personne ou pour une chose (421)
Allusion aux clous dorés qui ornent les soufflets et qui ne sont là que pour des raisons esthétiques.

Cela ne tient ni à fer ni à *clou*

Se disait d'une chose qui n'est pas solide ou qui est mal attachée (422)

Compter les *clous* de la porte

Patienter en attendant que la porte s'ouvre (423)

Donner une *cocagne*

Se disait autrefois d'une fête où du pain et du vin étaient distribués à la population (424)

C'est un vin qui tape sur la *cocarde*

Se disait d'un vin agréable à boire, mais avec lequel il est très facile de se saouler (425)

Dire des *coccigrues*

Tenir des propos badins, dire des niaiseries (426)
Le dictionnaire Noël et Chapsal de 1852 propose trois orthographes possibles pour ce terme : coccigrues, coc-sigrue ou encore coque-sigrue. Vieilli, il s'écrit maintenant coquecigrue et il désigne un animal imaginaire, une chimère ou encore une absurdité.

Il faut qu'il ait volé un *coche*

Se disait d'une personne qui fait subitement des grosses dépenses (427)

Donner des arrhes au *coche*

Prendre des engagements dans une affaire (428)

Être débarqué par le *coche*

Être nouvellement arrivé et se trouver encore sans ressource (429)
Le coche dont il est question ici est le coche d'eau. C'était le moyen de transport le moins cher.

Choir en *coche*

Tomber dans le piège (430)

Retourner en *coche* (Loc.Pro.)

Retourner à ses habitudes (431)
La coche était une entaille faite sur une baguette de bois par le commerçant qui acceptait d'être payé à crédit. Les clients avaient alors des coches qui sont devenues ensuite des ardoises…

Il n'y a de si bon *cocher* qui ne verse (Pro.)

Même l'homme le plus habile peut faire des erreurs (432)

Manger le *cochon* ensemble (Loc.Pro.)

Tramer, méditer quelque chose ensemble (433)

Rappeler le *cochon* (Loc.Pro.)

Revenir à son premier propos (434)

Graisser la patte à *coco* (Loc.Pro.)

Perdre l'argent que l'on avait engagé, se tirer d'une affaire à son désavantage (435)
« Il est sur la paille, il a graissé la patte à coco ».

Avoir le *coco* déplumé (Arg.)

Être chauve (436)

Se passer quelque chose par le *coco* (Arg.)
Se disait pour avaler, boire ou manger (437)

C'est un *cocu* en herbe
Se disait de celui qui, avant son mariage et compte tenu du tempérament de la future épouse, ne pouvait que se retrouver cocu (438)
On parlait d'un cocu en gerbe lorsque l'épouse prenait ensuite plusieurs amants…

Faire dîner quelqu'un par *cœur*
Ne rien lui donner à manger (439)
« À la table d'hôte, qui arrive après l'heure dîne par cœur ».

C'est un vin qui va au *cœur*
Se disait d'un vin agréable au goût, qui réjouit, réconforte ou même ranime (440)
Se disait également de certaines eaux-de-vie ou de certaines liqueurs.

Le *cœur* lui crève au ventre
Se disait à propos d'une personne qui éprouve un grand chagrin (441)
On parle maintenant d'un crève-cœur.

Avoir un *cœur* de citrouille
Se disait d'une personne molle ou lâche (442)

Avoir le *cœur* noyé
Souffrir de douleurs à l'estomac après avoir bu trop d'eau (443)

Il dit cela de bouche, mais le *cœur* n'y touche (Pro.)
Lorsqu'il dit cela, ses paroles ne sont pas en accord avec sa façon de penser (444)

Mourir sur un *coffre*
Mourir dans la misère, comme une personne qui n'a pas les moyens de s'acheter un lit et qui est contrainte de dormir sur un coffre (445)

Être belle au *coffre*
Se disait d'une femme laide, mais qui est aussi très riche… (446)

Raisonner comme un *coffre*
Tenir des discours incohérents (447)
Cette expression est une sorte de calembour basé sur l'homophonie des mots résonner et raisonner.

Rire comme un *coffre*
Rire à gorge déployée (448)

Lui tomber sur le *coffre* (Loc.Pro.)
Lui imputer une faute, lui en faire sévèrement le reproche (449)

C'est un baron du *coffre-fort*
Se disait d'un homme qui est très riche mais aussi très égoïste (450)

Cela sera sur ses *coffres*
Se disait d'une perte d'argent qui retombe sur quelqu'un (451)

Mettre la *cognée* à l'arbre (Loc.Pro.)
Entreprendre un travail (452)

Aller au bois sans *cognée* (Loc.Pro.)
Se lancer dans une entreprise sans avoir tout ce qui est nécessaire pour réussir (453)

C'est un *cogne-fétu*, il se tue mais ne fait rien (Loc.Pro.)
Se disait d'un homme qui se donne beaucoup de mal pour n'obtenir qu'un résultat dérisoire (454)

« Cogner un fétu » était une expression employée pour dire que l'on s'occupait de choses inutiles.

C'est un clabaud de *cohue*
Se disait d'un bavard, d'un babillard (455)

Faire les choses en *coi*
Se disait pour les faire en silence (456)

Attendre de pied *coi*
Attendre de pied ferme (457)

Brider sa *coiffe*
Se cacher sous sa coiffe en la rabattant avec les brides (458)

Il se *coiffe*
Se disait de quelqu'un qui boit trop (459)

Un mari *coiffé*
Se disait d'un homme qui est cocu (460)

Elle est belle comme un chat *coiffé*
Se disait d'une femme très laide (461)
On parlait également de chèvre coiffée.

Un chien *coiffé*
Se disait d'un chien aux longues oreilles (462)

C'est un diable *coiffé*
Se disait d'une femme très méchante (463)

Se *coiffer* de quelqu'un
Avoir une grande admiration pour lui, ne jurer que par lui (464)

Je n'y porterais pas mes *coiffes*
(Loc.Pro.)
Expression utilisée par les femmes pour parler des choses qui ne les tentent pas (465)
La formule a été tronquée par l'usage. Les femmes qui l'utilisaient voulaient dire qu'elles ne porteraient pas leurs coiffes à vendre pour se procurer l'argent nécessaire à l'achat de ces choses-là.

Les perruquiers sont les plus mal *coiffés* (Pro.)
On néglige souvent ce qui est le plus à sa portée (466)
De nos jours, ce sont les cordonniers qui sont les plus mal chaussés…

Avoir une figure en *coin* de rue
Se disait d'une figure maigre, anguleuse (467)

Avoir une mine à demander l'aumône au *coin* d'un bois
(Loc.Pro.)
Se disait d'une personne dont la mine est peu engageante (468)

Tenir bien son *coin*
Se distinguer en société, y faire preuve de beaucoup d'esprit (469)

Ne voir que le *coin* du tableau
Ne connaître qu'une partie de la vérité (470)

Avoir un *coing* sur l'estomac
Avoir mal digéré, être gêné (471)
Cette expression vient de la difficulté que l'on a à digérer le coing lorsqu'il est cru.

Être de la vache à *Colas*
Être protestant (472)

On raconte que, vers 1605, la vache d'un paysan des environs d'Orléans, un nommé Colas, a pénétré dans un temple protestant pendant le prêche. Elle y a fait des dégâts et le scandale a été grand. Furieux, les protestants l'ont tuée et s'en sont distribué les morceaux. Mais ils ont ensuite été condamnés par la justice à rembourser le prix de l'animal.

Décharger sa *colère* sur un pâté
Se disait de quelqu'un qui en mange beaucoup, avec avidité (473)

Aimer quelqu'un comme la *colique*
Le détester (474)

Être sale comme un pot de *colle*
Être extrêmement sale (475)

Cela sent le *collège*
Se disait de ce qui peut paraître pédant (476)

Prendre le petit *collet*
Opter pour une carrière ecclésiastique (477)

Prêter le *collet* à quelqu'un
Lui prêter main forte, venir à son secours (478)
On relève également une autre interprétation : « Être prêt à lui tenir tête, à se quereller avec lui».

C'est un *collier* de misère
Se disait d'un travail pénible et qui exige une présence de tous les instants (479)

Gagner la *colline* (Loc.Pro.)
S'évader, s'enfuir (480)

Craignez la colère de la *colombe* (Pro.)
Poussée à bout, une personne d'un naturel assez doux peut entrer dans une colère terrible (481)

Attirer les pigeons au *colombier* (Loc.Pro.)
Faire venir les clients (482)
Cette locution proverbiale permet de vérifier que l'habitude d'appeler les acheteurs des « pigeons » n'est pas nouvelle...Dans le sens contraire, on disait aussi « chasser les pigeons du colombier ».

Mettre son chapeau en *colonne*
Porter un bicorne en orientant l'une des pointes vers l'avant, l'autre vers l'arrière (483)
Lorsque les pointes étaient orientées vers les côtés, on disait que le bicorne était porté en bataille.

***Colorer* une injustice**
Donner belle apparence à une chose mauvaise (484)

C'est le secret de la *comédie* (Pro.)
Se disait d'une chose que tout le monde connaît et dont on voudrait faire un secret (485)
On parle maintenant d'un secret de Polichinelle...

Tous les *comédiens* ne sont pas au théâtre (Pro.)
On rencontre partout des gens qui inventent des histoires pour mieux vous convaincre (486)

C'est un vin de la *comète*
Se disait d'un excellent vin (487)

L'expression trouve son origine en 1811, année où apparaît une comète magnifique et où le vin est d'une qualité exceptionnelle. Dans les campagnes, on s'est empressé de relier les deux événements...

Avoir du *comique* dans la figure
Se disait d'une personne dont les traits du visage ont le pouvoir de faire rire les autres (488)

Avoir une chose à son *commandement*
Pouvoir s'en servir à volonté (489)
«Il a la voiture du colonel à son commandement ».

À moitié fait qui *commence* bien (Pro.)
La manière de commencer est déterminante pour la suite d'une affaire (490)

Cela est *commode* comme une chambre basse (Loc.Pro.)
Se disait d'une chose qui est à portée de main (491)

On n'a pas toutes ses *commodités* en ce monde (Pro.)
Il faut parfois savoir supporter quelque gêne (492)

C'est *commun* comme une moule (Pro.)
Se disait de quelque chose de très commun (493)
Connue de tout le monde, même dans les siècles passés, la moule n'avait pas une grande valeur.

Par *compagnie*, on se fait pendre (Pro.)
Il faut se méfier des mauvaises fréquentations qui peuvent vous perdre (494)

Jouer à la fausse *compagnie*
Trahir son parti (495)

Être bête de *compagnie* (Loc.Pro.)
Aimer la vie en société, suivre volontiers l'exemple des autres (496)
Ne se disait qu'en plaisantant.

Qui a *compagnon* a maître (Pro.)
On est bien souvent obligé de céder aux volontés des personnes avec lesquelles on vit (497)

Faire le *compagnon*
Faire l'entendu, jouer à l'homme habile qui possède bien son sujet (498)

Travailler à dépêche *compagnon*
Travailler très vite et négligemment, sans application (499)

C'est un *compagnon* de la mate (Arg.)
Se disait en argot d'un filou, d'un voleur (500)
La mate était autrefois le nom d'une place de Paris où se retrouvaient les escrocs, les filous ou les coupe-bourses.

Toute *comparaison* cloche (Loc.Pro.)
Il n'y a pas de comparaison qui soit parfaitement juste (501)

Faire tout par règle et par *compas*
Faire tout minutieusement, avec une très grande exactitude (502)

Ouvrir le *compas* (Arg.)
Marcher (503)

Allonger le *compas* (Arg.)
Hâter le pas (504)

***Compasser* ses actions**
Les peser mûrement, en essayant d'en prévoir toutes les conséquences (505)
À l'origine, on compassait lorsque l'on mesurait au compas. L'opération évoquait l'idée d'une chose qui se faisait sérieusement, avec une grande précision.

C'est un gros *compère*
Se disait d'un homme joyeux qui est toujours de bonne humeur (506)

Tout se fait par *compère* et par commère (Loc.Pro.)
Tous les postes s'obtiennent en bénéficiant de faveurs et de recommandations (507)
C'est le règne du piston…

Ils sont *compères* et compagnons
Se disait de deux hommes très liés, qui sont presque inséparables (508)

Des *compliments* de la place Maubert (Loc.Pro.)
Se disait des invectives grossières qui sont familières aux marchandes des halles et aux femmes du quartier Saint-Victor, l'un des anciens quartiers les plus populeux de Paris (509)

À tout bon *compte* revenir (Pro.)
Il doit toujours être possible de vérifier l'exactitude d'un compte en le reprenant complètement (510)

Qui compte sans son hôte *compte* deux fois (Loc.Pro.)
On se trompe souvent lorsque l'on monte un projet sans la participation de celui de qui dépendra la réalisation (511)

Brebis *comptées*, le loup les mange
Même si tout est bien compté et vérifié, on peut malgré tout avoir été volé (512)

Il ne faut pas *compter* sur les souliers d'un mort pour se mettre en route (Pro.)
Il ne faut pas financer des projets en comptant sur un héritage (513)

Être en bonne *conche*
Vivre bien, faire de bonnes affaires (514)
Le substantif féminin « conche » désignait autrefois l'habillement, l'ajustement d'une personne.

C'est une femme qui est ennemie de la *conclusion*
Se disait d'une femme qui défend son honneur jusqu'au bout (515)

Jamais *concombres* pourris ne firent bonne salade (Pro.)
On ne peut rien tirer de bon des choses qui sont mauvaises au départ (516)

Entrer en *condition*
Prendre une place de domestique (517)

Avoir été baptisé sous *condition*
Se disait par plaisanterie d'une personne extrêmement laide ou dépourvue d'esprit (518)

C'est un homme *conditionné*
Se disait à l'époque féodale d'un homme soumis au servage (519)

C'est une sottise bien *conditionnée*
Se disait d'une grosse, d'une énorme bêtise (520)

Il cherche à se *conditionner*
Se disait ironiquement de celui qui cherche à faire croire qu'il appartient à la noblesse (521)

***Conduire* bois à bois**
Se disait chez les marchands d'étoffes lorsque l'on mesurait le tissu le long d'un mètre en bois fixé sur une table ou posé sur le sol (522)

Donner à quelqu'un de quoi se *conduire*
Lui donner les choses qui lui seront nécessaires pour son voyage (523)

***Confesser* la dette**
Avouer que l'on a tort, convenir d'un fait que l'on voulait cacher (524)

Se *confesser* au renard (Loc.Pro.)
Confier ses secrets à un homme qui pourra ensuite les utiliser contre vous (525)

***Confirmer* quelqu'un** (Pop.)
Lui donner une gifle (526)
La confirmation est un sacrement administré par l'évêque qui pratique sur le front une onction en forme de croix et donne ensuite un léger soufflet.

C'est un homme *confit*
Se disait d'un homme ruiné, qui a tout perdu (527)

On lui fera dire son *confiteor* (Pop.)
On lui fera avouer son forfait (528)
Le confiteor est la prière que font les catholiques avant d'aller se confesser. L'expression s'utilisait notamment pour parler d'un homme que la justice s'apprêtait à soumettre à la question.

C'est un homme à *confitures*
Se disait ironiquement d'un homme qui a besoin sans cesse d'être réconforté (529)

Il s'est enrôlé dans la grande *confrérie* (Loc.Pro.)
Se disait en plaisantant d'un homme qui vient de se marier (530)
La version moderne serait maintenant la célèbre « bienvenue au club »…

Pour boire de l'eau et *coucher* dehors, on ne demande congé à personne (Pro.)
Il est inutile de demander une autorisation pour se servir de ce qui est à la disposition de tous (531)
Le mot « congé » est un terme polysémique qui, autrefois, s'employait principalement dans le sens d'une autorisation. Pour se marier, on disait qu'il fallait demander congé à ses parents. Le congé est maintenant défini comme étant l'autorisation donnée à un salarié de cesser le travail, même si cette autorisation est le plus souvent devenue un droit.

Parler *congrûment* d'une affaire
En parler avec exactitude et pertinence (532)

Prendre *conseil* de son bonnet
Se donner la nuit pour réfléchir et prendre une décision (533)
On dit maintenant que la nuit « porte conseil ».

Il a bientôt assemblé son *conseil* (Loc.Pro.)
Se disait d'un homme qui prend ses décisions d'une manière brusque, sans consulter personne (534)

Ne pèche point qui pèche par *conseil* (Pro.)
On ne blâme pas celui qui se trompe après avoir pris conseil (535)

Le *conseil* est bon, mais il n'en faut guère user (Loc. Pro.)
Se disait d'un conseil que l'on ne suivra pas (536)

Chose faite, *conseil* pris (Pro.)
Il est inutile de donner un conseil lorsqu'une décision à été prise (537)

Ici, les *conseillers* n'ont point de gages (Pro.)
Se disait à ceux qui donnent des conseils pour leur faire comprendre qu'on ne leur demande rien et qu'ils feraient mieux de se taire (538)

Les *conseillers* garde-notes
Se disait autrefois des notaires (539)

Payer sa fiche de *consolation*
Acquitter la somme due par le perdant dans certains jeux de cartes (540)

Un débit de *consolation*
Se disait d'un débit de boissons où l'on pouvait boire une mauvaise eau-de-vie à bon marché (541)
Au XIXe siècle, ce genre de boutique s'appelait un « assommoir », mot qui a servi de titre à un roman de Zola. On y buvait le « verre de consolation ».

Il est *consommé* en science
Se disait d'un homme qui est très savant (542)

***Consulter* son chevet**
Laisser passer une nuit avant de prendre une décision importante (543)
Voir également C533.

Se *consumer* sur des vers sans fruit
Perdre son temps et sa peine (544)

C'est un *conte* de ma mère l'oie
Se disait d'une fable ridicule et dépourvue de toute vraisemblance (545)
L'expression est née d'un ancien fabliau où une oie instruisait ses oisons en leur faisant des contes dignes d'elle et d'eux. On parlait également, dans le même sens, de conte de la cigogne, de conte de nourrice ou de conte borgne.

Conte ton *conte* (Pop.)
Mens à ton aise, on ne t'écoute pas (546)

C'est un esprit *contentieux*
Se disait d'une personne qui conteste tout (547)

***Conter* ses petites raisons**
Entretenir quelqu'un de ses affaires, lui expliquer tout ce qui a pu motiver sa conduite (548)

C'est un *conteur* de fagots
(Loc.Pro.)
Se disait d'une personne qui parle de choses futiles ou même mensongères (549)

Réclamer sa portion *contingente*
Demander de recevoir la part qui nous revient dans un partage (550)

La nécessité *contraint* la loi (Pro.)
La nécessité oblige parfois à enfreindre la loi (551)

Bâtir un mur en pierres *contrariées*
Se disait d'un mur où les pierres sont disposées de telle sorte que le joint entre deux blocs soit situé au milieu des blocs du rang inférieur (552)

À *convoitise* rien ne suffit (Pro.)
Les gens envieux ne sont jamais contents de ce qu'ils possèdent (553)

Faire plus de *copeaux* que de besogne (Loc.Pro.)
Se disait d'une personne qui commence des choses sans les mener à leur terme (554)

C'est un vin de *copeaux*
Se disait d'un vin nouveau que l'on fait couler sur des copeaux de bois pour l'éclaircir et le rendre plus agréable à boire (555)

Manger au même chanteau et boire au même *cophineau*
(Loc.Pro.)
Être très intime avec une personne (556)
Rappelons que le chanteau était un morceau taillé dans un grand pain. Le cophineau, un vieux mot aujourd'hui disparu, était une sorte de tasse en bois dont la queue percée sur toute sa longueur permettait de conduire le liquide jusqu'à la bouche.

C'est un original sans *copie*
Se disait d'une personne qui pousse la singularité jusqu'à la limite du ridicule (557)

Mauvaise maison que celle où le *coq* se tait et où la poule chante (Pro.)
Un ménage où la femme gouverne son mari n'est pas un bon ménage (558)

C'est un vieux *coquard*
Se disait d'un vieux fou (559)
Un coquard était un vieux coq. L'expression fait allusion aux fous qui, autrefois, étaient représentés avec une plume de coq fichée dans leur bonnet.

On n'en donnerait pas une *coque* de noix (Loc.Pro.)
Se disait d'une chose sans valeur (560)

Nous en reparlerons à la venue des *coquecigrues* (Loc.Pro.)
Nous n'en reparlerons jamais (561)
La coquecigrue était un animal imaginaire. Au sens figuré, ce terme signifiait également « baliverne », « conte en l'air ». La locution proverbiale prenait encore plus de force si l'on parlait de « coque-cigrues de mer »...Voir C426.

C'est du jus de *coquefredouille*
Se disait d'un discours marqué par la vanité et la sottise (562)

Ce mot du burlesque désignait un pauvre hère qui voulait paraître intelligent et qui ne parvenait finalement qu'à montrer sa bêtise et sa vanité.

Coquelucher un vieux galant
Le rendre amoureux (563)

Qui a de l'argent a des _coquilles_ (Pro.)
L'argent permet d'avoir tout ce que l'on veut (564)

Il ne donne pas ses _coquilles_ (Loc.Pro.)
Se disait d'un marchand qui pratique des prix élevés (565)

À _coquin_ honteux plate besace (Pro.)
Un petit voleur doit être hardi et effronté s'il veut vivre de ses larcins (566)

Coquiner quelqu'un
Le voler ou le tromper (567)

Nourris un _corbeau_, il te crèvera l'œil (Pro.)
Les personnes mauvaises rendent souvent le mal pour le bien (568)

Prendre _Corbeil_ pour Paris (Pro.)
Se tromper grossièrement (569)

Changement de _corbillon_ fait trouver le pain bon (Pro.)
Le changement provoque souvent un regain d'intérêt (570)

Coucher à la _corde_ (Pop.)
Passer la nuit dans un établissement de charité où l'on dormait la tête appuyée sur une corde que l'on relâchait le matin pour réveiller les dormeurs (571)

Toucher la grosse _corde_
En arriver au point le plus important dans une affaire (572)

Il a frisé la _corde_ (Pop.)
Se disait de celui qui a échappé à une lourde condamnation, qui a failli succomber à une grave maladie ou encore qui a connu un très grand mal-heur (573)

C'est du bois de _corde_
Se disait du bois de chauffage qui vient d'être vendu alors qu'il est encore un peu vert (574)
La corde était une unité de mesure utilisée dans la vente du bois de chauffage. Elle valait environ quatre stères.

C'est un homme qui montre la _corde_
Se disait de celui qui épuise ses dernières ressources, qui est proche de la ruine et de la misère (575)
On dit encore de nos jours qu'un vêtement est usé jusqu'à la corde pour dire que la trame du tissu commence à apparaître.

Avoir de la _corde_ de pendu dans sa poche (Loc.Pro.)
Se disait d'une personne qui a beaucoup de chance, qui gagne au jeu ou qui réussit dans toutes ses entreprises, même si elles sont périlleuses (576)
On prétendait que la corde de pendu portait bonheur.

Être gris comme un _cordelier_
Se disait d'un homme complètement ivre (577)
Il ne faut pas en déduire que les cordeliers, religieux de l'ordre des frères mineurs de saint François, entrete-

naient un fâcheux penchant pour l'alcool ! L'expression vient simplement du fait qu'ils étaient vêtus de gris.

Avoir la conscience large comme la manche d'un *cordelier*
Se disait à propos d'une personne peu scrupuleuse, qui manque de probité (578)

Aller sur la mule des *cordeliers* (Pro.)
Aller à pied, un bâton à la main (579)

Parler latin devant les *cordeliers* (Pro.)
Parler avec assurance d'une chose que l'on connaît mal, devant des personnes qui, elles, la connaissent très bien (580)

***Cordonnier*, mêlez-vous de votre pantoufle** (Pro.)
Se disait en guise d'avertissement à ceux qui parlent de choses qui les dépassent (581)

Tenir quelqu'un par les *cordons* (Loc.Pro.)
Le mener comme un enfant (582)

Il n'est pas digne de dénouer les *cordons* de ses souliers (Loc.Pro.)
Se disait d'une personne que l'on juge très inférieure à une autre (583)

Il n'est pas permis à tout le monde d'aller à *Corinthe* (Pro.)
Il n'est pas donné à tout le monde de faire certaines choses (584)
Corinthe, à l'époque de la Grèce antique, avait la réputation d'être la cité du luxe, de la richesse et des plaisirs. Corinthe s'est souvent alliée à Sparte contre Athènes.

Faire *cornard* (Arg.)
En argot, tenir un conciliabule à l'écart (585)

Se rincer la *corne* (Arg.)
Boire un coup (586)
Dans l'argot ancien, la corne désignait le gosier.
« Se rincer la corne chez le mastroquet ».

On chante mieux quand la *cornemuse* est pleine (Pro.)
Ce vieux proverbe permettait de faire comprendre à ceux qui vous emploient que l'on ne fait pas du bon travail lorsque le ventre est vide (587)
Dans le même sens, on disposait également d'une variante de ce proverbe : « Jamais la cornemuse ne dit mot si elle n'a le ventre plein ».

***Corner* l'eau**
Lorsque des membres de l'aristocratie participaient à une chasse à courre, on sonnait du cor pour les inviter à venir se laver les mains avant de prendre part au repas (588)

Il a mangé de la vache, il entend par les *cornes* (Loc.Pro.)
Se disait d'une personne un peu sourde (589)
Allusion au cornet acoustique.

Baisser les *cornes*
Se disait en parlant d'une personne qui reconnaît son infériorité (590)

Les *cornes* lui en sont venues à la tête
Se disait d'un homme qui est resté stupéfait en découvrant quelque chose d'inattendu (591)

Il porte *cornette*
Se disait d'un homme qui se laisse gouverner par sa femme ou qui se mêle de tous les menus détails du ménage (592)
La cornette était une sorte de coiffe de nuit que les femmes conservaient sur la tête lorsqu'elles revêtaient le déshabillé du matin.

Cornichon va devant (Pop.)
Se disait d'un jeu où l'on ramasse en courant des objets placés à la suite les uns des autres (593)

Un cheval *cornu*
Se disait d'un cheval très maigre dont les os des hanches sont saillants (594)

Avoir des visions *cornues*
Avoir des idées folles, extravagantes (595)
Dans le même sens, on parlait également de « lièvres cornus » pour faire comprendre qu'une idée pouvait être aussi insensée que celle qui prétendrait attribuer des cornes à un lièvre.

Tenir des raisonnements *cornus*
Se disait des fausses raisons ou des raisonnements qui ne démontrent rien (596)
Allusion ironique aux cornes qui ornaient la coiffure des docteurs d'autrefois.
C'est peut-être également le rappel d'un syllogisme qui est l'image même du faux raisonnement :
« Vous avez ce que vous n'avez pas perdu ;
Or vous n'avez pas perdu de cornes ;
Donc vous avez des cornes ».

Prendre l'ombre pour le *corps*
Prendre l'apparence pour la réalité (597)

En répondre corps pour *corps*
Répondre de quelqu'un comme de soi-même (598)

C'est un pauvre *corps*
Se disait familièrement d'une personne qui n'a ni esprit ni vigueur (599)

Prendre le lièvre au *corps*
(Loc.Pro.)
S'occuper sérieusement de la partie la plus importante d'une affaire (600)

Prendre du *corps*
Grossir, prendre de l'embonpoint (601)

Passer tout cela par le *corridor*
(Arg.)
Se disait de ce que l'on s'apprête à manger (602)
En argot, le corridor désignait le gosier.

Corriger son plaidoyer (Loc.Pro.)
Adapter son langage, parler avec plus de prudence et de retenue (603)

Corriger la fortune
Gagner au jeu (604)

Corriger l'injustice du sort
Au jeu, se disait lorsque l'on compense ses pertes en trichant avec adresse (605)

Ce sont des gens de *corsage*
En droit féodal, se disait de ceux qui étaient sujets à la mainmorte personnelle (606)

La mainmorte était le droit de succession perçu par le seigneur sur les biens de ses serfs. Précisons que le corsage désignait autrefois ce que l'on appelait la taille du corps humain, c'est-à-dire la partie du corps comprise entre les épaules et les hanches.

C'est un vrai *corsaire*
Se disait d'un homme dur et impitoyable (607)

***Corsaires* contre corsaires ne font pas leurs affaires** (Pro.)
Entre eux, les fripons ne se font jamais de tort (608)

Il me prend pour un *cosaque*
Il me prend pour un homme grossier et dur (609)

On va lui faire danser une *cosaque*
On va lui faire donner du bâton (610)
La « cosaque » était une sorte de danse imitant celle des cavaliers cosaques.

En conter des *cossues* (Pop.)
Se disait des choses invraisemblables ou encore très grossières (611)

Être à la *côte* (Loc.Pro.)
Vivre dans la pauvreté ou avec peu d'argent (612)
On disait, dans le même sens, « être au pied de la côte ».

Envoyer quelqu'un à la *côte* (Pop.)
S'en débarrasser (613)
Dans cette expression empruntée au langage des marins, la côte dont il s'agit est une côte maritime.

Une *côte* de bœuf (Arg.)
Se disait en argot d'une sorte de sabre à lame recourbée (614)

Il a la *côte* plate
Se disait d'un animal malade dont la respiration est faible (615)

Faire passer quelque chose du *côté* de l'épée
Mettre son argent, ses économies en lieu sûr (616)
L'épée se portait au côté gauche pour les droitiers. Mettre de l'argent du côté de l'épée, c'était donc attacher sa bourse sur la gauche de sa ceinture. De nos jours, on dit toujours « en mettre à gauche » pour parler de l'argent que l'on économise.

Mettre une bouteille sur le *côté*
La boire (617)
Dans le même sens, on disait également « coucher une bouteille sur le ventre ».

Les *côtelettes* de porc
Sous l'ancien régime, droit en nature que les seigneurs de Bretagne levaient sur leurs sujets (618)

Mesurer les *côtes* à quelqu'un
Le battre à coups de bâton (619)

Un général du *cotillon*
Se disait d'un général qui devait sa nomination à l'influence de la maîtresse du roi (620)

Il y aura du *coton* (Pop.)
Se disait à propos d'une chose dont on prévoit qu'elle ne se fera pas sans difficulté (621)
On dit toujours qu'un problème est coton lorsqu'il est difficile à résoudre.

Cotonner le moule de son pourpoint (Pop.)
Remplir son estomac, faire un repas très copieux (622)
Le verbe cotonner signifiait alors « remplir avec du coton ». Dans le langage populaire, on parlait du moule de son pourpoint pour évoquer son corps…

De l'huile de _cotret_ (Pop.)
Se disait d'une volée de coups de bâton (623)
Un cotret était un petit fagot de bois refendu qui était lié à ses deux extrémités.

Il est sec comme un _cotret_
Se disait d'un homme très maigre, décharné (624)

On vendra demain des _cotrets_ à Paris (Loc.Pro.)
Se disait ironiquement pour affirmer que le lendemain est un jour ouvrable (625)

Lui donner la _cotte_ verte
Allonger une fille sur l'herbe tendre (626)
La cotte dont il est question ici était une jupe plissée vers le haut et qui descendait jusqu'aux chevilles.

Trousser la _cotte_ d'un enfant
Lui donner le fouet (627)

Porter la _cotte_ hardie
La cotte hardie était un vêtement porté par les deux sexes au XIVe siècle. C'était une sorte de robe droite taillée en fourreau (628)

La _cotte_ morte
Autrefois, on appelait ainsi l'argent, les vêtements, les meubles, tout ce qu'un religieux pouvait laisser après sa mort (629)
Dans les monastères, la cotte morte revenait de droit à l'abbé qui était à la tête de la communauté.

C'est un travail à _cou_ tordu
Se disait dans les mines du travail qu'un homme ne pouvait faire qu'en se couchant sur le côté (630)

Moitié au pair, moitié à la _couche_ (Pop.)
Se disait d'un paiement qui se fait moitié au comptant, moitié sur parole (631)

Souiller la _couche_ de quelqu'un
Abuser de sa femme (632)

On est plus _couché_ que debout (Pro.)
Il faut profiter de la vie, car sa durée paraît bien courte lorsqu'on la compare à ce qui suit (633)

Coucher dans son fourreau comme l'épée du roi (Pro.)
Coucher tout habillé (634)

Il ne faut pas se dépouiller avant de se _coucher_ (Pro.)
Il ne faut pas abandonner ses biens à ses héritiers avant sa mort (635)

Se _coucher_ en vache
Se disait d'un cheval qui, en se couchant sur la poitrine, ramène l'extrémité de ses sabots sous les coudes (636)

Au _coucher_ se gagne le douaire (Pro.)
Autrefois, le douaire n'était acquis à la femme que si le mariage avait été consommé (637)

Rappelons que le douaire est l'ensemble des biens donnés en usufruit par le mari à sa femme survivante.

Mettre l'oreille sous le *coude* à quelqu'un (Pop.)
Le rassurer (638)

Sentir les *coudes* à gauche (Pop.)
Marcher avec ensemble et régularité, comme pourrait le faire une troupe de soldats (639)

***Coudre* la peau du renard avec celle du lion** (Pro.)
Joindre la ruse à la force (640)

On ne sait qu'elle pièce y *coudre*
Se disait en parlant d'un malheur qui vient d'arriver, pour faire comprendre que l'on ne sait quel remède y apporter (641)

***Coudre* quelqu'un au pan de son habit**
S'attacher quelqu'un, s'assurer ses services (642)

Un papier *coulant*
Se disait d'un papier sur lequel il est agréable d'écrire, sur lequel la plume glisse facilement sans jamais accrocher (643)

Le *coulant* (Arg.)
Désignait le lait dans l'ancienne langue verte (644)

Être sous la *couleuvrine* de quelqu'un
Habiter dans le voisinage d'un personnage plus puissant que soi (645)

Il a pris un *coup* de soleil (Pop.)
Se disait d'un homme qui a un peu trop bu (646)

N'être pas sujet au *coup* de cloche
Être indépendant, pouvoir disposer librement de son temps (647)

Il est secret comme un *coup* de canon
Se disait ironiquement d'un homme qui dévoile tous les secrets qu'on lui confie (648)
Dans le même sens, on disait aussi qu'il est « secret comme un coup de tonnerre ».

Il est heureux à la *coupe*
Manière détournée de faire comprendre qu'un homme est soupçonné de tricher au jeu (649)
La coupe en question est évidemment celle que l'on pratique dans les jeux de cartes.

Posséder de l'or de *coupelle*
De l'or au meilleur titre (650)
L'expression s'employait également pour l'argent.
La coupelle était un creuset dans lequel on procédait à l'épuration des métaux précieux. On disait qu'un homme était passé à la coupelle lorsqu'on l'avait soumis à des examens très sévères.

***Couper* la musette à quelqu'un** (Arg.)
En argot, lui couper la parole, l'interrompre (651)

Allez *couper* vos joncs (Pop.)
Partez, vous m'ennuyez avec vos histoires (652)

Lui *couper* la robe au cul (Pop.)
Porter atteinte à l'honneur d'une femme pour la punir de sa frivolité (653)

Autrefois, ce traitement sévère à été réellement appliqué à des femmes de mauvaise vie.

Couper dans le pont (Pop.)
Se laisser abuser naïvement (654)

Des amis de *cour*
Se disait d'amis sur lesquels il ne faut pas trop compter (655)

La *cour* des aides n'est pas loin
Se disait ironiquement en parlant d'un mari qui néglige sa femme, ce qui sous-entend que d'autres le remplaceront bientôt (656)
Dans le même sens, on disait d'une femme qui prend un amant qu'elle va « à la cour des aides ».
La cour des aides était un tribunal qui jugeait en dernier ressort des procès concernant les aides, les gabelles, les tailles, etc.

Il n'y a plus que *courage*
Se disait lorsque l'on voit la fin d'un travail approcher (657)

Il lit en *courant*
Se disait de quelqu'un qui fait tout trop vite (658)

Faire aller un homme à *courbettes*
Avoir plein pouvoir sur lui (659)

Courir à l'hôpital
Se ruiner en faisant de grandes dépenses (660)

Courir une carrière
Entrer dans une profession dans le but de gravir le plus rapidement possible les différents échelons de la hiérarchie (661)

Serrer la *courroie* à quelqu'un
Diminuer les ressources qui lui sont allouées (662)
Maintenant, on serre plutôt la ceinture…

Faire du cuir d'autrui large *courroie* (Loc.Pro.)
Se servir copieusement lorsqu'il s'agit du bien des autres (663)

Allonger la *courroie*
Étendre ses profits, ses droits au-delà des limites permises (664)

Courroux est vain sans forte main (Pro.)
La colère d'un faible n'est pas à craindre (665)

Donner cours à l'eau
Aménager une pente pour son écoulement (666)

C'est une véritable *course* au clocher
Se disait de la poursuite d'un but très difficile à atteindre, où l'on doit lutter contre de nombreux concurrents (667)
Les jours de fêtes villageoises, on organisait souvent une course au clocher. C'était une compétition où l'on désignait comme but à atteindre un clocher que l'on apercevait au loin. Il fallait aller le plus vite possible en ligne droite, en franchissant les fossés, les clôtures, les cours d'eau, tous les obstacles que la campagne pouvait opposer.

Un *coursier* à longues oreilles
S'est dit ironiquement d'un âne ou d'un mulet (668)

Être étranglé *court* et net
Être pendu (669)
C'est l'équivalent de « être pendu haut et court ».

Étriller quelqu'un en chien *courtaud*
Le battre copieusement, lui donner une bonne raclée (670)
Un chien courtaud était un chien auquel on a coupé la queue et les oreilles.

Tirer au *court-bâton*
Tirer à la courte-paille (671)

Son épée est trop *courte*
Se disait d'un homme qui n'a pas assez de forces ou qui ne bénéficie pas assez de soutiens pour réussir dans une entreprise (672)

À vaillant homme *courte* épée
Le courage remplace parfois les armes (673)

Il veut la faire *courte* et bonne
Se disait d'un homme qui mène joyeuse vie, qui dilapide sa fortune et ruine sa santé (674)

Payer en monnaie *courte*
Payer avec des pièces d'or ou d'argent qui n'ont pas le poids requis (675)

***Courte* prière pénètre les cieux** (Pro.)
Ce n'est pas la longueur mais la ferveur qui peut rendre une prière efficace (676)

Faire *courte* messe et long dîner (Pro.)
Préférer les plaisirs à la dévotion (677)

Un juge de robe *courte*
Se disait d'un juge en tenue civile qui ne statuait que sur des délits mineurs de vol ou de vagabondage (678)

C'est un *courte-botte*
Se disait d'un homme de petite taille (679)

Les plus *courtes* folies sont les meilleures (Pro.)
Il faut avoir la sagesse de se retirer le plus rapidement possible d'une mauvaise affaire où l'on se trouve engagé (680)

Un *courtier* de galanterie
Se disait d'un proxénète (681)

C'est un vin de *courtille*
Se disait d'un mauvais vin (682)
Une courtille était autrefois un jardin. Les vignes qui poussent dans les jardins ne sont pas en général réputées pour la qualité du vin qu'elles peuvent produire.

Doux et *courtois* langage vaut mieux que riche héritage (Pro.)
La politesse, l'honnêteté valent mieux que la fortune (683)

Un combat à armes *courtoises*
Se disait d'un tournoi où les armes étaient émoussées (684)

Faire *courtoisie* aux autours
Dans la langue de la fauconnerie, permettre aux rapaces de plumer les oiseaux qu'ils rapportent (685)

Une lettre de change à *courts-jours*
Se disait d'une lettre de change dont l'échéance est très proche (686)

Être mangé de *cousins* (Pop.)

Avoir souvent chez soi des parasites qui se présentent comme des cousins ou des amis (687)

L'expression est construite sur le double sens du mot cousin qui, autrefois, était également synonyme de moustique.

Les *cousins* de la gueule noire

Se disait, dans certaines régions, de ceux qui ont engagé des capitaux dans les forges (688)

Le *coût* fait perdre le goût (Pro.)

Se disait lorsque le prix excessif d'une chose fait perdre l'envie de l'acheter (689)

C'est une chose qui *coûte* poil et bourre (Loc.Pro.)

Se disait d'une chose dont le prix est trop élevé (690)

Dans la langue populaire actuelle, cette même chose coûte maintenant « la peau des fesses »…

Avoir le pain et le *couteau*

Avoir tout ce qu'il faut, être bien placé pour entreprendre une affaire (691)

C'est son *couteau* pendant

Se disait d'une personne qui en accompagne une autre et qui est toujours prête à la servir en toute occasion (692)

« Vous le verrez toujours avec lui, c'est son couteau pendant ».

Aller en Flandre sans *couteau* (Loc.Pro.)

Entreprendre une chose sans avoir fait les préparatifs nécessaires à sa réussite (693)

C'est le *couteau* de Jeannot (Loc.Pro.)

Se disait d'une chose complètement transformée après avoir subi des réparations ou des modifications assez nombreuses (694)

Une petite légende disait que Jeannot prétendait avoir toujours le même couteau alors qu'il en avait fait changer alternativement la lame et le manche à plusieurs reprises.

Elle a la langue comme un *couteau* de tripière (Loc.Pro.)

Se disait d'une commère qui peut parler en bien et en mal de la même personne (695)

Les tripières utilisaient des couteaux munis d'une lame à double tranchant.

Jouer du *couteau* (Pop.)

Se battre à l'épée (696)

Mettre *couteaux* sur table

Recevoir des invités à sa table, les bien traiter (697)

On dit maintenant que l'on met les petits plats dans les grands.

Payer la *coutume* du pied rond

Se disait d'un impôt que l'on payait au roi pour chaque animal qui entrait dans Paris et qui était vendu au marché aux chevaux (698)

Il existait également la coutume du pied fourchu pour les vaches, les porcs, etc.

Les poissons de *coutume*

Se disait de la part de pêche qui revient au propriétaire du bateau ou au maître pêcheur (699)

Se broder sur toutes les *coutures*
Se disait à propos de ceux qui exagèrent leurs mérites par tous les moyens (700)

Il faut lui rabattre les *coutures* (Pop.)
Se disait d'une personne prétentieuse et vantarde dont l'orgueil avait besoin d'être rabaissé (701)

L'abbé mange le *couvent* (Pro.)
Se disait en général lorsque le train de vie d'un haut responsable dépasse les ressources financières de la communauté placée sous ses ordres (702)
Autrefois, certains abbés séculiers étaient réputés pour mener grande vie. L'ecclésiastique à qui le roi donnait une abbaye en commende jouissait d'un tiers des revenus. Un deuxième tiers était employé aux réparations et aux aumônes. Seul le dernier tiers revenait à la communauté.

Il fait le portier du *couvent*
Se disait de la pénitence imposée dans les petits jeux où l'on donnait des gages (703)

Il n'y a si méchant pot qui ne trouve son *couvercle* (Pro.)
Une fille, si laide soit-elle, peut toujours trouver à se marier (704)

Mettre une personne sur la *couverture*
La ridiculiser, se moquer publiquement d'elle (705)
Allusion au chahut que l'on fait subir à une personne en la faisant sauter sur une couverture.

Le *couvreur* de table
Se disait de l'adjoint du maître d'hôtel chargé de mettre la table dans les grandes maisons (706)

***Couvrir* la joue à quelqu'un** (Pop.)
Lui donner une gifle (707)

Loger à la *craie*
Allusion à la marque blanche que les fourriers du roi faisaient autrefois sur la porte des maisons réquisitionnées pour loger les personnes qui suivaient la cour en voyage (708)

Elle ne *craint* que le feu et l'eau
Se disait ironiquement d'une maison peu solide qui est construite avec des mauvais matériaux (709)

Être sot en *cramoisi* (Loc.Pro.)
Se disait de quelqu'un qui est d'une très grande sottise (710)

Sauter comme un *crapaud* (Loc.Pro.)
Agir lourdement, sans grâce (711)

Avaler un *crapaud* (Loc.Pro.)
Se disait lorsque l'on se voit imposer une chose pénible et répugnante (712)

Faire *crédit* depuis la main jusqu'à la bourse (Pop.)
Ne vendre qu'au comptant (713)

Accuser à *crédit*
Accuser sans preuve (714)

Se rincer la *creuse* (Arg.)
Boire un coup (715)
En argot, la creuse était la gorge.

Se repaître de viandes *creuses*
Vivre en entretenant de vaines espérances (716)
Dans le langage familier, une viande creuse était un mets qui ne nourrit pas.

Avoir un bon *creux* (Pop.)
Se disait d'un homme qui a une très belle voix de basse (717)

***Cribler* à la grive** (Arg.)
Avertir un ami de l'arrivée de la police (718)
En langage argotique, cribler était synonyme de crier.

La pierre de la *crie*
Se disait d'une pierre où se faisaient les ventes publiques ou criées dans certaines villes (719)
Une crie était autrefois une proclamation à haute voix. À Paris, une pierre de marbre située dans la cour du Palais de justice servait à cet usage.

Prendre une affaire aux *crins*
Profiter d'une affaire à la dernière minute (720)

Pendre l'épée au *croc*
Mettre fin à sa carrière militaire (721)

Un coup de *croc* (Arg.)
En argot des marins, un verre d'eau-de-vie (722)

Être fait de *croche* et d'anicroche (Pop.)
Se disait d'une personne au caractère difficile (723)

Avoir une santé de *crocheteur*
Être robuste, en bonne santé (724)
Le crocheteur était un portefaix. Transportées sur son dos, les charges étaient retenues par deux crochets. On disait d'un métier pénible que c'était un métier de crocheteur.

Aller aux mûres sans *crochets* (Pro.)
Se lancer dans une entreprise sans avoir l'argent nécessaire (725)

Se *croire* le premier moutardier du pape (Pro.)
Se disait d'une personne médiocre qui a une très haute estime d'elle-même (726)

***Croiser* quelqu'un**
Deviner ce qu'il a l'intention de faire (727)

Il loge à l'hôtel du *croissant*
Se disait ironiquement d'un mari trompé (728)
Allusion au croissant de lune qui a la forme d'une paire de cornes.

À chemin battu il ne *croît* point d'herbe (Pro.)
Se disait d'une femme dont on croyait que l'abus du sexe l'avait rendue stérile (729)

Baiser les pouces en *croix*
Faire des vœux les plus ardents pour le succès d'une entreprise (730)

Jeter à *croix* ou pile
S'en remettre au hasard pour choisir entre deux choses (731)
On dit maintenant que l'on joue à pile ou face. Croix et pile désignaient autrefois les deux faces d'un pièce de monnaie.

Tendre sa *crolle* (Arg.)
Mendier son repas (732)
En argot, une crolle était une écuelle.

N'en *croquer* que d'une dent
N'obtenir qu'une très petite partie de ce que l'on désire (733)

Être comme un *croquet* (Pop.)
Être très irritable (734)
Le croquet est une sorte de biscuit sec et assez mince, qui croque sous la dent.

Une *crotte* d'ermite (Arg.)
Se disait en argot d'une poire cuite (735)

Les chiens ont mangé la *crotte* (Loc.Pro.)
Se disait dans le langage populaire lorsque les rues ont été asséchées par le gel (736)

Les soucis montent en *croupe*
Se disait lorsqu'une personne est en permanence assaillie par les soucis (737)

Être chatouilleux sur la *croupe* (Pop.)
Se disait d'une personne très susceptible (738)
De nos jours, on se contente de dire qu'une personne est chatouilleuse lorsqu'elle se fâche facilement. Dans le langage de l'équitation, un cheval chatouilleux est un cheval qui réagit vivement à la cravache ou à l'éperon.

Hausser la *croupière*
Se disait en parlant d'une femme qui mène une vie de débauche (739)
L'expression montre à quel point le langage populaire pouvait être irrespectueux et même vulgaire. Rappelons que la croupière est la longe de cuir qui passe sous la queue du cheval…

***Croupir* dans le battant** (Arg.)
Se disait en argot d'un plat qui se digère mal (740)
Rappelons qu'en argot, le battant est le cœur.

Être botté à *cru* (Pop.)
Se disait de quelqu'un qui ne porte pas de chaussettes (741)

Un *crucifix* à ressort (Arg.)
Se disait en argot d'un pistolet (742)

N'en jamais rencontrer de *cruelles*
Se disait d'un homme qui est toujours heureux en amour (743)

Être fait comme un *cueilleur* de pommes (Loc.Pro.)
Se disait de quelqu'un qui est particulièrement mal habillé (744)
Au féminin, on évoquait plutôt une cueilleuse d'herbes…

Enrager entre *cuir* et chair (Loc.Pro.)
Être très mécontent sans oser le dire (745)

Avoir un visage de *cuir* bouilli (Pop.)
Se disait d'un visage ingrat, dont la peau est rude et grossière (746)

C'est un orfèvre en vieux *cuir* (Pop.)
Se disait ironiquement d'un savetier (747)

***Cuire* au même four** (Loc.Pro.)
Vivre ensemble en parfaite harmonie (748)

Du *cuir-laine*
S'est dit d'une étoffe de laine croisée qui est très résistante (749)

Petite *cuisine* agrandit la maison (Pro.)
La modération dans les dépenses de table enrichit une maison (750)

Être chargé de *cuisine* (Pop.)
Se disait d'une personne qui a un gros ventre (751)

Des *cuisses* de noix (Pop.)
Se disait des cerneaux qui composent la partie comestible de la noix (752)

Avoir du pain *cuit* (Pop.)
Avoir amassé de la fortune (753)

Il n'a pas la tête bien *cuite*
Se disait d'un homme extravagant (754)

Il perdrait son *cul* s'il ne tenait (Pop.)
Se disait d'un homme qui serait capable de perdre au jeu tout ce qu'il a (755)

Avoir le *cul* rompu (Pop.)
Traîner les jambes en marchant (756)

Mesurer le *cul* avec le pied (Loc.Pro.)
Donner un coup de pied aux fesses (757)

Tirer le *cul* en arrière
Avoir de la peine à se décider (758)

On lui aurait bouché le *cul* d'un grain de millet (Pop.)
Se disait d'une personne qui a éprouvé une grande frayeur (759)

Il va bientôt montrer son *cul*
S'est dit d'un homme qui est au bord de la faillite, de la ruine (760)

Être à *cul*
Être sans ressources, ne plus avoir d'espoir (761)
Cette expression aurait été employée par allusion à ce qui se passait dans les anciennes écoles de philosophie de la rue du Fouarre à Paris, où il n'y avait d'autre siège pour les étudiants que la paille dont le sol était jonché.

Jouer à *cul* levé
Jouer les uns après les autres, en prenant la place de celui qui perd (762)

Se tenir par le *cul* comme des hannetons (Loc.Pro.)
Ne s'allier qu'entre gens de la même famille (763)
Plus généralement, se disait des personnes qui font régner entre elles une grande solidarité.

Saluer à *cul* ouvert (Arg.)
En argot, faire de profondes salutations (764)

Être entre deux selles, le *cul* à terre (Pro.)
Convoiter deux choses à la fois et n'en avoir finalement aucune (765)
Dans un sens très voisin, on dit maintenant que l'on est assis le cul entre deux chaises…

Faire beau *cul* (Pop.)
Faire contre mauvaise fortune bon cœur (766)

Arrêter quelqu'un sur *cul* (Pop.)
L'arrêter sur le champ, immédiatement (767)

Être renforcé sur la *culasse* (Pop.)
Avoir un large derrière (768)

Tout s'en est allé à la *culbute*
Tout s'est terminé dans le désordre (769)

Donner dans la *culotte* rouge
Se disait d'une femme qui choisit ses amants parmi les militaires (770)

C'est une première *culotte*
Se disait ironiquement d'un jeune homme qui fait l'important (771)
Dans leur jeune âge, les petits garçons portaient une robe, comme les filles. Leur première culotte était pour eux une étape importante.

Se donner une grosse *culotte* (Pop.)
Se saouler (772)

Les *culs* goudronnés (Arg.)
Désignait les matelots dans leur ensemble (773)
Allusion au goudron que l'on utilisait notamment pour assurer l'étanchéité des coques en bois.

Ce sont deux *culs* dans une chemise (Pop.)
S'est dit de deux personnes inséparables (774)
Dans le même sens, on dit de nos jours que ces deux personnes sont « comme cul et chemise ».

À beau parler qui n'a *cure* de bien faire (Pro.)
Se disait en parlant d'une personne qui fait des belles promesses qu'il ne tient jamais (775)

Qui va trop vite à l'offrande peut faire choir le *curé* (Pro.)
Se disait d'une personne qui est trop pressée d'atteindre son but (776)

Mettre quelqu'un en *curée*
Entraîner une personne dans une entreprise en lui faisant miroiter des gains importants (777)

Être âpre à la *curée*
Se disait d'une personne qui se montre très avide de réaliser des gains importants (778)

Donner le fouet sous la *custode*
Punir un détenu en lui faisant donner le fouet à l'intérieur de la prison pour lui éviter la honte d'un châtiment public (779)
Le mot custode avait plusieurs sens. Il désignait en particulier les rideaux dont on garnissait les lits pour préserver l'intimité des dormeurs.

C'est un buveur de première *cuvée*
Se disait d'un homme qui aime bien boire (780)

Être blanc comme un *cygne* qui casse des noix
Se disait ironiquement de ce qui est noir comme un corbeau (781)

Faire un *cygne* d'un oison (Loc.Pro.)
Louer excessivement une personne qui ne le mérite pas (782)

On s'en ferait éclater le *cylindre* (Arg.)
En argot, se disait ironiquement d'une chose dont on raffole (783)

Puer comme un *daim* (Loc.Pro.)
Dégager une odeur repoussante (1)

C'est un *daim* huppé
Se disait d'un jeune bourgeois qui est riche mais également très naïf (2)

Être sous le *dais*
Être parvenu au faîte des honneurs, occuper la première place (3)

Avoir la *dalle* du cou qui s'effrite (Arg.)
Avoir bien soif (4)
En argot, la dalle du cou désignait le gosier. De nos jours, on dit d'un grand buveur qu'il a « la dalle en pente ». De celui qui a faim, on se contente d'affirmer qu'il « a la dalle ».

C'est une *dame* à carreau
Se disait de celle qui avait le droit de se faire donner un coussin de velours à l'église et de faire porter la traîne de sa robe (5)

***Dame* qui moult se mire, peu file** (Pro.)
Se disait à propos d'une femme qui délaisse des occupations utiles pour avoir plus de temps à consacrer à sa toilette (6)

Coucher une *dame* (Arg.)
En argot, boire une bouteille de vin blanc (7)

La *dame* du milieu
Nom que les matrones donnaient à la membrane de l'hymen (8)

Un chariot *dameret*
Nom donné aux premiers carrosses suspendus (9)
Un dameret était un homme un peu efféminé qui cherchait à plaire aux dames.

Mettre en petites *dames*
Se disait dans certaines régions des gerbes que l'on dresse debout en les liant près des têtes et en les laissant écartées à leur pied (10)

Faire jouer les *Danaïdes* (Arg.)
En argot, battre une femme (11)
La mythologie nous enseigne que les Danaïdes, les cinquante filles de Danaüs, furent condamnées à remplir éternellement un tonneau sans fond. La nuit de leurs noces, elles avaient tué les fils de leur oncle Égyptus qu'on voulait leur faire épouser de force. Seule Hypermneste, qui avait épargné son prétendant Lyncée, fut dispensée de peine.

Pincer le *dandillon* (Arg.)
Tirer la sonnette (12)
En argot, on donnait le nom de « dandillon » à une sonnette ou une petite cloche montée sur un ressort en spirale.

Faire danser à quelqu'un la *danse* de l'ours (Loc.Pro.)
Bâtonner quelqu'un, lui donner une correction (13)

Il *danse* tout seul (Arg.)
Se disait en argot d'une personne qui a une haleine repoussante (14)
On comprend dans ce cas que la personne en question ne trouvait pas de partenaire pour danser.

Toujours va qui *danse* (Loc.Pro.)
Se disait à propos d'une personne qui cherche à bien faire mais qui n'obtient que des résultats médiocres (15)

Faire *danser* les écus (Pop.)
Faire inconsidérément de grandes dépenses (16)

C'est un vin à faire *danser* les chèvres
Se disait d'un vin trop vert, trop acide (17)

***Danser* en l'air**
Être pendu (18)

Jamais *danseur* ne fut bon clerc (Pro.)
Celui qui est intéressé par les frivolités ne peut guère se voir confier des choses sérieuses (19)
Dans l'esprit de l'époque, il semble qu'il était mal vu de chercher à concilier les deux choses...

C'est un *danseur* de corde
Se disait de celui sur qui l'on ne peut compter (20)
Allusion au funambule qui risque souvent la chute.

Être invité à la divertissance et à la *dansière*
Se disait dans certaines régions, comme le Berry, d'une fête et du bal qui en fait partie (21)
George Sand a employé plusieurs fois ces deux termes dans ses écrits.

C'est une langue à triple *dard*
Se disait d'une personne médisante, d'une mauvaise langue (22)

***Darder* une pièce de bois**
Dans le langage des métiers du bois, creuser une pièce dans le sens de la longueur (23)

Ne penser qu'à *dardiller*
Lancer des piques, chercher à offenser (24)

Coller une *dariole* à quelqu'un (Arg.)
Se disait en argot d'un coup, d'une taloche (25)
Rappelons qu'une dariole est un flan fait avec des œufs et du beurre. De nos jours, on dit plutôt, dans le même sens, que l'on colle une tarte à quelqu'un. On reste dans la pâtisserie...

Le *daron* de la rousse (Arg.)
En argot, l'expression désignait le préfet de police de Paris (26)
Pris séparément, les deux mots figurent encore dans le lexique de la langue verte actuelle. Autrefois, un daron était un vieillard rusé.

Flatter le *dé*
Présenter adroitement une chose, une action, de façon à en amoindrir les mauvais côtés (27)
Dans le vocabulaire des jeux, flatter le dé, c'était le jeter doucement, dans l'espoir d'amener un petit nombre de points...

Tenir le *dé*
Se disait lorsque l'on est maître de la conversation, qu'on la domine ou qu'on la dirige (28)

Jouer une chose au troisième *dé*
Se disait pour faire comprendre que le choix qui sera fait nous est complètement indifférent (29)

***Débâcler* la roulante** (Arg.)
En argot, ouvrir une voiture dont la portière était fermée à clef (30)

Être volé au *déballage*
Ne pas trouver chez une femme qui se met en petite tenue la réalité des avantages et des charmes que son aspect, lorsqu'elle est en grande toilette, semblait pouvoir promettre (31)

***Déballer* sa marchandise** (Pop.)
Faire étalage en public de l'étendue de toutes ses connaissances (32)

Se faire plutôt *débaptiser*
Se disait lorsque l'on refuse catégoriquement d'accomplir quelque chose (33)

***Débarrer* deux personnes**
Les départager en soutenant l'une des deux (34)

Être content comme un âne *débâté*
Se disait de quelqu'un qui aime l'inaction (35)

Se *débattre* comme un procureur qui se meurt (Loc.Pro.)
Être fébrile, très agité (36)
Le procureur a peur d'être damné pour toutes les peines capitales qu'il a pu obtenir.

Avoir le visage tout *débiffé*
Avoir le visage marqué par des excès récents (37)

***Débourrer* un jeune homme** (Pop.)
Lui faire perdre son air gauche et emprunté pour lui apprendre les bonnes manières (38)

Des marchandises qui passent *debout*
Se disait des marchandises qui franchissent l'octroi ou la douane sans qu'il soit nécessaire de les décharger (39)

Il ne saurait tomber que *debout*
Se disait d'une personne dont le prestige est considérable (40)

Rire, manger à ventre *déboutonné*
Rire, manger avec excès (41)

C'est un homme *débredouillé*
Se disait d'un homme auquel le bonheur ou la fortune commence enfin à sourire (42)
Au jeu de trictrac, la bredouille était une partie qui comptait double. À l'origine, être bredouille signifiait seulement que l'on perdait cette partie double.

***Débrider* son bréviaire**
Se disait à propos d'une personne qui fait quelque chose à la hâte (43)

Se tenir jambe *deçà*, jambe delà
Être assis à califourchon (44)

Le jour du grand *décarrement* (Arg.)
Se disait en argot du jour de la mort (45)

***Décharger* le plancher**
Sortir d'une pièce, quitter les lieux (46)
On dit maintenant que l'on débarrasse le plancher.

Il ne faut pas se *déchausser* pour manger cela (Loc.Pro.)
Se disait d'une chose que l'on mange vite et sans cérémonie (47)
Cette locution proverbiale serait une allusion à l'habitude qu'avaient les Romains de quitter leurs chaussures en entrant dans la salle d'un festin.

Il n'est pas digne de le *déchausser*
Se disait d'une personne que l'on juge bien inférieure à une autre (48)

C'est un pied *déchaux* (Loc.Pro.)
Se disait d'une personne sans naissance et sans fortune qui se donne pourtant des airs de grand seigneur (49)
Déchaux est un vieil adjectif signifiant déchaussé.

Il y a bien du *déchet* sur la filasse (Pop.)
Se disait pour faire comprendre qu'une personne a subi de graves revers de fortune (50)
On utilisait la même formule pour exprimer qu'un profit ou qu'une succession n'était pas aussi considérable qu'on l'avait espéré.

***Déchevêtrer* quelqu'un**
Lui accorder une totale liberté (51)
Le chevêtre était le licou avec lequel on attachait les bêtes de somme.

Du bois de *déchirage*
Se disait du bois récupéré lors de la démolition d'un bateau (52)

Elle n'est pas trop *déchirée*
Se disait d'une femme qui est restée encore assez jolie (53)

Chien hargneux a toujours l'oreille *déchirée* (Loc.Pro.)
Il arrive toujours quelque accident aux gens querelleurs (54)

Il ne se fait pas *déchirer* le manteau pour cela (Loc.Pro.)
Se disait d'un homme qu'il ne faut pas prier beaucoup pour qu'il se décide à faire ce que l'on attend de lui (55)

***Déchirer* son tablier** (Arg.)
En argot, mourir (56)

***Décoiffer* une bouteille** (Pop.)
La déboucher et la boire (57)

Payer à deniers *découverts*
Payer comptant, en espèces « sonnantes et trébuchantes » (58)

***Décravater* quelqu'un de rire**
Le faire rire aux éclats (59)

Être *décrié* comme une vieille monnaie (Loc.Pro.)
Se disait à propos de quelqu'un qui n'est aimé de personne (60)

Se *dédire* cher (Arg.)
En argot, être à l'agonie (61)

Un bon Picard ne se *dédit* pas, il se ravise (Pro.)
Il change d'avis sans pour cela se désavouer (62)
Voilà ce qui s'appelle jouer en virtuose de la sémantique…

C'est une fille d'une bonne *défaite*
Se disait d'une fille jeune, jolie et très riche (63)
On parlait de la défaite d'une fille lorsqu'elle s'était laissée séduire et que l'on avait triomphé de sa vertu.

***Déferrer* quelqu'un**
Le déconcerter, le laisser sans voix (64)

***Défiance* est mère de sûreté** (Pro.)
Il faut avoir un peu de défiance si l'on ne veut pas être trompé (65)

***Défleurir* la picouse** (Arg.)
En argot de l'époque, voler le linge qui a été mis à sécher sur une haie (66)
Allusion au linge que l'on faisait parfois sécher sur des haies parsemées d'épineux… La langue verte peut même se révéler poétique !

***Défrayer* la compagnie** (Pop.)
Faire rire à ses dépens (67)

Être là à *défriser* (Pop.)
Devoir patienter, supporter une longue attente (68)

Il ne frappe point comme il *dégaine* (Loc.Pro.)
Se disait d'un homme qui est plus violent en paroles qu'en actions (69)

Faire *dégorger* quelqu'un (Pop.)
L'obliger à restituer des sommes d'argent qui avaient été gagnées d'une manière illicite (70)

C'est un bon *dégoûté* (Loc.Pro.)
Se disait ironiquement d'un homme qui a bon appétit, d'un amateur de bonne chère (71)

Au *dégoûté* le miel est amer (Pro.)
Rien n'est bon aux yeux des personnes très difficiles (72)

À la cour, auprès des grands, s'il n'y pleut, il y *dégoutte* (Pro.)
Si on n'y bâtit pas toujours une grande fortune, au moins y obtient-on souvent quelque grâce ou quelque avantage (73)

Quand il pleut sur le curé, il *dégoutte* sur le vicaire (Pro.)
Le vicaire à droit à une petite part des avantages qui reviennent au curé (74)

C'est un financier bien *dégraissé*
Se disait d'un financier qui a perdu une grande partie des richesses qu'il avait mal acquises (75)

C'est un *déjeuner* de soleil (Pop.)
Se disait d'une étoffe dont la couleur tendre est facilement altérée par les rayons du soleil (76)

Faire Jacques *déloge* (Pop.)
Déménager au plus vite et sans bruit (77)

Le dos lui *démange* (Pop.)
Se disait d'une personne qui reçoit des coups et qui continue malgré tout ses provocations (78)

***Démêler* une fusée** (Loc.Pro.)
Débrouiller une intrigue, une affaire (79)

***Démêler* une personne entre mille**
La reconnaître facilement (80)

On n'est jamais aussi riche que quand on *déménage* (Loc.Pro.)
On a toujours, lorsqu'on déménage, plus de choses à transporter qu'on ne le croyait (81)

***Déménager* par la cheminée**
Être obligé d'utiliser ses meubles comme combustible (82)

Avoir les mâchoires *démeublées*
Se disait à propos d'une personne à qui il manque de nombreuses dents (83)

***Demeurer* en beau chemin**
Stagner, ne pas faire de progrès pendant que d'autres font fortune (84)

***Demeurer* au filet** (Loc.Pro.)
Avoir un trou, ne plus savoir que dire au beau milieu d'un discours (85)

En diable et *demi* (Loc.Pro.)
Excessivement (86)
«Battre quelqu'un en diable et demi».

Rattraper quelqu'un au *demi-cercle*
Reprendre sur lui l'avantage qu'il croyait avoir (87)

Une *demoiselle* du Pont-Neuf (Arg.)
En argot, se disait à Paris d'une prostituée (88)

Un oiseau *démonté*
Dans le langage de la chasse, se disait d'un oiseau qui a une aile cassée (89)

Se *démonter* le visage
Changer d'expression à volonté (90)

Avoir affaire à un *déniaisé*
Se disait à propos d'un homme adroit et rusé (91)

Un *dénicheur* de merles (Pop.)
Se disait d'un homme ardent sur les plaisirs (92)
Plus généralement, on employait également cette expression pour parler d'un homme habile à découvrir tout ce qui peut lui être agréable ou utile et qui se montre très adroit pour en profiter pleinement. Un tel personnage était autrefois considéré comme assez peu recommandable…

J'y mettrais bien mon *denier*
Je l'achèterais volontiers si c'était à vendre (93)

Brûler une chandelle d'un liard à chercher une épingle d'un *denier* le quarteron (Loc.Pro.)
Se disait lorsque l'on dépense plus dans une affaire que le bénéfice qu'on espère en retirer (94)
Un quarteron était une quantité de vint-cinq. Comme le liard valait trois deniers, la chandelle brûlée coûtait donc soixante-quinze fois plus cher que l'épingle recherchée...

Il n'y a point d'huis qui ne lui doive un *denier* (Loc.Pro.)
Se disait d'un flâneur qui s'arrête souvent en chemin pour bavarder à toutes les portes (95)

Tirer un bon *denier* de quelque chose (Pop.)
Tirer un grand profit d'une affaire (96)

Les *deniers* ameublis
En droit, se disait de l'argent qu'une femme apportait à la communauté par contrat de mariage (97)

Faire bons les *deniers*
En droit, se disait lorsque l'on se porte garant de l'authenticité d'une somme, lorsque l'on déclare quelle ne comporte pas de fausse monnaie (98)

Avoir des *deniers* oisifs
Garder de l'argent chez soi, ne pas le placer pour qu'il rapporte des intérêts (99)

Vendre quelqu'un à beaux *deniers* comptants (Loc.Pro.)
Le trahir par intérêt (100)

Rendre compte à livres, sous et *deniers*
Rendre un compte fidèle, exact et détaillé (101)
Rappelons que la livre valait 20 sous et que le sou s'échangeait contre 12 deniers.

Avoir de la *dent* (Pop.)
Être bien conservé, paraître encore jeune (102)

Prendre l'écuelle aux *dents*
Entamer son repas, se mettre à manger (103)

Parler des grosses *dents* à quelqu'un
Hausser le ton, le menacer (104)

Donner des noisettes à ceux qui n'ont plus de *dents* (Loc.Pro.)
Donner à quelqu'un des choses dont il n'est plus en état de se servir (105)
Se disait aussi des biens qui arrivent trop tard pour qu'on puisse en jouir.

Il est savant jusqu'aux *dents*
Se disait d'une personne qui possède de grandes connaissances (106)

Je suis à vous à vendre et à *dépendre*
Vous pouvez disposer de moi comme vous l'entendez (107)
Le verbe dépendre est employé ici dans le sens aujourd'hui disparu de dépenser. On disait par exemple : « Qui bien gagne et bien dépend n'a que faire d'une bourse pour serrer son argent ».

Gagner ses dépens
Payer par des services que l'on rend la dépense que l'on a occasionnée (108)

Une *dépense* sourde
Se disait d'une dépense que l'on cache, qui n'est pas déclarée (109)

Autant *dépense* chiche que large
(Pro.)
Celui qui économise sur tout finit un jour par être contraint de faire face à des frais importants (110)
Dans ce vieux proverbe, « dépense » a une fonction verbale. Qui dépense chichement doit s'attendre à devoir un jour dépenser beaucoup. C'est le cas notamment, dans l'immobilier, des gros frais de réparations qui sont dus à un défaut systématique d'entretien.

Il s'est enfin *dépiqué*
Sa mauvaise humeur s'est évanouie, il n'est plus fâché (111)

***Dépiter* contre son ventre** (Pop.)
Se priver de manger par dépit ou par mauvaise humeur, comme le font parfois les enfants (112)

Prendre quelqu'un en *déplaisance*
Supporter sa présence à contrecœur (113)

***Déplier* ses richesses**
En faire étalage (114)

Faire une chose sans *déport*
La faire immédiatement, sans délai (115)

***Déposer* le voile**
Cesser de feindre, agir à visage découvert (116)

***Dépoter* une bouteille**
Dans les verreries, en mesurer la capacité (117)

Jouer au roi *dépouillé*
Jeu où l'on ôte une à une les pièces de vêtement de celui qui tient le rôle du roi (118)
Le strip-poker avant la lettre…

C'est une petite *dératée*
Se disait d'une gamine délurée, qui en sait plus que l'on en sait habituellement à son âge (119)

Il ne faut qu'un mauvais moine pour *dérégler* tout le couvent
(Loc.Pro.)
Un seul individu peut suffire pour semer le trouble et le désordre (120)

Est bien larron qui larron *dérobe*
(Pro.)
Il faut être un voleur bien habile pour dépouiller un autre voleur (121)

***Dérober* des fèves**
Leur retirer la première peau (122)

***Dérober* sa marche**
Aller dans une autre direction que celle qui avait été annoncée (123)
L'expression était surtout employée par les militaires qui cherchaient à tromper l'ennemi.

C'est un cheval aux pieds *dérobés*
Se disait d'un cheval dont les sabots sont usés (124)

À passage et à rivière, laquais devant et maître *derrière* (Pro.)
Les gens importants préfèrent ne pas s'exposer directement (125)

Faire rage des pieds de *derrière*
(Pop.)
Mettre tout en œuvre pour réussir (126)

Montrer le *derrière*
Ne pas avoir le courage d'exécuter ce que l'on s'était vanté de faire (127)

Descendre jusqu'à la prière
Solliciter humblement, en s'abaissant (128)

Se _désopiler_ la rate
Rire beaucoup, rire aux larmes (129)
Désopiler était autrefois synonyme de déboucher.
On dit encore d'une scène hilarante qu'elle est désopilante.

C'est un homme bien _dessalé_
Se disait d'un homme fin, rusé, mais également égrillard ou trompeur (130)
Autrefois, cette expression se prenait en mauvaise part. Ne s'utilise plus de nos jours que pour parler d'un jeune homme qui a perdu sa naïveté en matière sexuelle.

Être dur à la _desserre_
Faire des difficultés pour payer, ne pas desserrer facilement les cordons de sa bourse (131)

Desserrer un coup (Pop.)
Frapper avec violence (132)

Desserrer une femme
Délacer son corset (133)

Dessiner aux trois crayons
Dessiner en faisant usage, dans la même œuvre, de la pierre noire, de la sanguine pour les chairs et du blanc de craie pour relever le tout (134)

Avoir un _dessous_
Enregistrer un refus inattendu (135)

Ils les sait toutes et une _par-dessus_ (Pro.)
Se disait d'un homme qui sait se sortir des situations les plus difficiles (136)

Faire une chose _par-dessus_ l'épaule
Ne pas la faire du tout (137)

En _détacher_ (Pop.)
En faire beaucoup (138)
« J'ai lu ses œuvres : il en détache ! ».

Détacher le bouchon (Arg.)
En argot, satisfaire un besoin naturel (139)

C'est un homme qui _déteint_ (Pop.)
Se disait d'un homme peu fiable, sur lequel on ne peut pas trop compter (140)

Se _détouper_ les oreilles
Écouter attentivement (141)

Un personnage en _détrempe_
Se disait d'un personnage sans valeur réelle (142)
On parlait de même d'un mariage en détrempe pour un concubinage, d'une ressemblance en détrempe pour une vague ressemblance ou encore d'un ouvrage en détrempe pour une mauvaise imitation d'un autre ouvrage.

Porter le _deuil_ de sa blanchisseuse (Pop.)
Se disait à propos d'une personne qui se néglige, qui porte des vêtements sales (143)

Faire un _deuil_ joyeux
Se disait du deuil d'un défunt que l'on n'aimait pas et dont on va pourtant recueillir un héritage qui n'est pas négligeable (144)

Aller _au-devant_ par derrière
(Loc.Pro.)
Aller au but par des chemins détournés (145)

***Dévider* son peloton** (Arg)
En argot, faire des aveux et dénoncer ses complices devant le juge d'instruction (146)

***Dévisser* le coco de quelqu'un** (Arg.)
En argot, lui tordre le cou, l'étrangler (147)

Il n'est *dévotion* que de jeune prêtre (Pro.)
Lorsque l'on débute, on est toujours plein d'ardeur (148)

Faire ses *dévotions* à toutes les chapelles (Pro.)
Se disait en parlant des ivrognes qui s'arrêtent pour boire dans tous les cafés (149)

Les fruits l'ont *dévoyé*
Se disait des fruits qui provoquent une belle diarrhée ou, comme l'on disait encore, un beau « flux de ventre » (150)

C'est le *diable* et son train (Pop.)
Se disait lorsque l'on avait affaire à une foule de choses diverses (151)

Être battu du *diable*
Avoir beaucoup de choses à faire, ne pas avoir de repos (152)

Loger le *diable* dans sa bourse
Ne plus avoir un sou (153)

Le *diable* en prendrait les armes
Se disait d'une chose qui provoque une grande indignation (154)

C'est le *diable* à confesser
Se disait d'une chose réputée très difficile à accomplir (155)

Le *diable* n'y perd rien
Se disait à propos d'un scandale qui devrait éclater plus tard (156)

Le *diable* le berce
Se disait d'une personne mauvaise qui imagine toujours des moyens de nuire aux autres (157)

C'est la poupée du *diable*
Se disait d'une femme sale et mal habillée (158)

En dire le *diable*
En dire du mal (159)

Le *diable* bat sa femme et marie sa fille
Se disait lorsqu'il fait soleil et qu'il pleut en même temps (160)

Le *diable* était beau quand il était jeune
Même les personnes les plus laides ont pu avoir un visage moins ingrat dans leur jeunesse (161)

C'est le *diable* qui chante la grand-messe
Se disait d'une personne hypocrite qui veut se donner l'apparence de la piété et de la vertu (162)

Faire le valet du *diable*
Faire plus que ce qui vous est demandé, par zèle ou pour un motif quelconque (163)

Crever l'œil du *diable*
Réussir, en dépit des envieux (164)

Brûler une chandelle au *diable*
Flatter bassement un homme puissant mais injuste dans l'espoir d'en obtenir une faveur (165)

Regarder le *diable* perché sur le poirier
Se disait de celui qui détourne son regard comme s'il avait vu le diable sur un poirier (166)

Le *diable* pourrait mourir que je n'hériterais pas de ses cornes
Se disait à propos d'une personne qui n'a aucun héritage à attendre (167)

Il mangerait le *diable* et ses cornes
Se disait d'un gros mangeur ou d'un homme dépensier qui dilapide son patrimoine (168)

C'est un homme qui n'aime pas le *dialogue* (Loc.Pro.)
Se disait ironiquement du bavard qui veut toujours être le seul à parler (169)

Comme tous les *diantres*
Extrêmement, excessivement (170)
Diantre, nom masculin, était un terme que l'on employait familièrement pour éviter de prononcer le mot diable.

Baisser le *diapason*
Parler moins fort, baisser le ton (171)

Hausser le *diapason*
Élever ses prétentions, réclamer plus (172)

Il semble que *Dieu* lui en doive le reste
Se disait d'une personne qui néglige un peu ses dévotions (173)

C'est une affaire de dure *digestion*
Se disait d'une affaire très difficile à mener (174)

C'est un batteur de *digue-digue* (Arg .)
Se disait en argot d'un mendiant qui simule une crise d'épilepsie pour apitoyer le public (175)

C'est la *diligence* embourbée
Se disait d'une personne qui est très lente dans tout ce qu'elle fait (176)

Faire rouler la *diligence* de Rome (Arg.)
En argot, parler beaucoup, baratiner (177)
Allusion au proverbe qui dit qu'à l'aide de sa langue, on est capable d'aller à Rome.

Faire des *diligences*
Intriguer, faire intervenir des protecteurs (178)

Être brave comme un *dimanche*
Se disait ironiquement de ceux qui sont très bien habillés (179)
Autrefois, la braverie désignait également les vêtements de sortie qu'une personne pouvait posséder.

Il est gourmand comme un *dindon*
Se disait de quelqu'un de très gourmand (180)

Un mari *dindon*
Se disait d'un mari trompé (181)

Garder les *dindons* (Arg.)
En argot, vivre à la campagne (182)

C'est la danse des *dindons*
Se disait d'une chose qu'on a l'air de faire de bonne grâce, bien que ce soit à contre-cœur (183)

Bescherelle précise que l'expression fait allusion aux sauts que feraient des dindons placés sur une plaque de tôle brûlante.

Il me semble que j'ai *dîné* quand je le vois
Se disait en parlant d'une personne dont la présence ennuie, importune (184)

Qui garde son *dîner* aura mieux à souper (Pro.)
Il est sage de se garder des ressources pour l'avenir (185)

C'est un beau *dîneur*
Se disait d'un gros mangeur (186)

Je l'irai *dire* à Rome (Loc.Pro.)
Se disait quand on croit qu'il sera impossible ou très difficile à quelqu'un de réussir dans une entreprise (187)
« Si quelqu'un l'entend mieux, je l'irai dire à Rome ». Racine.

***Discourir* entre deux tréteaux**
Dire des choses de peu d'importance (188)
Allusion à une conversation faite à l'occasion d'un repas de fête où les tables sont dressées sur des tréteaux. Voir également T124.

Une petite vérole *discrète*
Se disait d'un petite vérole où les pustules sont peu abondantes et distantes les unes des autres (189)

***Discuter* les biens d'un débiteur**
Rechercher les biens de ce débiteur et les faire vendre par la justice (190)

***Disposer* d'une personne comme des choux de son jardin**
(Loc.Pro.)
En disposer sans réserve, à tout moment (191)

Se *distiller* le cerveau
Se donner beaucoup de mal pour concevoir ou réaliser une chose (192)

***Divertir* les deniers**
Employer de l'argent pour un autre usage que celui qui était prévu (193)

Quand nous serons à *dix*, nous ferons une croix (Loc.Pro.)
Se disait pour montrer son agacement lorsque l'on constate qu'une chose désagréable ou injuste est répétée plusieurs fois (194)

Se mettre sur son *dix-huit* (Pop.)
Porter un bel habit qui, bien que réparé, fait autant d'effet qu'un neuf (195)
L'expression était basée sur un jeu de mot. Ce bel habit, ainsi réparé, semblait neuf pour la deuxième fois : 2 X 9 = 18 ! Dans le même sens, la version actuelle consiste à dire « se mettre sur son trente et un ». Cette formule, qui a remplacé la précédente, trouve son origine dans le drap de trentain. Ce tissu, utilisé pour confectionner des habits de cérémonie, était fait à partir d'une chaîne de trente fois cent fils, d'où son nom de trentain. On a donc commencé par dire « se mettre sur son trentain ». Puis l'usage en a ensuite corrompu la prononciation. Dans le langage populaire, trentain est devenu trente et un.

Un *docteur* à la douzaine (Pop.)
Se disait ironiquement d'un ignorant (196)
Dans le même sens, on parlait également d'un docteur de rencontre, d'un docteur d'occasion ou d'un docteur d'Asnières. Pour en rajouter un peu et faire comprendre que l'homme en question était tout juste capable de juger si une soupe est convenablement salée, on le qualifiait encore de « docteur en soupe salée »...

Faire le *docteur*
Prendre des airs de savant, donner son avis sur tout sans qu'on vous le demande (197)

Des paroles *dodues*
Se disait de paroles grossières ou ordurières (198)

Avoir mal au bout du *doigt*
Se disait à propos de quelqu'un qui est douillet et qui se plaint d'un petit mal insignifiant (199)

Être de la société du *doigt* dans l'œil (Loc.Pro.)
Faire partie des naïfs qui gardent longtemps certaines illusions (200)

Entre l'arbre et l'écorce il ne faut pas mettre son *doigt* (Loc.Pro.)
Il ne faut pas se mêler des querelles qui opposent un mari à sa femme (201)

En avoir à *lèche-doigts*
Se disait des très bonnes choses qui ne sont servies qu'en trop petites quantités (202)

Se boucher les yeux en ouvrant les *doigts*
Faire semblant de ne pas voir (203)

C'est une commère *dolente*
Se disait d'une femme qui se plaint souvent (204)

Vivre heureux dans son *domestique*
Être heureux avec les siens, dans son ménage (205)

Avoir la *donne* qui souffle mal (Arg.)
Avoir un regard qui n'inspire pas confiance (206)
En argot ancien, la donne était le regard.

C'est une *donnée* (Loc.Pro.)
Se disait d'une excellente affaire (207)

Lui en *donner* du long et du large
Lui administrer une sévère correction (208)

Donner du vague (Arg.)
En vieil argot, chercher fortune (209)

En *donner* à garder (Loc.Pro.)
Faire croire une chose invraisemblable ou absurde à quelqu'un (210)

Donner un pont (Arg.)
En argot, tendre un piège (211)

Donner un redoublement de fièvre (Arg.)
En argot, révéler une charge nouvelle dans un procès (212)

Se *donner* des talons dans le derrière (Loc.Pro.)
Manifester des marques de joie très démonstratives (213)
S'employait également dans le sens de « vivre en complète liberté ».

Se la *donner* (Arg.)
En argot, se sauver, fuir (214)

***Dont* auquel** (Arg .)
En argot ancien, s'employait pour dire qu'une chose est incomparable, qu'elle est ce qu'il y a de mieux (215)
« Vous êtes un chef dont auquel ».

***Dormir* comme un lièvre**
Dormir en maintenant les yeux ouverts, dans la crainte d'un péril (216)

Avoir le sac au *dos*
Avoir signé un engagement dans l'armée (217)

C'est une bête à *dos* (Pop.)
Se disait d'une bête de somme (218)

Être sur le *dos*
Être souffrant, garder le lit assez longtemps (219)

Scier le *dos* à quelqu'un (Pop.)
Faire naître un ennui profond chez celui ou celle qui vous écoute (220)

Avoir le *dos* au feu et le ventre à table (Pop.)
Prendre ses aises en mangeant, jouir du confort dans lequel on vit (221)

Il tombe sur le *dos* et se casse le nez (Pop.)
Se disait d'un homme à qui rien ne réussit (222)

C'est un *dos* vert (Arg.)
Se disait en argot d'un proxénète (223)
Le vert qui est la couleur du dos d'un maquereau…

C'est une *dossière* (Arg.)
Se disait dans l'ancienne langue verte d'une prostituée de bas étage, celle qui passe une bonne partie de son temps sur le dos… (224)

La *doublure* de la chemise (Arg.)
Désignait la peau en argot (225)

Fin contre fin n'est pas bon à faire *doublure* (Pro.)
Un filou n'en trompe pas facilement un autre (226)

C'est un médecin d'eau *douce* (Pop.)
Se disait d'un médecin qui ne prescrit que des remèdes légers ou qui en prescrit peu (227)

Il a besoin d'une *douche* (Pop.)
Se disait d'un homme qui ne veut pas entendre raison (228)
Dans les asiles d'aliénés, la douche froide était un moyen de coercition couramment employé.

Avoir les *douilles* savonnées (Arg.)
En argot, avoir les cheveux blancs (229)
Si l'expression « avoir les douilles savonnées » n'est plus en usage depuis longtemps, par contre la disparition du terme argotique « douilles » pour désigner les cheveux est assez récente. On disait « aller chez le douillard » pour dire que l'on se rendait chez son coiffeur.

Il a le pied *douillet* (Pop.)
Se disait de celui qui souffre de la goutte (230)

Avaler la *douleur* (Pop.)
Se disait lorsque l'on boit un coup (231)
Pour un verre d'eau-de-vie, on préférait dire que l'on étrangle la douleur.

À la Chandeleur les grandes *douleurs* (Pro.)
C'est souvent à la Chandeleur que les grands froids se font sentir (232)

C'est un escalier *doux*
Se disait d'un escalier dont les marches sont peu élevées (233)

Avoir du *douzain*
Être très riche (234)
Le douzain était une petite monnaie frappée dans un alliage de cuivre et d'argent qui valait autrefois douze deniers, l'équivalent d'un sou. Les premiers douzains sont apparus en 1541, sous François Ier.

Avoir le *treize-douze*
En librairie, se disait du treizième exemplaire que l'on donnait gratuitement à la personne qui en achetait douze (235)

Avaler la *dragée*
Se résigner à devoir subir quelque chose de très fâcheux (236)

Écarter la *dragée* (Arg.)
En argot, laisser échapper un peu de salive en parlant (237)

Endormir le *dragon* (Arg.)
Tromper une surveillance assez serrée (238)

Faire l'amour à la *dragonne*
Le faire impétueusement, avec fougue (239)
Le féminin de dragon a déserté nos dictionnaires modernes. On dit maintenant qu'on fait l'amour à la hussarde...

Se faire des *dragons*
Se faire du souci, être en proie à l'inquiétude ou encore avoir des remords (240)
Mme de Sévigné affectionnait cette expression.

Tailler en plein *drap* (Loc.Pro.)
Avoir la liberté de faire ce que l'on veut (241)

Vouloir le *drap* et l'argent (Loc.Pro.)
Chercher à ne pas payer ce que l'on vient d'acheter, ou bien chercher à ne pas donner ce que l'on vient de vendre (242)

Un vin bien *drapé* et de bonne laine (Pro.)
Se disait d'un vin excellent (243)

Il ne se soutient pas plus qu'un *drapeau* mouillé (Loc.Pro.)
Se disait de quelqu'un qui ne tient pas sur ses jambes (244)
S'employait surtout pour parler d'un ivrogne.

***Draper* quelqu'un**
En dire beaucoup de mal (245)

Combattre contre ses *draps* (Loc.Pro.)
Lutter contre le sommeil, ou bien avoir de la peine à sortir du lit (246)

Fourrer deux personnes dans la même paire de *draps* (Pop.)
Les traiter de la même façon (247)

C'est un vieux *drille*

Se disait d'un homme qui a vieilli dans la ruse ou le libertinage (248)

Dans le langage populaire, un drille était un soldat un peu frustre, un soudard. On disait encore « bon drille » pour un bon vivant et « pauvre drille » pour un pauvre malheureux.

De nos jours, il reste l'expression « joyeux drille » pour évoquer un joyeux compagnon.

C'est un *drogueur* de la haute

(Arg.)

Se disait d'un escroc bien vêtu et beau parleur (249)

Envoyer quelque chose en *droiture*

Faire parvenir quelque chose par les voies les plus directes ou les plus rapides (250)

Être *drôle* comme un coffre

(Loc.Pro.)

Se disait d'une personne très drôle, plaisante et amusante (251)

On retrouve le coffre dans l'expression « rire comme un coffre » qui signifie « rire aux éclats ».

Jaser *dru*

Parler beaucoup et vite (252)

Se plaindre de *druge* (Loc.Pro.)

Se plaindre de manquer d'une chose alors que l'on en a déjà plus que ce qui nous est nécessaire (253)

En horticulture, on parlait de druge pour évoquer les pousses de pois qui étaient en surnombre. Ce mot est peu à peu devenu synonyme de provision, d'abondance.

C'est un *duc* à corneilles

(Loc.Pro.)

Se disait d'un homme qui prend le titre de duc sans avoir la fortune suffisante pour tenir son rang (254)

Des lettres à la *duchesse*

Se disait d'une écriture à la plume où les pleins tiennent la place des déliés et les déliés la place des pleins (255)

Se marier par *duplicata* (Pop.)

Contracter un second mariage du vivant du premier mari ou de la première femme (256)

Quand l'un veut du mou, l'autre veut du *dur* (Pro.)

Se disait de deux personnes qui ne s'accordent jamais (257)

Être dans son *dur* (Pop.)

Être complètement absorbé par son travail, ne pas se laisser distraire (258)

C'est du *dur* (Pop.)

Se disait en parlant de l'eau-de-vie (259)

Entendre *dur*

Être un peu sourd (260)

La forme voisine « être dur d'oreille » nous est restée.

Voler à la *dure* (Arg.)

Assassiner quelqu'un pour le voler (261)

E

Apporter de *l'eau* à la mer
(Loc.Pro.)
Apporter des choses en un lieu où elles sont déjà en abondance (1)

Ne pas trouver de *l'eau* dans la rivière (Loc.Pro.)
Être incapable de trouver des choses en un lieu où elles sont en grand nombre (2)

Aller à *l'eau* chez un autre
(Loc.Pro.)
Empiéter sur ce qui appartient à un autre (3)

Battre *l'eau* avec un bâton
(Loc.Pro.)
Se donner inutilement de la peine (4)

Faire venir *l'eau* au moulin
(Loc.Pro.)
Attirer vers soi tous les bénéfices (5)

Faire voir de son *eau* (Loc.Pro.)
Montrer ce que l'on est capable de faire (6)

Malin comme Gribouille, qui se jette à *l'eau* par peur de la pluie
(Pro.)
Se disait de celui qui, pour éviter un petit inconvénient, tombe dans un autre plus grave (7)

Faire une chose comme on boirait un verre *d'eau*
(Loc.Pro.)
Faire une chose facilement, sans éprouver ni gêne ni scrupule (8)

***L'eau* va toujours à la rivière**
(Loc.Pro.)
La fortune vient toujours à ceux qui sont déjà suffisamment riches (9)

Ce sont des gens de delà *l'eau*
Se disait des gens qui ne savent jamais rien ou qui ne sont informés qu'avec beaucoup de retard (10)

Il jouerait les pieds dans *l'eau* (Loc.Pro.)
Se disait d'une personne qui est dominée par sa passion du jeu (11)

Donner de *l'eau* à un chapeau
Expression utilisée par les chapeliers lorsqu'ils donnaient du lustre à un chapeau (12)
Se disait aussi pour du drap.

De *l'eau* bénite de cave (Pop.)
Se disait familièrement du vin (13)

De *l'eau* bénite de cour
Se disait des vaines protestations d'amitié (14)
Allusion aux discours peu sincères que tenaient les courtisans entre eux.

Rompre *l'eau* à quelqu'un
Nuire à ses affaires, lui mettre des bâtons dans les roues (15)

Revenir sur *l'eau*
Retrouver une certaine prospérité (16)

Une *eau* plate et courtoise
Se disait d'une mer calme dans le langage des marins (17)

Il ne gagne pas *l'eau* qu'il boit
C'est un homme paresseux (18)

C'est une source *d'eaux* folles
Se disait d'une source au débit irrégulier ou d'une source qui peut tarir en période de sécheresse (19)

Avoir le nez *écaché*
Se disait d'un nez cour et plat (20)
Rappelons que le vieux verbe écacher signifiait aplatir, écraser.

***Écarter* du fusil** (Arg.)
Se disait dans la langue verte à propos d'une personne qui postillonne au visage des gens en leur parlant (21)
Dans le même sens, on disait encore « écarter la dragée ». Un fusil qui écartait était un fusil qui éparpillait ses plombs.

Il a avalé un *échalas* (Pop.)
Se disait d'une personne qui se tient le dos bien droit (22)

Juger de la pièce par *l'échantillon* (Loc.Pro.)
Juger d'une personne ou d'une chose par le peu que l'on en sait ou que l'on en a vu (23)

C'est un *échappé* de barbe
C'est le produit d'un croisement entre un cheval arabe et une jument de pays (24)
Autrefois, un « barbe » était un cheval de Barbarie, c'est-à-dire, dans les termes de cette époque, un cheval arabe.

Un *échappé* des Petites-Maisons
S'est dit d'un fou, d'un écervelé (25)
L'hôpital des Petites-Maisons, situé dans l'ancienne rue de Seine, fut fondé par la ville de Paris en 1497 sous le nom de Maladrerie de Saint-Germain. À partir de 1557, on décida d'y recevoir également des fous, ce qui perdura jusque dans les premières années de la Révolution. Cet établissement était appelé « Hôpital des Petites-Maisons » parce que les cours qui le composaient étaient bordées de petites loges basses qui assuraient l'hébergement des patients.

Avoir l'esprit en *écharpe* (Loc.Pro.)
Être distrait (26)
Au sens figuré, « en écharpe » signifiait de biais, obliquement. Dans ses œuvres, Molière a utilisé plusieurs fois cette locution proverbiale.

Changer *d'écharpe*
Changer de parti (27)

Monter sur des *échasses* (Loc.Pro.)
Employer des grands mots, parler avec emphase, jouer au grand personnage (28)

Chat *échaudé* ne revient pas en cuisine (Pro.)
On évite de revenir là où l'on a connu de graves désagréments (29)

***Échauffer* la maison**
Essuyer les plâtres, être le premier habitant (30)

Être en *échauguette*
Monter la garde, faire le guet (31)

Monter à *l'échelle*
S'emporter pour peu de chose (32)

Sentir *l'échelle* (Loc.Pro.)
Se disait de quelqu'un qui mérite la potence (33)

Dans la tempête, adore *l'écho* (Pro.)
Dans les périodes de troubles civils, il est prudent de se retirer à la campagne (34)

C'est un homme à *éclaircissements*
Se disait d'un homme susceptible et querelleur (35)
Pris dans ce sens, un éclaircissement était une explication orageuse entre deux ou plusieurs personnes.

Lâcher les *écluses* (Arg.)
Se disait dans la langue verte pour « uriner » (36)

On est savant quand on revient de *l'école* (Loc.Pro.)
Quand on a été informé, on ne commet plus les mêmes fautes qu'auparavant (37)

Faire une *école*
Commettre une erreur par inexpérience (38)

Juger du bois par *l'écorce* (Loc.Pro.)
Juger une chose par l'apparence (39)

Quand on a pressé l'orange, on jette *l'écorce*
Il arrive que l'on dédaigne ensuite un homme dont on a tiré tous les services qu'il pouvait rendre (40)

Autant vaut celui qui tient que celui qui *écorche* (Pro.)
Le complice d'un crime est aussi coupable que celui qui en est l'auteur (41)

Il est brave comme un lapin *écorché* (Loc.Pro.)
Se disait d'un poltron, d'une personne très craintive (42)

Faire une chose à *écorche-cul* (Loc.Pro.)
La faire à regret, en rechignant (43)

Descendre à *écorche-cul* (Loc.Pro.)
Dévaler une pente en se laissant glisser sur les fesses (44)

***Écorcher* l'anguille par la queue** (Loc.Pro.)
Commencer une chose par ce qui est le plus difficile (45)

***Écorcher* le renard** (Arg.)
En argot, l'expression signifiait « vomir » (46)

***Écorner* comme un bouvier** (Arg.)
Jurer grossièrement (47)

***Écorner* les boucards** (Arg.)
Casser les vitres d'une boutique pour s'y introduire et commettre un vol (48)
Cette expression argotique pourrait se traduire par « casser les coquilles ».

Il a beau se taire de *l'écot*, qui rien ne paye (Pro.)
Ce vieux proverbe nous recommande de n'en rien dire lorsque l'on est dispensé de payer sa quote-part d'une dépense commune (49)

Le voilà bien *écourté*
Ses cheveux ont été coupés bien courts (50)

***Écourter* un chien, un cheval**
Lui couper la queue et les oreilles (51)

C'est un *écoute* s'il pleut
Se disait d'un homme qui se fie à de vagues promesses, à un espoir mal fondé (52)
Employée substantivement, la locution « écoute s'il pleut » s'appliquait à un moulin qui ne fonctionnait qu'avec l'eau de pluie retenue par des écluses. On comprend que le meunier était à l'écoute du moindre bruit qui pouvait ressembler à celui d'une averse…

Qui parle sème, qui *écoute* recueille (Pro.)
Il est souvent bien plus profitable d'écouter et de se taire (53)

Sonne comme il *écoute* (Loc.Pro.)
Se disait par plaisanterie d'une personne qui entend des bruits imaginaires (54)
C'est l'inversion volontaire et malicieuse de la phrase « écoute comme il sonne ».

À fol conteur sage *écouteur* (Pro.)
Un homme sage se doit de supporter avec indulgence les divagations d'une personne un peu folle (55)

***Écraser* un grain** (Arg.)
En argot, boire la goutte (56)

***Écraser* des tomates** (Arg.)
Se disait à propos d'une femme qui a ses règles (57)
L'argot populaire ne se préoccupait pas beaucoup de délicatesse !

Éplucher *l'écrevisse* (Pop.)
Examiner tout et trouver à redire, à critiquer, à blâmer ou encore s'arrêter à des détails (58)

Une *écrevisse* de rempart (Arg.)
Surnom que les marins donnaient aux fantassins en garnison dans les ports (59)
Leur uniforme était souvent de couleur rouge.

Avoir une *écrevisse* dans la tourte (Arg.)
Se disait en argot de quelqu'un qui est un peu fou, qui a le cerveau un peu dérangé (60)
De nos jours, on a une araignée dans le plafond !

Les nobles *d'écritoire*
Nom que la noblesse d'épée donnait par mépris à la noblesse de robe (61)

Rogner *l'écuelle* à quelqu'un (Loc.Pro.)
Lui retirer une part de ses revenus (62)

Verser son *écuelle* (Loc.Pro.)
Être proche de la faillite, faire une gestion calamiteuse de ses affaires (63)

Se raccommoder à *l'écuelle* comme les gueux (Loc.Pro.)
Se réconcilier autour d'une table, en buvant et en mangeant (64)

Être pâle comme une *écuelle* de vendange (Loc.Pro.)
Se disait par ironie de ceux qui ont un peu bu et qui ont le visage rougeaud (65)

Il a plu dans son *écuelle* (Loc.Pro.)
Se disait d'une personne chanceuse à qui il est arrivé des choses agréables (66)

Les archers de *l'écuelle*
Se disait des archers qui étaient chargés d'arrêter les mendiants et de les conduire à l'hôpital (67)

Mettre tout par *écuelles* (Loc.Pro.)
Ne rien épargner pour offrir un somptueux dîner à une ou plusieurs personnes (68)

***Écumer* le pot de quelqu'un**
Se charger pour lui des affaires de la maison (69)

C'est un *écumeur* de marmites
Se disait d'une personne qui vit en parasite (70)

Il faut à Pâques *écurer* son chaudron (Pro.)
Il faut aller se confesser (71)

Mettre les *écureuils* à pied (Loc.Pro.)
Se disait lorsque l'on coupe des arbres (72)

C'est un cheval à *l'écurie* (Loc.Pro.)
Se disait d'une chose qui coûte fort cher en frais d'entretien et qui n'est d'aucune utilité (73)

Fermer *l'écurie* quand les chevaux sont dehors (Loc.Pro.)
Prendre des précautions quand le mal est arrivé (74)

Voici le reste de nos *écus* (Loc.Pro.)
Se disait lorsque l'on voit arriver une personne dont la présence n'est pas souhaitée (75)
On dit maintenant : « Voici le restant du pain dur ».

Qui aime Martin aime son chien, qui aime le chevalier aime *l'écuyer* (Pro.)
Le chevalier et son écuyer étaient souvent très liés, inséparables (76)

Coucher sur *l'édredon* de trois pieds (Arg.)
Coucher sur de la paille (77)

Elle fait *l'édredon* (Arg.)
Se disait d'une prostituée qui vole le client qu'elle attire chez elle (78)

C'est *égal* comme deux œufs (Loc.Pro.)
Se disait de deux choses semblables (79)

Égayer sa force
La mettre en valeur, en faire publiquement l'exhibition (80)

Égayer un arbre
L'ébrancher, le rendre moins touffu (81)

Balayer *l'église* (Loc.Pro.)
En sortir le dernier (82)

Dire une messe basse dans une grande *église* (Loc.Pro.)
Se disait à propos de ceux qui boivent une très petite quantité d'alcool dans un grand verre (83)

Être gueux comme un rat *d'église* (Loc.Pro.)
Être très pauvre (84)

De *l'égoutture* de portefeuille
De la petite monnaie (85)

C'est un *égreneur* de chapelet
Se disait d'un hypocrite qui joue les dévots (86)

Sortir de *l'Égypte*
Retourner à la pratique religieuse, délaisser les mondanités (87)
L'Égypte était pour certains l'image même d'un monde païen et corrompu. À l'opposé, « retourner en Égypte » évoquait un retour à la débauche.

Regretter les oignons *d'Égypte*
Regretter son état ancien, bien que l'on soit dans un état meilleur (88)
Allusion aux regrets supposés que les Hébreux pouvaient avoir eu lorsqu'ils ont quitté l'Égypte sous la direction de Moïse.

C'est un *élixir* de hussard (Pop.)
Se disait d'une eau-de-vie de qualité inférieure (89)

Voir de grands biens en *éloignement*
Se disait à propos d'une personne pauvre qui espère faire un jour un bel héritage (90)

Il n'y a rien de plus *éloquent* que de l'argent comptant (Loc.Pro.)
Il est souvent facile de convaincre une personne en lui remettant de l'argent de la main à la main (91)

Faire des *emballes* (Pop.)
Semer le trouble, faire des embarras (92)
L'emballe était le nom que les marins méditerranéens donnaient au vent irrégulier qui souffle pendant l'été.

Un *emballeur* de refroidis (Arg.)
Dans la langue verte, désignait un croque-mort (93)

Mettre une fille dans *l'embarras*
Être responsable de sa grossesse (94)

Le voilà bien *embâté*
Se disait de quelqu'un qui est dans l'embarras, à qui l'on a demandé de s'occuper d'une affaire très désagréable, à qui l'on a imposé une présence non souhaitée, etc. (95)

On l'a bien *embouché*
On lui a soufflé ce qu'il sera chargé de dire (96)
D'une personne qui emploie des mots grossiers, on dit encore aujourd'hui qu'elle est « mal embouchée ».

Jurer comme un charretier *embourbé* (Loc.Pro.)
Lâcher un chapelet de jurons (97)

***Embrener* quelqu'un** (Pop.)
L'engager maladroitement dans une mauvaise affaire (98)
Rappelons que bran (ou bren) est un vieux mot qui était synonyme d'excrément. On peut donc traduire « embrener » par « emmerder », mais le terme moderne semble plus fort.

***Emmailloter* un môme** (Arg.)
En argot ancien, préparer un vol (99)

C'est *emmanché* à gauche
Se disait d'une affaire qui débute mal (100)
Rappelons qu'autrefois, la droite représentait le bon côté, le côté noble.

***Emmieller* les bords du vase** (Pop.)
Faire passer ce qui est pénible au moyen d'une douceur préalable (101)

Jamais chat *emmitouflé* ne prit souris (Pro.)
Pour être efficace, il faut se sentir à l'aise, ne pas être embarrassé (102)

***Émouvoir* la noise** (Pop.)
Soulever une querelle (103)

***Émouvoir* la bile de quelqu'un** (Pop.)
Le mettre en colère (104)

Il ne faut pas *émouvoir* les frelons (Pro.)
Il faut éviter de se faire des ennemis, si petits soient-ils (105) *(Voir également F293)*

***Empaumer* une affaire**
S'en occuper activement, y consacrer de l'énergie et du temps (106)

***Empaumer* la parole**
S'en emparer, intervenir dans la conversation (107)

***Empaumer* la balle**
Saisir l'occasion (108)
Allusion au jeu de paume.

Être *empêché* de sa personne
Se disait de quelqu'un qui ne sait jamais comment se tenir (109)

Donner un *emplâtre* à quelqu'un (Pop.)
Lui donner une gifle (110)

Être de bonne *emplette*
Se disait de ce qui est avantageux à acheter (111)

***Employer* le vert et le sec** (Loc.Pro.)
Mettre en œuvre tous les moyens pour réussir (112)

C'est une tête à *encadrer*
Se disait ironiquement de quelqu'un qui est d'une grande laideur (113)

C'est un *encloué* (Arg.)
Se disait en argot d'un homme qui est mou et lent, dépourvu d'énergie (114)
Dans le langage des militaires, enclouer un canon, c'était le rendre inutilisable par l'ennemi en enfonçant un clou dans la lumière, le trou par lequel s'opérait la mise à feu.

Trouver *l'enclouure* d'une affaire
Découvrir la cause d'une difficulté, des obstacles que l'on peut rencontrer (115)

L'enclouure est la plaie provenant d'un clou qu'un cheval s'est enfoncé sous le sabot.

Écrire de la bonne *encre* à quelqu'un (Loc.Pro.)
Écrire d'un ton ferme et sévère, pour adresser des reproches ou intimer un ordre (116)

C'est un *endormeur* de mulots (Loc.Pro.)
Se disait d'un beau parleur, d'un homme qui sait habilement vous amadouer avec des flatteries et des belles promesses ou qui sait se rendre populaire en faisant miroiter des fausses espérances (117)
Dans le même sens, on parlait d'un « endormeur de couleuvres ». De nos jours, on dit encore parfois, et plus simplement, qu'un tel homme est « un endormeur ». Cette expression est une allusion à l'ancienne pratique qui consistait à endormir les loirs ou les mulots en brûlant certaines essences mêlées à de la fleur de soufre.

Passer devant un *endormi* (Arg.)
Se disait à propos de la personne qui comparait devant un juge (118)

Avoir mangé de *l'endormie* (Loc.Pro.)
Se disait lorsque l'on a un sommeil profond, accompagné d'un réveil difficile (119)
La pomme épineuse, encore appelée « endormie », était le nom que l'on donnait autrefois au datura ou stramoine commune. Cette plante aux grandes fleurs blanches ou roses est originaire de l'Inde. Elle croît en Europe dans les lieux secs, tempérés ou chauds. Sous l'effet de la chaleur, elle répand une odeur nauséabonde qui donne des vertiges à ceux qui auraient eu la malchance de s'endormir dans son voisinage. Elle est considérée en médecine comme un poison dont les effets débutent par un assoupissement léthargique.

Avoir *l'endosse* d'une affaire
Y consacrer beaucoup de travail et de peine (120)

Traiter quelqu'un en *enfant* de bonne maison
Le soumettre à une discipline assez ferme, le châtier dès que c'est nécessaire (121)

***L'enfant* de chœur** (Arg.)
Se disait en argot d'un pain de sucre (122)

C'est un *enfant* de giberne (Arg.)
Se disait d'un enfant de troupe (123)
L'enfant de troupe était un fils de militaire élevé aux frais de l'État dans une école militaire ou dans une caserne.

C'est un *enfant* de trente-six pères (Arg.)
Se disait d'un garçon dont la mère a eu de nombreux amants (124)

Le droit des douze *enfants*
En droit ancien, c'était l'usage d'accorder une dispense d'impôt aux parents dont la famille comptait au moins douze enfants (125)

Être *enfariné* d'une doctrine
Avoir reçu des informations très favorables, des louanges à son sujet (126)

C'est un tison *d'enfer*
Se disait d'un homme ou d'une femme d'une très grande méchanceté (127)

Cela ne *s'enfile* pas comme des perles
Se disait en général de ce qui est plus facile à dire qu'à faire (128)

***Enfiler* la venelle**
S'enfuir en toute hâte (129)

***S'enfiler* mutuellement**
Se disait de deux adversaires qui, dans un duel, se passent l'épée au travers du corps (130)

***S'enflaneller* de tisanes** (Arg.)
En argot, boire des boissons chaudes (131)

***Enfler* un ballon**
Le gonfler (132)

Avoir l'esprit *enfoncé* dans la matière
Se disait d'une personne stupide (133)

Ce tableau présente un bel *enfoncement*
L'effet de perspective y est bien rendu (134)

À mal *enfourner* on fait des pains cornus (Pro.)
Une affaire mal préparée donne souvent des résultats fâcheux (135)

C'est là que le pot *s'enfuit* (Loc.Pro.)
C'est pour ça que l'affaire est en péril (136)
Se disait aussi dans le sens : « C'est le reproche que l'on peut lui faire ».

Il a été bien *enfumé*
On a flatté son orgueil (137)
Allusion à la fumée dégagée par l'encens.

La chevêche est *engluée* (Arg.)
Les voleurs sont pris au piège (138)
Rappelons que la chevêche est une chouette de petite taille.

Qui bien *engrène*, bien finit (Pro.)
C'est celui qui a commencé qui doit terminer (139)

Cela *enlève* la paille (Loc.Pro.)
Se disait de ce qui est au-dessus de tout, de ce qui apporte la victoire (140)

***S'enluminer* le museau** (Arg.)
En argot, boire un peu trop (141)

Donner beau à ses *ennemis*
Leur donner l'occasion de nous nuire (142)

Il *ennuie* à qui attend (Pro.)
Le temps paraît toujours bien long à ceux qui attendent (143)

Il ferait *enrager* la bête et le marchand (Loc.Pro.)
Se disait d'un homme qui semble n'être jamais satisfait de ce qu'on lui propose (144)
La bête dont il est question ici est certainement celle qui était attelée à la carriole d'un marchand ambulant.

Il faut savoir *enrayer*
Il faut savoir s'arrêter (145)
« Vous dépensez trop, il faut enrayer ».

***Enrhumer* quelqu'un** (Arg.)
En argot, l'ennuyer (146)

Ne pas laisser *enrouiller* ses dents (Pop.)
Manger avec appétit, avec plaisir (147)

Coucher à *l'enseigne* de la lune (Loc.Pro.)
Coucher dehors, être à la rue (148)

Donner de fausses *enseignes*
Donner de mauvais renseignements (149)

Ne pas se laisser facilement *entamer*
Ne pas se laisser fléchir facilement, résister fortement aux arguments que l'on vous oppose, à la tentation à laquelle on vous expose (150)
Se disait aussi de quelqu'un qui garde farouchement ses secrets.

***Entendre* l'apologue**
Bien comprendre ce dont il est question (151)

***Entendre* le Tu autem**
Comprendre très rapidement tous les aspects d'une affaire (152)
Tiré de l'une des leçons du bréviaire qui se termine par : « Tu autem, Domine, miserere nobis ».

***Entendre* les joies du paradis** (Loc.Pro.)
Entendre les bruits d'une fête à laquelle on ne peut participer (153)

S'y *entendre* comme à faire un coffre (Loc.Pro.)
Se disait à propos d'une personne qui ne comprend rien à ce qu'elle cherche à faire (154)
On disait également, dans le même sens « s'y entendre comme à ramer les choux ». Voir C371.

Manger un *enterrement* (Arg.)
Dans l'ancienne langue verte, faire un enterrement consistait à placer une tranche de charcuterie entre deux tranches de pain (155)
Tout simplement un sandwich...

Mourir tout *entier*
Ne laisser aucun souvenir après sa mort (156)

Donner une *entorse* à quelqu'un
Porter atteinte à son autorité, à sa réputation (157)

Avoir des *entrailles*
Avoir du cœur, être attentif à sa famille et à ses amis (158)
Se disait également d'un acteur qui interprète son rôle avec beaucoup de chaleur et de vérité.

***Entraver* niberte** (Arg.)
Se disait en argot lorsque l'on ne comprend rien à ce qui est dit ou fait (159)
Au départ, il y a le mot « bernique » qui voulait dire « rien ». On dit d'ailleurs toujours, lorsque l'on ne comprend pas, « bernique ! ». Par jeu, on a ensuite inversé les deux premières syllabes et le bernique est devenu « niberque », puis par corruption « niberte ». La formule a ensuite évolué. Seul n'a été conservé que le début du mot et l'on entend dire maintenant : « J'y comprends que nib ».

Faire les choses *entre* deux soleils
Les faire la nuit, entre le coucher et le lever du soleil (160)

Il battra un *entrechat* (Arg.)
Se disait en argot d'un condamné à la potence (161)

Manger un *entre-deux* de morue

Se disait, dans le langage des cuisines, de la partie de la morue comprise entre la tête et la queue (162)

Faire une *entrée* de ballet

Arriver sans accomplir les civilités d'usage (163)

L'entre-fesson la brûle (Pop.)

Se disait d'une femme qui est en proie à un besoin sexuel impérieux (164)
C'était la version ancienne de la formule « avoir le feu aux fesses ». Contrairement à ce que l'on pourrait croire, ce terme d'entre-fesson ne faisait pas partie du vocabulaire argotique. Dans le langage populaire, c'était un nom masculin qui désignait le sexe en général, chez les humains comme chez les animaux.

Écrire sous *l'enveloppe* de quelqu'un

Écrire sous couvert d'une personne, user de son intermédiaire (165)

Parler sans *enveloppe*

Parler franchement, avec rudesse (166)

Il a la mâchoire *épaisse* (Pop.)

Se disait d'un homme à l'esprit particulièrement lent, d'un balourd (167)
On disait également, dans le même sens, « avoir la mâchoire pesante ».

Épands ton fumier près et marie ta fille loin

(Pro.)
Il faut t'occuper de ton quotidien et te tenir à l'écart des tracas et des querelles (168)

N'épargner ni Gaultier ni Garguille (Loc.Pro.)

Se méfier de ses amis comme de ses ennemis (169)
Gaultier-Garguille, dit Fléchelles, était un célèbre farceur né en Normandie vers 1574 et mort en 1634. Avec ses compères Turlupin et Gros-Guillaume, il aurait établi un petit théâtre à Paris, près de l'Estrapade. Bénéficiant du soutien de Richelieu, il se serait également produit à l'hôtel de Bourgogne aux côtés de comédiens patentés. Deux autres expressions proverbiales ont été forgées à partir de son nom : « Se moquer de Gaultier et Garguille » (se moquer de tout le monde) et « Prendre Gaultier pour Garguille » (se tromper lourdement). Il a laissé un recueil de chansons grivoises qui a été publié en 1631.

Épargner le Poitou (Arg.)

En argot, se méfier, prendre beaucoup de précautions (170)

Manger par-dessus *l'épaule*

Manger derrière les autres, sans avoir de place à table (171)

Pousser le temps avec *l'épaule*

(Loc.Pro.)
S'ennuyer, s'occuper comme on peut en attendant quelque chose (172)

Sentir *l'épaule* de mouton

(Loc.Pro.)
Sentir mauvais (173)

Faire une chose par *épaulées*

(Pop.)
La faire en plusieurs étapes, sans y apporter beaucoup de soins (174)

Un arbre qui commence à *s'épauler*
Se disait d'un arbre qui dépérit d'un côté et se développe de l'autre (175)

Ne pas jeter les *épaules* de mouton par la fenêtre (Loc.Pro.)
Se disait à propos de quelqu'un qui a la réputation d'être très avare (176)

Il est bien large, mais c'est des *épaules* (Loc.Pro.)
Se disait ironiquement d'un avare (177)

C'est un cheval qui trotte des *épaules*
Se disait d'un cheval qui possède un trot un peu lourd (178)

Marcher des *épaules*
Balancer les épaules en marchant (179)

C'est un cheval *d'épave*
Se disait d'un cheval perdu, dont on ne connaît pas le maître (180)

Son *épée* ne tient pas au fourreau
Se disait d'un homme toujours prêt à se battre (181)

C'est un chevalier de la petite *épée*
Se disait autrefois d'un voleur, d'un filou (182)

Mourir d'une belle *épée*
Trouver la mort d'une manière glorieuse (183)

Se faire blanc de son *épée*
Se prévaloir de sa force pour obtenir une décision qui aille dans le sens de ce que l'on souhaite (184)

Jouer de *l'épée* à deux talons
(Loc.Pro.)
S'enfuir (185)

Avaler *l'éperlan* sans l'éplucher
(Loc.Pro.)
Manger gloutonnement (186)

Il faut le saigner à la veine de *l'éperon* (Loc.Pro.)
Se disait à propos de quelqu'un que l'on soupçonne de faire le malade (187)
La veine de l'éperon est celle qui est voisine de l'endroit où l'éperon vient piquer le cheval. On espérait ainsi que l'évocation d'une saignée dans un endroit aussi sensible serait dissuasive.

Donner un coup *d'éperon* pour se rendre à un endroit (Loc.Pro.)
Y aller avec la diligence (188)

C'est un mariage *d'épervier*
(Loc.Pro.)
Se disait d'un mariage où la femme à des qualités supérieures à celles que peut avoir le mari (189)
Chez l'épervier, la femelle est plus vigoureuse.

On ne saurait faire d'une buse un *épervier* (Loc.Pro.)
On ne peut faire naître des dons chez ceux qui en sont dépourvus (190)
Contrairement à l'épervier, la buse ne peut être dressée à la chasse au vol. Ses formes lourdes et ses serres assez faibles ne s'y prêteraient pas.

C'est chère *épice* (Loc.Pro.)
Se disait d'une chose vendue bien trop cher (191)

Ils aiment le pain *d'épice*
Se disait en plaisantant des juges peu scrupuleux qui acceptaient de recevoir de l'argent des prévenus qui comparaissaient devant eux (192)

Dans les petits sacs sont les fines *épices* (Loc.Pro.)
Se disait des personnes spirituelles qui sont de petite taille (193)

C'est un chien *épié*
Se disait d'un chien qui a sur la tête un bouquet de poils formant une sorte d'épi (194)

Aller aux *épinards* (Arg.)
Se disait d'un proxénète qui vient prendre l'argent gagné par une prostituée (195)

Porter de la graine *d'épinards*
Faire partie du corps des officiers supérieurs (196)

Le délit de *l'épine* au dos
En justice, se disait de la sodomie... (197)

Courber *l'épine*
Saluer bien bas, d'une manière servile (198)

Être sur les *épines*
Vivre dans l'inquiétude ou dans l'impatience (199)

Marcher sur des *épines*
Être dans une situation difficile, délicate (200)

C'est un fagot *d'épines*, on ne sait par quel bout l'attraper (Loc.Pro.)
Se disait d'une personne revêche dont les réactions sont imprévisibles (201)

Tuer quelqu'un à coup *d'épingle*
Le faire souffrir longuement avant de le tuer (202)

Mettre une *épingle* au bout de sa manche (Loc.Pro.)
Faire en sorte de ne pas oublier quelque chose (203)
On parle maintenant de « faire un nœud à son mouchoir ».

Une *épingle* n'y tomberait pas (Loc.Pro.)
Se disait d'un lieu où la foule est très dense (204)

Lui donner ses *épingles*
Se disait du cadeau que l'acheteur faisait à la femme du vendeur (205)

Menteur comme une *épitaphe*
Se disait d'une personne qui a l'habitude de faire des louanges exagérées (206)

Faire *l'épitaphe* du genre humain
Vivre très vieux (207)

C'est un *éplucheur* de sacs
Se disait d'un homme de loi qui met beaucoup de passion à l'exercice de sa profession (208)

Prendre une *éponge* (Arg.)
En vieil argot, prendre une maîtresse (209)

Vouloir assécher la mer avec des *éponges* (Loc.Pro.)
Entreprendre une chose réputée impossible (210)

Avoir ses *époques* (Pop.)
Pour une femme, avoir ses règles (211)

Il a vu *l'épousée* (Loc.Pro.)
Se disait d'un soldat qui, au combat, éprouve une peur panique (212)

Elle est parée comme une *épousée* de village (Loc.Pro.)
Se disait de celle dont la tenue est ridicule (213)

Marcher comme une épousée
Marcher avec lenteur et gravité, en gardant un air réservé (214)

***Épousseter* quelqu'un**
Le battre, lui administrer une raclée (215)

C'est un *épouvantail* de chènevière
Se disait d'une personne laide, mal bâtie ou encore habillée d'une manière étrange (216)
Rappelons qu'une chènevière est un champ de chanvre.

Fendre son *équerre* (Arg.)
En argot, se sauver à toutes jambes (217)
Allusion à l'angle formé par les deux jambes lors de la course.

Cela m'est *équilatéral* (Arg.)
En argot, cela m'est indifférent (218)

Un *équipage* de Jean de Paris (Loc.Pro.)
Un équipage magnifique composé d'un cocher en tenue, d'une voiture de luxe et de chevaux munis de tout leur harnachement (219)
L'expression trouve son origine dans le « Roman de Jean de Paris » qui était très populaire à l'époque de la Bibliothèque bleue.

Être dans un triste *équipage*
Se disait d'une personne dont les affaires ne sont pas florissantes, qui est au bord de la ruine (220)

Il a été bien *équipé*
Se disait ironiquement d'un homme qui a été bafoué (221)

Il va encore *s'équivoquer*
Il va encore faire un lapsus (222)

Fendre *l'ergot* (Arg.)
S'enfuir (223)

Un pâté *d'ermite* (Pop.)
Nom donné par plaisanterie à une figue sèche dans laquelle on a logé une noisette ou une amande (224)

Quand le diable fut vieux, il se fit *ermite* (Pro.)
L'âge nous rend sage (225)

Prendre de *l'erre*
S'enfuir (226)
L'erre évoquait autrefois la manière de marcher, de se déplacer, ce que l'on pourrait encore appeler le « train » ou l' « allure ». Le terme est toujours en usage dans le langage des marins où il désigne la vitesse résiduelle d'un bateau lorsque le moteur a été coupé.

Suivre les *erres* de quelqu'un
L'imiter, marcher sur ses traces (227)

Remuer les *escabelles* (Loc.Pro.)
Déménager, changer de domicile (228)
L'escabelle était à l'origine un tabouret.

Déranger les *escabelles* de quelqu'un (Loc.Pro.)
Semer le désordre dans ses affaires, bouleverser ses projets, ses plans (229)

Faire une *escapade* d'écolier
Désobéir (230)

Il pleut dans son *escarcelle*
Se disait d'une personne qui devient riche (231)

Il est fait comme un *escargot* (Loc.Pro.)
Se disait d'un homme mal bâti, difforme (232)

Jouer de *l'escarpin* (Pop.)
S'enfuir (233)

Des *escarpins* en cuir de brouette (Arg.)
Se disait familièrement d'une paire de sabots (234)
Les brouettes étaient en bois, comme les sabots…

Des *escarpins* renifleurs (Arg.)
Se disaient en argot des souliers percés (235)

Des mœurs à *l'escarpolette*
Se disait d'une femme aux mœurs légères (236)

Avoir une tête à *l'escarpolette* (Loc.Pro.)
Se disait d'une femme connue pour sa tête un peu folle, pour son étourderie (237)

Serrer ses *esclavages*
On appelait autrefois « esclavages » les rubans qui garnissaient les chaussures ou les chaussons des femmes (238)

Appeler *l'esclave* (Arg.)
En argot, dans un café, appeler le garçon (239)

Prendre son *escousse*
Prendre son élan (240)

Être hors *d'escrime* (Loc.Pro.)
Être troublé, ne plus savoir comment se défendre, ne plus savoir où l'on en est (241)

***S'escrimer* contre la mer avec une épée en bois** (Loc.Pro.)
Ramer aux galères (242)

***S'escrimer* de la mâchoire** (Loc.Pro.)
Manger avec beaucoup d'appétit (243)

Avoir où *s'escrimer* (Loc.Pro.)
Avoir une chose pour faire passer sa colère (244)

Avoir le ventre à *l'espagnole* (Pop.)
Avoir le ventre creux (245)
Allusion à la réputation de frugalité, mais aussi de pauvreté qu'avaient autrefois les Espagnols.

Il a des *espagnols* (Arg.)
En argot, il a des poux (246)
Peu flatteuse pour nos voisins espagnols, cette expression a vu son usage perdurer localement. Sa disparition est relativement récente.

Faire *espalier* (Arg.)
Pour une femme, se prostituer, vendre ses charmes sur le trottoir (247)
Allusion aux prostituées qui stationnent sur le trottoir en s'appuyant

contre un mur, comme des arbres que le jardinier ferait pousser en espalier. À Paris, à la fin du XIXe siècle, les demoiselles en question opéraient notamment rue Saint-Honoré, aux Champs-Elysées et sur le boulevard du Temple.

Un *espalier* d'opéra
Au théâtre, nom donné aux figurants qui se tenaient debout devant le décor (248)

Faire les choses à *l'espère*
Les faire un peu au hasard, en s'en remettant à la grâce de Dieu (249)
En Provence, les pêcheurs disaient souvent qu'ils tendaient leurs filets « à l'espère ».

Avoir un *esprit* chaussé à rebours
Se disait d'une personne au caractère difficile, aux réactions imprévisibles (250)

Parler *d'estoc* et de taille
Parler à tort et à travers (251)
Dans les combats à l'épée, frapper d'estoc et de taille, c'était utiliser aussi bien la pointe de l'arme que son tranchant.

Cela ne vient pas de son *estoc*
Cela ne vient pas de lui (252)

Allonger *l'estocade* (Arg.)
En argot, tendre le bras pour mendier (253)

Manger un *estomac* de volaille
Se disait autrefois de ce qui reste d'une volaille lorsqu'on a prélevé les cuisses et les ailes (254)

Bailler *l'estrapade* au vin
Le boire d'un seul trait (255)
Rappelons que l'estrapade était un supplice qui consistait à élever un condamné par les mains liées dans le dos et à le laisser retomber jusqu'à environ un mètre du sol pour lui disloquer bras et épaules.

Il leur faut une *étable* à part (Loc.Pro.)
Se disait à propos des personnes dont le caractère est difficile (256)

C'est un sot à triple *étage* (Pop.)
On dirait maintenant que c'est le dernier des imbéciles... (257)

Passer quelqu'un par *l'étamine*
Lui poser des questions très précises sur sa conduite, ses mœurs, ses opinions, son état de fortune, etc. (258)

Ne voir plus qu'un *étang* (Loc.Pro.)
Ne plus savoir ce que l'on fait (259)

Il voudrait *étayer* le ciel (Loc.Pro.)
Se disait d'un homme qui se prémunit contre des événements qui ne peuvent pas se produire (260)

L'ordre de *l'Éteignoir*
Se disait par ironie de la compagnie de Jésus (261)
Peu flatteuse pour les Jésuites, cette formule a été imaginée par des hommes de lettres dans les premières années du règne de Louis XVIII.

Le cuir sera bon marché, les veaux *s'étendent* (Pro.)
Se disait en parlant de ceux qui s'étalent en baillant d'une manière indécente (262)

Éternuer dans le sac (Arg.)
Dans l'ancienne langue verte, être guillotiné (263)
On disait également « éternuer dans le son », une allusion au panier rempli de son dans lequel tombait la tête des suppliciés.

Courir après son _éteuf_ (Loc.Pro.)
Faire des démarches pour récupérer un bien ou un avantage que l'on a laissé échapper (264)
L'éteuf était une petite balle dont on se servait au jeu de la longue paume.

Renvoyer _l'éteuf_ (Loc.Pro.)
Répondre vigoureusement à une raillerie ou à une injure (265)

Jouer de ces _éteufs-là_
Faire des coups discutables, avoir un comportement qu'il aurait été préférable d'éviter (266)

Ravaler les _étocs_
Couper les souches à ras de terre (267)
L'étoc désignait, dans ce cas, une souche morte provenant d'un arbre qui a été coupé trop haut.

C'est un homme bien _étoffé_
Se disait d'un homme bien vêtu, qui semble posséder tout ce qu'il lui faut (268)

Lui faire voir des _étoiles_ en plein midi
(Loc.Pro.)
Avoir une grande influence sur lui, être capable de lui faire croire des choses invraisemblables (269)

S'étouper les oreilles (Pop.)
Se les boucher (270)

Mettre le feu aux _étoupes_
Faire naître de la colère, pousser à la révolte (271)

Il est encore tout _étourdi_ du bateau (Loc.Pro.)
Se disait d'un homme qui n'est pas encore bien remis d'une maladie ou d'une fâcheuse affaire (272)

Étourdir la viande
Dans le langage des cuisines, la cuire à demi (273)
On disait également « étourdir l'eau » lorsqu'on la fait tiédir.

Piquer _l'étrangère_ (Arg.)
En argot, ne pas écouter ce que l'on vous dit et penser à autre chose (274)

À bon jour, bonne _étrenne_ (Pro.)
Se disait lorsqu'il arrive quelque chose de bon un jour de fête (275)

Porter des bas à _l'étrier_
Se disait de bas qui, à la place du pied, sont munis d'une patte qui passe sous la voûte plantaire et qui permet de les maintenir en bonne position (276)

Il ne faut point abandonner ses _étriers_ (Loc.Pro.)
Il faut, dans toute affaire, préserver les moyens que l'on a d'atteindre ses objectifs (277)

Cela ne vaut pas le manche d'une _étrille_
(Loc.Pro.)
Se disait d'une chose sans valeur (278)
L'étrille désigne ici l'instrument utilisé pour le pansage des chevaux.

Allonger *l'étrivière* (Loc.Pro.)
Faire naître une difficulté nouvelle afin de prolonger un différend (279)
Rappelons qu'en équitation, l'étrivière est la courroie avec laquelle on règle la hauteur des étriers.

Un chien *étruffé*
En vénerie, se disait d'un chien devenu boiteux à la suite d'une maladie ou d'un accident ayant atteint l'une de ses cuisses (280)

Faire son *étude* de quelque chose
S'y consacrer avec constance et application (281)

Cela sent la gêne et *l'étude*
Se disait d'une chose qui ne paraît pas sincère, qui sent l'affectation (282)

C'est un visage à *étui* (Loc.Pro.)
Se disait d'une personne très laide (283)
Cette expression laissait entendre qu'il aurait été préférable de cacher un tel visage dans un étui…

***Étuver* une plaie**
La laver en tamponnant légèrement (284)

Ce sont des gens de *l'Évangile*
Se disait des personnes simples et naïves que l'on peut tromper facilement (285)

***Évaporer* sa bile**
Dissiper sa colère ou son chagrin en se plaignant continuellement (286)

***Éveiller* le poil**
Dans le langage des tanneurs, redresser le poil des peaux après l'opération de dégraissage (287)

Mettre ses vêtements à *l'évent*
Leur faire prendre l'air pour les défroisser ou pour dissiper les odeurs dont ils pourraient être imprégnés (288)

Avoir sa tête à *l'évent*
Être d'une grande étourderie (289)
On disait des jeunes écervelés qu'ils étaient des « jeunes éventés ». On parlerait maintenant de personnes qui sont « tête en l'air ».

Un *éventail* à bourrique (Arg.)
Se disait en argot d'un bâton, d'un gourdin (290)

Être comme *l'évêque* d'Avranches (Pro.)
Se disait d'une personne qui a constamment l'air d'être absorbée dans une profonde méditation (291)
Avranches était autrefois le siège d'un évêché. À la fin du XVIIe siècle, de 1689 à 1699, l'évêque en titre était le savant Pierre-Daniel Huet qui finit par renoncer à la crosse pour se consacrer entièrement à l'étude. L'expression date de cette époque.

Faire un *évêque* des champs (Arg.)
En argot ancien, pendre quelqu'un à un arbre (292)

Crosse de bois, *évêque* d'or ; crosse d'or, *évêque* de bois (Pro.)
Les temps les plus glorieux pour l'Église furent ceux où le clergé était pauvre (293)

Être dans le bonnet *d'évêque*
Au théâtre, le bonnet d'évêque était le nom que l'on donnait à la loge du cin-

tre qui avait souvent la forme d'une mitre (294)
Dans le langage des cuisines, signalons également que le bonnet d'évêque désignait la partie d'une volaille comprenant le croupion et les deux cuisses.

Être fait comme un *excommunié* (Pop.)
Se disait de quelqu'un qui est très mal vêtu (295)

Jurer comme un *excommunié* (Loc.Pro.)
Jurer grossièrement (296)

Faire une *excursion*
Se disait d'un auteur ou d'un orateur qui fait une longue digression (297)

***S'exécuter* soi-même**
Vendre ses biens pour payer ses dettes (298)

Un collège de plein *exercice*
Se disait d'un collège comprenant toutes les classes, où l'on peut faire une scolarité complète (299)

Faire un repas *exigu*
Se disait d'un repas léger, rapide et que l'on juge insuffisant (300)

***Exiler* quelqu'un de sa présence**
Interdire à une personne de se montrer dans un lieu où l'on se trouve soi-même (301)

***Exposer* de la fausse monnaie**
La faire circuler dans le commerce (302)

Une *expression* à mi-sucre
Se disait d'une expression empreinte d'une douceur affectée (303)
On dirait peut-être maintenant de cette expression qu'elle est « mi-figue, mi-raisin ».

F

Ce sont des personnes de la même *fabrique* (Loc.Pro.)
Elles ne valent pas mieux l'une que l'autre (1)

Être *fabriqué* (Arg.)
En argot, se faire arrêter (2)
Bien que disparue des dictionnaires, la formule est encore parfois employée.

Avoir une *face* de prédestiné
Avoir un visage souriant et heureux (3)

Se marier en *face* de l'Église
Avoir une grande cérémonie pour son mariage à l'Église (4)

Un homme mal *facé*
Se disait d'un homme à la mine peu engageante (5)

S'il se *fâche*, il aura deux peines (Loc.Pro.)
La peine de se fâcher puis celle de se calmer (6)

Donner une *façon* à la vigne du Seigneur
Propager de bonnes doctrines (7)

S'en donner de la bonne *façon* (Pop.)
Vivre largement (8)

C'est une personne *façonnière*
Se disait d'une personne qui n'est pas simple, qui fait des manières (9)

Relever un *factionnaire* (Arg.)
En argot, quitter discrètement l'atelier pour aller boire un verre au café (10)

Brûler le *fagot* (Arg.)
Fréquenter les bistrots avec une trop grande assiduité (11)

Être habillé comme un *fagot*
Être mal habillé (12)
On dit encore aujourd'hui, dans le même sens, que l'on est mal fagoté.

Être tout en un *fagot*
Se replier sur soi-même pour occuper moins de place (13)

Prendre un air de *fagot* (Loc.Pro.)
Venir se réchauffer à un feu de bois (14)

C'est un *fagot* affranchi (Arg.)
En argot, se disait d'un forçat qui a été libéré (15)

Il y a bien de la différence entre une femme et un *fagot*
(Loc.Pro.)
Se disait de deux choses très différentes (16)

Châtrer les *fagots*
Les réduire en volant quelques morceaux de bois dans chacun d'eux (17)

Il s'en faut de cent *fagots* qu'ils soient de la même branche
(Loc.Pro.)
Se disait de deux personnes qui sont parentes à un degré très éloigné (18)

Embarquer des *fagots*
Se disait dans la marine des barques qui se démontent (19)

Débiter des *fagots*
Raconter des histoires invraisemblables (20)

Jouer à coup *failli*
Au jeu, remplacer la personne qui perd (21)

C'est la *faim* qui épouse la soif
(Loc.Pro.)
Se disait lorsque des jeunes mariés n'ont aucun moyen d'existence (22)

Avoir une *faim* canine
Se disait d'une très grande faim (23)
On dit toujours que l'on a une faim de loup.

***Faire* chichis** (Arg.)
En argot, s'évader (24)

***Faire* du suif** (Arg.)
En argot, tricher au jeu (25)

***Faire* Godard** (Arg.)
En argot, mourir de faim (26)

***Faire* de la toile** (Arg.)
Au théâtre, s'embrouiller dans un passage de son rôle (27)
Dans l'argot des théâtres, la toile désignait le rideau de scène. On disait également « faire de la toile fine » lorsqu'un acteur, qui s'est embrouillé dans son rôle, réussit à réparer sa maladresse de façon à ce qu'elle passe inaperçue des spectateurs.

Il est comme les fabricants de chapelets, il en *fait* plus qu'il n'en dit
(Pro.)
Se disait d'une personne qui reste discrète sur ses activités personnelles (28)

Elle est *faite* au tour
Se disait d'une jolie femme aux formes bien proportionnées (29)

Crier *famine* sur un tas de blé (Loc.Pro.)
Se plaindre comme quelqu'un qui est complètement démuni alors que l'on vit dans l'aisance et que l'on dispose de tout en abondance (30)

Donner dans la *fantasia* (Pop.)
Agir bruyamment (31)

Faire *fantasier* la cervelle
Faire naître des rêves, exciter l'imagination (32)
Aujourd'hui oublié, le verbe « fantasier » se disait pour imaginer, rêver.

Il y a de quoi contenter les *fantasques* (Loc.Pro.)
Se disait lorsqu'il y a un choix à faire entre de nombreuses choses (33)

Se faire des *fantômes* de rien
S'exagérer les dangers, les obstacles (34)

Combattre des *fantômes*
Argumenter pour défendre une chose qui est admise par tout le monde (35)

***Farder* son cœur**
Simuler des sentiments que l'on n'a pas (36)

Se le *farfouiller* dans les tympans (Arg.)
En argot, se chuchoter quelque chose à l'oreille (37)

Endosser la *fargue* (Arg.)
Être chargé d'une mission lourde à assumer (38)
Le substantif féminin « fargue » est un terme argotique aujourd'hui disparu. Il signifiait charge, fardeau et il a donné naissance à certaines déclinaisons elles-mêmes argotiques : « farguer » (charger), « farguement » (témoignage à charge), « fargueur » (témoin à charge).
Dans le langage des marins, les fargues étaient des planches avec lesquelles on rehaussait le bordage afin d'embarquer des marchandises supplémentaires. Le mot désigne encore actuellement la pièce de bois comportant les entailles destinées aux avirons.

Être à la *faridondaine* (Arg.)
N'avoir plus un sou (39)
En argot, le « faridon » était la misère.

Faire du pain avec de la *farine* en rame
Se disait d'une farine qui a été en contact pendant un certain temps avec du son et qui en a pris un peu le goût, la couleur et l'odeur (40)

D'un sac à charbon on ne saurait tirer blanche *farine* (Loc.Pro.)
On ne peut attendre d'un sot que des sottises et d'un homme mal élevé que des grossièretés (41)

On ne peut juger de la *farine* que quand le pain est cuit (Loc.Pro.)
On ne connaît vraiment les gens qu'en les mettant à l'épreuve (42)

Quand Dieu envoie la *farine*, le diable enlève le sac (Pro.)
Se disait lorsqu'une affaire avantageuse se présente sans que l'on puisse soi-même en profiter (43)

Réussir mieux en pain qu'en *farine* (Loc.Pro.)
Réussir mieux à la fin d'une entreprise qu'au commencement (44)

Elle a donné sa *farine*, elle vend le son (Pro.)
Se disait d'une femme qui a été très légère dans sa jeunesse et qui joue les vertueuses en vieillissant (45)

Reprocher la *farine* (Loc.Pro.)
Reprocher à quelqu'un sa basse extraction (46)

Donner dans la *farine*
Se disait d'un peintre qui utilise des couleurs claires et fades (47)
On disait de même qu'un tableau est fariné lorsque les chairs blafardes semblent enduites de farine.

C'est un *Jean-Farine* (Pop.)
Se disait d'un niais, d'un mauvais farceur, par allusion au Pierrot des pantomimes qui s'enfarinait la figure (48)

On y voit la ville et les *faubourgs*
Se disait d'un lieu très fréquenté (49)
La même phrase était employée également en argot pour dire que l'on a surpris une femme alors qu'elle se dénudait et dévoilait son intimité. « J'ai vu la ville et les faubourgs », les faubourgs correspondant évidemment aux fesses…

***Faucher* le grand pré** (Arg.)
En argot des forçats, ramer aux galères (50)
Dans la langue verte du passé, un faucheur était un voleur dont la spécialité était de couper les chaînes de montre. Désormais moins spécifique, le terme s'est généralisé à toutes les formes de vol.

Être bien *faufilé* avec quelqu'un
Être ami avec lui (51)

C'est une *fausse* pièce
Se disait d'une personne qui n'est pas fiable (52)
Plutôt que d'une fausse pièce, on préfère parler maintenant d'un « faux jeton ».

Une *fauvette* à tête noire (Arg.)
Se disait en argot d'un gendarme (53)

Avoir un gosier de *fauvette*
Se disait d'une femme qui a une voix mélodieuse et très agréable (54)

Un dénicheur de *fauvettes* (Loc.Pro.)
Se disait d'un coureur de jupons (55)

Un canon de fusil en fer de *faux*
Se disait du canon d'un fusil qui provient d'une vieille faux dont la lame a été enroulée (56)

Coucher avec sa *fée* (Arg.)
En argot, coucher avec sa maîtresse (57)

Courroucer les *fées* (Loc.Pro.)
Réveiller le chat qui dort (58)

***Feindre* dans sa marche**
Boiter légèrement (59)

Les pots *fêlés* sont ceux qui durent le plus longtemps (Loc.Pro.)
Se disait des personnes qui ont une santé délicate et qui, de ce fait, se ménagent plus que les autres (60)

C'est une fine *femelle* (Pop.)
Se disait d'une femme rusée (61)

Il faut chercher *femme* avec les oreilles plutôt qu'avec les yeux (Pro.)
Il faut prendre en considération la réputation plutôt que la beauté de celle que l'on veut épouser (62)

Maison faite et *femme* à faire (Pro.)
Il vaut mieux acheter une maison qui a déjà été habitée, mais il convient par contre d'épouser une femme assez jeune (63)

Foi de *femme* est plume sur l'eau (Pro.)
Il ne faut pas trop compter sur la parole d'une femme (64)

***Femme* ne cèle que ce qu'elle ne sait pas** (Pro.)
Une femme est bavarde par nature, elle est incapable de garder un secret (65)
Celer était autrefois synonyme de cacher.

***Femme* qui gagne et poule qui pond, c'est du bruit dans la maison** (Pro.)
Les femmes qui sont des bonnes marchandes ont généralement une voix criarde et sont souvent querelleuses (66)

Trois *femmes* font un marché (Pro.)
Elles échangent entre elles autant de paroles que toutes celles qui peuvent être prononcées sur un marché (67)

Faire le *fendant*
Se disait d'un fanfaron, d'un faux brave (68)
Bescherelle Aîné précise que les fendants étaient des mercenaires qui faisaient partie de la garnison anglaise de Calais en 1524. Ils furent exterminés par le comte de Dammartin.

C'est un *fendeur* de nasaux
Se disait d'un homme qui fait le mauvais (69)

***Fendre* les pieds d'un domestique** (Pop.)
Se disait lorsque l'on décidait de le congédier (70)

***Fendre* l'oreille de quelqu'un** (Pop.)
Le mettre à la retraite (71)

C'est quelqu'un de bien *fendu*
Se disait d'une personne qui possède de très longues jambes (72)

Il faut passer par là ou par la *fenêtre* (Loc.Pro.)
On n'a que cette unique solution, on n'a pas le choix (73)

C'est demain fête, les marmousets sont à la *fenêtre* (Loc.Pro.)
Se disait par plaisanterie lorsque des curieux se pressent à une fenêtre pour regarder ce qui se passe au dehors (74)
Un marmouset était une figurine grotesque, souvent repliée sur elle-même, que les sculpteurs plaçaient sur certains chapiteaux ou sur les miséricordes des stalles d'église.

Il mettra la tête à la *fenêtre* (Arg.)
Se disait de quelqu'un qui sera guillotiné (75)

Fermer Maillard (Arg.)
En argot, dormir (76)

C'est un homme qui a les reins _fermes_
Se disait d'un homme riche (77)

Avoir le gosier _ferré_ (Loc.Pro.)
Boire avec excès des alcools très forts (78)
On disait également « avoir la gueule ferrée » pour ceux qui ont l'habitude de manger des plats très chauds.

Être _ferré_ des quatre pattes (Loc.Pro.)
Avoir un abord difficile, être redoutable (79)

C'est un homme _ferré_ à glace
Se disait d'un homme qui a des connaissances solides sur un sujet précis (80)
Allusion aux fers munis de crampons dont on équipait les chevaux quand l'hiver était rigoureux. De nos jours, on se contente de dire que l'on est ferré.

Ferrer d'or, d'argent
Garnir d'or ou d'argent les objets pour lesquels on se contente habituellement de fer (81)

Ferrer la mule (Loc.Pro.)
Acheter une chose pour quelqu'un et la lui faire payer plus cher qu'elle n'a coûté (82)

Ferrer un porc
Lui passer un anneau dans le groin pour le maîtriser ou pour l'empêcher de fouir (83)

Ferrer le goujon (Pop.)
Faire tomber quelqu'un dans un piège (84)

C'est une femme difficile à _ferrer_
Se disait d'une femme difficile à gouverner (85)

Ferrer un chemin
L'empierrer, le garnir de cailloux (86)

Je n'en donnerais pas un _ferret_ d'aiguil-lette (Loc.Pro.)
Se disait d'une chose sans valeur (87)
Le ferret est l'extrémité ferrée du cordon que l'on utilise pour fermer ou décorer un vêtement.

Quand on quitte les maréchaux, on paye les vieux _fers_ (Pro.)
On doit payer ses dettes avant de quitter le pays où l'on séjournait (88)
C'est évidemment du maréchal-ferrant dont il est question.

Prendre la _férule_
Adopter la profession de maître d'école (89)
La férule était une palette de bois ou de cuir au bout arrondi dont on frappait la main des écoliers qui avaient commis une faute.

Un cheval _fesse_ lavée
Dans le langage de l'équitation, se disait de la robe d'un cheval lorsqu'elle se décolore (90)

Avoir un nez de _fesse-pinte_ (Pop.)
Avoir le nez rouge des ivrognes (91)
Ce terme de fesse-pinte désignait ici

un buveur qui vide très rapidement sa pinte de vin. Dans le langage populaire, le verbe « fesser » s'appliquait notamment à toutes les actions qui se font dans la hâte ou d'une manière excessive.

Pour une bonne *fessée*, le derrière ne tombe pas (Pro.)
Se disait lorsque la punition se limite à de vives remontrances (92)

Bien *fesser* son vin (Pop.)
En boire beaucoup sans être saoul (93)

***Fesser* le cahier** (Pop.)
Pour un comptable ou pour un écrivain, passer sa journée à remplir des pages d'écriture (94)

Se battre les *fesses* d'une chose (Loc.Pro.)
N'y attacher aucune importance (95)

Faire du *feston* (Pop.)
Marcher en zigzaguant (96)

Tant dure le vin, tant dure la *fête* (Pro.)
On fait la fête tant que l'on a de l'argent, au risque de devoir ensuite s'astreindre à des privations (97)

La *fête* passée, adieu le saint (Pro.)
Se disait d'une promesse faite lors d'une journée exceptionnelle, promesse ensuite oubliée… (98)

Aux vêpres on connaît la *fête* (Pro.)
On juge souvent un livre en lisant sa préface (99)

C'est un saint que l'on ne *fête* pas (Loc.Pro.)
Se disait d'une personne qui n'a pas d'autorité ou qui ne bénéficie pas de la confiance des autres (100)

Deviner les *fêtes* quand elles sont venues (Loc.Pro.)
Allusion à ceux qui annoncent des choses que tout le monde connaît déjà (101)

Être *fêtré* (Arg.)
En argot, être sur le point d'aller en prison (102)

Tirer à court *fétu*
Tirer à la courte paille (103)

Chercher *fétu* à l'étrain (Loc.Pro.)
Ergoter, émettre des critiques à propos des plus petites choses (104)
L'étrain, dans le langage des marins, désignait une côte plate et sablonneuse où les fétus de blé sont plutôt rares…

Faire un *feu* de reculée
Se disait d'un feu qui est si vif qu'on est obligé de se reculer, de s'en éloigner (105)

Faire grand *feu* du bois de quelqu'un
User d'une manière excessive des services qui vous sont offerts (106)

Faire *feu* qui dure
Ménager son bien, faire peu de dépenses (107)

Se jeter dans le *feu* pour éviter la fumée (Loc.Pro.)
Éviter un petit inconvénient et opter pour une solution qui en comporte un bien plus grand (108)

Il n'est *feu* que de gros bois (Loc.Pro.)
Les meilleures affaires ne se font qu'avec des gros capitaux (109)

Il n'y a ni pot au *feu* ni écuelles lavées (Loc.Pro.)
Se disait d'une maison mal tenue où règne le désordre (110)

Le *feu* se met dans ses affaires
Il a des dettes, les créanciers le recherchent (111)

Avoir le *feu* dans la cheminée (Arg.)
Être victime d'une maladie vénérienne (112)
Se disait également après avoir mangé des plats fortement épicés.

Ici, on a place au *feu* et à la chandelle
Formule qui était inscrite autrefois à la porte des gîtes d'étape (113)

N'avoir ni *feu* ni lieu (Loc.Pro.)
Se disait autrefois à propos d'un vagabond (114)
Notre époque aime les sigles et l'on parle maintenant d'un S.D.F. (sans domicile fixe).

Jeter *feu* et flamme (Loc.Pro.)
Entrer dans une grande colère (115)

Employer le fer et le *feu* (Loc.Pro.)
User des moyens les plus violents pour parvenir à ses fins (116)

Mettre le *feu* sous le ventre de quelqu'un (Loc.Pro.)
Le pousser énergiquement à faire quelque chose (117)

C'est un peintre qui *feuille* bien
Se disait d'un peintre qui excelle dans la représentation des feuillages (118)

C'est un vin de trois *feuilles*
Se disait d'un vin de trois ans (119)
Une très vieille habitude voulait que, dans les campagnes, on compte les années en feuillaisons.

Il s'en ira avec les *feuilles* (Loc.Pro.)
Se disait d'un malade dont on pense qu'il ne passera pas l'automne (120)

Qui a peur des *feuilles* n'aille point au bois (Pro.)
Qui a peur du danger doit éviter de se rendre dans les endroits qui ne sont pas sûrs (121)

C'est le roi de la *fève* (Loc.Pro.)
Se disait d'un roi qui n'a aucun pouvoir (122)
Allusion au tirage des rois le jour de l'Épiphanie.

Trouver la *fève* au gâteau (Loc.Pro.)
Faire une découverte intéressante ou faire une heureuse rencontre (123)
Se disait également lorsque l'on réussit à repérer ce qui ne va pas dans une affaire.

Donner un pois pour avoir une *fève* (Pro.)
Faire un petit cadeau qui nous permettra d'en recevoir un plus grand (124)

S'il me donne des pois, je lui donnerai des *fèves* (Loc.Pro.)
Ne pas se laisser faire, rendre coup pour coup (125)

***Février* le court, le pire de tous** (Pro.)
Il fait souvent très mauvais temps en février (126)

Pluie de *février* vaut jus de fumier (Pro.)
La pluie de février favorise la future récolte (127)

Danser comme un *fiacre* (Loc.Pro.)
Danser fort mal (128)
On disait de même « jouer comme un fiacre », « parler comme un fiacre » ou encore « chanter comme un fiacre ».

Jurer comme un *fiacre* (Loc.Pro.)
Jurer abondamment et à tout moment (129)
Le mot « fiacre » désignait également le cocher. Pour parler d'un homme qui est aussi mal habillé qu'un cocher, on disait qu'il est « habillé comme un fiacre ».

Tel *fiance* qui n'épouse pas (Pro.)
Les promesses ne sont pas toujours tenues (130)

Il est *ficelé* comme une andouille (Pop.)
Ce disait d'une personne qui porte des vêtements qui ne lui vont pas (131)

Boire un café à la *ficelle* (Pop.)
Se disait d'un café que l'on boit en gardant dans la bouche un morceau de sucre candi (132)
Le sucre candi était coulé à chaud sur une ficelle autour de laquelle les cristaux se formaient.

Déménager à la *ficelle* (Pop.)
Déménager à l'insu du propriétaire, en descendant les meubles par la fenêtre avec une corde (133)

Miser sur une *ficelle* (Arg.)
En argot, parier sur un cheval de course (134)
Dans la langue verte, la ficelle désignait également les menottes.

C'est *fichant* (Pop.)
Se disait pour contrariant, désagréable (135)
« La fête est annulée, c'est fichant ! »

***Ficher* la paresse**
Fainéanter, ne pas travailler (136)

S'en *ficher* comme de Colin-Tampon
Ne pas s'en occuper, n'en tenir aucun compte (137)
Colin-Tampon était un surnom un peu injurieux que l'on donnait autrefois aux Suisses. C'était également le nom d'une batterie de tambours. L'expression voulait dire que l'on considérait les roulements de ces tambours comme un bruit ne présentant aucun intérêt.

Nage toujours et ne t'y *fie* pas (Loc.Pro.)
Ne compte que sur toi-même, n'attends rien des autres (138)

Être sans *fiel*
N'avoir aucun esprit de vengeance (139)

Être *fier* comme un Écossais (Loc.Pro.)
Être d'une fierté excessive (140)

Se tenir sur son *fier*
Garder sa fierté (141)

Lever des perdrix *fières*
Dans le langage des chasseurs, se disait des perdrix dont l'approche est difficile (142)

Avoir un accès de *fièvre* chaude (Pop.)
Se disait d'une personne dont le comportement est excessif, qu'il s'agisse d'amour, de colère ou même de folie (143)

Il a une *fièvre* de veau (Loc.Pro.)
Se disait de celui qui est atteint d'une crise de frissons lorsqu'il est ivre (144)

***Fièvre* de renard se guérit en mangeant une poule** (Pro.)
Se disait à propos d'un convalescent qui retrouve l'appétit (145)

C'est employé comme *fièvre* en corps de moine (Pro.)
Cet homme mérite bien ce qui lui arrive (146)
Les moines ne bénéficiaient pas souvent d'une grande considération. On compte plusieurs proverbes anciens qui les dénigrent, surtout lorsqu'il s'agit des ordres contemplatifs.

La *fièvre* des prisons
S'est dit du typhus (147)

Faire la *figue* à quelqu'un (Pop.)
Se moquer de lui, le défier, le braver ou encore le mépriser (148)
L'expression, très ancienne, trouverait son origine dans une anecdote qui remonterait au XIIe siècle. L'empereur germanique Frédéric Barberousse voulait tirer vengeance des Milanais qui avaient chassé de leur ville l'impératrice sa femme en lui faisant chevaucher une mule à l'envers. Il fit enfoncer une figue sous la queue d'une mule et obligea les Milanais captifs à enlever cette figue avec les dents et à la remettre ensuite à sa place sans l'aide des mains, sous peine d'être pendus sur-le-champ.
La plus grande injure que l'on puisse faire, encore maintenant, à un Milanais est de lui « faire la figue » en lui montrant le bout du pouce serré entre l'index et le majeur.

Dormir sous le *figuier*
Mener une vie douce, dans l'indolence et la mollesse (149)

Faire *figure* (Loc.Pro.)
Mener un grand train de vie, offrir l'image du luxe et de la fortune (150)

Quittons la *figure*
Parlons franchement, sans rien nous cacher (151)

Faire une copie *figurée*
Se disait de la reproduction d'un écrit qui est entièrement fidèle à l'original, dans laquelle on a conservé jusqu'aux ratures (152)

Faire amende honorable avec les *figures*
Sous l'ancien régime, se disait d'un criminel qui faisait amende honorable, la corde au cou et une torche à la main (153)

C'est un *fil* de commissaire (Pop.)
Se disait d'une ruse qui a la prétention d'être adroite (154)

Il faut lui fournir le *fil* et l'aiguille (Loc.Pro.)
Il faut lui fournir tout ce qu'il a demandé, sans oublier la plus petite chose (155)

Avoir le *fil* (Loc.Pro.)
Être fin, rusé, subtil en affaires (156)

C'est un *fil* de soie (Arg.)
Se disait en argot d'un petit voleur (157)

Boire un verre de *fil* en quatre (Arg.)
Se disait en argot d'un verre d'eau-de-vie (158)
Notons que pour le vin, on ne parlait que de « fil en double »…

Se payer un tour de *filasse* (Arg.)
Dans la langue verte, se reposer un moment sur son matelas (159)

Elle ferait mieux de *filer* sa quenouille
Se disait d'une femme qui se mêle d'une affaire qui ne la concerne pas (160)

***Filer* la comète** (Arg.)
En argot, coucher à la belle étoile (161)

***Filer* le luctrème** (Arg.)
En argot, crocheter une serrure (162)
Le luctrème était une fausse clef.

***Filer* son nœud** (Arg.)
En argot, se retirer, partir (163)
Dans la langue populaire non argotique, la même formule exprimait une réussite qui s'est faite selon ses propres désirs.

***Filer* sa corde**
Commettre des mauvaises actions qui peuvent vous mener au gibet (164)

***Filer* la mousse** (Arg.)
En argot, satisfaire un besoin naturel (165)

Il n'a pas le *filet*
Se disait d'un grand bavard (166)
Le filet désigne la fine membrane qui se trouve sous la langue. On fait allusion ici à un défaut de cette membrane qui peut gêner l'expression orale.

Être au *filet*
Attendre, espérer en vain (167)

C'est une *fille* de plâtre
Se disait d'une courtisane (168)
Allusion au maquillage excessif des courtisanes.

Une grande *fille* (Pop.)
Dans la langue populaire, une bouteille de vin (169)
On parlait également d'une petite fille pour une demi-bouteille. De nos jours, c'est une fillette…

***Fille* fiancée n'est prise ni laissée** (Pro.)
Les fiançailles ne représentent qu'un engagement provisoire que l'on peut rompre si cela s'avère nécessaire (170)

N'avoir rien dans la *filoche* (Arg.)
En argot, avoir la bourse plate, être fauché (171)

Plus *fin* que lui n'est pas bête (Pro.)
Se disait d'un homme adroit et rusé qui trouve difficilement son maître dans ce domaine (172)

Aimer le linge *fin* (Loc.Pro.)
Se disait de ceux qui aiment les jolies femmes (173)

Être *fin* à dorer comme une dague de plomb (Loc.Pro.)
Se disait ironiquement d'une personne totalement dépourvue de finesse d'esprit (174)

C'est un gros *fin*
Se disait ironiquement d'un homme simple qui veut jouer au malin (175)

Savoir le fort et le *fin* d'une affaire
La connaître parfaitement (176)

C'est une *fine* épice
Se disait d'une personne adroite et rusée (177)
Dans le même sens, on disait également que c'est une « fine bête ».

Être en *fine* pégrenne (Arg.)
En argot, vivre dans la plus grande misère, en être à la dernière extrémité (178)
La pégrenne était synonyme de faim et de misère. Le verbe « pégrenner » existait également. On trouve parfois l'orthographe « pégraine ».

Avoir une *fissure* (Arg.)
En argot, se disait à propos de quelqu'un qui n'a plus toute sa tête (179)
On dit maintenant qu'il est « fêlé »...

Traîner ses *flacons* (Arg.)
En argot, marcher avec des souliers fatigués (180)
Le flacon était autrefois une bouteille à panse plate et évasée que l'on portait plaquée sur le corps par des courroies.

Être monté sur des *flageolets* (Arg.)
En argot, avoir des jambes très maigres (181)
Rappelons qu'en musique, un flageolet est une petite flûte à bec à l'embouchure assez fine et qui est généralement percée de six trous.

Un *flaireur* de cuisine
Se disait d'un parasite qui rend visite à ses amis au moment des repas (182)

Économiser la *flambarde*
(Arg.)
En argot, économiser la chandelle (183)

Des chansons de *flambart*
Le flambart était un gai luron, un joyeux vivant. Le terme était surtout utilisé au moment des fêtes de carnaval (184)
Notons qu'en argot, un flambart était un matelot ou encore un poignard.

Il ne sort jamais sans sa *flambe*
(Arg.)
En argot, la « flambe » désignait l'épée (185)
À Paris, à l'époque de Louis XIV, on a parlé de « Guerre de la petite flambe » pour évoquer l'insécurité que les brigands faisaient régner en coupant les aumônières à l'aide de ciseaux.

Il est de *Flandre* (Loc.Pro.)
Il a fait faillite, il est perdu (186)
Autrefois, pour échapper à la justice, les banqueroutiers s'enfuyaient souvent en Belgique. On a dit également « faire Flandre » ou « faire un tour en Belgique ».

Faire *flanelle* (Arg.)
En argot, vivre dans l'oisiveté, ne rien faire (187)
Dans la langue verte, une flanelle était un flâneur.

Se faire une *flaque* (Arg.)
En argot, voler le sac d'une femme (188)
Si la « flaque » désignait le sac d'une femme en raison de la forme aplatie qu'il pouvait avoir, un « flaquet » était un gousset et le verbe « flaquer » signifiait... aller à la selle.

La *fleur* de mai (Pop.)
La virginité dans le langage populaire (189)
La langue populaire était parfois teintée de poésie...

Cette affaire est passée à *fleur* de corde (Loc.Pro.)
Il s'en est fallu de peu qu'elle ne soit manquée (190)

Couvrir le piège de *fleurs* (Loc.Pro.)
Tromper quelqu'un par des apparences flatteuses ou des perspectives séduisantes (191)

Faire le *flicflac* (Arg.)
En argot, forcer une serrure à l'aide d'une pince monseigneur (192)
On parle maintenant de fric-frac pour un cambriolage avec effraction.

Faire de son *florin* cinq sous (Loc.Pro.)
Se disait de quelqu'un qui fait une grande dépense, qui entame sérieusement sa fortune (193)
Le florin était à l'origine une monnaie d'or frappée à Florence. Son nom vient de la fleur de lys visible sur l'une de ses faces, fleur que l'on retrouve dans les armoiries de la ville de Florence. Au Moyen Âge, le florin valait treize francs. Au début du XXe siècle, le florin de Hollande avait une cote voisine de vingt-et-un francs, alors qu'un sou correspondait à cinq centimes.

Sa barque est à *flot* (Loc.Pro.)
Il fait de très bonnes affaires (194)

La *flotte* est arrivée
Se disait autrefois pour annoncer que l'on a reçu de l'argent, que sa rente ou sa pension est arrivée (195)
Allusion aux navires marchands de la Compagnie française des Indes qui revenaient chargés de toutes sortes de richesses.

Aller de *flotte*
Marcher en compagnie d'une ou de plusieurs personnes (196)

Faire *flotter* quelqu'un (Arg.)
En argot, le noyer (197)

En avoir des *flottes* (Pop.)
Se disait en parlant d'une chose que l'on a en abondance (198)

Des prés *flottés*
Se disait des prairies qui connaissent assez souvent l'inondation (199)

Jouer de la *flûte* sur le bout du nez (Loc.Pro.)
Faire un pied de nez à quelqu'un (200)

Il y a de l'ordure dans sa *flûte* (Loc.Pro.)
Il n'est pas totalement innocent des faits dont on l'accuse (201)

Ce terme d'ordure n'avait pas autrefois la force qu'on lui connaît maintenant. On voulait dire ici que la flûte en question était obstruée par des petites saletés qui nuisaient à son usage.

Ce qui vient de la *flûte* s'en retourne au tambour (Loc.Pro.)
Une fortune trop facilement acquise se dissipe aussi aisément qu'elle a été amassée (202)

Avoir toujours la *flûte* au derrière (Arg.)
Se disait en argot d'une personne qui se fait souvent administrer des lavements (203)

La *flûte* à l'oignon (Pop.)
Se disait dans la langue populaire du jouet que l'on appelle un mirliton (204)

Aller aux *flûtes* de quelqu'un (Loc.Pro.)
Faire ses quatre volontés (205)

Toujours se souvient Robin de ses *flûtes* (Loc.Pro.)
On revient très facilement à ses vieilles habitudes (206)

Il ira au paradis en joie, monté sur deux *flûtes* (Pro.)
Se disait d'une personne qui a les jambes longues et maigres (207)

En la maison du *flûteur* tout le monde danse (Loc.Pro.)
La joie est communicative (208)
Dans le lexique, flûtiste a remplacé peu à peu flûteur. À noter que, dans la langue argotique, le flûteur était également celui qui boit beaucoup.

Avoir le *flux* (Pop.)
Avoir très peur (209)
Maintenant, on dit que l'on a la chiasse…

Avoir le *foie* blanc
Avoir un caractère un peu bizarre (210)

Avoir le *foie* chaud
Être porté sur le sexe (211)
On a longtemps placé le siège des passions dans le foie. De nos jours, on a le « sang chaud ».

Le cœur lui devient *foie*
Se disait d'une personne qui perd courage (212)

Il a du *foin* aux cornes (Loc.Pro.)
Se disait d'un personnage puissant dont il faut se méfier (213)

Faire ses *foins* (Loc.Pro.)
S'enrichir (214)

La *foire* sera bonne, voici bien des marchands (Pro.)
Se disait quand plusieurs personnes se rencontrent en un même endroit (215)

Acheter à la *foire* d'empoigne (Arg.)
En argot, s'emparer d'une chose sans la payer (216)

Il a bien couru les *foires* (Loc.Pro.)
Se disait d'un homme qui possède une grande expérience (217)

Il ne sait pas toutes les *foires* de Champagne (Loc.Pro.)
Se disait de quelqu'un qui croit, à tort, être bien informé de tout ce qui se passe (218)

Les foires de Champagne étaient très réputées.

Faire parler le *foiron* (Arg.)
En argot, lâcher un pet (219)
Dans la langue verte, le foiron était le derrière...

Prendre quelqu'un à *fois* de corps
Le ceinturer (220)

Cherté *foisonne* (Pro.)
Quand une chose coûte cher, tout le monde cherche à en vendre, ce qui crée l'abondance (221)
Le même proverbe s'employait également dans le sens opposé : on garde chez soi les choses qui coûtent cher et on finit par en avoir beaucoup.

Fol et avoir ne se peuvent entrevoir (Pro.)
Un fou livré à lui-même ne fait généralement pas fortune (222)

N'acheter que *folle* farine
N'utiliser qu'une farine très fine (223)
La folle farine était de la fine fleur de farine, celle qui est la plus pure.

Payer la *folle* enchère de quelque chose
Assumer les conséquences de sa témérité, de son imprudence (224)
Rappelons que, dans une vente publique, une folle enchère est celle qu'un acquéreur n'a pas les moyens de payer.

C'est un homme *foncé*
Se disait d'un homme très riche (225)

Être *foncé* dans une discipline
La connaître parfaitement, en être un expert (226)
L'expression s'appliquait à tous les domaines de la connaissance, mais on l'employait souvent dans celui des arts.

Foncer un puits
Le creuser (227)
En argot, le verbe « foncer » s'employait également pour « payer » ou encore pour « donner ».

Dîner à *fond* de cuve
Dîner copieusement (228)

Faire disparaître une chose dans sa *fondrière* (Arg.)
En argot, la fondrière était une poche (229)

Faire un *fonds* pour l'aloyau (Pro.)
Mettre de l'argent de côté pour faire face à des dépenses imprévues (230)
L'aloyau, comprenant le filet, le romsteck et le contre-filet, est certainement la pièce de bœuf la plus appréciée et aussi la plus coûteuse.

Avoir été mis sur les *fonts* de baptême (Arg.)
En argot, s'être trouvé engagé dans une affaire que l'on voudrait bien abandonner (231)

Du bétail *forain*
Se disait du bétail qui était taxé pour entrer dans la ville (232)

Il n'a ni *force* ni vertu
Se disait d'un incapable, d'un bon à rien (233)

C'est la *force* du bois (Loc.Pro.)
Se disait de ce qui se fait par la seule puissance de la nature (234)

C'est la *forêt* de Bondy (Loc.Pro.)
Se disait d'un lieu connu pour son insécurité (235)

C'est la *forêt* de Mont-Rubin (Arg.)
Se disait en argot d'un égout, d'un cloaque (236)

Un ouvrage encore chaud de la *forge*
Se disait d'un ouvrage tout juste terminé (237)

Mourir dans les *formes*
Se disait ironiquement lorsque la mort survient malgré tous les secours de la médecine (238)

Avoir un ordinaire *fort*
Se disait d'une table servie copieusement (239)

Le *fort* d'un sanglier
Se disait, pour les chasseurs, de l'endroit où se trouve son repaire (240)

Grande *fortune*, grande servitude (Pro.)
La personne qui possède une grande fortune, en voulant la maintenir ou la développer, en devient rapidement l'esclave (241)

Le grand *fossé* (Pop.)
Se disait du tombeau dans la langue populaire (242)

Jouer à la *fossette*
Être guéri (243)
Allusion au jeu où des enfants lancent des noix, des billes, des noyaux pour les faire entrer dans un petit trou qu'ils ont fait dans le sol. Dans « Le médecin malgré lui », Molière parle d'un enfant guéri qui peut à nouveau jouer à la fossette.

***Fossoyer* un arbre**
Accumuler de la terre autour de son pied (244)

Bien *fou* qui s'oublie (Loc.Pro.)
Il ne faut pas négliger ses propres intérêts (245)

Il vaut mieux être *fou* avec tous que sage tout seul (Loc.Pro.)
Il est souvent préférable de se fondre dans la masse en s'alignant sur la pensée commune, si folle soit-elle (246)

C'est un *fou* de haute gamme
Se disait d'une personne complètement folle (247)

À chaque *fou* sa marotte (Loc.Pro.)
Chaque fou a une idée fixe qui l'obsède (248)
Voir M188.

Rendre pain pour *fouace*
Répondre à une offense par une offense encore plus grande (249)
La fouace est une galette de pain brioché.

Il n'arrête pas de *fouailler* (Arg.)
Se disait en argot de quelqu'un qui vit constamment dans la peur (250)
En argot, le verbe fouailler voulait dire « manquer son effet, manquer son coup, ne pas avoir le succès escompté ».

Rappelons que, de nos jours, le verbe « fouailler » est toujours en usage dans le sens de « donner des grands coups de fouet ». D'ailleurs, dans la langue verte actuelle, fouetter signifie encore « avoir peur »...

La *fouataison* mastarée (Arg.)
Se disait en argot d'une canne plombée (251)
Ce vieil argot est souvent d'une richesse qui peut maintenant étonner. La canne, d'une manière générale, était appelée une « fouataison ». Comme le fouet, elle servait souvent à corriger les chevaux indociles ou même les mauvais garnements. Quant à l'adjectif « mastarée », qui dans ce cas précis signifiait plombée, rappelons que « mastard » est encore actuellement synonyme de gros, de massif, de lourd. Pour conclure sur ce sujet consacré à la canne vue au travers de la langue verte, signalons qu'une « fouataison lingrée » était une canne-épée et qu'un « lingre » était un couteau...

***Fouetter* les poules** (Loc.Pro.)
Boire beaucoup, mais sans se saouler (252)
En langage populaire, « fouetter un verre de vin », c'était le boire d'un seul trait.

Mettre la main à la *fouilleuse*
(Arg.)
En argot, prendre de l'argent dans sa bourse (253)
De nos jours, les « fouilles » désignent les poches.

Avoir du *foulage* (Arg.)
En argot, avoir un travail urgent à accomplir (254)

Faire le *foulard* (Pop.)
Se disait d'un voleur qui se mêle à la foule pour y dérober des mouchoirs (255)
Il s'agit très certainement de « mouchoirs de cou » que l'on a appelé justement des « foulards ».

Vous viendrez cuire à mon *four*, je vous y attends (Loc.Pro.)
Vous aurez un jour besoin de moi et je pourrai alors me venger (256)

Chauffer le *four* (Pop.)
Boire jusqu'à s'enivrer (257)

Faire une chose à la *fourche* (Pop.)
La faire négligemment ou grossièrement (258)

Être traité à la *fourche* (Pop.)
Être traité durement (259)

Prendre une *fourche* (Pop.)
Renvoyer quelqu'un sans ménagement (260)
« S'il m'ennuie, je prendrai une fourche ».

Déjeuner à la *fourchette*
Manger des aliments solides au petit-déjeuner (261)

Voler à la *fourchette* (Arg.)
En argot, voler quelqu'un en introduisant deux doigts dans sa poche (262)

Jouer des *fourchettes* (Arg.)
En argot, s'enfuir en courant (263)

Il a le pied *fourchu*
Se disait d'un homme très méchant (264)
Allusion au diable presque toujours représenté avec des pieds fourchus.

Avoir des œufs de *fourmis* sous les pieds (Pop.)
Se disait d'une personne qui ne tient pas en place, qui piétine sans cesse (265)

Il a mangé des œufs de *fourmis* (Loc.Pro.)
Se disait d'une personne qui pète sans arrêt (266)

Prendre un pain sur la *fournée* (Loc.Pro.)
Se disait d'un homme qui a des rapports sexuels avec une fille qui n'est encore que sa fiancée (267)

***Fournir* Martin** (Arg.)
En argot, porter de la fourrure (268)

C'est un innocent *fourré* de malice
Se disait d'un homme fin et malicieux qui se donne des airs de naïveté et d'innocence (269)

La lame use le *fourreau* (Pro.)
Une personne passionnée et très active risque de se ruiner la santé ou de vieillir avant l'âge (270)

De la monnaie *fourrée*
Se disait des pièces de monnaie plaquées d'or ou d'argent alors que l'intérieur était frappé dans un métal moins noble, souvent du cuivre (271)

C'est un bon *fourrier* (Loc.Pro.)
Se disait d'une personne qui se réserve le meilleur pour elle-même (272)
Rappelons que, dans l'armée, le fourrier est le sous-officier qui distribue les vivres.

Les *fous* font les fêtes, les sages en ont le plaisir (Loc.Pro.)
Les sages préfèrent profiter des extravagances des insensés (273)

Tous les *fous* ne portent pas de marotte (Loc.Pro.)
Les fous ne sont pas tous enfermés (274)

Arriver *fracassé* (Arg.)
En argot, faire son entrée en grande tenue, dans un frac (275)

Être en *frairie*
Participer à une partie de plaisir ou à un festin (276)

Recommencer sur nouveaux *frais*
Refaire un travail en y mettant plus d'ardeur que la première fois (277)

***Fraiser* les fèves**
En retirer la peau (278)

Être *franc* comme l'osier
Parler et agir sincèrement (279)

C'est un *franc* Gaulois
Se disait d'un homme simple au comportement un peu rude (280)

Le tapis *franc* (Arg.)
Se disait en argot du lieu où se réunissent les voleurs (281)

Un *franc* de maison (Arg.)
Se disait en argot d'un receleur (282)

Un *franc* bourgeois (Arg.)
Se disait en argot d'un escroc appartenant au grand monde (283)

Payer au marc le *franc*
Participer à une dépense commune proportionnellement à ses parts dans une affaire (284)

Franchir le mot
Dire crûment une chose (285)

Être muet comme un _francolin_ qui est pris (Loc.Pro.)
Savoir garder le silence si c'est nécessaire (286)
Le francolin est un oiseau qui ressemble à une grande perdrix. On le trouvait notamment en Afrique où sa chère était très appréciée.

Frapper l'air de cris et de clameurs
Pousser des cris qui s'entendent à une grande distance (287)

Frapper à glace
Congeler quelque chose en lui faisant subir un séjour prolongé dans la glace (288)

Frapper au monument (Arg.)
En argot, mourir (289)

Mourir en _fraude_
Mourir en laissant des dettes (290)

Frauder la gabelle
Se disait de ceux qui cherchent à échapper à leurs obligations (291)

À vieille mule, _frein_ doré (Pro.)
Se disait d'une femme âgée qui aime se maquiller et porter bijoux et belles toilettes (292)
Le frein est ici le mors qui est placé dans la bouche du cheval et qui permet de le gouverner.

Il ne faut pas irriter les _frelons_ (Loc.Pro.)
Il ne faut pas irriter ceux qui sont en colère (293)
La piqûre douloureuse des frelons est redoutée.

Un pouls _fréquent_
Se disait en médecine d'un pouls trop rapide (294)

C'est un _frère_ coupe-choux
Se disait d'un religieux auquel on ne reconnaît aucun mérite, qui est mal considéré dans son couvent ou dans sa communauté (295)

C'est un _frère_ de la jubilation (Pop.)
Se disait familièrement d'un homme qui ne semble pas avoir de souci, qui aime les divertissements et la bonne chère (296)

Un _frère_ de l'attrape (Arg.)
Se disait en argot d'un policier (297)

Le _frère_ frappart (Arg.)
En argot, se disait d'un marteau (298)

Partageons comme _frères_ : le mien est mien et le sien est à nous deux (Pro.)
Se disait ironiquement pour qualifier un partage jugé très inéquitable (299)

C'est un _frérot_ de la cuque (Arg.)
Se disait en argot d'un filou (300)

Tartiner la _fressurade_ (Arg.)
Se disait en argot de celui qui adresse des compliments très exagérés, outrés (301)
La fressurade était une préparation culinaire à base de fressure, c'est-à-dire de c?ur, de rate, de foie ou de poumon d'un animal de boucherie.

Fréter cap et queue
Dans le langage des marins, louer un navire et le charger entièrement (302)
On disait aussi « fréter en grand et en travers ».

Ne songer qu'à la *frétille* (Arg.)
Ne penser qu'à la bagatelle (303)
Dans l'argot du passé, danser se disait « frétiller ». La frétille désignait également la paille.

Pour courir après les carpes, on laisse aller le *fretin* (Pro.)
On délaisse souvent ce qui est sûr pour se hasarder dans ce qui est incertain (304)
Notons au passage qu'en argot, le « poivre » était le nom que l'on donnait au menu fretin.

***Friand* comme une nonne** (Loc.Pro.)
Se disait ironiquement d'une personne qui aime la chère fine et délicate (305)

Avoir le goût *friand*
Avoir le goût délicat, repérer rapidement les bons plats et les bons morceaux (306)

Son nez est tourné à la *friandise* (Loc.Pro.)
Se disait d'une femme coquette et éveillée, qui a beaucoup de goût pour les plaisirs (307)
On employait également cette formule pour parler d'une jeune fille qui paraît pressée de se marier.

Il est comme saint Jacques de l'Hôpital, il a le nez tourné à la *friandise* (Loc.Pro.)
Se disait autrefois d'un gourmand (308)
La locution proverbiale trouve son origine dans le fait qu'à Paris, le portail de l'église du même nom était décoré d'une peinture de saint Jacques. Mais ce même portail faisait face à la rue de l'Ours où étaient réunis les grands rôtisseurs de la capitale...

***Fringuer* un verre**
Le rincer dans l'eau courante (309)

***Friper* le pouce** (Pop.)
Mener joyeuse vie, faire bonne chère (310)
Dans la langue populaire, le verbe friper signifiait « manger goulûment, avec avidité ». La fripe désignait ce qui se mange, le fripeur était un gourmand, un fripesauce était un goinfre, mais le terme désignait aussi un mauvais cuisinier.

Tomber sur la *friperie* de quelqu'un (Loc.Pro.)
L'agresser, se jeter sur lui (311)
On dirait aujourd'hui qu'on lui « tombe sur le paletot ».

***Friponner* quelqu'un**
Le voler, l'escroquer (312)

C'est un jeune *friquet* (Pop.)
Se disait d'un jeune galant qui brille surtout par son caquet (313)
Allusion aux pépiements des jeunes moineaux. En argot, un friquet était un mouchard, un espion.

Il n'y a rien à *frire* dans cette maison (Loc.Pro.)
On n'y trouve rien à manger (314)

Il n'a plus de quoi *frire* (Loc.Pro.)
Se disait à propos de quelqu'un qui est ruiné (315)
On disait encore que cet homme est frit.

***Frire* un rigolo** (Arg.)
En argot, voler quelqu'un en l'embrassant (316)

Je m'en *frise* (Pop.)
Je m'en moque (317)

C'est un jeune *frisé*
Se disait d'un jeune homme élégant à l'air prétentieux, que l'on qualifiait autrefois de « petit maître » (318)
Notons ici que le terme « frisé », en argot du passé, était synonyme de « juif ». Le côté étonnant de l'affaire, c'est que ce même mot de la langue verte a ensuite désigné un Allemand pendant la Seconde Guerre mondiale...

Toucher les *frises*
Pour un comédien, être au sommet de son art (319)
Dans le langage des théâtres, on appelait « frises » les bandes de toile placées aux cintres et qui représentaient un ciel ou un plafond.

Va-t'en, Jean, on te *frit* tes œufs
(Loc.Pro.)
Se disait pour se moquer d'un niais qui rit à tout propos et sans raison (320)

À d'autres, ceux-là sont *frits*
(Loc.Pro.)
Se disait quand on n'accepte pas les justifications ou les excuses avancées par une personne et qu'on lui demande d'en formuler des meilleures (321)

Aujourd'hui dans un casque, demain dans un *froc* (Pro.)
Se disait d'un homme versatile qui change fréquemment d'état ou d'opinion (322)
Évidemment, le casque est une allusion à la profession militaire et le froc fait référence à une vocation ecclésiastique.

Il est *froid* comme la chaîne d'un puits (Loc.Pro.)
Se disait de quelqu'un à l'abord glacial, qui ne manifeste jamais aucun sentiment (323)

Manger du *fromage* (Pop.)
Être très mécontent, presque en colère (324)

Elle a laissé le chat aller au *fromage* (Loc.Pro.)
Se disait d'un jeune fille séduite, qui a perdu sa virginité (325)

***Fronder* une assiette à la tête de quelqu'un**
La lui lancer avec violence (326)
Allusion aux projectiles qui se lançaient habituellement avec une fronde.

***Fronder* quelqu'un avec amertume**
Le blâmer, le désapprouver, lui faire des reproches très sévères (327)

N'avoir point de *front*
N'avoir ni honte ni pudeur (328)
Dans le même sens, on disait encore que l'on a le front endurci.

Un mulet *frotte* l'autre (Pro.)
Se disait de deux personnes simples et un peu niaises qui se vantent l'une l'autre (329)

Faire *frou frou* (Loc.Pro.)
Étaler un grand luxe, montrer sa richesse (330)

Faire *fructifier* la vigne du Seigneur
Rallier des gens à la religion, opérer des conversions (331)

Sentir son *fruit* (Loc.Pro.)
Se disait d'une personne qui laisse transparaître ses origines (332)

***Fulminer* une bulle**
La publier en respectant les formes imposées par l'Église (333)

Il est *fumé* (Arg.)
Son cas est désespéré, il est perdu (334)

C'est ennuyeux comme la *fumée*
Se disait d'une chose très ennuyeuse (335)

Manger son pain à la *fumée* du rôti (Loc.Pro.)
Assister à une réjouissance à laquelle on ne peut prendre part (336)

***Fumer* sans pipe et sans tabac** (Pop.)
Éprouver de la colère, du dépit ou de l'impatience et ne rien oser dire (337)

Être sur son *fumier* (Loc.Pro.)
Être chez soi et pouvoir décider librement de sa conduite (338)

Mourir sur un *fumier* (Loc.Pro.)
Mourir dans la misère, après avoir tout perdu (339)

Le *fuseau* doit suivre le hoyau (Loc.Pro.)
Il ne faut pas que la femme reste désœuvrée pendant que l'homme travaille (340)
Rappelons que le hoyau est une petite houe dont la lame légèrement recourbée est taillée en biseau.

Lancer des *fusées* (Arg.)
En argot, se disait pour « vomir » (341)

Repousser du *fusil* (Arg.)
En argot, sentir mauvais de la bouche (342)
Dans la langue verte, le fusil désignait le gosier.

Chasser avec un *fusil* de toile (Arg.)
En argot, mendier (343)
Allusion à la besace en toile que les mendiants portaient sur l'épaule.

Un *fusil* à vent
Se disait d'une carabine à air comprimé (344)
L'invention de la carabine à air comprimé remonterait à l'année 1560. Bescherelle affirme qu'elle est généralement attribuée à un certain Gutter, un habitant de la cité bavaroise de Nuremberg.

***Fusiller* le plancher** (Arg.)
En argot, courir en tapant des pieds (345)

Vendre *fût* et jus
Vendre le tonneau avec son contenu (346)

C'est une vieille *futaille* (Pop.)
Dans la langue populaire, se disait d'une vieille femme (347)

Courir la *futaine*
Mener une vie oisive (348)
La futaine est une étoffe croisée dont la chaîne est en fil et la trame en coton. On parle également de basin.

Épouser par paroles de *futur*
Se fiancer, en vieux langage juridique (349)

G

Passer au *gabarit* (Arg.)
En argot, perdre au jeu (1)

Payer la *gabelle*
S'acquitter d'une somme que l'on doit (2)
La gabelle était un impôt indirect créé sous Philippe IV. Il s'appliquait à l'origine à toutes les marchandises, mais il ne concerna bientôt plus que le sel. Cet impôt a provoqué plusieurs révoltes. Considéré comme une œuvre infernale, les paysans le rendaient responsable de tout ce qui pouvait leur arriver de plus mauvais : récoltes insuffisantes, inondations, incendies, maladie, etc.

***Gâcher* du linge**
Le laver en pleine eau (3)

***Gâcher* serré** (Arg.)
En argot, travailler dur (4)

Un chemin *gâcheux*
Se disait d'un chemin boueux (5)

C'est un *gâcheux* de collège (Arg.)
Se disait, en argot des écoles, d'un maître subalterne des collèges ou des pensions (6)

Courir la *gadoue* (Arg.)
Fréquenter les femmes de mauvaise vie (7)

Voir la terre au bout d'une *gaffe*
Pour un marin, rester à bord lorsque le navire est à quai (8)

Gaffer la mirette (Arg.)
En argot, ouvrir l'œil, se tenir sur ses gardes (9)

N'est pas marchand qui toujours _gagne_
(Loc.Pro.)
Celui qui est toujours gagnant ne peut se comparer à un marchand qui, lui, est exposé à des pertes (10)

Crier ville _gagnée_
Se vanter d'avoir obtenu l'avantage que l'on attendait (11)

Gagner quelqu'un de la main
(Loc.Pro.)
Obtenir quelque chose avant lui (12)

Une grosse _gaguie_
Se disait autrefois d'une grosse femme enjouée (13)

Attraper une _galanterie_
Se disait d'une maladie vénérienne (14)
Ce sont des galants de feuillée
Se disait autrefois des brigands qui vivaient retranchés dans les bois (15)

Vendre du _galbanum_ à quelqu'un
Le tromper en lui faisant de vaines promesses (16)
Le galbanum était une gomme-résine dégageant une odeur fétide, extraite de la plante du même nom. On l'employait comme appât pour piéger les renards.

Il n'a pas la _gale_ aux dents
(Loc.Pro.)
Se disait à propos d'un gros mangeur (17)

Boulotter de la _galette_ (Arg.)
En argot, se procurer de l'argent (18)
Notons que l'expression s'employait également pour parler d'une dépense. Dans la langue verte, la galette désignait encore un matelas et une mauvaise chaussure.

C'est une _galette_ (Pop.)
Se disait d'un incapable (19)

Faire une _galette_ (Pop.)
Se laisser surprendre par une pluie d'orage qui gâche tout lorsque l'on est occupé à battre du blé sur l'aire (20)

Les _galions_ sont arrivés (Pop.)
Se disait familièrement lorsque l'on vient de percevoir une grosse somme d'argent (21)
Allusion aux navires que les Espagnols envoyaient dans leurs colonies d'Amérique pour qu'ils en rapportent l'or, l'argent ou les pierres précieuses.

La peur le _galope_ (Pop.)
Se disait de quelqu'un qui est saisi d'une très grande peur (22)
Pour une grande fièvre, on disait aussi « la fièvre le galope ».

Galoper quelqu'un (Pop.)
Le poursuivre avec opiniâtreté dans tous les lieux qu'il peut fréquenter (23)

Payer en _gambades_ de singe
(Loc.Pro.)
Ne pas être de bonne foi, répondre à une demande légitime par une mauvaise plaisanterie destinée à faire diversion (24)
C'est de cette vieille locution proverbiale qu'est née l'expression encore en usage de nos jours lorsque l'on dit

que l'on a été « payé en monnaie de singe ».

Être au bout de sa *gamme*
Manquer totalement d'arguments, ne plus savoir que dire (25)

Un cheval chargé de *ganache*
Se disait d'un cheval dont la mâchoire inférieure est grosse et charnue (26)
La ganache correspond à la partie la plus grosse de la mâchoire inférieure du cheval. Dans le langage populaire, le mot s'employait aussi pour évoquer la mâchoire de l'homme.
Parallèlement, le terme désignait également une sorte de robe de chambre ou encore un modèle particulier de fauteuil.

Monter un *gandin* (Arg.)
En argot, commander une consommation dans un bar et partir sans la payer (27)
Le gandin était une tromperie. On disait encore « hisser un gandin ».

Chat *ganté* n'a jamais pris de souris (Pro.)
Se disait d'une personne qui possède une affaire connaissant des difficultés et qui répugne pourtant à en examiner tous les détails pour essayer de la remettre à flot (28)

Ce que le *gantelet* gagne, le gorgerin le mange (Pro.)
Avec l'argent qu'il gagne, le militaire préfère mener la grande vie et faire bonne chère (29)
Parmi les différentes pièces qui composent une armure, on compte les gantelets qui protègent les mains et le gorgerin qui préserve la gorge et le cou.

Elle a perdu ses *gants* (Loc.Pro.)
Se disait d'une jeune fille qui n'est plus vierge (30)

Avoir les *gants* de quelque chose
Être le premier à découvrir ou à annoncer quelque chose (31)

Faire une chose les *gants* à la main
La faire mollement, sans conviction (32)

À mal exploiter, point de *garant*
(Pro.)
On ne trouve personne pour répondre des dettes qui seraient faites par quelqu'un qui gère très mal une affaire (33)

Elle a un mari *garçon*
Elle a épousé un homme qui continue à mener une vie indépendante et qui cherche à faire de nouvelles conquêtes féminines (34)

Il s'est fait beau *garçon*
Se disait d'un homme qui a dilapidé tous ses biens en débauches (35)

Un *garçon* de cambrousse (Arg.)
En argot ancien, se disait d'un voleur qui opère en province (36)

Avoir toujours *garde* à carreau
Être prêt à répondre à toute objection, à parer à tout événement (37)
Allusion évidente aux jeux de cartes. De nos jours, on dit d'une manière très voisine que l'on se « tient à carreau ».

C'est une personne de bonne *garde*
Se disait de quelqu'un qui garde longtemps ce qu'il possède (38)

Être hors de *garde*
Ne plus savoir où l'on en est, être perdu (39)

Descendre la *garde* (Arg.)
En argot, mourir (40)

Bonhomme, *garde* ta vache
(Loc.Pro.)
Il faut te méfier de ceux qui veulent te tromper (41)

Dieu *garde* la lune des loups
(Loc.Pro.)
Se disait d'un homme qui attend d'être assez loin pour lancer des menaces (42)

Elle va *garder* les poulets d'Inde
(Loc.Pro.)
Se disait d'une fille de la ville qui épouse un campagnard (43)

***Garder* les manteaux** (Loc.Pro.)
Être délaissé, rester à ne rien faire pendant que les autres participent à un divertissement (44)

Des plaisanteries de *garde-robe*
(Loc.Pro.)
Se disait des plaisanteries scatologiques (45)
Autrefois, la chaise percée était installée dans la garde-robe attenante à la chambre.

S'en donner jusqu'aux *gardes*
Faire un grand excès (46)

Donner un chabot pour avoir un *gardon*
Donner peu pour avoir beaucoup (47)
Le chabot est un poisson à grosse tête dont la chair était assez peu appréciée.

Donner un coup de *Garibaldi*
(Arg.)
Se disait en argot du coup de tête qu'un agresseur donne à un passant qu'il a décidé d'attaquer (48)
L'expression est une allusion à Garibaldi et à ses légions de Chemises rouges. Rappelons que le général italien Joseph Garibaldi est venu combattre aux côtés des Français en 1870.

Il a de la *garnison* (Pop.)
Se disait d'un enfant qui a des poux (49)

Courir le *garou*
Fréquenter des lieux de débauche (50)
Le mot « garou » est ici une forme raccourcie de « loup-garou ». Dans le même sens, on disait aussi « aller en garouage ».

Faire une lessive de *Gascon*
Manière rapide d'avoir du linge blanc en retournant simplement celui qui est sale…(51)

Garde du *Gascon* et du Normand (Pro.)
La réputation d'un Gascon était autrefois d'être vantard et celle d'un Normand d'être menteur (52)

Agir en *Gascon* (Loc.Pro.)
Faire les choses en évitant de se compromettre (53)

Avoir du *gâteau* (Pop.)
Prendre sa part dans le produit d'un vol (54)

Ne pas manger son *gâteau* dans sa poche (Loc.Pro.)
Penser à donner une part du profit à ceux qui ont indiqué une affaire (55)

C'est une fille *gâtée*
Une fille atteinte d'une maladie vénérienne (56)

Elle craint de se *gâter* la taille
Elle craint de tomber enceinte (57)

Prendre une chose à *gauche*
La prendre de travers, d'une manière inhabituelle et pas très bonne (58)
Rappelons qu'autrefois, le mot « gauche » symbolisait tout ce qui était plus ou moins négatif.

Gauchir un piège
Ne pas tomber dedans, l'éviter (59)

Être la *gaufre* dans une affaire
Se retrouver coincé entre deux contraintes opposées et fâcheuses (60)
Allusion à la gaufre qui est pressée entre les deux plaques du moule.

Se rincer le *gavion* (Pop.)
Boire un coup (61)
Dans le langage populaire, le gavion (ou gaviot) désignait le gosier. Après un repas très copieux, on disait que l'on en avait « jusqu'au gavion ».

Allumer son *gaz* (Arg.)
Regarder avec une grande attention (62)
Allusion à l'éclairage au gaz. En 1833, le préfet Rambuteau a décidé de remplacer l'éclairage à l'huile des rues de Paris par des becs de gaz.

Avaler un peu de *gaz* (Arg.)
En argot, boire un petit verre d'eau-de-vie (63)

C'est une vieille *gazette*
Se disait d'une chose qui a perdu tout intérêt (64)

Son cheval lit la *gazette* (Loc.Pro.)
Se disait en parlant d'un cheval qui est exposé aux intempéries pendant que son maître est occupé à boire dans un troquet (65)

C'est une *gazeuse*
Dans le langage des dentellières, se disait un peu par mépris de l'ouvrière qui était chargée du remplissage des fleurs et des feuilles (66)

N'avoir plus de *gazon* sur la terrasse (Arg.)
Se disait en argot de celui qui n'a plus de cheveux sur le crâne (67)
D'une personne qui se peigne, on disait aussi qu'elle se ratisse le gazon.

Avoir le bec *gelé* (Loc.Pro.)
S'obliger à garder le silence (68)

C'est une *géline* affranchie (Pop.)
Se disait par ironie d'une femme qui n'a pas encore d'enfant (69)
À la campagne, l'expression s'employait pour désigner une poule qui ne pond pas.

Tirer sur le *gendarme* (Arg.)
En argot, fumer le cigare (70)
*Un gendarme était un mauvais cigare qui ne valait qu'un sou à la fin du XIX*e *siècle.*

Amitié de *gendre*, soleil d'hiver (Pro.)
On ne doit pas trop compter sur l'amitié d'un gendre (71)

Faire d'une fille deux *gendres* (Loc.Pro.)
Promettre la même chose à deux personnes (72)

Quand la fille est mariée, il y a assez de *gendres* (Pro.)
Si une fille est mariée, il y a toujours des garçons pour déclarer qu'ils l'auraient bien épousée (73)

Il est menteur comme un *généalogiste* (Loc.Pro.)
Se disait d'une personne qui ne recule pas devant un gros mensonge (74)
Les généalogistes avaient autrefois la réputation de gagner beaucoup d'argent en « fabriquant » à leur client un ancêtre ayant appartenu à la noblesse.

Monter à la *genette*
Monter à cheval avec des étriers trop courts (75)

Avoir le mal saint *genou* (Loc.Pro.)
Être atteint de la goutte (76)

Être de la société des *gens* de lettres (Arg.)
Se disait en argot de ceux qui exercent un chantage en envoyant des lettres anonymes (77)

C'est un *gentilhomme* de Beauce
Se disait ironiquement d'un noble vivant dans la pauvreté (78)
On parlait également d'un gentilhomme à lièvre.
À ce sujet, on se plaisait à répéter ces deux vers :
« C'est un gentilhomme de Beauce,
Il reste au lit quand on répare ses chausses ».
Voir également B134.

C'est un *gentilhomme* bas-breton fils de meunier
Se disait ironiquement d'un homme qui prend des grands airs (79)

C'est un *gentilhomme* de parchemin
Se disait d'un roturier anobli (80)

***Gerber* à la passe (Arg.)**
En argot, condamner à mort (81)
Dans la langue verte, juger se disait «gerber» et le «gerbier» était un juge.

Il a le *germain* sur moi
C'est un cousin germain de mon père ou de ma mère (82)

Il a plus d'un tour dans sa *gibecière* (Loc.Pro.)
Se disait d'un homme qui fourmille d'idées (83)

Il a un coup de *gibelet* (Loc.Pro.)
Il a bu un petit verre qui lui a égayé l'esprit (84)
Le gibelet était un foret très fin que les goûteurs utilisaient pour percer un tonneau et soutirer une petite partie du liquide qu'il contient.

Le *gibet* ne perd pas ses droits (Loc.Pro.)
Les criminels finissent toujours par être punis (85)

Ce n'est pas là votre *gibier* (Loc.Pro.)
Cela ne vous regarde pas, vous ne devez pas vous en mêler (86)

Recevoir une *giboulée* (Pop.)
Se faire rosser (87)

Remuer le *gigot* (Arg.)
En argot, danser (88)
Dans la langue verte, le gigot désignait la cuisse. On se servait également de ce mot pour parler de la

main. Par ailleurs, un cheval bien gigoté était un animal dont les membres bien fournis promettaient force et puissance.

Faire *Gille* (Pop.)
S'en aller, ou même s'enfuir (89)
Le Gille était un personnage un peu niais du théâtre de foire. On disait souvent : « Il joue les Gilles ».

Cadet la *Gingeole* (Pop.)
Se disait d'un jeune homme grand et mince (90)
Dans le langage des marins, la gingeole était un emplacement situé à la poupe d'une galère où l'on plaçait la boussole.

C'est un esprit *ginguet*
Se disait d'une personne superficielle, dont l'esprit frivole est assez médiocre (91)
On parle encore maintenant d'un vin ginguet.

C'est la commère aux *giries*
S'est dit d'une femme connue pour ses plaintes continuelles et ses jérémiades ridicules (92)

Elle est bien *girofle* (Arg.)
En argot, se disait d'une fille jolie et agréable (93)
On parlait de giroflerie pour évoquer l'amabilité.

Ce qui ne va pas au manche va au *giron* (Pro.)
Ce qui ne sert pas à une chose peut servir à une autre (94)

Tendre le *giron*
Accéder à une demande (95)

Passer devant la *glace* (Arg.)
Fréquenter une maison de tolérance sans payer (96)

S'envoyer un *glaci* (Arg.)
En argot, boire un verre de vin (97)

La *glacière* pendue (Arg.)
S'est dit en argot d'un réverbère (98)

Un rossignol à *gland* (Pop.)
Désignait un porc dans la langue populaire des campagnes (99)

Un cheval *glandé* (Pop.)
Se disait d'un cheval qui présente une inflammation de certains ganglions (100)

Elle a fait une *glissade*
Se disait d'une femme qui a été séduite (101)

Cette affaire est un pas *glissant*
Se disait d'une affaire délicate, risquée (102)

Passe-moi le *glissant* (Arg.)
En argot, passe-moi le savon (103)

C'est à vous de *glisser* (Pop.)
Se disait à quelqu'un qui doit maintenant faire ce que les autres ont déjà fait avant lui (104)

C'est comme la *glose* d'Orléans, pire que le texte (Loc.Pro.)
Allusion aux explications embrouillées des professeurs de l'ancienne école de droit d'Orléans (105)

Hausser le *gobelet*
Boire beaucoup (106)

Être sous le *gobelet* (Arg.)
Être en prison (107)
Allusion à l'objet qui est emprisonné sous le gobelet d'un escamoteur.

C'est un joueur de *gobelets*
Se disait d'une personne assez fourbe, qui cherche à tromper ceux avec qui elle traite (108)
Allusion au jeu de bonneteau où il faut désigner celui des trois gobelets retournés sous lequel l'escamoteur à placé l'objet à découvrir.

C'est un bon *gobet* (Pop.)
Se disait d'un homme qui est très crédule (109)
Dans le même sens, on disait également de lui que c'est « un gobeur de vent ».

Prendre quelqu'un au *gobet*
Le surprendre alors qu'il ne s'y attend pas (110)
Un gobet était un morceau que l'on gobe, c'est-à-dire que l'on avale d'un seul coup.

C'est un petit *gobin*
Se disait, par mépris, d'un homme bossu (111)

Boire de la *godaille* (Pop.)
Se disait d'un mauvais vin (112)
Dans la langue populaire, godailler signifiait boire avec excès, comme un ivrogne. On parlait d'un godailleur pour désigner celui qui se livrait fréquemment à la débauche.

Baiser en *godinette* (Pop.)
Embrasser amoureusement (113)
Le substantif féminin godinette avait plusieurs sens. Il signifiait aussi bien amante, maîtresse que fainéante ou femme de mauvaise vie.

Faire *goguette* d'une chose
En tirer du profit, bien l'utiliser (114)
En plus du sens que nous lui connaissons actuellement, le mot appartenait également au langage des cuisines. Une goguette était autrefois un plat composé de porc frais haché, assaisonné de poivre, d'oignons et de fines herbes.

Chanter *goguettes* à quelqu'un
Lui dire des choses offensantes, l'injurier (115)

Se *goinfrer* comme un chantre
(Arg.)
Avaler goulûment, se jeter sur la nourriture (116)
L'argot de l'époque utilisait le mot chantre pour désigner un goinfre, car le goinfre en question a toujours la bouche ouverte comme le chantre lorsqu'il est à l'église au lutrin.

C'est un mitron de *Gonesse*
Se disait, par raillerie, d'un garçon boulanger (117)
Ville de la banlieue parisienne, Gonesse était jadis réputée pour son pain blanc qu'on allait vendre dans la capitale.

C'est un maître *Gonin*
Se disait d'un escroc adroit et rusé (118)
Gonin était un escamoteur célèbre au temps de François 1er.

Il a menti par la *gorge*
Se disait pour apporter un démenti formel à des propos tenus par quelqu'un (119)

Se couper la *gorge*
Faire quelque chose qui est contraire à ses propres intérêts (120)

C'est un franc mâle, il a la *gorge* noire
(Loc.Pro.)
Se disait d'un homme vigoureux (121)
Allusion au sanglier qui est redouté pour sa force et son courage, que les chasseurs qualifiaient de bête noire. Mais l'expression proverbiale s'employait également pour parler d'un bon compagnon, d'un homme de cœur. Dans ce cas, on pouvait aussi y voir une allusion au moineau mâle qui a la gorge garnie de plumes noires.

Avoir le *gosier* pavé (Pop.)
Se disait d'une personne qui peut boire ou manger des choses extrêmement chaudes, qui fait un grand usage des épices ou des liqueurs très fortes (122)

Faire avaler le *goujon* à quelqu'un (Pop.)
Réussir à lui faire admettre des choses qui ne sont pas vraies (123)
Dans la langue verte, « avaler le goujon » signifiait également mourir.

Donner du *goupillon*
Faire des promesses très nombreuses que l'on ne tient pas (124)

Avoir une voix de *gourdin*
Se disait de la voix d'un homme qui a toujours l'air d'être en colère (125)

Rompre sa *gourmette* (Pop.)
Donner libre cours à ses passions après avoir vécu dans la retenue (126)

Lâcher la *gourmette* à quelqu'un (Pop.)
Lui donner plus de liberté qu'il n'en avait auparavant (127)

Avoir toujours le *gousset* bien garni
Avoir toujours assez d'argent sur soi pour ses besoins ou ses plaisirs (128)

Faire des plaisanteries de haut *goût*
Se disait des plaisanteries qui sortent des limites de la bienséance (129)

Il a un *goût* de queue de renard
Se disait autrefois du mauvais goût qu'une maladie donnait parfois aux vins de Bourgogne vers leur troisième ou quatrième année (130)

***Goûter* de commère et souper de marchand** (Pop.)
Les femmes préféraient souvent faire entre elles un goûter fin et léger dans l'après-midi et les hommes qui menaient une vie active appréciaient plutôt de faire un bon repas copieux le soir (131)

Les *gouttes* d'eau cavent la pierre (Pop.)
Les petites causes, lorsqu'elles agissent d'une manière continue, peuvent produire de grands effets (132)

Manger du lapin de *gouttière*
(Arg.)
En argot, manger du chat en croyant que c'est du lapin (133)

***Gouverner* les ressorts**
Être maître de la conduite d'une affaire (134)

C'est un *gouverneur* de lions (Loc.Pro.)
Se disait ironiquement d'un homme qui ne change jamais de tenue (135)
Autrefois, les dompteurs ne changeaient jamais de costume. Ils pensaient que c'était le meilleur moyen de ne pas surprendre les fauves et d'être toujours bien reconnus d'eux.

Être dans le *grain* (Loc.Pro.)
Être partie prenante dans une affaire très avantageuse (136)
Allusion aux animaux qui sont nourris au grain et qui en ont toujours plus qu'il ne leur en faut.

C'est un *grain* de millet à la gueule d'un âne (Loc.Pro.)
C'est largement insuffisant (137)

Il le mangerait avec un *grain* de sel (Loc.Pro.)
Se disait d'un homme bien supérieur à celui avec lequel on voudrait le comparer (138)

N'avoir plus de *grain* (Arg.)
En argot, n'avoir plus un sou (139)
Dans la langue verte, le grain était un écu.

Vivre de sa *graisse* (Loc.Pro.)
Vivre de ses biens, sans travailler (140)

Commettre un vol à la *graisse* (Arg.)
En argot, vol où l'on emprunte de l'argent en laissant comme caution un objet sans valeur (141)

Il y a de la *graisse* (Arg.)
En argot, il y a de l'argent à voler (142)

***Graisser* le couteau** (Pop.)
Faire un repas comprenant de la viande (143)

***Graisser* les épaules à quelqu'un** (Pop.)
Lui donner des coups de bâton (144)

***Graisser* la marmite** (Arg.)
Dans l'argot des militaires, arroser son arrivée en payant à boire (145)

Recevoir à la *grande*
À la manière des grands seigneurs (146)

Marcher à *grandes* journées
Faire plus de chemin que d'autres n'en font habituellement en une journée (147)

Les batteurs sont bien près de la *grange* (Loc.Pro.)
Se disait lorsqu'un homme serre une femme d'un peu trop près (148)
La formule s'employait également à propos d'un jeune homme qui habite dans le voisinage d'une jeune fille.

Mordre à la *grappe*
Se passionner, prendre beaucoup de plaisir à faire une chose (149)
S'employait également dans le sens de donner dans le panneau, tomber dans le piège.

C'est un *gras* du bec
Se disait de celui qui aime à faire bonne chère (150)

Sortir bien *gras* d'une affaire
En avoir tiré de gros profits (151)

Peindre à *gras*
Faire des retouches avant que la couleur ne soit sèche (152)

Un pain *gras-cuit*
Se disait d'un pain qui est pâteux parce qu'il n'est pas assez cuit (153)

Plus la cuisine est *grasse*, plus le testa-ment est maigre (Pop.)
Plus on dépense de son vivant, moins on laisse à ses héritiers après sa mort (154)

Envoyer quelqu'un au *grat* (Loc.Pro.)
L'éloigner, le chasser (155)
Le grat était un terme de basse-cour que l'on employait pour désigner l'endroit où les poules aiment à gratter.

S'il n'a pas de quoi, qu'il en *gratte* (Pop.)
Qu'il fasse ce qu'il voudra, je ne l'aiderai pas (156)

Il n'est de si belle rose qui ne devienne *gratte-cul* (Pop.)
Il n'est point de belle femme qui ne devienne laide en vieillissant (157)
Rappelons que le gratte-cul est le fruit du rosier ou de l'églantier.

Qui naît poule aime à *gratter* (Pop.)
Il est difficile d'aller contre ses instincts (158)

***Gratter* au foyer**
Pour un acteur, aller à la recherche d'un rôle (159)
Allusion au foyer des théâtres.

***Gratter* l'épaule à quelqu'un**
Faire quelque chose qui lui soit agréable pour obtenir ce que l'on attend de lui (160)

Être *grec* en quelque chose
Faire preuve d'habileté et de ruse dans un domaine particulier (161)

C'est le *greffier* de Vaugirard, qui ne peut écrire sous les regards (Pop.)
Se disait des personnes qui, ne réussissant pas très bien ce qu'elles font, prétendent que la présence de témoins les empêche d'accomplir correctement leur travail (162)

Y laisser ses *grègues* (Pop.)
En langage populaire, mourir (163)
Les grègues étaient des haut-de-chausses sans braguette.

Mettre de l'argent dans ses *grègues* (Pop.)
S'enrichir (164)

Il a été bien *grêlé*
Il a subi des gros revers de fortune (165)

Attacher le *grelot* (Pop.)
Se lancer, faire les premiers pas dans une entreprise difficile (166)

Trembler du *grelot* (Arg.)
En argot, trembler à en claquer des dents (167)

Jurer comme un *grenadier* (Loc.Pro.)
Se disait de celui qui ne peut parler sans proférer des jurons (168)

Avoir des *grenadiers* (Arg.)
Se disait en argot de quelqu'un qui a des poux (169)

C'est un *grenier* à coups de poing (Pop.)
Se disait d'un enfant qui passe son temps à se battre avec les autres et qui se fait souvent rosser (170)

C'est du blé en *grenier* (Loc.Pro.)
Se disait d'une chose qui prend régulièrement de la valeur et que l'on a intérêt à garder (171)

Charger un bateau en *grenier*
Le charger en vrac, sans mettre les grains dans des sacs (172)

Ne faire que *grenouiller* (Pop.)
Passer son temps à boire dans les cafés (173)
En argot, grenouiller, c'était surtout boire de l'eau.
De nos jours, le grenouillage évoque des intrigues douteuses.

Casser du *grès* à quelqu'un
En faire peu de cas, le considérer comme quantité négligeable (174)

Jeter son cœur à la *gribouillette* (Pop.)
Tomber facilement amoureux de la première personne venue (175)
La gribouillette était un jeu ou des enfants jetaient en l'air des petites choses de peu d'importance dont ils faisaient cadeau à ceux qui réussissaient à les attraper.

On voit la *griffe*
Se disait à propos d'une personne qui laisse deviner une menace sous des dehors doucereux (176)

Épouser une *grille* (Loc.Pro.)
Se disait d'une jeune femme que l'on oblige à entrer dans un couvent (177)
On disait encore de cette jeune femme qu'elle était « grillée ».

Entendre le *grimoire* (Pro.)
Être habile dans les affaires de chicane qui étaient portées en justice (178)

Aller au cap de *grip*
Dans le langage des marins, se disait de celui qui se transforme en corsaire (179)
Le grip était un terme de fauconnerie. Ce mot disparu désignait tous les rapaces en général. On parlait des « oiseaux de grip » pour évoquer les vols dont ils se rendaient coupables dans les basses-cours pour survivre.

***Gripper* quelqu'un** (Pro.)
L'arrêter pour le conduire en prison (180)

Un *gris* d'officier
Se disait d'une ivresse légère (181)

En faire voir des *grises* à quelqu'un (Pro.)
Être pour lui une source de soucis et de grandes difficultés (182)

C'est un des *gros* colliers de l'ordre
Se disait en parlant d'un personnage important d'une société ou d'une assemblée (183)
Dans le même sens, on disait encore de ce personnage que c'est « une grosse figure ».

Il est *gros* de vous le dire
Il est très impatient de vous en parler (184)

Faire du *gros* d'or (Pro.)
Jouer les personnages importants (185)

Manger du *Gros-Guillaume*
Se disait du gros pain de ménage, peu raffiné et de basse qualité (186)
Notons au passage que le Gros-Guillaume était également un cépage.

C'est *Gros-Jean* qui en remontre à son curé (Pro.)
Se disait de celui qui ne sait pas et qui veut instruire celui qui sait (187)

La peur *grossit* les objets (Loc.Pro.)
On exagère souvent l'importance de ce que l'on craint (188)

Sonder le *gué* (Pro.)
Prendre discrètement des renseignements sur celui dont dépend le succès d'une affaire (189)

Trousser ses *guenilles* (Loc.Pro.)
Faire son sac et s'enfuir rapidement pour échapper à un châtiment mérité (190)

Il est *guéri* de tous ses maux (Pro.)
Se disait de quelqu'un qui est mort (191)
De nos jours, on dit souvent qu'il n'a plus mal aux dents...

Médecin, *guéris-toi* toi-même (Pro.)
Se disait à ceux qui donnent des conseils aux autres alors qu'ils en auraient bien besoin pour eux-mêmes (192)

C'est un saint qui ne *guérit* de rien (Loc.Pro.)
Se disait d'un homme qui a peu de mérite et qui ne peut être d'aucun secours (193)

Gagner la *guérite* (Loc.Pro.)
S'enfuir (194)

On lui a pris ses mesures sur une *guérite* (Loc.Pro.)
Se disait d'un homme qui porte des vêtements trop amples et mal taillés (195)

C'est un tour de vieille *guerre*
Se disait d'une ruse, d'une supercherie habilement montée (196)

Faire la *guerre* au pain
En manger beaucoup (197)

La voilà bien *guêtrée*
Se disait ironiquement d'une femme dont les bas sont tombés sur les talons (198)

Il est venu en *guêtres* à Paris (Loc.Pro.)
Parti de très bas, il a fini par faire fortune (199)

C'est une *gueule* fraîche (Pop.)
Se disait d'une personne qui a bon appétit et qui est toujours prête à manger (200)

Il faudra que la *gueule* du juge en pète (Pop.)
Se disait, dans un langage un peu vert, d'une affaire que l'on est décidé à porter en justice et sur laquelle on ne tolérera pas d'accommodement (201)

Il a la *gueule* morte (Pop.)
Se disait à propos d'un fanfaron, d'un beau parleur ou d'un médisant à qui l'on a cloué le bec, que l'on a réduit au silence (202)

Payer les guides
Rétribuer le cocher (203)

Mener sa vie à grandes *guides*
Dilapider sa fortune et ruiner sa santé (204)

Porter une tenue *guillerette*
Se disait de vêtements qui sont trop légers pour la saison (205)

Se *guinder* l'esprit
Se l'élever par de bonnes lectures ou de bonnes études (206)

Chacun se fait fouetter à sa *guise* (Pop.)
Chacun dispose comme il l'entend de ses biens et de sa personne (207)

C'est toujours la même *guitare* (Pop.)
C'est toujours la même chose que l'on répète à l'infini (208)

H

Un *habillé* de soie (Pop.)
En langage populaire, un porc (1)

***Habiller* quelqu'un**
En dire beaucoup de mal (2)

***Habiller* une faute**
La présenter sous un jour favorable (3)

Mettre *habit* bas (Pop.)
Mourir (4)

Avoir *habitation* avec une femme
Entretenir avec elle des relations très intimes (5)

Avoir la tête *habitée*
Se disait à propos de la personne qui a des poux (6)

***Habiter* son fauteuil**
N'en plus bouger (7)

Avoir une *habitude* (Pop.)
Avoir une maîtresse à qui l'on rend visite régulièrement (8)

Aller au bois sans sa *hache*
(Loc.Pro.)
Entreprendre une chose sans avoir réuni ce qui est nécessaire pour la mener à bien (9)

Avoir reçu un coup de *hache*
(Loc.Pro.)
Se disait d'une personne qui est un peu folle (10)

***Hacher* de la paille**
Parler une langue étrangère avec un accent un peu rude (11)

C'est une vieille *haha*
Se disait d'une vieille femme laide et méchante (12)

Entre la *haie* et le blé (Loc.Pro.)
Se disait d'un endroit discret, peu fréquenté (13)

Et *haïe* au bout (Loc.Pro.)
Et quelque chose en plus, sans compter les suppléments (14)
« Cette affaire lui a rapporté 20 000 écus et haïe au bout ». Ce « haïe » est une allusion au cri que poussaient les charretiers pour inciter les chevaux à aller plus vite.

Une *haine* de prêtre (Loc.Pro.)
Se disait d'une haine implacable (15)
Un expression qui, de nos jours, peut surprendre…

C'est un homme sans *haleine*
Se disait d'un mou ou d'un incapable (16)

Une *haleine* de vent
Se disait d'un souffle de vent, d'une brise très légère (17)

Cela rime comme *hallebarde* et miséricorde
Cela ne rime pas du tout (18)
Se disait aussi de choses qui ne vont pas ensemble.

Pousser le *han* de saint Joseph (Loc.Pro.)
Allusion aux efforts énergiques qu'un homme peut déployer dans l'exercice de son métier (19)
« Ne soyez pas trop tendre avec lui, il a été embauché pour pousser le han de saint Joseph ». Allusion au dur métier de charpentier exercé par saint Joseph.

Mettre le poing sur la *hanche*
Prendre une attitude menaçante (20)
Allusion à la position que prend un escrimeur lorsqu'il s'apprête à combattre.

Étourdi comme un *hanneton* (Loc.Pro.)
Se disait de celui qui agit sans réfléchir (21)

Le conducteur de la *haquenée* du gobelet
Sous l'ancien régime, lorsque le roi était en voyage, cette expression désignait l'officier responsable du cheval portant le service de table et quelques mets indispensables en cas de retard des voitures chargées de l'approvisionnement (22)

Hardi comme une chemise de meunier (Loc.Pro.)
Se disait de quelqu'un de très hardi (23)
Allusion à la chemise du meunier qui, en la fermant, prend quotidiennement au collet un homme que les paysans soupçonnaient sans cesse de frauder sur la quantité de farine remise à ceux qui avaient confié leurs sacs de grains…

Vivre d'un *hareng* (Loc.Pro.)
Se disait lorsque l'on mange très peu (24)

Endosser le *harnais*
Embrasser la carrière militaire (25)

S'échauffer dans son *harnais*
Parler avec véhémence et émotion (26)

Il est parent du roi David et joue de la *harpe* (Loc.Pro.)
Se disait d'un voleur, d'un filou (27)
« Harper » est un verbe aujourd'hui disparu qui signifiait saisir, serrer fortement avec les mains.

Manger en *harpie* (Loc.Pro.)
Manger goulûment, avec avidité (28)
Dans la mythologie, les harpies étaient des monstres à tête de femme et à corps de vautour, qui déchiraient les chairs avec leurs griffes acérées.

Sentir la *hart*
Se disait d'un malfaiteur qui pourrait bien finir ses jours sur l'échafaud (29)
La hart désignait à l'origine le lien d'osier avec lequel on serrait fermement les fagots. Le sens du mot a évolué peu à peu jusqu'à devenir synonyme de corde de pendu, puis de gibet, de potence ou d'échafaud.

C'est de la marchandise de *hasard*
Se disait de tout ce qui se vend ou s'achète sur le marché de l'occasion (30)
« J'ai trouvé un très beau buffet de hasard ».

Une viande *hasardée*
Se disait d'une viande qui n'est plus très fraîche, qui commence à sentir mauvais (31)

***Hasarder* le paquet** (Loc.Pro.)
Tenter sa chance en s'engageant dans une affaire qui n'est pas très sûre (32)

C'est la *hase* du père lapin (Pop.)
Dans le langage populaire, s'est dit d'une femme qui a de nombreux d'enfants (33)
Autrefois, la hase désignait aussi bien la femelle du lièvre que celle du lapin de garenne. Il semble de ce fait que l'on préférait déjà parler de mère lapine…

C'est un gentilhomme fait à la *hâte* (Loc.Pro.)
Se disait d'un homme qui imite les manières des aristocrates tout en étant lui-même d'origine roturière (34)

Donner la *hâtille* à quelqu'un (Arg.)
Lui donner des coups de bâton (35)
« Hâtille » est un mot disparu qui appartenait au lexique de l'art culinaire. C'était un beau morceau de porc frais choisi pour être rôti à la broche. On appelait « hâteur » l'officier des cuisines royales chargé de veiller à la bonne cuisson des viandes mises à la broche. La hâtille de porc était un mets très apprécié.

Maille à maille se fait le *haubergeon* (Pro.)
En accumulant les épargnes modestes, on finit par bâtir une petite fortune (36)
Le haubergeon était autrefois une cotte de mailles de la taille d'une chemise qui était portée surtout par les écuyers. Ce vieux proverbe est à rapprocher de celui qui est encore en usage : « Petit à petit, l'oiseau fait son nid ».

Le temps va se *hausser*
Il va s'améliorer (37)

Tenir le *haut* bout d'une table
Avoir la place d'honneur (38)
On donnait autrefois des sièges plus élevés aux personnages les plus marquants. Voir B366.

Prendre un vol trop *haut*
Adopter des manières que l'on ne sera pas capable de tenir longtemps (39)

Manger *haut* (Pop.)
Faire du bruit en mastiquant (40)

Gagner le *haut* (Arg.)
S'enfuir, se réfugier dans un lieu sûr (41)

Pratiquer les *hautes* sciences
Se disait autrefois de la philosophie, de la théologie et des mathématiques (42)

Il a marché sur une mauvaise *herbe* (Loc.Pro.)
Il est de mauvaise humeur (43)

En être réduit à *l'herbe*
Se disait de quelqu'un qui est ruiné (44)

***L'herbe* à la vache** (Arg.)
S'est dit du trèfle en argot des joueurs de cartes (45)

Boire de *l'herbe* sainte (Arg.)
Par une sorte d'homophonie approximative, désignait l'absinthe en argot (46)

Avalez, ce sont des *herbes* (Loc.Pro.)
Se disait autrefois pour inciter un malade à prendre une potion dont il redoute le goût ou les effets (47)

Se servir de toutes les *herbes* de la Saint-Jean (Loc.Pro.)
Employer tous les moyens envisageables pour mener une affaire à sa réussite (48)
Cette locution proverbiale est fondée sur une croyance superstitieuse attribuant des vertus merveilleuses à certaines plantes cueillies le jour de la Saint-Jean, entre le lever et le coucher du soleil.

Il aura quatre ans aux *herbes*
Se disait d'un animal qui aura quatre ans au printemps (49)

Être atteint de la maladie *d'Hercule*
Se disait des personnes souffrant d'épilepsie (50)
La formule viendrait de ce que l'épilepsie est une des maladies dont les symptômes sont les plus violents.

Il ne fera point *d'hérésie* (Loc.Pro.)
Se disait ironiquement d'un homme peu intelligent, dépourvu d'esprit (51)

C'est un *hérétique* en amour
Se disait d'un homme qui pratique la sodomie (52)

Un homme toujours *hérissé*
Se disait d'un homme à l'abord difficile (53)

Un pédant *hérissé* de grec et de latin
Se disait d'un pédant qui fait des citations grecques ou latines à tout propos (54)

Une femme à l'humeur *hérissonne*
Se disait principalement d'une femme acariâtre, au caractère capricieux et colérique (55)

Promesse de grand n'est pas *héritage* (Loc.Pro.)
Il ne faut pas trop compter sur toutes les promesses que peuvent vous faire les gens importants (56)

Mettre la main à *l'héritage* (Loc.Pro.)
Tomber par terre en se recevant sur les mains (57)

Se loger en Sologne et *hériter* en Beauce (Loc.Pro.)
La Sologne, autrefois assez pauvre, était une région où l'on vivait à bon marché. La Beauce, aux terres productives, avait au contraire une certaine réputation de richesse (58)

Avoir affaire à la veuve et aux *héritiers* (Loc.Pro.)
Se voir confier des choses difficiles à concilier (59)

Une colonne *hermétique*
Se disait, en architecture, d'une colonne dont le chapiteau est remplacé par une sculpture de tête humaine (60)

Avoir la cuisse *héronnière*
Avoir la cuisse maigre et sèche (61)

C'est le cuisinier de *Hesdin* qui empoisonne le diable (Pro.)
Se disait d'un mauvais cuisinier (62)
Hesdin, petit bourg de moins de trois mille habitants, est un chef-lieu de canton du Pas-de-Calais.

Avoir plus *d'heur* que de science (Loc.Pro.)
Avoir plus de chance que d'habileté réelle (63)

Entendre quelle *heure* il est (Loc.Pro.)
Comprendre ce qui se dit à mots couverts (64)

Manger la pièce de huit *heures* (Pop.)
Se disait d'une pièce de bœuf taillée dans les meilleurs morceaux (65)
La pièce de huit heures désignait généralement les morceaux taillés dans l'aloyau (filet, contre-filet et romsteck), que l'on mangeait plus volontiers le matin, au déjeuner.

Lui donner de mauvaises *heures*
Lui causer beaucoup de chagrin (66)

Il est comme la mule du pape, qui ne boit et ne mange qu'à ses *heures* (Pro.)
Se disait d'un homme qui n'en fait qu'à sa tête (67)

Il sait mieux ses *heures* que matines (Loc.Pro.)
Se disait d'un homme qui est habile à saisir le moment le plus favorable (68)

Ne lire que dans ses *heures*
Se disait en parlant d'une personne qui n'aime pas la lecture (69)

Est *heureux* qui croit l'être (Loc.Pro.)
Il suffit souvent de se croire heureux pour l'être réellement (70)

Il a *heurté* à la porte du paradis (Loc.Pro.)
Se disait à propos d'une personne qui a échappé à un grand danger (71)

Loger dans un nid de *hibou*
Habiter une vieille masure (72)

C'est un homme *d'hier*
Se disait d'un homme trop jeune, qui manque d'expérience (73)
On employait parfois cette expression pour parler également d'un parvenu.

***Hippocrate* dit oui, mais Galien dit non** (Pro.)
Se disait d'une question controversée, sur laquelle l'accord ne s'est pas encore fait (74)
Rappelons qu'Hippocrate, qui est mort vers 371 avant Jésus-Christ, fut le médecin grec le plus connu de l'Antiquité. Galien, médecin grec lui aussi, a vécu une grande partie de sa vie en Italie où il est mort vers 201 après Jésus-Christ. Il s'est rendu célèbre notamment pour ses découvertes en anatomie.

Il n'a pas besoin d'un fort *hiver* (Loc.Pro.)
Se disait d'un homme à la santé très fragile (75)
L'expression était également employée pour parler d'une personne dont le mauvais état des affaires risquait de la conduire à la ruine au moindre incident.

Il a un beau manteau pour son *hiver* (Loc.Pro.)
Se disait ironiquement d'un homme qui est victime d'une longue maladie à la fin de l'automne (76)

Mi mai, queue *d'hiver* (Pro.)
Le froid peut encore se faire sentir jusqu'au mois de mai (77)

***Hocher* la bride à quelqu'un**
Le secouer un peu pour l'inciter à faire quelque chose (78)

Un couteau qui a des *hoches*
Se disait du couteau dont la lame est ébréchée (79)
Le mot s'employait surtout pour parler des encoches pratiquées sur une taille par les commerçants qui vendaient le pain ou le vin à crédit.

***Holà* ! Ligondé !** (Loc.Pro.)
Se disait autrefois lorsqu'une personne vantarde dépassait les limites de la vraisemblance (80)
La formule vient du colonel de Ligondé qui exagérait grandement les mérites de son régiment.

Je n'ai que faire d'aller en *Hollande*, ma fortune est faite (Loc.Pro.)
Se disait en réponse à des promesses dont on sait qu'elles ne seront pas tenues (81)

C'est un *homme* à noyer
Se disait d'un homme déplaisant, antipathique (82)

Jamais cheval ni méchant *homme* n'amenda pour aller à Rome (Pro.)
Les voyages ne nous corrigent pas de nos défauts ou de nos vices (83)

C'est un *homme* de lettre (Arg.)
Se disait en argot d'un faussaire (84)
Voir également G77.

Il doit à Dieu et aux *hommes*
Se disait en parlant d'un homme qui est couvert de dettes (85)

Un peu de *honte* est bientôt bue (Loc.Pro.)
On surmonte facilement un peu de honte si on y trouve quelque avantage (86)

Passer par *l'hôpital* ***(Arg.)***
En argot, faire un séjour en prison (87)

C'est *l'horloge* du palais, elle va comme il lui plaît (Pro.)
Se disait d'une horloge mal réglée (88)

Il n'est jamais tard à son *horloge* (Loc.Pro.)
Se disait à propos d'un paresseux (89)

Aller chez *l'horloger* (Arg.)
En argot, se rendre au mont-de-piété pour y gager un objet (90)

C'est un faiseur *d'horoscopes*
Se disait d'un charlatan (91)

Il n'est bon qu'à porter la *hotte* (Pop.)
Se disait d'un incapable (92)

***Houpper* de la laine**
La peigner (93)

Être crotté et *hourdé*
Avoir ses vêtements couverts de boue (94)
Rappelons que hourder signifie maçonner grossièrement avec du plâtre.

Laisser ses *houseaux* quelque part (Loc.Pro.)
Y mourir (95)
Les houseaux étaient des guêtres à longue tige, confectionnées avec de la toile forte ou du cuir. On les portait surtout pour se garantir de la pluie et de la boue.

Être bouffi du vent de la *huche* (Loc.Pro.)
Avoir un gros visage (96)
On parlait autrefois du vent de la huche pour évoquer l'air qui était brassé par l'ouverture ou la fermeture précipitée de la huche à pain ou du pétrin. On pensait que cet air chargé de l'odeur du pain frais pouvait faire un peu grossir ceux qui sont maigres. On allait même jusqu'à dire que le vent de la huche était capable de guérir ceux qui ont le visage couvert de dartres.

Être reçu comme le roi *Huguet* (Loc.Pro.)
Être accueilli avec terreur et surprise (97)
Le huguet, ou hugon, était une sorte de fantôme qui, dit-on, se montrait dans la ville de Tours et effrayait les enfants.

Boire un peu *d'huile* (Arg.)
En argot, recevoir un peu d'argent (98)
Le terme s'appliquait également à du vin et même à de la bière que l'on qualifiait d'huile blonde.

Le vent n'est pas toujours à *l'huis* d'un pauvre homme (Loc.Pro.)
La malchance ne peut pas durer toujours (99)

C'est *l'huis* à belle femme (Loc.Pro.)
Se disait d'une maison où tout le monde est bien reçu (100)

Chanter comme une *huître*
(Loc.Pro.)
Dans le langage populaire, chanter très mal (101)
On disait aussi « raisonner comme une huître » ou « jouer comme une huître ».

Reposer son *humanité*
Se disait en plaisantant lorsque l'on se mettait à l'aise (102)

S'humecter le pectoral (Arg.)
En argot, boire avec excès (103)
On parlait également de s'humecter les entrailles ou de s'humecter le lampas. Le lampas désignait le gosier, par allusion à la tumeur du même nom qui affecte fréquemment le palais des jeunes chevaux.

Rabattre la *huppe* de quelqu'un
Rabaisser son orgueil, porter atteinte à son amour-propre (104)

C'est un *hussard* à quatre roues
Se disait par plaisanterie d'un soldat affecté au train des équipages, une arme jugée moins noble que la cavalerie où servaient les hussards (105)

Une *hydropisie* de neuf mois
(Pop.)
Dans le langage populaire, une grossesse (106)

Il a tendance à être *hyperbolique*
Se disait parfois d'une personne qui exagère tout ce quelle dit (107)

Il est bien *hypothéqué* (Loc.Pro.)
Se disait d'une personne dont la santé est très délabrée (108)
Dans le langage populaire, on parlait de mauvaise hypothèque pour une maladie que l'on tient secrète.

C'est un noble de nouvelle *impression* (Loc.Pro.)
Se disait d'un homme récemment anobli (1)

C'est un diable *incarné*
Se disait d'une personne très méchante (2)

Vivre *d'industrie*
Vivre de combines, avoir des activités plus ou moins blâmables (3)

Une tourte *d'innocence*
Dans le langage des cuisines, se disait d'une tourte préparée avec des pigeons nouveau-nés (4)

S'inonder
Satisfaire une soif impérieuse (5)

Faire un pape par voie *d'inspiration*
Se disait lorsque les cardinaux, mus par un sentiment unanime, nommaient le pape à haute voix, sans recourir à un vote (6)

Mettre une place hors *d'insulte*
En termes militaires, fortifier une place pour la mettre à l'abri des attaques ennemies (7)

Mettre quelqu'un hors *d'intérêt*
Le dédommager, faire en sorte qu'il ne subisse aucun préjudice dans une affaire où il est engagé (8)

Chacun est aveugle dans ses *intérêts* (Loc.Pro.)
L'égoïsme nuit souvent à nos véritables intérêts (9)

Une bigamie *interprétative*
Se disait, en droit canon, de la situation d'un homme qui, bien qu'ayant été marié deux fois, n'est pas considéré comme bigame en raison des causes de nullité qui entachent l'un des deux actes (10)

Prendre des ris à *l'irlandaise*
Dans la langage des marins, déchirer la voile à coups de couteau lorsqu'une tempête trop violente ne laisse pas le temps à l'équipage de faire des manœuvres (11)

Percer *l'isthme* (Loc.Pro.)
Tenter une chose impossible à réaliser (12)

L'expression vient de ce que plusieurs empereurs romains avaient entrepris, sans y réussir, de frayer un passage maritime à travers l'isthme de Corinthe.

On sait aujourd'hui que ce qui était réputé impossible a finalement été réalisé de 1883 à 1893.

Un canal de 6,5 km relie dorénavant la mer Ionienne à la mer Égée. Mais ce canal de Corinthe ne permet pas le passage des bâtiments de fort tonnage, ses largeur et profondeur minimales étant limitées respectivement à 22m et 8m.

Avoir des jambes *italiques* (Arg.)
Se disait d'une personne qui est bancale (13)

Cette expression argotique fait allusion aux caractères italiques qui sont penchés.

Être *ivre* comme une soupe
(Pop.)

Être saturé de vin comme le pain d'une soupe qui est imbibé de bouillon (14)

J

Une berline *jalouse*
Se disait d'une voiture qui penche d'un côté (1)
Les sentiments font bon ménage avec le verbe « pencher ». On dit que l'on a un penchant pour une personne lorsque l'on éprouve pour elle une certaine sympathie. Un navire sujet au roulis était également qualifié de vaisseau jaloux.

Des lunettes de *jalousie*
Se disait de lunettes qui permettent de voir sur le côté alors que l'on regarde devant soi (2)

De l'eau de *jalousie*
Chez les anciens Hébreux, eau que l'on faisait boire à une femme soupçonnée d'infidélité envers son mari. On pensait que cette eau devait provoquer la mort de l'épouse fautive (3)

Être *jaloux* de son ombre
(Loc.Pro.)
Se disait d'une jalousie excessive (4)

Sans les *jaloux*, on vivrait
(Loc.Pro.)
Les jaloux sont des gens que l'on supporte difficilement (5)

En être *jaloux* comme un gueux de sa besace (Loc.Pro.)
Se disait de ceux qui gardent avec beaucoup de soin une chose sans valeur (6)

Ce sera trois jours après *jamais*
Se disait à propos d'une chose qui n'arrivera pas (7)

S'en aller sur une *jambe*
Lorsque l'on est au café avec des amis, ne boire qu'une fois et s'en aller sans payer sa tournée (8)

Jouer quelqu'un sous *jambe*
Le surpasser, le vaincre sans peine (9)
Cette expression vient du jeu de paume où un joueur beaucoup plus fort que son adversaire s'amusait parfois à jouer par-dessous sa jambe pour montrer son habileté.

Le lit est l'écharpe de la *jambe*
Lorsque l'on souffre de la jambe, il est nécessaire de garder le lit (10)

La *jambe* en l'air (Arg.)
Se disait en argot d'une potence (11)

Une *jambe* d'encoignure
Se disait en architecture d'un pilier qui est placé à l'angle d'un mur (12)

Être haut *jambé*
Se disait d'une personne aux longues jambes (13)
On disait de même de quelqu'un qu'il est bien jambé lorsqu'il a la jambe bien faite.

Jouer de l'épée à deux *jambes*
Se disait en parlant d'un homme peu courageux qui refusait le combat et préférait s'enfuir (14)

C'est un cheval qui a des *jambes* de cerf
Se disait, en équitation, d'un cheval qui a des jambes courtes et maigres (15)

Des ciseaux à *jambes* de princesse
Se disait des ciseaux dont les branches ont la forme d'une jambe féminine (16)

Donner la *jambette* à quelqu'un
Lui faire un croc-en-jambe (17)

Racler le *jambon* (Arg.)
Jouer de la guitare ou de la mandoline (18)
En argot, un jambon était également un violon.

Au fromage et au *jambon* l'homme connaît son compagnon (Pro.)
C'est à table que l'on peut facilement faire connaissance (19)

Il a le *jambonneau* sans chapelure (Arg.)
Se disait en argot d'un homme qui est chauve (20)

C'est un soleil de *janvier* (Loc.Pro.)
Se disait d'une personne qui n'a pas de caractère, qui n'a aucune influence sur les autres (21)

***Janvier* ou février comblent ou vident le grenier** (Loc.Pro.)
Les pluies de janvier ou de février sont favorables aux récoltes (22)

Il est armé comme un *jaquemart*
Se disait par dérision d'un homme que ses armes embarrassent (23)
D'après Furetière, l'expression ferait allusion à Jaquesmarc de Bourbon, troisième fils de Jacques de Bourbon, connétable de France, qui était toujours armé de pied en cap. Rappelons par ailleurs qu'un jaquemart (ou jacquemart) est un homme de bois ou de métal qui sonne les heures sur la cloche d'une horloge.

Trousser la *jaquette* d'un enfant (Pop.)
Lui donner une fessée (24)

Secouer la *jaquette* à quelqu'un
(Loc.Pro.)
Le malmener, le battre (25)

C'est encore un enfant à la *jaquette*
Se disait d'un enfant trop jeune pour porter des culottes (26)
La jaquette était une sorte de robe dont on habillait le petit garçon qui, ensuite, était souvent qualifié de « première culotte ».

***Jardiner* quelqu'un** (Arg.)
En argot, le faire parler (27)
De nos jours, on ne le jardine plus, on le cuisine…

Ne fais un four de ton bonnet ni de ton ventre un *jardinet* (Pro.)
Il n'est pas bon de se couvrir la tête trop chaudement et de manger trop de salade (28)
Les proverbes, qui se retiennent facilement, étaient souvent forgés pour donner de bons conseils dans les domaines de l'hygiène et de la santé.

Il fait comme le chien du *jardinier*, qui ne mange pas de choux et qui ne veut pas que les autres y touchent
(Pro.)
Se disait de ceux qui ne se servent pas d'une chose et qui refusent catégoriquement que les autres puissent l'utiliser (29)

Tendre le *jarret*
Se donner de l'importance (30)

Raidir le *jarret* (Pop.)
Mourir (31)

Il ne lui va pas à la *jarretière*
(Pop.)
En comparant deux personnes, se disait de celle qui a beaucoup moins de mérites que l'autre (32)
Manière de dire que, pour ce qui est des mérites, l'une n'arrive pas à la cheville de l'autre !

Donner des *jarretières* à quelqu'un (Loc.Pro.)
Lui donner des coups de sangle sur les jambes (33)

Je lui taillerai bien des *jarretières* (Loc.Pro.)
Je lui donnerai beaucoup de travail, je le ferai courir (34)

Il entend le *jars*, il a mené les oies (Loc.Pro.)
Se disait d'un homme que l'on ne trompe pas facilement, d'un homme a qui l'on ne peut pas faire croire n'importe quoi (35)

***Jaser* comme une flûte à neuf trous**
Babiller, parler beaucoup (36)

Fumer à vive *jauge*
Dans le langage des jardiniers, mettre beaucoup d'engrais (37)

Le *jaune* est le fard des brunes
(Loc.Pro.)
Il est sûr que le jaune convient mieux aux brunes qu'aux blondes… (38)

Faire des contes *jaunes* (Loc.Pro.)
Dire des choses incroyables (39)
On parlait également de contes bleus. Voir B234.

C'est un *Jean*
Se disait d'un homme lâche ou d'un mari trompé par sa femme (40)
S'employait également pour parler d'un sot.

C'est comme le bréviaire de messire *Jean*
Se disait d'une chose évidente, qui n'a pas besoin d'explication (41)

Il fait comme saint *Jean*, qui donnait le baptême sans l'avoir reçu (Pro.)
Se disait de celui qui se mêle d'enseigner ce qu'il n'a pas appris (42)

C'est *Jean* Ridoux, marguillier de Saint-Cloud (Pop.)
Se disait d'un niais, d'un homme un peu sot (43)

Faire le *Jean* logne (Pop.)
Se disait de celui qui joue les innocents (44)
L'expression est une corruption de « Jean qui lorgne ».

Faire comme *Jean* des vignes (Pop.)
Se disait de la personne qui ne se méfie pas, qui tombe dans un piège sans réfléchir (45)
Allusion au roi de France Jean le bon qui fut battu en 1356 par le prince Noir dans les vignes des environs de Poitiers, à Maupertuis.

C'est un mariage de *Jean* des vignes (Loc.Pro.)
Se disait d'un concubinage (46)

C'est un *Jean* fait tout (Loc.Pro.)
Se disait d'un homme qui se mêle de tout faire sans avoir jamais rien appris (47)

C'est un *Jean* de Lagny, il n'a pas hâte (Pro.)
Se disait d'un homme qui met beaucoup de temps à se décider, qui ne sait jamais quel parti prendre (48)
Le duc de Bourgogne Jean sans peur, alors qu'il marchait sur Paris à la tête de ses gens, reçut du roi de France l'ordre de s'arrêter immédiatement. Malgré cet ordre, il continua sa progression jusqu'à Lagny où il demeura deux mois. Après avoir écrit plusieurs fois au roi, inutilement, il fut obligé de se retirer en Flandres. Les Parisiens l'appelèrent « Jean de Lagny, qui n'a hâte».

Je m'en moque comme du *Jean* de Vert (Loc.Pro.)
Se disait d'une chose passée qui n'est plus à craindre (49)
Allusion à Jean de Werth, célèbre général des Impériaux pendant la guerre de trente ans.

***Jean* tout à droit**
Se disait de celui qui se croit tout permis (50)

C'est un *Jean-Jean* (Loc.Pro.)
Se disait d'un imbécile (51)
En argot, un Jean-Jean était un conscrit.

Un *Jean* du houx (Pop.)
Dans le langage populaire, désignait un bâton (52)

Un *Jean* l'enfumé (Arg.)
En argot, se disait d'un jambon (53)

C'est un *Jésuite* de robe courte
Se disait d'un laïque qui était affilié à la Société de Jésus (54)
La Compagnie de Jésus, ou encore Société de Jésus, est un ordre religieux

qui a été fondée à Paris en 1534 par l'Espagnol Ignace de Loyola.
Par la suite, l'expression « Jésuite de robe courte », dans le langage populaire, est peu à peu devenue une sorte d'outrage synonyme de personne hypocrite, intrigante, rusée et déloyale.

Faire ses calculs au *jet* et à la plume
Se disait pour des calculs que l'on faisait avec des jetons (55)

Acheter le *jet*
Dans le langage des mareyeurs, acheter tout le poisson pris en un coup de filet (56)

Ne jamais sortir sans son *jet*
Un jet était une canne de belle qualité, au fût bien droit (57)

Il est *jeté* (Arg.)
En argot, il est complètement saoul (58)
Le sens de cette expression a dérivé. De nos jours, la formule s'emploie pour parler d'un fou.

C'est un cerf qui a *jeté* sa tête
Se disait d'un cerf qui a perdu ses bois (59)

***Jeter* son coussinet sur quelque chose**
Faire en sorte de l'obtenir adroitement (60)

***Jeter* de la grille** (Arg.)
En argot, porter plainte contre quelqu'un, c'est-à-dire faire en sorte qu'il risque de franchir les grilles d'une prison (61)

Moisir au *jettard* (Arg.)
En argot, être enfermé dans un cachot (62)

Cela ne se *jette* pas en moule
Se disait de ce qui ne se fait pas aussi rapidement et facilement que l'on pourrait croire (63)

À beau *jeu*, beau retour (Pro.)
Se disait pour faire comprendre que l'on saura bien rendre la pareille (64)

Faire voir beau *jeu* à quelqu'un (Loc.Pro.)
Le malmener, lui nuire sur un mouvement de colère ou par vengeance (65)

À tout venant, beau *jeu* (Loc.Pro.)
Se disait pour faire comprendre que l'on est en état de tenir tête à tous ceux qui se présenteront (66)

Être à deux de *jeu* (Loc.Pro.)
Se disait de deux personnes qui ne sont pas mieux traitées l'une que l'autre (67)

Le *jeu* de dominos (Arg.)
En argot, se disait pour parler de l'ensemble de toutes les dents (68)
Pour manger, on « jouait des dominos »...

Quand on ne peut plus mettre au *jeu*, il faut quitter la partie
Se disait à propos des vieillards qui doivent renoncer aux jeux de l'amour (69)

Le *jeudi* absolu
Se disait du jeudi de la semaine sainte (70)
Dans le même sens, on parlait également du « jeudi de l'absoute ».

Avoir son petit *jeune* homme
(Pop.)
Se disait lorsque l'on est un peu saoul (71)

***Jeune* procureur et vieil avocat**
(Pro.)
Un bon procureur doit être très actif et un bon avocat doit posséder une grande expérience (72)

Le reste en sera bien *jeune*
(Loc.Pro.)
Il en restera peu (73)

Double *jeûne*, double morceau
(Pro.)
Plus une chose est défendue, plus on éprouve de plaisir à la faire (74)

***Jeûner* à fer émoulu** (Loc.Pro.)
Mener un jeûne d'une extrême rigueur (75)
Cette expression figurée fait allusion à une arme blanche récemment aiguisée. Autrefois, dans certains tournois, on combattait « à fer émoulu ».

Il a fait bien des *jeûnes* qui n'étaient pas de commandement
(Loc.Pro.)
Il a dû jeûner bien des fois parce qu'il n'avait pas de quoi se payer à manger (76)

Escompter sa *jeunesse*
Mener une vie dissolue qui vous fait vieillir avant l'âge (77)

Faire voir d'autres *jeux*
(Loc.Pro.)
Se disait lorsque l'on provoque un changement total de situation (78)

C'est la femme de *Job* (Loc.Pro.)
Se disait d'une femme acariâtre et querelleuse (79)

Se monter le *job* (Arg.)
En argot, se tromper soi-même (80)

C'est un vive la *joie*
Se disait d'un homme qui aime à s'amuser (81)

Être dans la *joie* de son cœur
Se disait lorsque l'on est transporté de joie (82)

***Joignons* nos bribes**
Dînons ensemble, chacun apportant son repas (83)

N'avoir pas de *jointures*
Exécuter des mouvements avec une grande raideur, comme si les membres n'étaient pas articulés (84)

Aller droit comme un *jonc*
Marcher en gardant le dos bien droit (85)
Allusion à la canne que l'on appelait un jonc.

Être sur les *joncs* (Arg.)
En argot, être en prison (86)
Dans certaines prisons, on dormait sur des nattes de jonc.

Faire son *Joseph* (Arg.)
Prendre un air faussement pudique (87)
On pouvait également reprocher à une femme de « faire sa Joséphine ».

Cela fut *joué* à Loches
Se disait d'une pièce de théâtre qui n'a pas laissé de traces dans les mémoires (88)

Envoyer *jouer* quelqu'un
Ne pas l'écouter (89)

***Jouer* de la griffe** (Pop.)
Voler, commettre un larcin (90)
Dans le même sens, on disait aussi que l'on « jouait des mains ».

***Jouer* de l'épée à deux mains** (Pop.)
Ramer aux galères (91)

***Jouer* de la poche** (Pop.)
Payer en tirant de l'argent de sa poche (92)

***Jouer* du pouce** (Pop.)
Compter de l'argent pour payer (93)

***Jouer* de l'orgue** (Arg.)
En argot, ronfler en dormant (94)

***Jouer* du fifre** (Arg.)
En argot, jeûner (95)

***Jouer* du violon** (Arg.)
En argot, scier les barreaux d'une grille (96)
Allusion à la prison qui se trouve à l'intérieur d'un poste de police.

***Jouer* de son reste** (Pop.)
Se disait d'une femme mûre qui fait la coquette (97)

***Jouer* le grand trottoir**
Dans le langage des théâtres, jouer les pièces du grand répertoire (98)

Avoir les *joues* cousues
Se disait d'un visage maigre, aux joues creuses (99)

S'en donner par les *joues* (Pop.)
Dilapider sa fortune en frais de table (100)

La balle cherche le *joueur*
(Loc.Pro.)
Se disait quand l'occasion de faire une chose se présente à celui qui est justement le plus capable de la réaliser (101)

Faire *joug*
Se soumettre (102)
Très ancienne, cette expression s'est éteinte dans la deuxième moitié du XIXe siècle.

***Jouir* de son reste**
Goûter des plaisirs dont on sera bientôt privé (103)

Brûler le *jour*
Allumer les chandelles avant que la nuit ne soit tombée (104)

Ce qui se fait de nuit paraît au grand *jour* (Loc.Pro.)
Les secrets finissent toujours par être connus (105)

C'est le saint du *jour*
Se disait d'un homme qui a les faveurs du moment, qui est à la mode depuis peu (106)

Perdre le *jour*
Perdre la vie (107)

C'est un chien *journalier*
Se disait d'un chien qui chasse bien un jour et mal un autre jour (108)

C'est une *journée* bourgeoise
Se disait d'une journée de travail ordinaire (109)

Mettre quelqu'un à tous les *jours*
Avoir trop souvent recours à lui (110)

Tenir ses grands *jours*
Recevoir beaucoup de monde chez soi (111)

Après trois *jours*, sa femme, son hôte et la pluie sont trois choses dont on s'ennuie (Pro.)
Ce vieux proverbe illustre bien la part de misogynie dont les siècles passés n'étaient pas exempts (112)

Il y a beaux *jours* que (Pop.)
Il y a bien longtemps que (113)
Cette vieille expression a été détrônée par une autre, très ancienne également, qui s'est imposée petit à petit et que l'on utilise encore de nos jours : « Il y a belle lurette que ». Cette formule est d'ailleurs une très belle illustration des déformations provoquées par l'usage puisque l'on disait auparavant : « Il y a belle heurette que ».

Voilà un beau *joyau*
Se disait ironiquement d'une chose dont on ne fait pas grand cas (114)

Venir à *jubé*
Se disait lorsque l'on doit se soumettre sous la contrainte (115)

Les poils de *Judas* (Pop.)
Se disait des cheveux roux (116)

La petite *Judée* (Arg.)
Se disait en argot de la préfecture de police de Paris qui avait une entrée sur la rue de Jérusalem (117)

De fou *juge*, briève sentence
(Pro.)
La justice expéditive est toujours suspecte (118)
L'adjectif brief, briève a déserté nos dictionnaires. On ne dit plus maintenant que bref, brève. Il nous reste encore les déclinaisons brièveté et brièvement.

C'est un *juge* botté
Se disait d'un juge que l'on estimait ignorant et incompétent (119)
S'appliquait notamment à un juge sans diplôme.

Un *jugement* de paysans (Pop.)
Se disait de toute sentence à torts partagés (120)

***Juger* sur l'étiquette du sac**
(Loc.Pro.)
Juger sur les apparences, prendre une décision hâtive, sans avoir examiné les pièces du dossier ou sans avoir pesé le pour et le contre (121)

***Juger* des coups**
Porter un jugement sur des événements dont on n'a été que le spectateur (122)

À *juillet*, faucille au poignet
(Pro.)
Au mois de juillet, il faut songer à la moisson (123)

À la *julienne*
Maladroitement (124)
« Recoudre sa robe à la julienne ».

Les *jumelles* (Arg.)
Désignait les fesses en argot (125)

Avoir reçu un coup de pied de *jument* (Pop.)
Être atteint d'une maladie vénérienne (126)

Jamais coup de pied de *jument* ne fit de mal à un cheval (Loc.Pro.)
Un homme galant ne s'offense pas de recevoir un coup ou une injure d'une femme (127)

Mettre en *jurée*
Vendre quelque chose aux enchères (128)

S'il ne tient qu'à *jurer*, la vache est à nous (Pro.)
Se disait lorsque l'on est contraint de s'en remettre au témoignage d'une personne qui n'est pas digne de foi (129)

***Jurer* à toutes mains** (Loc.Pro.)
Ne pas craindre de faire des faux serments (130)

Il ne parierait pas, mais il en *jurerait* (Loc.Pro.)
Se disait de celui qui a peur de perdre de l'argent, mais qui ne craint pas de faire un faux serment (131)

Boire le *jus* du bois tordu (Pop.)
Boire du vin (132)
Allusion à la forme tourmentée d'un cep de vigne.

C'est *jus* vert et vert jus (Loc.Pro.)
C'est la même chose (133)

L'extrême *justice* est une extrême injure (Pro.)
La justice doit être mesurée dans ses sentences, car elle devient vite insupportable si elle use pleinement de tous ses droits (134)

L

Une terre en *labeur*
Se disait d'une terre cultivée, par opposition à une terre en friche (1)

En peu d'heures Dieu *labeure* (Pro.)
Dieu agit rapidement (2)
Le vieux verbe labeurer a terminé sa carrière dans le style poétique.

***Labourer* à blé**
Donner un quatrième labour à une terre (3)

***Labourer* le papier**
Se disait à propos de quelqu'un qui écrit avec beaucoup de peine (4)

***Labourer* sa vie** (Loc.Pro.)
Connaître une existence difficile (5)

Porter des *lacets* (Arg.)
Se disait en argot d'une paire de menottes (6)

Un ouvrier *lâche* au travail
Se disait d'un ouvrier peu courageux, qui travaille avec mollesse (7)

***Lâcher* la perche** (Arg.)
En argot, mourir (8)

***Lâcher* la mesure**
Se disait en escrime lorsque l'on recule devant son adversaire (9)

***Lâcher* la main** (Pop.)
Diminuer le prix que l'on demandait pour une chose (10)

***Lâcher* d'un cran**
Se disait lorsque l'on s'est enfin décidé à quitter quelqu'un (11)

Pendant que *Lachésis* a encore de quoi filer (Loc.Pro.)
Pendant que nous sommes encore en vie (12)
Allusion à la mythologie grecque et

aux trois Parques qui déroulaient le fil de la vie humaine. Lachésis était celle qui tenait la quenouille, Clotho celle qui filait et Atropos celle qui détenait les ciseaux permettant de couper le fil.

Un *ladre* vert

Se disait d'un homme connu pour son avarice sordide (13)
En médecine ancienne, un ladre vert était un homme chez qui la lèpre avait fait des ravages visibles, contrairement au ladre blanc qui ne développait qu'une maladie interne.

C'est un *laid* magot (Pop.)

Se disait d'un homme très laid (14)
Allusion au singe macaque. Pour une femme, on parlait d'une « laide guenon ».

Se faire tirer la *laine*

Se faire voler son manteau (15)
L'expression s'est ensuite généralisée à toutes les sortes de vols à la tire.

Avoir de la *laine* (Arg.)

En argot, avoir de l'ouvrage devant soi (16)

De la *laine* de salamandre

L'un des noms familiers de l'amiante (17)

Avoir sucé une opinion avec le *lait*

Avoir été élevé par des personnes qui la professaient (18)
Se disait en général de toutes les habitudes, de tous les principes qui ont été pris pendant la petite enfance. De nos jours, on est « tombé dedans quand on était petit », une formule qui a été relancée avec la potion magique d'Astérix et d'Obélix...

Il sait connaître mouches en *lait* (Loc.Pro.)

Ce n'est pas un niais ni un ignorant, il connaît bien son monde (19)

Troubler le *lait* d'une nourrice (Loc.Pro.)

L'engrosser (20)

Être de la confrérie du pot au *lait* (Loc.Pro.)

Avoir plusieurs enfants en bas âge (21)

C'est une poule *laitée* (Pop.)

Se disait d'un homme sans vigueur (22)

S'en aller en *lambeaux* comme les armes d'Orléans (Loc.Pro.)

Se disait des habits déchirés (23)
Allusion au lambel garni de trois pendants d'argent figurant sur les armes de la famille d'Orléans.

C'est une *lampe* de couvent (Loc.Pro.)

Se disait d'une religieuse qui n'a pas respecté ses vœux de chasteté (24)

Cela sent la *lampe* (Loc.Pro.)

Se disait d'un écrit compliqué et lourd qui laisse entrevoir les veilles laborieuses de l'auteur (25)

Baisser la *lance* (Loc.Pro.)

S'avouer vaincu, se soumettre (26)
Allusion aux tournois et aux règles de la chevalerie.

Prendre sa *lance* (Arg.)

En argot, prendre son balai (27)

Coup de *langue* est souvent pire que coup de lance (Pro.)
La médisance peut provoquer plus de ravages qu'une blessure par arme blanche (28)

Elle n'aura pas assez de *langue* pour la moitié de sa vie (Loc.Pro.)
Se disait en parlant d'une grande bavarde (29)

Avoir soif à avaler sa *langue* (Loc.Pro.)
Avoir une grande soif (30)

C'est ennuyeux à en avaler sa *langue* (Loc.Pro.)
Se disait d'une chose très ennuyeuse qui déclenche des bâillements spectaculaires (31)
En pareil cas, on dirait aujourd'hui que l'on baille « à s'en décrocher la mâchoire ».

Donner du plat de la *langue* à quelqu'un (Loc.Pro.)
Lui faire des belles promesses que l'on n'a pas l'intention de tenir (32)

Faire merveilles du plat de la *langue* (Loc.Pro.)
Chercher à capter l'attention en faisant des récits extraordinaires (33)
S'employait également pour dire qu'une chose est plus facile à dire qu'à faire.

C'est une *langue* dorée
Se disait d'une personne éloquente (34)

Faire la *langue* à quelqu'un (Loc.Pro.)
Lui apprendre ce qu'il aura à dire (35)

C'est une *langue* de la Pentecôte (Loc.Pro.)
Ses bavardages n'épargnent personne (36)
Allusion au Saint-Esprit qui descendit en langues de feu sur les disciples de Jésus-Christ le jour de la Pentecôte.

Avec une *langue* on va à Rome (Loc.Pro.)
Celui qui a la parole facile peut aller partout (37)

La *langue* va où la dent fait mal (Loc.Pro.)
On parle souvent de ses ennuis de santé (38)

Les dents sont bonnes contre la *langue* (Loc.Pro.)
Il vaut mieux se taire plutôt que de dire des choses que l'on regrettera ensuite (39)
« Se mordre la langue pour s'empêcher de parler ».

Il vaut mieux glisser du pied que de la *langue* (Loc.Pro.)
Une parole malveillante peut vous valoir plus d'ennuis qu'une blessure accidentelle (40)

Le droit de pied et de *langue*
Sous l'ancien régime, droit que le seigneur avait sur les pieds et la langue de toute bête tuée sur son domaine, à l'exception des veaux (41)

On ne s'entend pas ici, c'est la confusion des *langues* (Loc.Pro.)
Se disait d'une assemblée où tout le monde parle en même temps (42)

Pour connaître le secret d'un maître, il faut *langueyer* le valet (Loc.Pro.)
Il faut parler avec le valet qui en sait toujours beaucoup sur son maître (43)
Allusion au langueyage, un examen de langue que les vétérinaires pratiquent sur les porcs et les bovins pour y rechercher des larves de ténia.

Des *lanternes* de cabriolet (Arg.)
En argot, des yeux gros et saillants (44)

***Lantiponner* le beurre** (Pop.)
Tourner autour du sujet en évitant de conclure (45)
Lantiponner correspondait à peu près à l'expression moderne « noyer le poisson ».

Être brave comme un *lapin* (Pop.)
Se disait d'une personne habillée de neuf (46)
La braverie qualifiait autrefois la beauté et la qualité d'un habillement. Dire à une personne qu'elle est « bien brave pour aller à la messe ce matin » revenait donc à la féliciter d'avoir revêtu des habits neufs pour la circonstance. On disait également que l'on « est propre comme un lapin ».

Monter en *lapin*
Se disait à Paris de ceux qui prennent place à côté du cocher lorsqu'ils utilisent une petite voiture (47)

Voler au *lapin*
Se disait à Paris des conducteurs d'omnibus qui gardaient pour eux le prix des places accordées aux passagers en surnombre (48)

Mentir comme un *laquais* (Loc.Pro.)
Mentir souvent et avec impudence (49)

Une malice de *laquais* (Loc.Pro.)
Se disait d'une plaisanterie basse (50)

Faire trembler le *lard* au charnier (Pop.)
Avoir une très grande faim (51)

Il y a du *lard* (Loc.Pro.)
Il y a quelque chose là-dessous, quelque chose que l'on ne nous dit pas (52)
Dans le même sens, on dit maintenant qu'il y a « anguille sous roche ».

Crier au *lard* sur quelqu'un (Loc.Pro.)
Le désigner à la vindicte publique (53)

Manger le *lard* (Loc.Pro.)
Faire un manquement à la règle (54)
Se disait surtout d'une personne sur laquelle on voulait rejeter une faute qu'en réalité elle n'a pas commise. C'est une allusion au conte qui met en scène un chat qu'une personne accuse d'avoir mangé le morceau de lard qu'elle a elle-même dérobé.

Jeter son *lard* aux chiens (Loc.Pro.)
Faire des dépenses excessives (55)
Dans un sens opposé, on disait d'un avare qu'il ne « donne pas son lard aux chiens ».

***Larder* une carte**
Dans le langage des joueurs, la glisser frauduleusement dans le jeu (56)

Être le *lardon* du quartier
Avoir la réputation d'être une mauvaise langue (57)

***Large* de bouche et étroit de ceinture** (Loc.Pro.)
Se disait de celui qui promet beaucoup et qui ne donne jamais rien (58)

Accommodez-vous, le pays est *large* (Loc.Pro.)
Se disait ironiquement à une personne sans gêne qui se passe de votre permission pour s'installer confortablement dans votre salon (59)

Chanter *larigot*
Chanter d'une voix forte (60)
Le larigot était autrefois une sorte de petite flûte semblable à un flageolet. Il imitait un peu le plus aigu des jeux d'orgue dont la puissance est évoquée de nos jours par l'expression « à tire-larigot ».

C'est un *larron* d'honneur (Pop.)
Se disait d'un homme qui joue les séducteurs (61)

Il ferait peur aux *larrons* (Loc.Pro.)
Se disait en plaisantant d'un habit très usé (62)

Il est *las* d'aller
Se disait d'un homme mou et paresseux (63)
On employait également la formule pour un lâche.

C'est du *latin* de bréviaire
Se disait d'un mauvais latin (64)

Entendre son *latin*
Savoir s'y prendre, ne pas être gauche (65)

Être fou en *latin* et en français
(Loc.Pro.)
Se disait d'une personne complètement folle (66)

Être au bout de son *latin*
Ne plus savoir que dire et que faire (67)

À bon vin, bon *latin* (Pro.)
La qualité du service que l'on obtient dépend du prix que l'on a payé (68)

Être sur le gril, comme saint *Laurent* (Loc.Pro.)
Se retrouver dans une position très embarrassante (69)
Natif de Rome, saint Laurent fut brûlé vif sur un gril en l'an 258, pendant le règne de l'empereur Valérien.

Une main *lave* l'autre (Loc.Pro.)
En affaires, des parents ou des associés se défendent mutuellement (70)

Il a été *lavé* (Arg.)
En argot, on lui a vendu une partie de ses biens pour rembourser ses créanciers (71)
De nos jours, on dirait qu'il a été « lessivé », ce qui est plus fort…

Lui *laver* sa cornette
En parlant d'une femme, lui faire des reproches sévères (72)
La cornette était une sorte de coiffe de nuit que les femmes portaient avec le déshabillé du matin. Cette coiffure est devenue ensuite un objet de coquetterie agrémenté de très belles dentelles. On dirait maintenant qu'on lui « lave la tête » ou qu'on lui « passe un savon ».

Lécher la poussière
Dans certaines circonstances, se montrer très humble et très plat (73)

Lécher un ours
Tenter de donner de l'éducation à une personne grossière (74)
En cas d'échec, on disait et on dit encore que la personne en question est un « ours mal léché ».

Il n'est pas gras de _lécher_ les murs (Loc.Pro.)
Ce n'est évidemment pas en léchant les murs mais en mangeant très bien que cet homme présente des formes aussi bien remplies (75)

Il n'aura qu'à s'en _lécher_ les barbes (Loc.Pro.)
Se disait pour faire comprendre qu'un homme n'obtiendra pas ce qu'il voudrait avoir (76)

Aller quelque part de son pied _léger_
Y aller à pied (77)

Il est _léger_ de deux grains (Pop.)
Se disait d'un eunuque… (78)
Le grain est une ancienne unité de masse qui valait environ 0,05 g. On l'utilise encore de nos jours pour le commerce des perles.

Avoir la langue _légère_
S'emporter, se mettre en colère facilement (79)

Il a fait une belle _lessive_
Se disait d'une personne qui a fait de grosses pertes au jeu (80)
Dans le même sens, on dit maintenant qu'il a été complètement lessivé.

Avoir _lettre_ de quelque chose
En avoir la certitude (81)

Cela _lève_ la paille (Loc.Pro.)
Se disait d'une chose extraordinaire (82)
Allusion à l'ambre jaune qui se charge d'électricité statique par frottement et qui peut alors soulever des menus brins de paille.

S'être _levé_ le cul le premier (Pop.)
Être de mauvaise humeur (83)
Se lever de cette manière ne peut certainement que provoquer une chute, ce qui suffirait à justifier la mauvaise humeur… De nos jours, et dans le même sens, on dit que l'on s'est levé du pied gauche, ce qui est une allusion à la charge négative dont on a affublé par le passé le côté gauche ou « sénestre », lié par le latin sinister à l'adjectif « sinistre »…

Lever le menton à quelqu'un
L'aider, le protéger (84)

Lever la crête
Faire preuve d'orgueil, avoir un comportement hautain (85)
Allusion évidente au coq et à sa crête.

Avoir le cœur sur les _lèvres_
S'exprimer avec franchise, sans retenue (86)
De nos jours, l'expression est toujours en usage, mais elle a changé de sens. On ne l'emploie plus que dans le cas d'une envie de vomir.

Serrer les _lèvres_ comme un chat qui boit du vinaigre
Se disait d'une personne qui paraît fâchée (87)

Ne dire quelque chose que des *lèvres*
Parler à contrecœur, sans être convaincu (88)

Un *lévrier* d'amour
Se disait d'un entremetteur (89)

C'est du pain de *lévrier* (Pop.)
Se disait d'un mauvais pain (90)

Une soupe de *lévrier* (Pop.)
Du pain trempé dans de l'eau (91)

Être étourdi comme un *levron*
Être très étourdi (92)
Le levron désigne ici une race de levrette de petite taille.

C'est un pauvre *lézard* (Loc.Pro.)
Se disait d'un homme de rien qui est incapable de nuire ou de rendre service (93)

N'avoir que deux *liards* pour se faire tondre (Loc.Pro.)
Se disait d'une personne très pauvre (94)
Le liard était une ancienne monnaie de cuivre qui valait trois deniers, c'est-à-dire le quart d'un sou.

Chanter un *libera* (Loc.Pro.)
Être délivré, débarrassé (95)
Dans la liturgie catholique, le libera est une prière faite pour les morts qui commence par ce mot.

***Liberté* et pain cuit** (Loc.Pro.)
On est heureux lorsque l'on jouit d'une complète indépendance et que son existence est assurée (96)

J'aimerais mieux le *licol* que la bête (Loc.Pro.)
Se disait en parlant d'une femme laide ou stupide, mais qui se pare de bijoux de grande valeur (97)

Boire la *lie* de son vin
Accepter les inconvénients d'une situation que l'on a choisie (98)

La bécasse est *liée* (Pop.)
Se disait ironiquement après la signature d'un contrat de mariage (99)

N'est pas échappé qui traîne son *lien* (Loc.Pro.)
Se disait d'une personne qui ne s'est pas encore libérée d'une passion ou qui n'est pas encore parvenue à se délivrer d'une mauvaise affaire (100)

De bon *lieu*, bonne parole (Loc.Pro.)
Un langage convenable annonce des gens bien élevés (101)
On disait d'une personne issue d'une bonne famille qu'elle vient « de bon lieu ».

En tout pays il y a une *lieue* de mauvais chemin (Loc.Pro.)
On peut rencontrer partout des obstacles et des difficultés (102)

Il ferait bien quatorze *lieues* en quinze jours (Loc.Pro.)
Se disait d'un homme connu pour sa lenteur (103).
La lieue, ancienne mesure linéaire utilisée pour évaluer les longues distances, avait une valeur qui variait selon les régions. La lieue commune correspondait à environ 4,45 km.

Des *lieux* à l'anglaise
Se disait autrefois des latrines dont la cuvette est fermée par un clapet que l'on ouvre à volonté (104)

Être peureux comme un *lièvre*
(Pop.)
Se disait de quelqu'un qui est très peureux ou très timide (105)

Avoir un *lièvre* cornu dans la tête
Se disait d'une idée chimérique (106)

Mener une vie de *lièvre*
Être constamment poursuivi, tourmenté (107)

C'est une somme à prendre sur le dos d'un *lièvre*
Se disait d'une somme d'argent qui promet d'être très difficile à récupérer (108)

Vouloir prendre un *lièvre* au son du tambour
Parler ouvertement et publiquement d'un projet qui aurait pourtant besoin d'être tenu secret (109)

Pas à pas, le bœuf prend le *lièvre* (Pro.)
En marchant lentement, mais longtemps et avec régularité, on arrive parfois plus tôt que ceux qui courent en étourdis (110)
C'est une autre version de la fable du lièvre et de la tortue…

Bon *lièvre* vient mourir au gîte
(Loc.Pro.)
Après avoir beaucoup voyagé, on revient souvent finir ses jours sur sa terre natale (111)

Si les *lièvres* avaient des fusils, on n'en tuerait pas tant
(Loc.Pro.)
Beaucoup de gens n'acceptent de se lancer dans une affaire que parce qu'ils savent que leurs intérêts n'y seront pas menacés (112)

Pêcher à la *ligne* d'argent (Pop.)
Acheter du poisson pour faire croire qu'on l'a pêché soi-même (113)

Passer la *lime*
Corriger un écrit (114)

Ce sont des raves de *Limousin*
(Loc.Pro.)
Se disait des femmes qui ont de l'embonpoint et qui sont de petite taille (115)

Manger du pain comme un *Limousin* (Loc.Pro.)
Être un gros mangeur de pain (116)

Le plus riche n'emporte qu'un *linceul* (Loc.Pro.)
La richesse ne sert à rien dans l'autre monde (117)

Il n'a pas plus de force qu'un *linge* mouillé (Loc.Pro.)
Se disait d'un homme faible, de corps ou de caractère (118)

Siffler la *linotte* (Pop.)
Boire abondamment (119)
En argot, être en prison ou instruire un complice d'un projet malveillant que l'on a conçu.

C'est une *linotte* coiffée (Pop.)
Se disait d'une garce dans la langue populaire (120)

Lion au logis, renard dans la plaine (Loc.Pro.)
Se disait d'un fanfaron (121)

C'est la caverne du _lion_ (Loc.Pro.)
Se disait d'une difficulté insurmontable ou bien encore d'un lieu d'où l'on ne revient pas (122)

Il est vaillant comme les _lions_ d'Agla, à qui les veaux mangent la queue (Loc.Pro.)
Se disait des poltrons (123)

Courir la _lippée_
Rechercher un repas qui ne vous coûtera rien (124)
On parlait aussi d'un chercheur de franche lippée.

Savoir _lire_ (Arg.)
En argot, connaître les procédés employés par les voleurs (125)

Les _lisières_ sont pires que le drap (Pro.)
En Normandie, ce proverbe laissait entendre que les domestiques sont plus insolents avec les étrangers que les maîtres eux-mêmes (126)

C'est un _lit_ de grandeur
Se disait d'un lit où deux personnes peuvent coucher (127)

N'être pas sur un _lit_ de roses (Loc.Pro.)
Souffrir, moralement ou physiquement (128)

S'obliger de _lit_ entier
Dans le langage du droit ancien, contracter une obligation en commun avec sa femme (129)

Mettre quelqu'un dans ses _litanies_ (Loc.Pro.)
Prier Dieu pour lui (130)
En réalité, cette expression proverbiale s'employait surtout pour dire ironiquement que l'on souhaitait du mal à quelqu'un.

Il est sur la _litière_
Se disait d'un homme que l'âge, les grandes fatigues ou la maladie ont mis dans l'incapacité d'agir (131)

Gardez-vous de l'homme qui ne connaît qu'un _livre_ (Loc.Pro.)
Il faut éviter d'argumenter sur un sujet avec une personne qui en est la spécialiste (132)

Un gros _livre_ est un grand mal (Loc.Pro.)
Un ouvrage volumineux peut être ennuyeux et mauvais (133)

Il ne faut pas cinq quarterons pour faire une _livre_ (Loc.Pro.)
Se disait aux personnes qui donnent plus de raisons qu'il n'en faut (134)
Le quarteron représentait le quart d'une livre, soit environ 122g à Paris à la fin du XIXe siècle.

Partager au marc la _livre_
Faire un partage proportionnellement à ce que chacun à mis dans une affaire (135)

Tel vend qui ne _livre_ pas (Pro.)
On s'engage parfois à faire plus qu'on ne peut (136)

Battre la _livrée_ de quelqu'un
Combattre ses partisans ou ses amis (137)

Les ambitieux ou les laquais portent toutes les *livrées*
(Loc.Pro.)
Se disait de ceux qui se mettent au service de tous les gens qui peuvent favoriser leurs ambitions (138)

J'y réussirai où j'y brûlerai mes *livres* (Loc.Pro.)
Se disait pour exprimer le fait que l'on est prêt à consentir les plus grands sacrifices pour assurer le succès d'une affaire (139)

Avoir toujours un fer qui *loche*
Avoir une santé précaire (140)
Autrefois, le verbe locher ne s'employait plus que pour parler du fer à cheval qui commence à se détacher du sabot. Lorsqu'une affaire ne donnait pas entièrement satisfaction, on disait couramment qu'il y a quelque « fer qui loche ».

Revenir du *lof*
Mettre de l'eau dans son vin, modérer ses prétentions (141)
Dans le langage des marins, le lof est le côté du navire qui se présente au vent. Venir au lof, c'est naviguer au plus près du vent.

N'est pas mercier qui ne sait faire sa *loge* (Loc.Pro.)
Un bon marchand doit savoir faire venir les clients dans son magasin (142)
La loge en question était une petite boutique que les marchands occupaient pendant la tenue des foires.

Il n'y a plus personne au *logis*
Se disait d'une personne qui a subi un violent traumatisme et qui, de ce fait, n'a plus toute sa raison (143)

C'est la *loi* et les prophètes
(Loc.Pro.)
Se disait d'une vérité incontestable (144)

Il est *loin* s'il court toujours
Se disait d'une personne qui est partie depuis un moment et que l'on vient demander (145)

Il ne le portera pas *loin*
Se disait pour exprimer le fait que l'on est décidé à se venger rapidement d'un homme qui vous a offensé (146)
On dit plutôt maintenant qu'il « ne l'emportera pas au paradis ».

À beau mentir qui vient de *loin*
(Loc.Pro.)
Celui qui vient d'un pays très éloigné peut en parler d'une manière mensongère sans craindre d'être contesté ou démenti (147)

Comme le bénitier, près de la porte et *loin* du cœur (Loc.Pro.)
Se disait d'une personne qui n'est pas aimée (148)
Ce proverbe est basé sur un jeu de mots faisant allusion au chœur de l'église.

Faire du *loisir* à quelqu'un
Lui procurer du bonheur, lui faire oublier momentanément ses soucis (149)

Il n'a pas le *loisir* de se moucher (Loc.Pro.)
Se disait d'un homme très occupé (150)

Une patience de *Lombard*
(Loc.Pro.)
Se disait d'une patience exemplaire qui permet de supporter les maladies les plus douloureuses (151)

Autrefois, la qualification de « Lombard » était nettement péjorative. Le terme évoquait l'usure, la lâcheté et même la traîtrise.

Il en a eu tout du *long* de l'aune (Loc.Pro.)
Se disait d'un homme qui a été fortement maltraité et malmené (152)
On disait également, dans le même sens, qu'on lui en a « donné tout du long ».

C'est du pain bien *long*
Se disait d'un travail qui n'est rémunéré que bien plus tard (153)

Être peint de son *long*
Se disait d'un portrait en pied (154)

Il est de l'abbaye de *Longchamps*, il tient des dames (Pro.)
Se disait d'un homme à femmes (155)
L'ancienne abbaye des religieuses de Longchamps a été fondée par sainte Isabelle, sœur unique de saint Louis. Les concerts qu'on y donnait attiraient beaucoup de monde.

Marcher sur sa *longe*
Tenir un discours embrouillé où l'on finit par se contredire (156)
Allusion à la longe que l'on utilise pour faire travailler un cheval.

Faire les *longs* yeux (Loc.Pro.)
Jeter des regards obliques, regarder quelqu'un de travers (157)

Il ne la fera pas *longue*
Il ne vivra pas longtemps (158)

Il en sait les *longues* et les brèves
Se disait d'un homme qui mène intelligemment et habilement une affaire (159)
Allusion aux notes de musique.

***Longues* paroles font les jours courts** (Loc.Pro.)
La conversation fait bien passer le temps (160)

***Lopiner* une terre**
En faire des lots (lopins) en vue d'un partage entre des héritiers (161)

Avoir de la *loquèle*
Se disait de cette grande aptitude que certaines personnes ont à faire de longs discours sur des choses communes (162)
Loquèle et loquace font partie de la même famille.

Vends ta cotte pour t'acheter une *lotte* (Loc.Pro.)
Se disait à propos de cet excellent poisson qui mérite bien les petits sacrifices que l'on fait pour pouvoir se l'acheter (163)

Il a mangé du *lotus* (Loc.Pro.)
Se disait d'une personne qui est sujette à des pertes de mémoire (164)
Une légende rapporte que, dans l'Antiquité, le fruit du jujubier d'Afrique que l'on appelait également lotus, comme le célèbre nénuphar, était si délicieux que les étrangers qui le consommaient en arrivaient à oublier complètement leur nationalité.

Il se *loue* et se remercie
Se disait d'un homme qui se félicite ouvertement et publiquement des choses qu'il a pu faire (165)

Louer son ventre son tambourin (Loc.Pro.)
Promettre de dîner chez quelqu'un (166)

Il a le courage du _loup_ (Loc.Pro.)
Se disait ironiquement d'un homme armé qui attaque un adversaire sans défense (167)

Donner la brebis à garder au _loup_ (Pro.)
Confier la garde de quelque chose de précieux à une personne dont on devrait pourtant se méfier (168)

Le _loup_ mourra dans sa peau (Loc.Pro.)
On ne parvient pas facilement à se corriger de ses mauvaises habitudes (169)

Quand le _loup_ est pris, tous les chiens lui lardent les fesses (Loc.Pro.)
Quand un homme puissant a perdu son pouvoir, les petites gens n'hésitent pas à l'assaillir (170)

À chair de _loup_, sauce de chien (Loc.Pro.)
Il faut traiter les gens comme ils le méritent (171)

En fuyant le _loup_, il a rencontré la louve (Loc.Pro.)
C'est souvent en évitant un péril que l'on risque d'en rencontrer un autre (172)

Il est comme le _loup_, il n'a jamais vu son père (Loc.Pro.)
Se disait d'un bâtard (173)
Cette expression proverbiale correspondrait à une croyance autrefois très vivace qui voulait que le loup qui a couvert une louve est ensuite mis en pièces par des rivaux en proie à la jalousie.

Être enrhumé comme un _loup_ (Pop.)
Être très enrhumé (174)

Danser le branle du _loup_
Avoir peur et s'enfuir (175)

Tenir le _loup_ par les oreilles
Se trouver dans une situation délicate, ne pas savoir que faire, quel parti prendre (176)

Avoir un _loup_ (Arg.)
Se disait en argot d'une dette dont il faut s'acquitter rapidement (177)

Ce sont des agnelles de La Ferté, il n'en faut que deux pour étrangler un _loup_ (Pro.)
Se disait de femmes dont la douceur n'est qu'apparente (178)
Allusion aux soldats de la garnison de La Ferté qui s'habillèrent en femmes pour surprendre l'ennemi.

Être guéri du _loup-garou_
Avoir abandonné toute superstition (179)

La lune est à l'abri des _loups_ (Loc.Pro.)
Les gens qui appartiennent aux couches très élevées de la société n'ont pas en général à redouter les méfaits de la délinquance (180)

C'est un pays de _loups_
Se disait d'un pays dont les habitants sont grossiers et peu éduqués (181)

Ce sont des histoires de vieux *loups*
Se disait de fables un peu sottes (182)

Sonner le *lourdier* (Arg.)
En argot, appeler le concierge (183)
L'argot moderne, pour qui une porte est une lourde, est ici en complète continuité avec les formes qui étaient autrefois en usage. On pourrait dire maintenant, d'une manière un peu « lourde », mais en étant toujours bien compris, que « le lourdier à ouvert sa lourde pour vous lourder »…

***Lover* son câble** (Arg.)
En argot des marins, mener sa vie (184)

C'est un petit vin *loyal*
Se disait d'un vin qui n'a pas été trafiqué (185)

Perdre la *lumière*
Mourir (186)

Garder la *lune* des chiens
Se donner inutilement de la peine (187)
Allusion aux chiens qui « aboient à la lune ».

Avoir un quart de *lune* dans la tête (Loc.Pro.)
Être mal équilibré, un peu fou (188)

Il n'en est pas encore à faire sa révérence à la *lune* (Loc.Pro.)
Il n'est pas fou (189)

C'est un confrère de la *lune*
(Loc.Pro.)
Se disait d'un mari trompé (190)
Allusion aux deux pointes du croissant de lune qui sont assimilées ici à une paire de cornes.

Voir la *lune* à gauche (Loc.Pro.)
Subir des déconvenues (191)

Plus la *lune* brille, plus le chien aboie (Loc.Pro.)
Allusion à l'impuissance des envieux et des jaloux face à un mérite supérieur (192)

Vouloir prendre la *lune* avec les dents (Loc.Pro.)
Vouloir faire une chose qui est réputée impossible (193)

Faire un trou à la *lune* (Loc.Pro.)
S'enfuir sans payer ses dettes (194)

Cela lui va comme un manteau à la *lune* (Loc.Pro.)
Cela ne lui va pas du tout (195)

La *lune* des bécasses
Dans le langage des chasseurs, se disait de la pleine lune de novembre (196)

Être passé en *lunette* (Arg.)
En argot, avoir fait faillite (197)

Mettre dans la *lunette*
Au jeu de dames, placer un pion entre deux pions de son adversaire (198)

Prendre des *lunettes*
Montrer une grande sévérité dans l'examen d'une chose (199)

Bonjour *lunettes*, adieu fillettes
(Loc.Pro.)
Lorsque l'on a l'âge de porter des lunettes, il faut savoir renoncer aux choses de l'amour (200)
Le monde moderne n'est peut-être plus de cet avis !

C'est un chevalier du *lustre*

Nom donné à la personne qui, au théâtre, fait partie de la claque et est payée pour applaudir (201)

Passer devant le lustre (Arg.)

En argot, comparaître devant le juge (202)

Marier le *luth* à la voix

Être capable de faire deux choses différentes en même temps (203)

Il ne dort pas plus qu'un *lutin*

Se disait d'un homme actif qui consacre peu de temps au sommeil (204)
Dans les croyances populaires, le lutin était une sorte de petit démon espiègle et malicieux qui venait tourmenter les vivants pendant la nuit.

Mettre du sucre sur du *macaron*
Ajouter une bonne chose à une bonne chose (1)
En argot, un macaron était une dénonciation. Le terme désignait également un huissier.

***Mâcher* de haut**
Manger sans appétit (2)

Quand on est vieux, il faut *mâcher* ou marcher (Pro.)
Quand on n'a plus de dents, il faut aider la digestion en faisant de l'exercice (3)

Se *mâcher* le cœur
Se faire du souci, se tourmenter (4)

Jouer de la *mâchoire* (Pop.)
Manger avec gloutonnerie (5)

Avoir la *mâchoire* pesante
S'exprimer avec une grande difficulté. Être borné et incapable (6)

C'est une vieille *mâchoire* (Pop.)
Se disait d'une personne sotte et ignorante (7)

C'est une soupe de *maçon* (Pop.)
Se disait d'une soupe très épaisse (8)

Manger comme un *maçon*
Manger beaucoup (9)

Trancher le *maçon* (Arg.)
En argot, couper le pain en tranches (10)
Dans la langue verte, le maçon était un pain de quatre livres.

Une futaille *mâconnaise*
Se disait du tonneau en usage dans le Mâconnais, dont la contenance était d'environ 212 litres (11)
Signalons également l'existence de la « bouteille mâconnaise » dont la capacité était de 80 centilitres.

J'aimerais mieux servir les *maçons*
Se disait lorsque l'on refuse d'exécuter un travail que l'on juge bien trop pénible (12)
Servir les maçons, c'était leur apporter tous les matériaux nécessaires.

Il a du sang de *macreuse*
Se disait d'un homme froid, insensible, que rien n'émeut (13)
La macreuse est un migrateur voisin du canard. Elle passait autrefois pour être un animal à sang froid comme le poisson. L'Église a autorisé sa consommation pendant les jours maigres.

C'est une grosse *madame* (Pop.)
Se disait dans le langage populaire d'une femme riche (14)

À la *Madeleine*, les noix sont pleines (Pro.)
Le jour de la Sainte-Madeleine est le 22 juillet (15)

Faire suer la *Madeleine* (Arg.)
En argot, tricher péniblement (16)
On donnait souvent le nom de Madeleine à des femmes de mœurs légères, qu'elles soient ou nom repenties.

Faire *magasin* d'une chose
En avoir beaucoup (17)
Cette expression était autrefois très employée. Citons par exemple H. de Balzac qui a écrit : « Cet homme est un magasin de ruses et de trahisons ».

Mourir la graine dans le ventre, comme les *magnans* (Loc.Pro.)
Mourir sans avoir pu réaliser tous ses projets (18)
Le magnan était le nom que l'on donnait au ver à soie dans la partie méridionale de la France. C'est la raison pour laquelle le bâtiment où l'on en fait l'élevage s'appelle une magnanerie.

Gloser sur le *magnificat*
Faire quelque chose de très facile (19)
Dans la liturgie, le magnificat est le cantique de la Vierge Marie qui est chanté aux vêpres.

Corriger le *magnificat*
Faire des critiques qui n'ont pas lieu d'être (20)

Mai froid n'enrichit personne (Pro.)
Les froids du mois de mai sont redoutables pour les futures récoltes (21)

Mai pluvieux marie le laboureur et sa fille (Pro.)
Les pluies du mois de mai sont bénéfiques pour les futures récoltes et contribuent à enrichir les laboureurs (22)

La *maie* des messiers
Se disait des gerbes abandonnées aux gardiens qui assurent la surveillance des récoltes (23)
La maie était le nom que l'on donnait dans certaines régions à une meule de

blé. Le messier assurait la sécurité des moissons. Le terme a ensuite été étendu à ceux qui surveillaient les vignes.

Étamper *maigre*
Dans le langage de la maréchalerie, percer les huit trous d'un fer à cheval vers le bord extérieur (24)

C'est une *maigre* échine
Se disait ironiquement d'une personne qui est très maigre (25)

En devenir *maigre*
Se disait à propos d'une passion violente qui vous tourmente (26)

Il va du pied comme un chat *maigre* (Loc.Pro.)
Se disait d'une personne qui fait tous ses déplacements à pied (27)
Se disait aussi de celui qui marche rapidement, d'un pas léger.
Voir également C243.

Il revient de La Rochelle, il est chargé de *maigre* (Loc.Pro.)
Se disait d'un homme qui a fait un long jeûne (28)
Allusion à la longueur du siège de La Rochelle et à la famine qui a régné dans cette ville pendant les guerres de religion.

Qui dort grassement dîne *maigrement* (Loc.Pro.)
Ce n'est pas en dormant que l'on peut gagner son pain (29)

À chevaux *maigres* vont les mouches (Pro.)
On fait retomber les charges et les impôts sur les petits plutôt que sur les grands (30)

C'est la *maigreur* des uns qui donne du ventre aux autres
Il faut que certains soient pauvres pour que d'autres soient riches (31)

C'est un coup de Jean *Maillard*
Se disait d'un coup imprévu, porté par surprise ou par traîtrise (32)
Jean Maillard était l'un des chefs du parti royaliste pendant la captivité de Jean le Bon, roi de France de 1350 à 1364. Il a tué Etienne Marcel, prévôt des marchands, alors que celui-ci allait ouvrir l'une des portes de Paris aux hommes de Charles le Mauvais, roi de Navarre. Mme de Sévigné, parlant de Colbert, disait : « Jusqu'ici, je n'ai dans la mémoire que son coup de Jean Maillard ».

N'avoir ni sou ni *maille* (Loc.Pro.)
Être très pauvre (33)
La maille dont il est question ici était une petite monnaie de cuivre qui valait la moitié d'un denier.

Faire la *maille* bonne (Loc.Pro.)
Garantir que le compte est juste (34)
De nos jours, lorsque l'on a des difficultés ou un petit différend avec une tierce personne, on dit encore que l'on à « maille à partir (à partager) avec elle ».

Cette chose vaut mieux écu qu'elle ne valait *maille* (Loc.Pro.)
Se disait d'une chose qui a été bien améliorée (35)
L'écu est une ancienne monnaie d'or qui fut ensuite frappée en argent. La pièce de cinq francs en argent portait le nom d'écu.

Mailler une toile de batiste
La battre sur un marbre avec un maillet de bois afin de lui donner une plus grande finesse (36)
Rappelons que la batiste est une fine toile de lin.

Ce n'est pas un jeu de trois *mailles* (Loc.Pro.)
Se disait d'une chose importante (37)

Avoir une belle *main*
Avoir une belle écriture (38)

La *main* basse
Dans le langage de la chevalerie, l'expression désignait la main gauche car c'est celle qui tient la bride (39)
Les gens du peuple étaient alors qualifiés de « gens de main basse ».

La *main* haute
Au temps de la chevalerie, l'expression désignait la main droite car c'était celle qui tenait la lance (40)

Tenir la *main* haute
Lever la main gauche pour tirer un peu sur la bride et imposer sa volonté au cheval (41)
Tenir la main haute à quelqu'un, c'était le traiter avec sévérité, lui faire sentir son autorité.

Être haut à la *main* (Loc.Pro.)
Être violent, emporté, toujours prêt à faire usage de la force (42)

Avoir mis le pain à la *main* de quelqu'un (Loc.Pro.)
Être à l'origine de sa réussite, de sa fortune (43)

Avoir la *main* bonne pour chanter et la voix belle pour écrire (Loc.Pro.)
Chanter faux et écrire mal (44)

Elle a de la gorge comme sur la *main*
Se disait d'une femme qui a peu de poitrine (45)

Faire la belle *main*
Avoir un comportement prétentieux, vaniteux (46)

Faire sa *main* dans une affaire
Y faire des profits illicites (47)

Tenir la *main* à une chose
Veiller à ce qu'elle soit bien exécutée (48)

Avoir toujours l'encensoir à la *main* (Loc.Pro.)
Faire des compliments à tout le monde et à tous propos (49)

Mettre la *main* à l'encensoir
S'ingérer dans les affaires ecclésiastiques, bien qu'on soit laïque (50)
Plusieurs papes ont accusé les rois de France d'avoir mis la main à l'encensoir.

Faire un héritage de *main* ferme
Se disait d'un héritage qui ne donnait aucun titre de noblesse (51)

C'est un cheval qui est entier à une *main*
Se disait d'un cheval qui a tendance à ne tourner que d'un côté (52)

C'est un cheval qui bat à la *main*
Se disait d'un cheval qui secoue souvent la tête en levant le nez (53)

Plaider la *main* garnie
Plaider pour une chose dont on jouit pendant le procès (54)

De longue *main*
Se disait de ce qui est très ancien (55)
« Il méditait cela de longue main ».

Y aller bride en *main* (Loc.Pro.)
Agir prudemment dans une affaire que l'on fait (56)
Allusion au cavalier qui marche à côté de son cheval en le tenant par la bride.

Tous les doigts de la *main* ne se ressemblent pas (Loc.Pro.)
Se disait des membres d'une famille qui n'ont pas le même physique ou le même caractère (57)

Avoir des *mains* de beurre
Ne pas avoir de force dans les mains (58)

Avoir des *mains* de laine et des dents de fer (Loc.Pro.)
Agir mollement, sauf pour manger...(59)

Quand on a les *mains* à la pâte, il en reste toujours quelque chose aux doigts (Pro.)
À manipuler de l'argent, on y fait toujours quelque profit, légitime ou non (60)

Se payer par les *mains*
S'indemniser sur ce que l'on détient et qui appartient à un débiteur (61)

Mettre ses *mains* courantes
(Arg.)
En argot, chausser ses souliers (62)

C'est un homme à deux *mains*
Se disait d'un homme cumulant deux fonctions (63)

Froides *mains*, chaudes amours (Pro.)
La froideur des mains était, disait-on, le signe d'un tempérament ardent (64)

Les *mains* noires donnent le pain blanc
Travailler dur permet de vivre dans l'aisance (65)

Donner les *mains*
S'avouer vaincu (66)

Avoir les *mains* longues (Loc.Pro.)
Avoir des relations dans la haute société, être capable de venir en aide ou de nuire (67)
De nos jours, on a plutôt le «bras long»...

Avoir une *maison* sur l'estomac
Éprouver une angoisse qui vous oppresse (68)
On a maintenant un « pavé sur l'estomac »...

Faire une bonne *maison*
Amasser de la fortune (69)

Faire *maison* nette
Renvoyer tous ses domestiques (70)

Faire *maison* neuve
Embaucher de nouveaux domestiques (71)

Des choses par-dessus les *maisons*
Se disait des choses exagérées, très excessives (72)
« Il fait des demandes par-dessus les maisons ».

Il faut être compagnon de sa femme et *maître* de son cheval (Loc.Pro.)
On doit traiter sa femme avec douceur et mener fermement son cheval (73)

Avoir les pieds en *maître* à danser
Dans le langage de l'équitation, garder les pointes des pieds tournées vers l'extérieur (74)

C'est un *maître* Jacques
Se disait d'une personne qui tient plusieurs emplois dans une maison (75)

Le *maître* des basses œuvres
Se disait d'un vidangeur (76)

Mettre une femme à *mal*
La séduire et l'engrosser (77)

***Mal* sur mal n'est pas santé** (Pro.)
Un mal n'en guérit pas un autre (78)

Qui veut *mal*, mal lui tourne (Pro.)
Celui qui cherche à faire du mal aux autres s'expose à en subir lui-même un jour (79)

À force de *mal*, tout ira bien (Loc.Pro.)
Les affaires les plus désespérées peuvent finir par s'arranger (80)

Le *mal* de Paris
Se disait autrefois en médecine d'une diarrhée dont les étrangers peuvent souffrir au début de leur séjour à Paris (81)
En somme, une sorte de « tourista »...

Le *mal* Saint-Main (Pop.)
Se disait de la gale ou de la lèpre (82)
Pour les mêmes affections, on parlait également de « mal Sainte-Marie ».

C'est un *malade* du pouce (Arg.)
Se disait en argot d'un avare qui prétend ne pas pouvoir se servir de son pouce pour compter son argent et s'acquitter de son achat (83)
Se disait également en parlant d'un fainéant.

Il est bien *malade*, rien ne lui demeure à la bouche
Se disait ironiquement d'une personne qui a un solide appétit et qui se porte à merveille (84)

C'est une *maladie* de femme (Loc.Pro.)
Ce n'est rien, c'est une vétille...(85)

***Maladies* viennent à cheval et s'en retournent à pied** (Loc.Pro.)
La maladie arrive vite, mais la guérison est toujours plus lente (86)

N'avoir ni suros ni *malandre* (Pro.)
Être en parfaite santé (87)
Allusion au suros qui est une tumeur assez dure apparaissant sur la jambe du cheval alors qu'une malandre est une crevasse située au pli du genou.

Vivre dans une pauvreté *mâle*
Se disait d'une personne qui est dans la misère (88)

Qui se soucie, *malencontre* lui vient (Pro.)
Le malheur frappe souvent celui qui le redoute le plus (89)

Malgré lui et ses dents
En dépit de tous ses efforts (90)
Voltaire a écrit : « Je vous remercie, malgré vous et vos dents, de toutes les bontés que vous avez eues pour moi ».

Le *malheur* n'est pas toujours à la porte d'un pauvre homme
(Pro.)
La chance peut tourner, elle peut sourire également aux pauvres gens (91)

Être *malheureux* en fricassée
(Loc.Pro.)
Se disait d'une personne qui ne connaît que des échecs (92)

Être *malheureux* comme un chien qui se noie (Loc.Pro.)
Se disait d'une personne très malheureuse (93)

Trousser en *malle*
Commettre un vol, faire un rapt furtivement et promptement (94)
D'un homme mort après une maladie de courte durée, on disait qu'il a été « troussé en malle ».

De jeunes mariés ménage *malotru* (Pro.)
Les personnes qui se marient très jeunes ne forment pas un bon ménage (95)
Malotru était autrefois un adjectif qui signifiait mal fait, mal bâti. De nos jours, le sens a évolué et le terme « malotru » s'emploie désormais pour parler d'une personne grossière, mal élevée.

Il fait la *maltôte*
Se disait d'un fraudeur (96)
À l'origine, la maltôte était un impôt exceptionnel que Philippe le Bel avait levé en 1291-1292 pour financer sa guerre contre les Anglais. Cette charge supplémentaire fut très mal ressentie dans la population. Ce terme de maltôte a ensuite été étendu à d'autres taxes dont certaines, a-t-on dit, étaient perçues illégalement par les agents du fisc.

Porter un cœur sous la *mamelle*
Se disait d'une personne généreuse, charitable (97)

N'avoir rien sous la *mamelle* gauche
N'avoir pas de cœur ou de courage (98)
Signalons au passage que le grand Buffon affirme que les Groenlandaises ont des mamelles si molles et si longues qu'elles peuvent donner à téter à leurs enfants par-dessus les épaules...

Un *Manceau* vaut un Normand et demi (Pro.)
Ce vieux proverbe laisse entendre que les habitants du Mans sont encore plus chicaniers que les Normands en général (99)

C'est une *manche* à sabre
Se disait d'un bretteur qui ne pense qu'à dégainer son sabre à tout propos (100)

Un gentilhomme de la *manche*
Le corps des gentilshommes de la manche était constitué de nobles attachés au service personnel des jeunes enfants de la famille du roi (101)
Ils les accompagnaient partout, et comme l'étiquette leur défendait de les tenir par la main, ils se contentaient le plus souvent de les retenir par la manche.

Il s'est fait mon garde de la *manche*
Il ne me quitte pas (102)
Les gardes de la manche formaient un détachement de vingt-cinq gentilshommes choisis parmi les hommes de la compagnie écossaise. Ils se tenaient de chaque côté du roi pendant les cérémonies ou à la chapelle. Ils portaient une hallebarde à lame damasquinée frangée d'argent.

Ne tenir que la *manche*
Ne rien tenir du tout (103)

Ne pas se moucher sur la *manche* (Pop.)
Être expérimenté et entreprenant (104)
Pour évoquer des temps anciens où les gens étaient encore un peu frustres, on faisait souvent allusion « au temps qu'on se mouchait sur la manche ».

Manger du pain dans sa *manche*
Le manger seul, en cachette (105)

Il faudrait lui mettre du plomb dans sa *manche*
Se disait d'une personne étourdie, qu'il faut sans cesse retenir (106)

Avoir la *manche* large
Être peu regardant sur les principes (107)
Allusion à la manche des cordeliers (voir C578).

C'est un musicien qui connaît bien son *manche*
Se disait d'un bon musicien (108)
Allusion au manche d'un instrument à cordes.

Avoir les jambes en *manches* de veste (Pro.)
Se disait des jambes qui s'écartent à partir du genou (109)

Des *manches* à la folle
Se disait de manches très amples, serrées au poignet et que l'on faisait pendre à hauteur du coude à l'aide de petits fragments de plomb (110)
On parlait également de « manches à l'imbécile »...

Un marquis de la *manchette*
Se disait d'un mendiant (111)

C'est un chevalier de la *manchette*
Expression que l'on utilisait pour parler d'un homosexuel (112)

Prendre des *manchettes*
Se disait lorsque l'on traite quelqu'un avec beaucoup d'égards (113)
« Je ne prendrai pas de manchettes pour lui dire ce que je pense ». On parle maintenant de « prendre des gants ».

Vous m'avez fait là de belles *manchettes*
Vous avez fait une bêtise qui risque de me coûter cher (114)

Pas de ça Lisette, ça gâte les *manchettes* (Pop.)
Se disait familièrement pour refuser une chose que l'on vous demande (115)
On peut remarquer que les expressions perdurent parfois sous des formes tronquées. On dit encore de nos jours « pas de ça Lisette » sans soupçonner qu'autrefois, la formule comportait une suite...

C'est un livre à *manchettes*
Se disait d'un ouvrage qui comporte de nombreuses notes dans les marges (116)

Écu changé, écu *mangé* (Pro.)
Une pièce d'argent, dès qu'elle a été changée, est bien vite dépensée (117)

Tourner le dos à la *mangeoire* (Loc.Pro.)
Par timidité ou manque de courage, faire tout le contraire de ce qu'il faudrait pour réussir (118)
« Il s'avançait vers le petit salon, puis tournait le dos à la mangeoire ». Saint-Simon.

***Manger* comme batteur en grange** (Pop.)
Manger beaucoup (119)
Nourris par la maîtresse de maison, les batteurs embauchés pour la moisson avaient en général un solide appétit.

***Manger* des pois chauds** (Loc.Pro.)
Être très embarrassé, ne savoir que répondre (120)
Cette forme devenue proverbiale à été lancée au XVIIe siècle par Mme de Sévigné.

Ils vont se *manger* jusqu'à la queue (Loc.Pro.)
Se disait de ceux qui se battent avec beaucoup d'acharnement (121)
On disait encore, dans le même sens, qu'ils se mangent le blanc des yeux.

Voilà ce que les rats n'ont pas voulu *manger* (Loc.Pro.)
Se disait lorsque l'on montre une chose que l'on tenait soigneusement cachée (122)

***Manger* du sucre et de la confiture** (Loc.Pro.)
Éprouver une grande joie (123)
« Nous mangeons du sucre et de la confiture lorsque nous nous ramentevons (souvenons) de nos amis qui se portent bien ». Malherbe.

***Manger* du pain rouge** (Arg.)
En argot, vivre du butin qui a été amassé après un assassinat (124)

Il va *manger* le pain du roi
Se disait de celui qui s'enrôle dans l'armée (125)

***Manger* ses douleurs**
Retenir, étouffer ses cris (126)
Se disait notamment à propos des femmes qui supportent avec un grand courage les douleurs de l'enfantement.

***Manger* l'or à la cuillère** (Pop.)
Être très riche (127)

Il en veut *manger* (Pop.)
Se disait de celui qui a de l'ambition, qui aime les défis (128)

Un *mangeur* de pain mollet (Pop.)
Se disait d'un fainéant qui profite du travail des autres (129)
On disait encore que c'est « un mangeur de viandes apprêtées ».

Un *mangeur* de vipères (Pop.)
Nom qu'à Paris, les charlatans du Pont-Neuf donnaient à un bouffon (130)

C'est un *mangeur* de chrétiens (Pop.)
Se disait autrefois de celui qui se complaît dans les chicanes (131)

Un *mangeur* de crucifix (Pop.)
Se disait d'un bigot (132)

Des *mangeurs* de fromage (Pop.)
Sobriquet que les marins français du XVIIIe siècle donnaient aux Hollandais (133)

Je ne l'ai vu ni *manié*
Je n'ai aucun renseignement sur ce que vous me demandez (134)
Examiner de près se disait « voir et manier ».

On ne peut *manier* du beurre sans se graisser les doigts (Pro.)
Lorsque l'on manipule de l'argent, il y a toujours quelque profit à faire (135)

Il entend la *manique* (Loc.Pro.)
Se disait d'un homme adroit (136)
Allusion à la pièce de cuir que les cordonniers utilisaient pour se protéger la paume et le dessus des mains.

Prendre le *manteau*
Se consacrer à la philosophie (137)
Le manteau était autrefois le vêtement préféré des philosophes grecs.

Un rôle à *manteau*
Dans le langage des théâtres, se disait d'un rôle de personnage grave et âgé (138)
En simplifiant, on disait d'un acteur qu'il « joue les manteaux ».

Dire son *manus*
Recommander son âme à Dieu au moment de mourir (139)

Donner des coups de pieds à la *mappemonde* (Pop.)
Donner des coups de pieds aux fesses (140)

C'est un *maquignon* d'amour
Se disait d'un entremetteur (141)

Il n'est de bons pois et de bons blés que de *marais* (Pro.)
Les blés et les légumes poussent bien dans les anciens marécages (142)

Se sauver par les *marais*
(Loc.Pro.)
Se tirer d'un mauvais pas en invoquant toutes les raisons possibles, bonnes ou mauvaises (143)

Les demoiselles du *Marais*
Nom que l'on donnait à Paris aux courtisanes qui étaient assez nombreuses à habiter le quartier du Marais (144)

Cela échaufferait du *marbre*
Se disait des paroles ou des actions capables d'émouvoir les cœurs les plus indifférents (145)

Tromper le *marchand*
Acheter une chose à vil prix (146)

Dîner de procureur, mais souper de *marchand* (Loc.Pro.)
Allusion au fait que les marchands n'ont que le soir pour avoir le temps de faire un bon repas (147)

Il en sera le mauvais *marchand*
(Loc.Pro.)
Cela ne lui portera pas bonheur (148)

C'est un *marchand* de lacets
(Arg.)
Se disait en argot d'un gendarme (149)
Allusion au lacet avec lequel on liait les mains derrière le dos des personnes en arrestation.

C'est un *marchand* de mort subite (Arg.)
Se disait en argot d'un charlatan qui vendait des drogues sur les foires (150)

Riche *marchand*, pauvre poulailler (Pro.)
Se disait pour affirmer que le métier de marchand de poules n'est guère lucratif (151)

Ne pas *marchander* quelqu'un
L'attaquer avec brusquerie, verbalement ou physiquement (152)

Aller en *marchandise*
Chercher à faire un bon coup (153)

Faire d'une chose métier et *marchandise* (Loc.Pro.)
En faire sa profession (154)

Gagner une *marche*
Dans la langue des militaires, prendre les devants sur l'ennemi, obtenir l'avantage du temps et de la position (155)

Ne pas amender son *marché*
Aggraver sa faute (156)
(Voir également A110)

Boire le vin du *marché*
Boire un coup pour ratifier un marché qui vient d'être passé (157)

Courir sur le *marché* de quelqu'un
Faire des démarches pour essayer de se procurer ce qu'il cherche à obtenir (158)
De nos jours, on dit plutôt que l'on « marche sur les brisées de quelqu'un ».

***Marcher* l'étoffe d'un chapeau**
Dans le langage de la chapellerie, la manier à froid ou à chaud (159)

Elle est *marcheuse* à l'Opéra
Se disait d'une figurante dans un ballet (160)

Couler un œil *marécageux* (Arg.)
Se disait en argot d'un regard langoureux (161)

Parler *margajat* (Pop.)
S'exprimer dans un langage inintelligible (162)
Les margajats désignaient une peuplade du Brésil. Le terme s'employait également pour parler des galopins, des voyous.

Mettre quelqu'un dans le *margouillis*
L'impliquer dans une mauvaise affaire (163)

Jeter des *marguerites* devant les pourceaux (Loc.Pro.)
Parler de belles choses devant des gens qui les méprisent parce qu'ils ne les connaissent pas (164)

Un *mariage* sous la cheminée (Pop.)
Se disait d'un mariage contracté entre un homme et une femme sans que les formalités légales n'aient été accomplies (165)

Un *mariage* en détrempe
Se disait d'une liaison amoureuse qui n'est que de courte durée (166)

Un *mariage* encombré
Se disait en Normandie d'un mariage où la dot de la femme est en péril (167)

Un *mariage* de garnison
Se disait de la liaison amoureuse nouée par un militaire pendant qu'il est en garnison dans une ville (168)

Un *mariage* à demi
Se disait d'un concubinage (169)

***Mariage* de Jean des Vignes, tant tenu, tant payé** (Pro.)
Se disait par allusion à l'union passagère qui survient entre un vendangeur et une vendangeuse (170)

Un *mariage* à mortgage
En droit ancien, se disait d'un mariage à l'occasion duquel un père et une mère donnaient une terre à leur enfant, en se réservant la possibilité de pouvoir la racheter (171)

Un *mariage* réchauffé (Pop.)
Se disait, dans la langue populaire, du remariage d'un veuf ou d'une veuve (172)

Un *mariage* à l'anglaise (Arg.)
Se disait en argot d'un mariage dans lequel chacun vit de son côté (173)

Qui se *marie* par amour a une bonne nuit et deux mauvais jours (Pro.)
Ce vieux proverbe laissait entendre que les mariages d'amour ne sont pas souvent des mariages heureux (174)
En jetant le discrédit sur les mariages d'amour, il s'agissait peut-être d'inciter les jeunes gens à se plier plus facilement à la coutume des mariages arrangés par les familles.

***Marier* Justine**
Dans le langage des théâtres, précipiter le dénouement (175)

Femme de *marin*, femme de chagrin (Pro.)
Les femmes qui se marient avec un marin savent qu'elles risquent d'être veuves avant les autres (176)

Un *marin* de la vierge Marie (Arg.)
Se disait en argot d'un marinier d'eau douce (177)

Des chausses à la *marinière*
Se disait de culottes froncées à la ceinture et au bas des cuisses, ne dépassant pas les genoux (178)

Épouser une *marionnette*
Épouser une femme de petite taille (179)

Faire jouer les grandes *marionnettes*
Employer les grands moyens pour réussir (180)

Les sœurs de la *marmite*
Se disait des sœurs de charité qui distribuent des bouillons aux malades (181)

Il avalerait la *marmite* des cordeliers (Loc.Pro.)
Se disait d'un glouton, d'un homme particulièrement vorace (182)

C'est une *marmite* (Arg.)
Se disait en argot d'une prostituée qui entretient un proxénète (183)

C'est une maison où la *marmite* est renversée
On n'y invite plus personne à dîner (184)
Se disait également d'une maison habitée par une personne qui est ruinée.

Être *marmiteux* en affaires
Se disait d'un homme dont les revenus sont insuffisants, dont les affaires sont devenues peu florissantes (185)

Nourrir le *marmot* (Arg.)
En argot, préparer un vol (186)

En donner sur le *maroquin* à quelqu'un
Le battre, lui administrer une correction (187)
Rappelons que le maroquin est un cuir obtenu à partir d'une peau de bouc ou de chèvre traitée au sumac, apprêtée avec de la noix de galle et mise ensuite en couleur.

Il devrait porter la *marotte*
Se disait de quelqu'un qui, comme les fous, dit ou fait des choses extravagantes (188)
La marotte était une sorte de sceptre de fantaisie terminé par une tête grotesque dont le capuchon était garni de grelots. On en avait fait l'attribut de la folie.

Un cadran qui *marque*
Se disait d'un cadran solaire qui reçoit les rayons de l'astre du jour et qui indique l'heure (189)

C'est un cheval qui *marque* encore
Se disait d'un cheval dont les creux des dents apparaissent encore, ce qui indique qu'il a moins de huit ans (190)

C'est une *marque* franche (Arg.)
Se disait en argot de la femme ou de la maîtresse d'un voleur (191)
Dans le même sens, on parlait également d'une « marquise ».

C'est un rôle *marqué*
Dans le langage des théâtres, se disait d'un rôle de personnage âgé (192)

Donner dans le *marquis*
Fréquenter des gens d'une condition supérieure à la sienne, ou affecter leur ton et leurs manières (193)

C'est une *marquise* de la fourchette
Se disait d'une femme dont la spécialité est de se faire inviter (194)

Se servir de la patte du chat pour tirer les *marrons* du feu
(Loc.Pro.)
Se servir adroitement d'une autre personne pour faire une chose dangereuse dont on espère tirer profit (195)

Il est allé rôtir les *marrons*
(Loc.Pro.)
Se disait d'une personne qui sort d'un jeu parce ce qu'elle n'a plus d'argent (196)

Avoir un petit coup de *marteau*
Se disait familièrement d'une personne qui a quelque manie, quelque bizarrerie (197)
De nos jours, on se contente de dire que cette personne « est marteau ».

Graisser le *marteau*
Soudoyer le portier pour qu'il vous permette d'entrer (198)
Allusion au heurtoir que l'on appelle encore marteau de porte.

Il ne faut pas être sujet à un coup de *marteau*
Il ne faut pas être obligé d'obéir immédiatement, au premier signal (199)

Une perruque à trois *marteaux*
Se disait d'une perruque comprenant une longue boucle placée entre deux nœuds (200)

Pour un point *Martin* perdit son âne
Au jeu, se disait lorsque l'on perd une partie faute d'un point (201)
S'employait aussi plus généralement lorsqu'une petite chose vous fait échouer dans une affaire d'une grande importance.

À la *Saint-Martin,* il faut goûter le vin (Pro.)
On peut boire le vin nouveau à la Saint-Martin (202)
La Saint-Martin se fêtait autrefois le 11 novembre. Des libations abondantes se faisaient dans les foires à cette occasion et l'on parlait du mal Saint-Martin pour évoquer les conséquences d'une bonne cuite... Faire la Saint-Martin était également devenu synonyme de faire bonne chère.

Des chausses à la *martingale*
Se disait autrefois des culottes dont le pont était placé par derrière (203)

Faire un *masque* à quelqu'un
Se disait lorsqu'on lui jette quelque chose en pleine figure (204)

Un *masque* à domino
Se disait d'un masque qui n'a pas de menton, qui s'arrête à la hauteur de la lèvre supérieure (205)

Une vilaine *masque*
Se disait d'une femme vieille et laide (206)
Pris dans ce sens, le mot masque était autrefois du genre féminin.

***Masquer* quelqu'un**
Lui donner une gifle (207)

Une *masse* de héron
S'est dit d'une aigrette de plumes de héron qui se portait au bonnet (208)

Faire de sa tête *massue*
Se donner beaucoup de mal, prendre des risques pour mener une affaire à la réussite (209)
On employait également cette expression pour évoquer le travail de réflexion et de concentration qu'il faut déployer pour vaincre une difficulté.

Donner dans le *mastic* (Arg.)
En argot, être victime d'une tromperie (210)

***Matassiner* des mains**
Faire des gestes de bouffon (211)
Un matassin était un personnage du théâtre comique chargé de faire des bouffonneries. Dans « Monsieur de Pourceaugnac », une comédie-ballet de Molière, on peut voir des matassins armés de clystères exécuter une danse folle.

Un *matelas* en plumes de geai des bois (Pop.)
Se disait ironiquement d'un matelas de feuilles sèches (212)

L'interrogatoire sur le *matelas*
Se disait du dernier interrogatoire que la justice féodale faisait subir à un accusé (213)
Après l'avoir torturé, on étendait le sujet en piteux état sur un matelas pour achever l'interrogatoire.

Un vaisseau *matelot*
Dans le langage de la marine de guerre, se disait d'un navire qui escorte le bâtiment principal (214)

C'est un homme à l'esprit *matériel*
Se disait d'un homme à l'esprit pesant (215)

C'est un faux *matériel*
Se disait en droit d'un faux commis en toute innocence, sans intention coupable (216)

Il faut l'envoyer à saint *Mathurin* (Pop.)
Il est devenu fou (217)
Saint Mathurin était un prêtre et un confesseur qui vivait en Gaule au IVe ou au Ve siècle. La croyance populaire prétendait que ce saint était capable de guérir la folie. On parlait d'une « colique de saint Mathurin » pour qualifier les gesticulations désordonnées dont sont capables les aliénés.

Voilà un beau *mâtin*, s'il voulait mordre (Loc.Pro.)
Se disait d'un homme qui serait capable de bien travailler s'il était plus courageux (218)

De grasse *matinée* robe déchirée (Pro.)
Les paresseux ne deviennent jamais riches (219)

Il est étourdi comme le premier coup de *matines* (Loc.Pro.)
Se disait d'un homme qui a toujours l'air de ne pas être bien réveillé (220)
Les matines constituent le premier office divin qui est célébré avant le lever du jour. À cette heure-là, on n'est pas toujours bien réveillé...

C'est dangereux comme le retour de *matines* (Loc.Pro.)
Se disait d'une chose que l'on doit craindre (221)
Allusion aux massacres de la Saint-Barthélemy qui commencèrent dans la nuit du 23 au 24 août 1572, lorsque les cloches eurent sonné matines.

Être comme un *matras* désempenné
Manquer de stabilité, d'aplomb (222)
Le matras était un gros trait tiré par des arbalètes munies de ressorts. Si on le privait d'empennage, ce projectile ne gardait pas une trajectoire rectiligne.

User sa *matricule* (Arg.)
En argot militaire, avancer sa libération (223)
Rappelons que « la » matricule est un registre, alors que « le » matricule n'est que le numéro d'inscription sur ce registre.

Faire le *maupiteux*
Affecter la misère, exagérer tous ses maux (224)

Semez la *mauve*, mais n'en mangez pas (Loc.Pro.)
Traitez les autres avec douceur, mais ne soyez pas trop doux avec vous (225)
La mauve fait partie de la famille des malvacées où l'on trouve des plantes connues pour leurs propriétés adoucissantes et émollientes.

C'est une vieille *mazette*
Se disait d'une personne qui ne peut porter le moindre fardeau (226)
Une mazette était un vieux cheval fatigué que l'on ne pouvait plus stimuler en employant le fouet ou l'éperon.

Le mener tambour battant, *mèche* allumée
Le mener bon train, sans ménagement (227)

C'est une tête de *médaille*
Se disait d'une personne dont les traits sont bien marqués (228)

Renverser la *médaille*
Modifier légèrement un discours pour qu'il s'adapte à de nouvelles circonstances (229)

Tourner la *médaille*
Examiner les choses sous un autre angle, en adoptant un autre point de vue (230)

C'est une vieille *médaille* (Pop.)
Se disait d'une vieille femme (231)

C'est un ris de saint *Médard*
(Loc.Pro.)
Se disait d'un rire forcé, fait à contre-cœur (232)
Cette expression trouve son origine dans le fait que saint Médard, dont on dit qu'il avait le pouvoir d'apaiser les maux de dents, était représenté la bouche entrouverte, laissant un peu voir ses dents.

Saint-Médard, grand pleurard
(Pro.)
Ce proverbe populaire affirme que s'il pleut le 8 juin, jour de la Saint-Médard, c'est le signe d'un temps qui restera pluvieux pendant longtemps (233)
À rapprocher du proverbe qui est encore en usage : « Quand il pleut à la Saint-Médard, il pleut quarante jours plus tard ».

C'est un *médecin* chimique
Se disait d'un médecin qui prescrit des remèdes violents (234)

Après la mort, le *médecin*
(Loc.Pro.)
Se disait d'un secours qui arrive trop tard, lorsque l'on n'est plus en état d'en profiter (235)

Heureux le *médecin* qui vient sur le déclin du mal (Loc.Pro.)
On attribue parfois à un médecin une guérison dont la nature seule est responsable (236)

Le *médecin* fait les cimetières bossus (Loc.Pro.)
Les médecins tuent beaucoup de malades (237)
Allusion aux nouvelles tombes dont la terre n'est pas encore tassée.

C'est un *médecin* de Salamanque, qui guérit l'un et l'autre manque (Pro.)
Se disait d'un médecin dont la science est peu sûre et dont l'efficacité n'est pas garantie (238)
La mention de la ville de Salamanque n'est là que pour assurer la rime…

Le *médecin* de papier
Dans la marine, se disait du traité de médecine que l'on déposait à bord des vaisseaux de commerce qui n'embarquaient pas de médecin (239)

La *médecine* des gens du monde
Se disait de la médecine domestique que l'on pratiquait à l'aide de livres et de recueils de recettes médicales (240)

La *médecine* blanche
Se disait d'une potion purgative (241)

Avaler la *médecine*
Se résigner à subir ou à faire quelque chose, en prendre son parti (242)

Il ne faut pas prendre la *médecine* en plusieurs verres
(Loc.Pro.)
Il faut faire rapidement et d'un seul coup une chose désagréable dont on ne peut se dispenser (243)

Les médecins prennent *médecine* le jour de leur noce
(Loc.Pro.)
Allusion au fait que, dans le langage populaire, on plaisantait en appelant « médecine » la femme du médecin (244)

Argent comptant porte *médecine* (Pro.)
Se disait lorsque l'on refusait de faire crédit (245)
Allusion au fait que le paiement comptant évite les querelles qui pourraient naître du fait d'échéances de remboursement non respectées.

Il est plus facile de *médeciner* que de curer (Loc.Pro.)
C'est facile de prendre des remèdes, c'est moins facile de guérir (246)
À l'origine, le verbe médeciner était associé à la prise de purgatifs. Il a ensuite été généralisé à la prise d'autres médicaments que l'on appelait alors des drogues.

C'est un vrai *médicament*
Se disait d'une personne ou d'une chose très ennuyeuse (247)

Le *meilleur* n'en vaut rien
(Loc.Pro.)
Se disait de deux ou de plusieurs personnes aussi méchantes l'une que l'autre (248)

Du drap *mélangé*
Se disait d'un drap dont la trame et la chaîne sont faites de laines de différentes couleurs (249)

C'est une marchandise *mélangée*
Se disait d'une personne qui a autant de défauts que de qualités (250)

C'est un marchand *mêlé*
Se disait d'un homme qui exerce plusieurs métiers avec un succès médiocre (251)
Se disait aussi des artistes qui exercent leurs talents dans des domaines très différents. D'une manière générale on pouvait employer cette expression pour évoquer une personne chez qui il y a du bon et du mauvais.

Un cheval *mêlé*
Se disait d'un cheval qui s'est pris les jambes dans les traits de l'attelage (252)

Avoir les dents *mêlées*
Articuler mal après avoir trop bu (253)

***Mêler* une serrure**
La fausser en voulant l'ouvrir avec une mauvaise clé (254)

***Mêler* le ciel à la terre**
Tout confondre (255)

Flairer le *melon* à la queue
(Loc.Pro.)
Essayer de pénétrer des choses qui paraissent mystérieuses (256)

Crier comme une *Mélusine*
(Loc.Pro.)
Se disait des cris étouffés que les villageois poitevins croyaient entendre sortir de la forteresse de Lusignan, où l'on disait que la fée Mélusine était enfermée (257)
Mélusine était une fée célèbre au Moyen Âge, notamment dans le Poitou. La légende dit qu'elle fit élever le château de Lusignan et devint le génie de la maison. On la représentait souvent sous forme d'un être hybride, moitié femme, moitié serpent.

Il a une *mémoire* de lièvre, il la perd en courant
Se disait d'une personne à la mémoire défaillante, chez qui une chose en fait facilement oublier une autre (258)

Un *mémoire* d'apothicaire
Se disait d'une très longue facture détaillée où les sommes mentionnées paraissent souvent trop élevées (259)

Vivre de *ménage*
Vivre difficilement, en économisant sur tout (260)

On lui remue son *ménage* (Pop.)
On vend ses meubles par autorité de justice (261)

Il a la *menée* belle
Se disait d'un chien de chasse qui ne se détourne pas facilement de la trace laissée par le gibier (262)

***Mener* quelqu'un par la lisière**
Le conduire, le gouverner comme un enfant (263)
La lisière désignait ici la bordure d'une étoffe. De nos jours, on mène quelqu'un par le bout du nez…

***Mener* les poules pisser et les ramener sans boire** (Loc.Pro.)
Se disait d'un niais qui fait tout le contraire de ce qu'on lui dit (264)

***Mener* le bourru** (Pop.)
Se disait du charivari que l'on fait à un mari qui s'est fait battre par sa femme (265)

***Mener* les bras**
Faire un travail de force (266)

C'est un docteur de *ménestre*
Se disait d'une personne qui vit en parasite (267)
La ménestre, ou maintenant minestrone, est une soupe italienne qui se prépare avec du riz ou avec des pâtes mélangées à des légumes.

Soufflez *ménétrier*, l'épousée passe (Pro.)
Se disait pour se moquer d'une personne qui se vante (268)

Il est comme les *ménétriers*, il n'y a pas pire logis que le sien
(Loc.Pro.)
Il est comme certains musiciens qui mènent une vie un peu vagabonde (269)
Les ménétriers faisaient danser les villageois lors des fêtes locales.

C'est une sœur *menette*
Se disait d'une bigote, d'une femme confite en dévotion (270)

C'est un *menteur* d'hiver (Pop.)
Se disait de celui qui prétend ne pas avoir froid quand il gèle (271)

Il est *menteur* comme une oraison funèbre (Loc.Pro.)
Se disait d'une personne qui ne peut s'empêcher de mentir en enjolivant la réalité (272)

Il ne faut pas *mentir* devant des menteurs (Loc.Pro.)
Il ne faut pas faire une chose devant ceux qui y excellent (273)

Lever le *menton*
Jouer les braves, adopter une attitude décidée (274)

Mettre ses mains sous le *menton*
Prendre ses aises (275)

Penser sous le *menton*
Réfléchir (276)

Être grosse jusqu'au *menton*
Se disait d'une femme dont la grossesse est très avancée (277)

Se donner du *menu*
Se donner du bon temps, se divertir (278)

Il pleut dru et *menu*
Il pleut fort et beaucoup (279)
On disait de même « trotter dru et menu » pour dire que l'on marchait vite et à petits pas.

Être en pleine *mer*
Être responsable d'un projet qui est déjà bien avancé (280)

Qui craint le danger ne doit pas aller sur *mer* (Loc.Pro.)
Une fois engagé dans une affaire, il faut en affronter les périls (281)

Il a plu sur sa *mercerie* (Loc.Pro.)
Il a fait de très mauvaises affaires (282)

À petit *mercier*, petit panier (Pro.)
Qui gagne peu dépense peu. Il faut toujours proportionner ses dépenses à ses revenus (283)

Fixer le *mercure*
Rendre fidèle une personne qui est très légère (284)
Allusion à l'extrême mobilité d'une goutte de mercure. D'une personne inconstante, on disait encore qu'elle est « mobile comme le mercure ».

C'est de la *merde* à gaillard
Se disait de la mélasse (285)
Allusion à son odeur nauséabonde.

C'est la *mère* aux écus (Pop.)
Se disait d'une femme riche et avare (286)

C'est le ventre de ma *mère*, je n'y retourne plus (Loc.Pro.)
Se disait pour exprimer le fait que l'on considère une affaire comme terminée et que l'on ne souhaite plus en reparler (287)

Apprendre à sa *mère* à faire des enfants (Loc.Pro.)
Se mêler d'enseigner quelque chose à quelqu'un qui en sait plus que soi sur le sujet (288)

Renvoyer quelqu'un chez sa *mère-grand* (Loc.Pro.)
Lui faire une sévère réprimande (289)

Elle vient de se faire *merlander* (Arg.)
Elle sort de chez le coiffeur (290)
En argot, le merlan est le sobriquet que l'on donnait aux perruquiers. Autrefois, ils étaient toujours blancs de poudre comme le merlan est blanc de la farine dont on l'enduit avant de le jeter dans la friture. De nos jours, le merlan est un coiffeur.

***Merlans* sont viandes de laquais et de postillon** (Loc.Pro.)
Le merlan ne charge pas l'estomac et n'empêche pas de courir (291)

Il est franc comme un *merle*
Se disait d'un homme d'une grande franchise (292)

C'est un beau *merle*
Se disait ironiquement d'un homme laid, mal fait et dépourvu d'esprit (293)

C'est l'histoire des *merles* et des merlettes (Loc.Pro.)
Se disait d'une querelle futile qui se reproduit souvent et pour les mêmes raisons (294)
Évoque la querelle ridicule entre un paysan et sa femme pour savoir si, lors d'un anniversaire passé, ils avaient mangé des merles ou des merlettes.

Si vous faites cela, vous aurez gagné des *merles* blancs (Loc.Pro.)
Se disait pour défier quelqu'un de faire une chose que tout le monde regarde habituellement comme impossible (295)

Manger de la *merluche* (Loc.Pro.)
Se mortifier, endurer le mal (296)
La merluche était un poisson assez peu apprécié. Madame de Sévigné a dit, en parlant d'un homme très pieux et très soucieux de l'au-delà, que « c'est un homme qui mange de la merluche toute sa vie, pour manger du saumon après sa mort ».

Se faire *merveilles*
Se prodiguer de multiples marques d'amitié (297)
« Praslin et le chevalier de Montfort se firent merveilles ». Mémoires du duc de Saint-Simon.

La partie de la *mésangère*
Au billard, se disait d'une partie qui se joue avec six billes et en soixante points (298)
En ornithologie, la mésangère était le nom que l'on donnait à une variété de mésange charbonnière.

Il sent le pied de *messager* (Pop.)
Se disait de quelqu'un qui sent mauvais (299)
Le messager, marchant beaucoup, devait certainement avoir des pieds odorants...

Ce sont des enfants de la *messe* de minuit qui cherchent Dieu à tâtons (Loc.Pro.)
Se disait des jeunes gens qui profitent de l'occasion de la messe de minuit pour égarer leurs mains sous les jupons des filles (300)
Plus généralement, on a parlé d'un « enfant de messe de minuit » pour évoquer un vaurien.

Être à la *messe* (Arg.)
En argot, être en retard (301)

Il ne faut pas se fier à un homme qui entend deux *messes* (Loc.Pro.)
Il faut se méfier des hypocrites (302)

***Mesurer* les choses à la longueur de son bras** (Loc.Pro.)
S'en faire une idée trop personnelle, imprécise ou erronée (303)

Ne pas *mesurer* son verre (Loc.Pro.)
Boire trop (304)

***Mesurer* quelqu'un de la tête aux pieds**
Le toiser d'une manière provocante (305)

***Mesurer* la terre** (Pop.)
Tomber, s'étaler de tout son long . (306)

C'est un bijou en *métal* d'Alger
Se disait d'un bijou qui est fait dans un alliage imitant grossièrement l'argent (307)

Faire du *métier*
Travailler dur pour gagner sa vie (308)

Jouer un tour de son *métier*
Se disait à propos d'une personne qui se rend coupable d'une escroquerie envers une autre (309)
Se disait aussi pour un tour de passe-passe.

C'est un homme de tous *métiers*
Se disait d'un intrigant qui est capable de se prêter à tout selon les circonstances (310)

C'est un petit *meuble* de bouche
Se disait d'une phrase que l'on répète souvent (311)

Il est *meublé* selon l'ordonnance
Se disait d'une personne qui n'a que les meubles qui lui sont absolument nécessaires (312)
Sous Louis XIV, la lourdeur des taxes frappant leur mobilier incitait les officiers qui résidaient dans les villes à n'avoir que les meubles indispensables.

Avoir la bouche bien *meublée*
Se disait de quelqu'un qui a des belles dents (313)

Devenir d'évêque *meunier* (Loc.Pro.)
Se disait d'une personne qui régresse dans l'échelle sociale (314)

Un *miché* de carton (Arg.)
Se disait en argot d'un homme qui ne fréquente les prostituées que d'une manière occasionnelle (315)

Un *miché* sérieux (Arg.)
En argot, un amant riche et généreux (316)

C'est lui qui donne des *miches*
Se disait d'un homme important qui a le pouvoir d'accorder des grâces, des faveurs (317)

C'est un écornifleur qui cherche *midi* là où il n'est qu'onze heures
Se disait d'un parasite en quête d'un repas (318)

Il jeûne entre la *mie* et la croûte (Loc.Pro.)
Se disait d'un homme que la période de jeûne n'empêche pas de manger (319)

Bouche de *miel*, cœur de fiel (Pro.)
Se disait des flatteurs (320)

Faire sauter les *miettes* (Pop.)
Manger avec un grand appétit (321)

C'est un enfant *mijoté*
Se disait d'un enfant que l'on élève avec trop de délicatesse (322)

Tenir le *milieu*
Occuper la place d'honneur (323)

Une amitié de *milieu*
Se disait d'une relation qui se situe entre l'amour et l'amitié (324)

Boire le coup du *milieu*
Se disait du verre de liqueur forte que l'on boit au milieu du repas (325)
La version ancienne du trou normand…

On lui boucherait le derrière avec un grain de *millet* (Pop.)
Se disait en parlant d'une personne qui est en proie à une peur panique (326)

Tenir à *minage*
En droit ancien, être locataire à ferme d'une exploitation agricole, avec pour obligation de remettre chaque année au propriétaire un certain nombre de mines de blé (327) *(Voir M332).*

***Mince* comme la langue d'un chat** (Loc.Pro.)
Se disait d'une manière générale de ce qui est très mince (328)

Peindre *mince*
Dans le langage des peintres, appliquer les couleurs en couches peu épaisses (329)

Faire bonne *mine* à mauvais jeu
Cacher habilement son mécontentement (330)
Se disait aussi de la personne qui ne laisse rien paraître de son mauvais état de fortune ou de santé. On dit maintenant qu'il faut « faire contre mauvaise fortune bon cœur ».

C'est une *mine* à poivre (Arg.)
Se disait en argot d'un établissement où l'on boit des alcools très forts et de mauvaise qualité qui brûlent la gorge et le palais (331)
Le langage familier utilise encore le verbe « se poivrer » comme synonyme de « s'enivrer ». Le mot « poivrot » qui sert maintenant à qualifier un alcoolique a d'ailleurs la même origine.

En avoir pour sa *mine* de fèves (Pop.)
Éprouver quelque déconvenue ou devoir supporter quelque malheur (332)
La mine était une ancienne mesure de Paris utilisée pour les matières sèches. Elle était équivalente à la moitié d'un setier, soit environ 78,049 litres.

Ne plus rien tirer de sa *minerve*
Ne plus pouvoir fournir le moindre effort intellectuel (333)
Ce terme de « minerve » désignait autrefois la tête, la cervelle, l'intelligence.

Ils vont deux à deux comme frères *mineurs* (Loc.Pro.)
Se disait de plusieurs personnes qui marchent côte à côte (334)
On donnait autrefois le nom de frères mineurs aux cordeliers.

C'est une jolie *miniature*
Se disait d'une jeune femme jolie, mais petite et délicate (335)

Il entend bien chat sans qu'on lui dise *minon* (Loc.Pro.)
Il est fort capable de comprendre à demi-mot (336)
Le terme a évolué. De nos jours, le minon est devenu « minou » ou encore « minet ».

Nous ne mangerons pas un *minot* de sel ensemble (Pop.)
Notre union ne durera pas très longtemps (337)
Le minot de Paris correspondait à la moitié d'une mine, soit environ 39,025 litres (Voir M332).

C'est un homme à la *minute*
Se disait d'un homme très ponctuel (338)

C'est un *mion* de boule (Arg.)
Se disait en argot d'un filou (339)
Dans la langue verte, un mion était un petit enfant.

Faire le *miquelot*
Par hypocrisie, feindre la misère (340)
On donnait le nom de miquelot à celui qui allait en pèlerinage au Mont-Saint-Michel et qui faisait sa route en mendiant.

***Mirauder* un œuf** (Pop.)
Le mirer (341)
Mirauder est un vieux verbe qui signifiait « regarder avec attention » ou encore « admirer ».

C'est le paon qui se *mire* dans sa queue (Loc.Pro.)
Se disait d'une personne qui est très satisfaite de son apparence et qui le fait savoir (342)
D'une personne qui est en admiration devant son travail, on disait également qu'elle « se mire dans son ouvrage ».

Un sanglier *miré*
Dans le langage des chasseurs, se disait d'un vieux sanglier dont les défenses sont recourbées en dedans (343)

Prêcher sans *mission*
N'être pas autorisé à dire ce que l'on dit ou à faire ce que l'on fait (344)

Les *missions* bottées
Se disait des dragonnades qui, après la révocation de l'édit de Nantes, étaient chargées de convertir les protestants par la force (345)

Prendre quelqu'un sans *mitaine*
Le surprendre, le prendre à l'improviste (346)

Un vol à la *mitaine* (Arg.)
Se disait en argot du type de vol pratiqué par les femmes qui dérobaient des dentelles de prix (347)

Prendre des *mitaines* (Loc.Pro.)
Être très prudent, prendre des précautions (348)
L'équivalent de l'actuel « prendre des gants ».

Ce sont des *mitaines* à quatre pouces (Pop.)
Se disait en parlant de choses qui ne servent à rien (349)

Un vendeur de *mithridate*
Se disait d'un charlatan (350)
Se disait également d'un homme qui parle beaucoup, qui fait des promesses qu'il ne tient jamais. Le mithridate était un remède de charlatan prétendument souverain contre tous les poisons.

Un onguent miton *mitaine* (Pop.)
Se disait d'un remède inutile, qui ne fait ni bien ni mal (351)
Dans le langage populaire, miton était synonyme de mitaine. L'expression « miton mitaine » faisait comprendre qu'entre deux choses équivalentes, il était indifférent de choisir l'une plutôt que l'autre.

Chacun à sa *mode* et les ânes à l'antique corde (Loc.Pro.)
Chacun vit et agit comme il lui plaît (352)

Les fous inventent les *modes* et les sages les suivent (Loc.Pro.)
Façon de laisser entendre que les gens qui suivent les modes sont peut-être aussi fous que ceux qui les lancent (353)

Le *modeste* d'un artichaut
Se disait du fond d'un artichaut (354)
Autrefois, on disait couramment « le cul d'un artichaut ». Les bigotes, de peur d'offenser le Seigneur, préféraient parler du « modeste »...

C'est un cheval *moellonnier*
Se disait d'un gros cheval de trait (355)
Ces chevaux étaient utilisés au transport des moellons et des pierres de moyenne grosseur qui servaient à la consolidation des chemins.

Se faire *moine* après sa mort
Se faire enterrer dans une robe de moine, dans l'espoir d'échapper au démon (356)

Donner le *moine* à quelqu'un
Lui porter malheur (357)
On disait également « lui donner le guignon », une expression qui est encore parfois en usage. On préfère parler maintenant de « guigne ».

C'est le *moine* bourru
Se disait d'un homme qui est toujours de mauvaise humeur (358)
Le moine bourru était également un prétendu fantôme que l'ignorance populaire faisait craindre dans les campagnes.

Mieux vaut gaudir de son patrimoine que de le laisser à un ribaud de *moine* (Pro.)
Il vaut mieux profiter de son bien plutôt que de le laisser à l'Église (359)
Le vieux verbe « gaudir » ou « se gaudir » signifiait s'amuser, laisser éclater sa joie.

***Moine* au cloître et la mort au cimetière** (Pro.)
Se disait de ce qui est dans l'ordre des choses, de ce qui est bien naturel (360)

Il est jaloux comme un *moine* noir
Se disait de celui qui jalouse les autres pour ce qu'ils réussissent à obtenir (361)
On disait que les moines noirs n'admettaient pas que les moines blancs, moins anciens, puissent les supplanter dans les faveurs du public.

Être chaud comme un *moineau*
Être très amoureux (362)

C'est un cheval *moineau*
Se disait familièrement d'un cheval auquel on a coupé les oreilles (363)

***Moineau* à la main vaut mieux que grue qui vole** (Pro.)
Il vaut mieux se contenter de ce que l'on a, même si c'est modeste, plutôt que de convoiter un bien qui est de plus grande valeur mais que l'on n'est pas sûr d'obtenir (364)
C'est la version ancienne du proverbe encore en usage « Un tiens vaut mieux que deux tu l'auras ».

Appelez-vous cela des *moineaux* ?
Considérez-vous cela comme peu important ? (365)

Voilà une belle maison s'il y avait des pots à *moineaux*
Se disait ironiquement d'une pauvre maison de campagne (366)
Le pot à moineau était un pot de terre que l'on attachait à une fenêtre afin que les moineaux puissent y faire leur nid.

Tirer sa poudre aux *moineaux*
Consacrer tout son temps et tout son argent à des bagatelles (367)
Se disait également d'une entreprise qui ne réussit pas ou d'un galant qui ne parvient pas à séduire une belle.

Quand l'abbé tient taverne, les *moines* peuvent aller au vin (Pro.)
Si l'abbé montre le mauvais exemple, le moine peut s'écarter de la vertu et sombrer dans le vice (368)
Dans le même sens, on disait également « Quand l'abbé danse à la cour, le moine est en rut dans la forêt ».

Attendre quelqu'un comme les *moines* font de l'abbé (Loc.Pro.)
Se disait lorsque l'on commence un repas sans attendre la personne qui est en retard (369)

On a tous les ans douze *mois* (Loc.Pro.)
Se disait pour marquer le fait que le temps passe vite et que l'on vieillit rapidement (370)

Des vaches *moisies*
Se disait des vaches dont la robe présente des couleurs différentes (371)
Ces vaches étaient estimées dans les campagnes.

Avoir des écus *moisis*
Posséder des écus qui sont restés cachés (372)

Il ne faut pas mettre la faucille dans la *moisson* d'autrui (Loc.Pro.)
Il faut se garder d'empiéter sur les droits ou les attributions des autres (373)

Il a payé plus de la *moitié* de ses dettes
Se disait d'un homme qui paraît ne plus devoir vivre encore longtemps (374)

C'est un homme qui est moitié chair, *moitié* poisson
Se disait d'un homme que l'on ne parvient pas à bien connaître, dont on ignore les goûts et les habitudes (375)

Devoir à Dieu et au *monde*
Être couvert de dettes (376)

Payer en *monnaie* de basoche
Donner une chose de peu de valeur plutôt que de donner de l'argent (377)

De la *monnaie* de billon
Se disait d'une monnaie d'argent dont la valeur était altérée par la présence d'une petite proportion de cuivre (378)

Être payé en *monnaie* de cordelier
Ne recevoir comme salaire que des remerciements et des belles paroles (379)

Être brouillé avec le directeur de la *monnaie* (Pop.)
Ne plus avoir d'argent (380)

Payer quelqu'un en même *monnaie*
Rendre service pour service, mais aussi injure pour injure ou coup pour coup (381)

Une fièvre *monotone*
En médecine, se disait d'une fièvre qui garde la même intensité du début jusqu'à la fin (382)

Se faire un *monstre* de quelque chose
S'imaginer qu'une chose est très difficile, très pénible (383)
De nos jours, on dit que l'on s'en fait « une montagne ».

Il a sa *montagne* dans la tête
Il a dans la tête un projet qui le préoccupe (384)

C'est un vin qui a du *montant*
Se disait d'un vin fort, qui a de la vigueur (385)
D'une manière générale, on disait que l'on a du montant lorsque l'on se sent fort, plein d'ardeur.

Bien bas choit qui trop *monte*
(Pro.)
On prend de gros risques en voulant se donner des airs importants que l'on est ensuite incapable de soutenir (386)

Qui monte la *mule* la ferre (Pro.)
Celui qui se sert d'un objet doit également en assurer l'entretien (387)

L'abbaye de *monte-à-regret*
(Arg.)
Se disait en argot de l'échafaud (388)

Être *monté* comme un saint Georges
Être monté sur un très beau cheval (389)
Saint Georges est le patron de l'Angleterre.

Un oiseau *monté*
Se disait d'un oiseau empaillé (390)

Je vous trouve fort mal *monté*
Se disait à quelqu'un qui est de très mauvaise humeur (391)

Faire sauter les *montées* à quelqu'un (Pop.)
Le chasser violemment et honteusement de chez soi (392)
On imagine un coup de pied au derrière suffisamment puissant pour vous propulser au sommet de la première côte venue…

Monter une garde à quelqu'un
(Loc.Pro.)
Lui faire une vive réprimande (393)

Monter une scie à quelqu'un
Lui faire sans cesse les mêmes taquineries qu'il finit par trouver très désagréables (394)

Cela le mènera à *Montfaucon*
Cela lui vaudra un jour la potence (395)
Montfaucon se trouvait sur les hauteurs de Paris, au nord-ouest, entre La Villette et les Buttes-Chaumont. L'endroit a été ainsi nommé parce que saint Boldéric y fut amené, dit-on, par un faucon. On y a établi plus tard les fourches patibulaires de la prévôté de Paris. Trois surintendants des finances, Enguerrand de Marigny, Jean de Montaigu et Semblançay furent pendus aux fourches de Montfaucon.

C'est un devin de *Montmartre*
(Loc.Pro.)
Se disait de celui qui joue au devin en prédisant des événements qui viennent d'avoir lieu (396)

Le côté du *montoir*
Se disait du côté gauche du cheval, le côté où l'on monte habituellement en selle (397)
On disait d'un cheval qui ne se laisse pas facilement enfourcher qu'il est « rude au montoir ».

Du pain de madame de *Montpensier*
S'est dit du pain que l'on a fait avec les os des morts réduits en farine lors du siège de Paris par Henry IV en 1590 (398)
La duchesse de Montpensier voulait que les Parisiens endurent toutes les privations plutôt que de se rendre. Catherine-Marie de Lorraine, mariée en 1570 à Louis II de Montpensier, était la sœur de Henri de Guise. Sa fille a épousé Gaston, frère de Louis XIII.

Faire passer quelqu'un à la *montre*
L'examiner de très près (399)

Mettre quelqu'un sur la *montre*
Mettre une personne en situation de voir les choses par elle-même (400)

Ce sont les vignes de la Courtille, belle *montre* et peu de rapport (Pro.)
Se disait d'une chose ou d'une personne dont la belle apparence cache une piètre réalité (401)
La Courtille était un ancien quartier de Paris qui se situait vers Belleville et le boulevard du Temple. Les cabarets où l'on menait joyeuse vie y étaient nombreux. Le mardi gras de la Courtille est resté longtemps célèbre dans la capitale.

C'est un homme qui *montre* tout ce qu'il porte
Se disait ironiquement de celui qui oublie souvent de fermer le haut de son pantalon (402)

Un habit qui *montre* la corde
Se disait d'un habit usé dont on voit la trame (403)
Version ancienne de « usé jusqu'à la corde ». On disait également que « cela montre la corde » pour qualifier une ruse grossière très facile à découvrir.

Montrer la couture de ses bas
Dans le langage des théâtres, rompre son engagement (404)

S'endormir le _morceau_ au bec
Dormir après le repas (405)

Le _morceau_ honteux
Se disait du dernier morceau d'un plat (406)

Le _morceau_ de la nourrice
Se disait du meilleur morceau d'un plat (407)

Tailler les _morceaux_ à quelqu'un
Le restreindre dans ses dépenses (408)

Doubler les _morceaux_
Se hâter de manger (409)

Mordre le sein de sa nourrice
Se montrer ingrat envers ceux qui nous ont fait du bien (410)

Il vaut autant d'être _mordu_ par un chien que par une chienne
(Pro.)
Peu importe d'où vient le mal (411)

À laver la tête d'un _More_ on perd sa lessive (Pro.)
Il est inutile de chercher à corriger celui qui est incorrigible (412)
Une autre forme proverbiale s'employait également, mais dans un sens plus général : « On ne peut faire qu'une chose soit, quand elle est impossible ». Au XIXe siècle, les mots « More » ou « Maure » désignaient aussi bien les musulmans d'Afrique du Nord que les populations de race noire. Inutile de souligner qu'un proverbe comme celui-ci serait de nos jours totalement inacceptable…

Tenir sa _morgue_
Remplir ses fonctions avec une gravité et une solennité affectées (413)
Morgue était autrefois synonyme de visage.

Faire la _morgue_
Braver quelqu'un, le défier (414)

Hocher le _mors_ à quelqu'un
Le contrarier, le contraindre (415)

Rédiger un acte sur du papier _mort_
Le rédiger sur du papier libre, non timbré (416)

Il est tombé _mort_ ivre
Dans le passé, on disait aussi bien « ivre mort » que « mort ivre » (417)

Il serait bon pour aller quérir la _mort_ (Pop.)
Se disait d'un homme qui est toujours très lent à revenir des endroits où on l'envoie (418)

Souffrir _mort_ et passion
Être très contrarié, tourmenté (419)
Se disait aussi pour exprimer une très grande impatience.

Avoir la _mort_ entre les dents
Être très vieux ou très malade, n'en avoir plus pour longtemps à vivre (420)

Par la _mort_ Mahom !
Juron en usage à l'époque des croisades qui signifiait « Par la mort de Mahomet ! » (421)

Avoir fait un prêt à la _mort_
(Loc.Pro.)
Avoir échappé à une maladie très dangereuse (422)

De toutes les douleurs on ne peut faire qu'une *mort* (Loc.Pro.)
On ne meurt qu'une fois (423)

Frapper quelqu'un comme bête *morte*
Le frapper violemment (424)

Porter quelqu'un à la chèvre *morte* (Pop.)
Le porter sur le dos, en le tenant par les mains (425)
On disait aussi « à la vache morte ». Voir également C341.

C'est une *morte-eau*
Se disait d'une personne sombre qui ne parle pas beaucoup (426)

Chanter à quelqu'un ses sept péchés *mortels* (Pop.)
Lui reprocher tous ses défauts (427)

Avoir des yeux de *morue* (Pop.)
Se disait d'une personne qui a des grands yeux à fleur de tête (428)

En être las comme de la vieille *morue* (Loc.Pro.)
Se disait d'une personne que l'on ne peut plus supporter (429)
Salée ou séchée, la morue se conserve parfaitement et on peut en manger pendant longtemps, d'où une certaine lassitude...

Lui lécher le *morveau* (Pop.)
Le flatter d'une manière basse et obséquieuse (430)
Le morveau était de la morve épaisse. Même dans les milieux populaires, l'expression était déjà jugée comme très basse. Scarron, que ce style ne décourageait pas, a écrit dans l'une de ses pièces :
« Quelque godelureau
Qui méthodiquement vous lèche le morveau ».

Il vaut mieux laisser son enfant *morveux* plutôt que de lui arracher le nez (Loc.Pro.)
Il est préférable de tolérer un petit mal lorsqu'on en risque un plus grand en voulant y remédier (431)

Les *morveux* veulent moucher les autres (Loc.Pro.)
Ce sont souvent les fautifs qui prétendent corriger les autres (432)

Traîner ses *mots*
Parler très lentement (433)

S'arrêter à l'écorce des *mots*
Ne pas penser à leur sens profond (434)

Avoir des *mots* de gueule
Utiliser des termes grossiers (435)

Faire d'une *mouche* un éléphant
Exagérer les moindres petites choses (436)

La *mouche* va si souvent au lait qu'elle y demeure (Loc.Pro.)
À trop s'habituer au danger, on peut finir par en mourir (437)

***Moucher* le quinquet à quelqu'un** (Pop.)
Lui administrer une bonne correction (438)
Le quinquet était une lampe à huile dont le réservoir était placé plus haut que la mèche.

Il sait se *moucher* dans ses doigts (Pop.)
Se disait d'un homme entreprenant et habile (439)

Il pourrait tuer les *mouches* (Pop.)
Se disait de celui qui a une mauvaise haleine (440)

Mange bien des *mouches* qui n'y voit pas (Loc.Pro.)
Lorsque l'on n'examine pas les choses de près, on peut commettre bien des bévues (441)

Être mangé des *mouches*
Être exposé aux insultes des jaloux et des envieux qui ne vous valent pas (442)

Être tendre aux *mouches*
Être susceptible, s'offenser pour peu de chose (443)

Dru comme *mouches*
En très grande quantité (444)
« Les balles pleuvaient dru comme mouches ».

Refaire un mur en *mouchoir*
Le réparer en disposant les nouveaux matériaux suivant des lignes obliques (445)

C'est un succès de *mouchoirs*
Se disait au théâtre d'une pièce dont le seul mérite est de faire pleurer les dames (446)

***Moudre* un air** (Pop.)
Jouer un air sur un orgue à manivelle (447)
Allusion à la manivelle d'un moulin à café.

Jamais vieux singe ne fit belle *moue* (Pro.)
Les gentillesses des vieillards ne rendent pas leur visage plus gracieux (448)

Il ne faut pas y aller sans *moufle* (Loc.Pro.)
Il ne faut pas s'y rendre sans avoir pris quelques précautions (449)

Il est bien *mouillé* (Pop.)
Il a beaucoup bu (450)

Tirer cela au doigt *mouillé*
Tirer au sort pour décider d'une chose (451)
On mouillait l'un de ses doigts que l'on dissimulait et que l'on essayait ensuite de faire découvrir.

Prendre un *moulant* d'eau
Pour un meunier, utiliser la quantité d'eau capable de faire tourner son moulin (452)
Le moulant d'eau était autrefois estimé à 3 000 toises cubes par jour, soit environ 925 m3 à l'heure ou 260 litres à la seconde (la toise mesurait 1,949 m).

Lui faire tâter du *moule* de son gant (Pop.)
Lui donner un gifle (453)
Le langage populaire parlait du moule du gant pour la main, du moule du bonnet pour la tête ou du moule du pourpoint pour le corps. On disait que l'on ménageait le moule de son pourpoint pour affirmer que l'on prenait soin de son corps.

Être vêtu comme un *moulin* a vent
Porter des vieux vêtements de toile (454)

Renvoyer quelqu'un à son *moulin*
Le prier de se mêler de ce qui le regarde (455)

Il viendra un jour moudre à notre *moulin* (Pop.)
Se disait pour faire comprendre qu'une personne pourra dans l'avenir avoir besoin de nous (456)

***Mourir* tout vif**
Mourir subitement, ou encore être emporté par une maladie foudroyante (457)
Dans le même sens, on disait également « mourir sans langue », allusion au fait que la personne n'avait souvent pas le temps de se confesser.

***Mourir* en l'air** (Loc.Pro.)
Être pendu (458)

Va où tu peux, *mourir* tu dois (Pro.)
Tu ne pourras pas échapper à ta destinée (459)

Il n'en *mourra* que les plus malades (Loc.Pro.)
Se disait pour affirmer qu'une chose n'est pas aussi dangereuse qu'on le prétend (460)

Crever comme un vieux *mousquet* (Pop.)
Mourir d'excès de table, de débauche (461)

Porter le *mousquet*
S'enrôler dans l'infanterie (462)

Boire comme un *mousquetaire*
Boire du bon vin en grande quantité (463)
Le corps de mousquetaires a été supprimé en 1815.

C'est un *mousquetaire* à genoux
Se disait autrefois, par plaisanterie, d'un apprenti apothicaire car il était supposé se mettre à genoux pour administrer les lavements (464)

Une chèvre *mousse* (Pop.)
Se disait d'une chèvre qui n'a pas de cornes (465)

Du pain *mousseau*
Du pain fait avec de la farine de gruau (466)
On évoque ici la fine fleur de la farine de blé.

Se brûler la *moustache*
Manquer son coup, échouer dans une entreprise bien qu'on y ait consacré tous les moyens (467)

C'est une vieille *moustache*
Se disait d'un vieux soldat (468)

Cela n'a ni goût ni *moût*
Se disait d'une nourriture fade et sans saveur (469)

C'est de la *moutarde* d'après dîner (Loc.Pro.)
Se disait d'une chose qui arrive trop tard, dont on n'a plus besoin (470)

Sucrer la *moutarde*
Dire avec ménagement des choses qui sont pénibles à entendre (471)
S'employait également dans le sens de « modérer sa colère ».

Le baril de *moutarde* (Arg.)
Expression populaire assez basse, à caractère argotique, que l'on employait pour désigner les fesses, le derrière d'une personne (472)

Et le reste en *moutarde*
Se disait des comptes d'un maître d'hôtel lorsqu'ils ne semblent pas très exacts (473)

Il n'appartient pas à tout vinaigrier de faire de la bonne *moutarde* (Loc.Pro.)
On ne peut pas être excellent partout (474)

Il faut laisser le *moutier* où il est (Loc.Pro.)
Il ne faut rien changer aux usages reçus (475)
Rappelons que le moutier désignait autrefois un monastère. Le terme a ensuite été étendu à l'église. Lorsqu'on annonçait son intention d'épouser une jeune fille, on disait qu'on allait la mener au moutier.

Chair de *mouton*, manger de glouton (Pro.)
Se disait à une époque où la chair de mouton était peu appréciée (476)

Un pain de *mouton*
Se disait d'un petit pain dont la surface était couverte de grains de blé, que l'on donnait autrefois aux enfants comme une friandise (477)

***Moutonner* un prisonnier** (Arg.)
En argot, essayer de gagner sa confiance dans le but de lui faire dire tous ses secrets (478)
De nos jours, le mouton désigne encore le compagnon de cellule que l'on impose à un détenu dans le but de recueillir des confidences qui sont ensuite rapportées à la police. En argot moderne, un mouton est un mouchard ou un espion.

Il est bien loin de ses *moutons*
Se disait d'un homme qui n'obtient pas la récompense qu'il espérait (479)

Tirer d'un sac deux *moutures*
Tirer deux profits dans une même affaire (480)
Allusion au sac de grains et à la farine que le meunier en tire.

Il est bon à garder les oiseaux en *mue* (Pop.)
Se disait d'un incapable (481)
Être en mue signifiait « être en prison ». Il était donc question ici de garder les oiseaux en cage. Dans les campagnes, la mue était d'ailleurs une sorte de cage dans laquelle on plaçait une poule avec ses poussins.

Mettre les chiens à la *mue*
Dans le langage de la vénerie, cesser de les utiliser dans une chasse (482)

Mettre une femme en *mue*
En faire sa concubine, l'installer dans une chambre avec ses meubles (483)

Une *muette* des halles (Pop.)
Surnom que l'on donnait ironiquement aux marchandes de poisson qui étaient réputées pour leurs cris et leurs insolences (484)

Être gros comme un *muid*
Se disait d'un homme obèse (485)
Le muid de Paris, mesure de capacité utilisée pour les vins, correspondait à un tonneau d'une contenance de 274 litres.

C'est l'ambassade de Viaron, trois chevaux et une *mule* (Pro.)
Se disait d'un équipage ridicule (486)

Être coiffé comme la *mule* à Robespierre (Loc.Pro.)
Se disait en Lorraine d'une femme qui a mis son chapeau de travers (487)

La *mule* du pape ne mange qu'à ses heures (Loc.Pro.)
On ne peut manger avec plaisir que lorsque l'on a faim (488)

Garder le *mulet* (Pop.)
Attendre quelqu'un longuement, avec impatience et agacement (489)
Quand un maître entrait dans une maison, il disait à son valet de garder le mulet devant la porte.

Le *mulet* de Marius
Se disait du bâton que les légionnaires romains utilisaient pour porter plus facilement leur paquetage (490)
Marius, commandant de l'armée d'Afrique, donna l'ordre à ses soldats de porter eux-mêmes leurs effets pour diminuer le nombre de ses chariots.

De la *mumie* de gibet
Chair humaine desséchée au soleil, provenant des corps des suppliciés. Autrefois, elle était censée posséder de grandes vertus curatives (491)
Mumie est un terme de l'ancienne médecine qui peut se traduire par « cire ».

Un *mur* qui crève de rire (Pop.)
Se disait familièrement d'un mur crevassé (492)

On tirerait plutôt de l'huile d'un *mur*
Se disait d'un homme dur, dont on ne peut rien obtenir (493)
Dans le sens opposé, on disait « C'est un homme qui tirerait de l'huile d'un mur » pour parler de celui qui, par son adresse ou son expérience, serait capable d'obtenir ce que les autres ne parviennent pas à se procurer.

Avec le temps et la paille, les nèfles *mûrissent* (Loc.Pro.)
Une affaire n'est vraiment rentable que lorsqu'elle a atteint un certain degré de maturité (494)
On utilisait également cette forme proverbiale pour dire que l'on vient à bout de bien des choses avec du soin et de la patience.

Battre les *murs*
Chanceler, marcher comme un homme ivre (495)

Le *musc* n'est pas l'odeur des gens d'esprit (Loc.Pro.)
Les gens de goût n'utilisaient pas les parfums à base de musc dont l'odeur était jugée trop forte et trop tenace (496)

C'est un plaisant museau (Pop.)
Se disait ironiquement d'un homme qui fait l'agréable (497)

C'est un *musicien* de la Samaritaine
Se disait autrefois d'un mauvais musicien (498)
Allusion aux musiciens ambulants qui, à Paris, s'installaient sur le Pont-Neuf, non loin de la fontaine de la Samaritaine.

Brocher en *musique*
Dans le langage de la maréchalerie, ferrer un cheval maladroitement, en plantant les clous à des hauteurs inégales (499)

C'est un écrivain *musqué*
Se disait d'un écrivain dont le style est trop maniéré, trop recherché et ornementé (500)

La messe *musquée*
Se disait de la dernière messe qui était suivie habituellement par les gens de la bonne société (501)

Faire les choses à *musse-pot*
Les faire en cachette (502)
Se musser signifiait se cacher.

N

***Nager* comme une meule de moulin**
Ne pas pouvoir se maintenir à la surface de l'eau, couler à pic (1)

***Nager* en grande eau**
Vivre dans l'opulence, disposer d'une fortune confortable (2)

***Nager* un vaisseau**
Dans le langage de la marine, le remorquer à l'aide de petites embarcations à rames (3)

Bons *nageurs* sont à la fin noyés (Loc.Pro.)
Ceux qui sont habitués au danger ne sont pas pour autant à l'abri d'un accident (4)

Un œuf *nain* (Pop.)
Se disait d'un œuf sans jaune (5)

Une tête *naissante*
Se disait d'une tête récemment rasée et dont les cheveux commencent à repousser (6)

Trouver la *nappe* mise
Être sans fortune et faire un riche mariage (7)

Servir la *nappe*
Faire les affaires des autres sans le vouloir ou même sans le savoir (8)

Celui qui met la *nappe* est toujours le plus foulé (Loc.Pro.)
Celui qui, chez lui, organise un repas collectif a toujours plus de frais que les autres (9)

Trancher la *nappe*
Se disait autrefois de l'action d'un héraut qui, pendant un banquet solennel, venait couper la nappe devant l'un des convives pour lui reprocher un acte déloyal (10)

Faire *naqueter* quelqu'un
Le traiter comme un valet en le faisant attendre à la porte (11)
Naquet était autrefois synonyme de valet. Utilisé pour désigner un fantassin, le terme s'est ensuite généralisé à tout homme de peu de valeur.

Parler *narquois*
Parler un jargon qui n'est compris que par les malfaiteurs qui s'entendent entre eux pour tromper quelqu'un (12)
C'était notamment la principale raison d'être de l'argot.

Faire des *narrés*
Tenter de se disculper en avançant des mauvaises raisons (13)
Narré était synonyme de récit.

Donner des *nasardes* à quelqu'un
Le critiquer, se moquer de lui (14)
La nasarde était une chiquenaude sur le nez.

Être dans la *nasse*
Être engagé dans une affaire dont on ne parvient pas à se sortir (15)

Être dans l'état de pure *nature*
Être complètement nu (16)

Faire un grand effort de *nature*
Faire une chose à contrecœur (17)

Nourriture passe *nature* (Pro.)
L'éducation a plus de pouvoir sur nous que la nature elle-même (18)

Payer le tribut à la *nature*
Mourir (19)

Faire *naufrage* au port
Voir tous ses projets anéantis au moment où l'on était près de réussir (20)

La langue lui va comme la *navette* d'un tisserand (Loc.Pro.)
Se disait d'une personne très bavarde (21)

Il est *né* prié
Se disait d'un très haut personnage qui peut se permettre de se passer d'invitation (22)

Avoir l'air *nébuleux*
Avoir l'air soucieux, inquiet (23)

Être d'une pauvreté *nécessitante*
Être d'une pauvreté absolue (24)
« Nécessitant » était synonyme de nécessiteux.

L'avare se fait *nécessité* de tout (Pro.)
Il n'utilise pas ses biens et manque toujours du nécessaire (25)

***Nécessité* est mère d'industrie** (Pro.)
Le besoin rend ingénieux (26)

Faire ses *nécessités*
Satisfaire un besoin naturel (27)

Qui entre en *nef* n'a pas vent à gré (Pro.)
Les débuts d'une affaire sont souvent difficiles (28)
Allusion au voilier qui ne maîtrise ni la force ni la direction du vent.

Être fort sur la *négative*
Se disait d'une personne qui refuse systématiquement tout ce qu'on lui demande (29)

C'est un *négociant* au petit crochet (Pop.)
Se disait ironiquement d'un chiffonnier (30)

Une *négresse* morte (Arg.)
Se disait en argot d'une bouteille vide (31)
Le vin rouge se vendait couramment dans des bouteilles noires.

C'est un habit de *neige*
Se disait d'un habit qui ne dure pas longtemps (32)

***Neige* de février vaut fumier** (Pro.)
La neige de la fin de l'hiver est bonne pour les futures récoltes (33) (Voir également F127)
Dans le même sens, on disait aussi « Neige au blé est bénéfice, comme au vieillard bonne pelisse ».

Quand il *neige* sur les montagnes, il fait bien froid sur les vallées (Pro.)
Quand le malheur atteint les grands, les petits sont très vite accablés (34)

***Net* comme un denier** (Pop.)
Se disait de ce qui est très propre (35)

***Nettoyer* un homme sans vergettes** (Pop.)
Le battre, lui infliger une bonne correction (36)
Une vergette était une brosse à habits.

***Nettoyer* le gousset à quelqu'un** (Pop.)
Au jeu, gagner tout l'argent qu'il avait sur lui (37)

***Nettoyer* les brocs** (Pop.)
Boire beaucoup (38)

Quand on a dix pas à faire, *neuf* font la moitié du chemin (Pro.)
Le dernier pas semble toujours le plus pénible (39)

Il est *neuf* comme un fifre (Pop.)
Se disait d'un homme sans expérience (40)

Il est tout battant *neuf* (Pop.)
Se disait d'un habit neuf (41)

Cela arrive plus tôt que robe *neuve*
Se disait d'une chose que l'on redoute (42)

Patatras, monsieur de *Nevers* (Pro.)
Se disait à quelqu'un qui fait une chute (43)
Cette forme proverbiale est née de ce qui arriva à Louis de Gonzague, duc de Nevers. Sous Henri III, pendant la Ligue, le cheval du duc s'est abattu en pleine course alors qu'il allait de Paris à Nevers. Une vieille femme, voyant le cavalier rouler à terre, se serait écriée « Patatras, monsieur de Nevers ».

C'est un *neveu* à la mode du marais (Pop.)
Se disait familièrement d'un bâtard (44)

Il a un *nez* qui a coûté cher à mettre en couleur (Pop.)
Se disait du nez rouge d'un ivrogne (45)
On parlait également d'un nez de pompette, d'un nez fleuri ou encore d'un nez de betterave.

Avoir un beau *nez* à porter lunettes
Se disait ironiquement d'une personne qui a un grand nez (46)

C'est un homme qui peut marcher le *nez* levé (Pop.)
Se disait d'un homme à qui l'on ne peut rien reprocher (47)

Être heureux comme un chien qui se casse le *nez*
Se disait d'une personne qui est bien à plaindre (48)

Regarder qui a le plus beau *nez*
Ne rien avoir à faire, tuer le temps en observant les gens qui passent (49)

Se refaire le *nez*
Après avoir subi des pertes, réaliser à nouveau des bénéfices importants (50)

Ça me pèle le *nez*
Se disait d'une chose lassante, barbante (51)
On remarque fréquemment qu'une expression se pérennise en se condensant. Ici, dans le même sens, on emploie toujours la formule « Cela me pèle ».

C'est pour votre *nez* que le four chauffe
Ce qui se prépare ici ne sera pas pour vous, vous n'en aurez que l'odeur (52)
(Voir également C264)

Il oublierait son *nez* s'il ne tenait à son visage
Se disait en parlant d'un étourdi (53)

Du *nez* de chien (Arg.)
Se disait en argot d'un mélange de bière et d'eau-de-vie (54)

C'est un *niais* de Sologne, qui ne se trompe qu'à son profit
(Loc.Pro.)
Se disait d'un homme rusé qui se donne des airs niais pour mieux protéger ses intérêts (55)

C'est de la graine de *niais*
(Loc.Pro.)
Se disait de choses qui ne peuvent tromper que des gens simples (56)

Pondre au *nid* d'autrui (Pop.)
Coucher avec sa femme (57)

À chaque oiseau son *nid* est beau
Chacun trouve que sa maison est belle (58)

Aller prendre la mère au *nid*
(Loc.Pro.)
Marcher doucement et sans bruit, de peur d'être aperçu et de manquer son coup (59)
Allusion aux oiseleurs qui veulent surprendre la femelle dans son nid, occupée à couver ses œufs.

À petit oiseau petit *nid*
On doit se loger selon ses moyens (60)

Il est fou, ou le roi n'est pas *noble*
Il est incontestablement fou (61)

Il est comme la vieille *noblesse*, lorsqu'il a mangé sa soupe, il a plus qu'à moitié dîné
(Loc.Pro.)
Se disait d'un homme qui vit dans la gêne, qui doit limiter ses dépenses de bouche (62)

Faire la *noce* de chien (Pop.)
Se livrer à la débauche, fréquenter les femmes de mauvaise vie (63)

Voyage de maîtres, *noces* de valets (Loc.Pro.)
Lorsque les maîtres sont en voyage, les valets font bonne chère (64)

Le pain des *noces* dure encore (Loc.Pro.)
Se disait de ceux qui continuent longtemps à être galant avec leur femme (65)

Le plat de *noces*
Se disait du dîner offert au prêtre qui a béni le lit des nouveaux mariés (66)
Ce dîner pouvait être remplacé par de l'argent.

Quand à *Noël* on voit les moucherons, à Pâques on voit les glaçons (Loc.Pro.)
Quand l'hiver est tardif, le printemps est froid (67)

Ce ris ne passe pas le *nœud* de la gorge
Se disait d'un rire forcé, qui n'est pas naturel (68)

Il n'est pas si diable qu'il est *noir* (Loc.Pro.)
Se disait de quelqu'un qui n'est pas si méchant qu'il le paraît (69)

Le ciel est *noir*, il va pleuvoir des prêtres (Pop.)
Se disait lorsque le ciel se fait très menaçant (70)
Allusion à la couleur noire de la soutane.

Mettre du *noir* sur du blanc
Écrire, composer (71)

Mettre dans le *noir*
Atteindre son objectif (72)
Allusion au centre d'une cible qui est habituellement matérialisé par un rond noir.

Vendre du *noir* (Pop.)
Tromper en faisant des fausses promesses (73)

Marcher comme sur des *noix*
Marcher avec difficulté, comme on pourrait le faire en évoluant pieds nus sur des coquilles de noix (74)

C'est aussi facile que d'aligner des *noix* sur un bâton (Loc.Pro.)
Se disait d'une chose impossible à réaliser (75)

Je ne lui ai jamais dit pis que son *nom* (Loc.Pro.)
Je ne lui ai jamais rien dit d'injurieux ou d'offensant (76)

Il vaut mieux que son *nom* (Loc.Pro.)
Il n'est pas si méchant qu'on le dit (77)

Chose n'a pas de *nom* (Loc.Pro.)
Se disait à ceux qui ne se souviennent plus du nom d'une personne (78)

Il entend le *nombre* d'or (Loc.Pro.)
Se disait d'un homme qui a trouvé le moyen d'amasser de la fortune (79)

Un style *nombreux*
Se disait d'un discours élégant, où les mots bien choisis sont répartis de façon harmonieuse (80)

Adroit comme prêtre *normand* (Pro.)
Se disait d'une personne très maladroite (81)
Cette forme proverbiale viendrait du nom de saint Gaucher qui fut prêtre en Normandie.

Qui fit *Normand* fit truand (Pro.)
On rapporte que les Normands furent qualifiés de truands parce qu'ils étaient jadis écrasés d'impôts et qu'ils devaient avoir recours à la mendicité pour survivre (82)

C'est un fin *Normand*
Se disait d'un homme rusé et adroit (83)

Une réconciliation *normande*
Se disait d'une réconciliation simulée (84)

Une rime *normande*
Se disait de vers qui se terminent par « er », que l'on prononce « ère » dans l'un des deux, comme dans la phrase « s'abriter dans un aber » (85)
On a donné ce nom à ce genre de rimes à cause du fait que les Normands prononçaient l'«er» ouvert de la même manière que l'«er» fermé.

Bien plus qu'il n'y a de pommes en *Normandie* (Loc.Pro.)
Se disait pour évoquer un très grand nombre (86)

C'est un enfant *noué*
Se disait d'un enfant atteint de rachitisme (87)

Il a été *nourri* dans un tonneau, il n'a rien vu que par le bondon (Loc.Pro.)
Il n'a aucune expérience, il ne connaît rien du monde et de ses usages (88)

Il faut qu'il ait été changé en *nourrice* (Loc.Pro.)
Se disait d'un enfant qui ne ressemble en rien à ses parents (89)

Battre sa *nourrice*
Critiquer les personnes a qui l'on doit sa bonne éducation ou sa fortune (90)

C'est un grand dépuceleur de *nourrices* (Pro.)
Se disait d'un fanfaron qui se vante toujours d'avoir fait des nouvelles conquêtes féminines (91)

Écrire en lettres bien *nourries*
Écrire en caractères gras (92)

Faire une *nourriture*
Se disait d'une nourrice qui a été engagée pour allaiter un enfant (93)

Se dire des mots *nouveaux*
Se lancer des injures à la figure (94)

Une *nouvelle* de l'arbre de Cracovie
Dans les milieux littéraires, se disait d'une nouvelle plus ou moins vraisemblable (95)
« Cracovie » était le nom qui avait été donné à un arbre de l'ancien jardin du Palais-Royal sous lequel des auteurs se réunissaient pour inventer des nouvelles où l'imaginaire était parfois poussé jusqu'à l'invraisemblance.

Il n'est ferveur que de *novice*
(Loc.Pro.)
C'est surtout lorsque l'on commence une chose qu'on y met de l'ardeur (96)

Il a amassé des *noyaux* (Pop.)
Il a amassé des écus, il a fait fortune (97)

Un *noyé* s'accroche à un brin de paille
Celui qui est dans une situation désespérée cherche à s'en extraire en profi-

tant de ceux qui sont à sa portée, si petits soient-ils (98)
Dans le même sens, on disait également « Il se pend à tout comme un chien qui va se noyer ».

De cent *noyés* pas un de sauvé, de cent pendus pas un de perdu (Pro.)
Les noyés sont souvent victimes d'un accident et meurent sans avoir reçu l'assistance d'un prêtre. Les pendus, par contre, reçoivent l'absolution avant de périr par la corde (99)

Monter à *nu*
Se disait autrefois lorsque l'on montait à cheval sans selle (100)
De nos jours, on monte « à cru ».

Être *nu* en chemise (Pop.)
N'avoir sur soi que sa chemise (101)

Nager dans les *nuages*
Développer avec emphase des idées vagues ou obscures (102) (voir également N104)

Il a été élevé chez les sauvages *nudipèdes*
Se disait avec mépris d'un homme qui n'a pas d'éducation (103)
Un « sauvage nudipède », dans l'esprit de l'époque, était un homme primitif qui va nu-pieds.

Se perdre dans les *nues*
Perdre de vue le sujet traité (104)

Faire sauter quelqu'un aux *nues*
Le faire bondir, provoquer chez lui une colère subite (105)

Tout bonnet la *nuit* est bon
La nuit, on ne fait pas la différence entre ce qui est beau et ce qui l'est moins (106)

Sortir à *nuit* fermée
Sortir au milieu de la nuit (107)

C'est un homme qui entend le *numéro* (Loc.Pro.)
Se disait d'un homme qui exerce son activité avec habileté et qui sait en tirer un beau profit (108)

Être fixé sur le *numéro* de quelqu'un
Connaître sa valeur, savoir parfaitement de quoi il est capable (109)

Aller au *numéro* 100 (Pro.)
Se disait pour aller aux toilettes (110)
L'expression est un mauvais calembour basé sur l'homophonie entre « cent » et « sent ».

Il est fait à cela comme un chien à se promener *nu-tête* (Pro.)
Cela lui convient, il en a l'habitude (111)

Une *nymphe* potagère
Se disait par plaisanterie d'une jolie paysanne (112)

Rond comme *l'o* du Giotto (Loc.Pro.)
Se disait d'une figure qui est parfaitement ronde (1)
Allusion au peintre florentin Angiolotto di Bondone, dit Giotto (1266-1336)

Du cuir *obéissant*
Se disait d'un cuir souple et maniable (2)

Il a l'esprit *obèse*
Se disait de celui qui est totalement dépourvu de finesse, dont l'esprit obtus est épais et pesant (3)

Vieille *obligation* défait nouveau marché (Pro.)
Un marché est annulé s'il existe une obligation antérieure qui a été cachée (4)

***Obliger* un apprenti**
L'engager chez un maître pendant un certain temps pour qu'il apprenne les techniques propres à son métier (5)

N'avoir pas une *obole*
N'avoir pas un sou vaillant (6)
L'obole dont il est question ici était une monnaie de cuivre qui, à l'époque médiévale, valait la moitié d'un denier tournois.

Point de pigeon pour une *obole* (Pro.)
Pour obtenir quelque chose, il faut y consacrer de la peine et de l'argent (7)

Savoir *observer* les longues et les brèves (Loc.Pro.)
Être précis et exact dans tout ce que l'on fait (8)
Allusion à la notation musicale où une longue vaut deux brèves. Se disait

aussi d'une personne cérémonieuse, respectueuse de tous les usages.

C'est un *œdipe*
Se disait d'un homme qui devine des choses difficiles à pénétrer (9)
œdipe était roi de Thèbes au XVe siècle avant J.C. Il aurait percé à jour l'énigme proposée par le Sphinx. Les malheurs d'Œdipe ont fourni le sujet de nombreuses tragédies, les plus célèbres étant celles de Sophocle et de Voltaire.

Avoir un *œil* à Paris et l'autre à Pontoise
Se disait par plaisanterie d'une personne qui louche fortement (10)

***L'œil* du maître engraisse le cheval** (Pro.)
Ses propres affaires se portent bien mieux lorsque l'on a la possibilité de s'en occuper personnellement (11)

C'est un tableau qui a de *l'œil*
Se disait d'un tableau qui ne laisse pas indifférent, d'une œuvre qui produit un certain effet sur ceux qui la découvrent (12)

Un vin *œil* de perdrix
Dans le langage de la viticulture, se disait d'un vin qui n'est que légèrement teinté de rouge (13)

Un *œil* de bœuf (Arg.)
Se disait en argot d'une pièce de cinq francs (14)

Il ne saurait tourner un *œuf*
Se disait d'un homme très maladroit (15)

Je lui ai dit ni *œuf* ni bœuf
Je ne lui ai pas adressé d'injures, ni petites ni grosses (16)

Se ressembler comme des *œufs*
Se disait de choses parfaitement semblables (17)

Faire de ses *œufs* des poules
Surévaluer ce que l'on a, ce que l'on fait (18)

Être fait comme quatre *œufs*
Être mal vêtu (19)

Elle a cassé ses *œufs*
Se disait d'une femme accouchant avant terme (20)

Qui veut des *œufs* souffre le caquetage des poules (Pro.)
Si l'on veut jouir des avantages d'une chose, il faut savoir également en subir les inconvénients (21)

Aimer mieux deux *œufs* qu'une prune (Pro.)
De deux choses, il faut savoir choisir celle qui est la plus avantageuse (22)

Depuis les *œufs* jusqu'aux pommes (Loc.Pro.)
Du début jusqu'à la fin (23)
Allusion aux repas des Romains qui commençaient par des œufs et se terminaient avec des fruits.

Il est assis sur des *œufs* de fourmis
Se disait de celui qui montre une très grande impatience (24)

Il est loin d'avoir cinq *œufs* après la soupe
Se disait de celui qui est contraint de vivre chichement (25)

C'est *l'œuvre* de Notre-Dame, qui ne finit jamais (Pro.)
À Paris, se disait des choses qui traînent en longueur (26)
On prétendait que, dans l'église Notre-Dame de Paris, il restait toujours des travaux que l'on ne voulait pas achever.

Un coup à *offenser* le cerveau
Se disait d'un violent coup sur la tête (27)

Acheter un *office* de trépassé (Pop.)
En langage familier, mourir (28)

N'avoir ni *office* ni bénéfice (Loc.Pro.)
N'avoir aucun revenu assuré (29)

Il *officie* bien
Il mange bien et boit bien à table (30)

Un *officier* de la manicle (Arg.)
Se disait en argot d'un coupeur de bourse (31)
La manicle, ou manique, était l'anneau de fer avec lequel on attachait les pieds des forçats à la chaîne.

Un *officier* de topo (Arg.)
Se disait en argot de celui qui triche au jeu (32)

Un mensonge *officieux*
Se disait d'un mensonge fait pour être agréable à une personne, pour lui rendre service, sans nuire aux autres (33)

Faire *l'officieux*
Faire l'empressé, chercher à être serviable (34)

Chaque saint veut son *offrande* (Loc.Pro.)
Quand on veut réussir, il faut savoir ménager tout le monde (35)

À petit saint petite *offrande* (Pro.)
Il faut savoir proportionner ses cadeaux (36)

Quand les curés ne voudront plus *d'offrandes* (Loc.Pro.)
Se disait d'une chose qui n'arrivera jamais (37)

***Offrir* une chose de tous côtés des bois**
L'exposer partout à la vue de tout le monde (38)

Des arbres qui *offusquent* la maison
Se disait des arbres qui l'isolent et la cachent (39)
Lorsque l'on était ébloui, on disait aussi : « Le soleil m'offusque les yeux ».

Les *oies* du frère Philippe
Désignait les femmes en général (40)
Cette expression vient d'un conte de La Fontaine où un vieillard, interrogé par un jeune homme qui voit des femmes pour la première fois, répond : « Ce sont des oies ».

Qui a plumé les *oies* du roi, cent ans après il en rend la plume (Pro.)
S'attaquer à des gens haut placés peut comporter des risques (41)

Si tous les fous portaient un bonnet blanc, nous formerions un beau troupeau *d'oies*
(Loc.Pro.)
Il peut arriver à chacun de commettre un jour une folie (42)

Mince comme une pelure *d'oignon*
Se disait d'une chose très mince (43)

Être vêtu comme un *oignon*
Porter des vêtements les uns sur les autres (44)

Pleurer sans *oignon*
Être désespéré, éprouver un grand chagrin (45)

Il y a de *l'oignon* (Loc.Pro.)
Il y a quelque chose de caché là-dessous (46)

Il y aura de *l'oignon* (Loc.Pro.)
On se battra, il y aura des larmes (47)

Avoir de *l'oignon* (Arg .)
En argot, avoir sur soi de l'argent liquide, être capable de payer comptant (48)

Marchand *d'oignons* se connaît en ciboules (Loc.Pro.)
On est difficilement trompé sur les choses de son métier (49)

C'est un mangeur de vieux *oing*
Se disait d'un cocher qui garde pour lui l'argent destiné à l'achat de la graisse nécessaire aux roues de sa voiture (50)
L'oing était de la graisse de porc fondue.

Un *oiseau* de cage (Pop.)
Se disait familièrement d'un prisonnier (51)

C'est la plume de *l'oiseau*
Se disait de ce qu'il y a de plus profitable dans une affaire (52)

Ce n'est pas viande pour votre *oiseau* (Loc.Pro.)
C'est trop cher pour vous (53)
S'employait également pour dire à une personne qu'une chose est au-dessus de ses forces ou de ses capacités intellectuelles.
De nos jours, mais dans le domaine sexuel seulement, on a toujours cette forme proverbiale qui ne manque pas d'un certain charme : « Ce n'est pas du mouron pour ton serin ».

Plus *l'oiseau* est vieux, moins il veut se défaire de sa plume
(Loc.Pro.)
Plus nous avançons en âge, moins nous sommes disposés à nous dessaisir de nos biens (54)

À vue *d'oiseau*
Vu du dessus et d'une certaine hauteur (55)

Léger comme *l'oiseau* de saint Luc (Loc.Pro.)
Lourd comme un bœuf (56)
Cette expression populaire fait allusion au fait que, dans les églises, les peintures montrent souvent saint Luc accompagné d'un bœuf.

C'est un vilain *oiseau* que celui qui salit son nid (Loc.Pro.)
Celui qui dit du mal de sa famille, de ses amis ou de son pays est quelqu'un de méprisable (57)

Un *oiseau* dépiteux
Chez les fauconniers, se disait d'un rapace qui ne revient pas lorsqu'il a perdu sa proie (58)

Faire une chose aux *oiseaux* (Arg.)
En argot, la faire d'une façon remarquable (59)

De *l'oiselet* de Chypre
À l'époque médiévale, nom donné à des boules odorantes en forme d'oiseaux que l'on perçait pour en répandre la poudre parfumée (60)

Ce sont des *oisons* qui mènent paître les oies (Loc.Pro.)
Se disait de ceux qui donnent des conseils à ceux qui en savent plus qu'eux (61)

De *l'olivier* de savetier (Arg.)
Se disait en argot du navet (62)

Ombrager une broderie
Dans le langage des brodeuses, recouvrir les fils d'or par de la soie pour en tempérer l'éclat (63)

Il me ferait sauter mon *ombre*
Il me ferait faire des choses impossibles (64)

Quand le soleil est couché, il y a bien des bêtes à *l'ombre* (Loc.Pro.)
Sur cette terre, les imbéciles sont innombrables (65)

La vie passe comme *l'ombre*
La vie est courte (66)

C'est *l'oméga* de la classe
Se disait de l'élève qui est toujours dernier (67)

L'oméga est la dernière lettre de l'alphabet grec.

Le bel *oncle*
Se disait du mari de la tante (68)

Faire *l'oncle*
Gronder, réprimander (69)

L'oncle de la pension (Arg.)
En argot, le geôlier de la prison (70)
Dans la langue verte, un oncle était également un usurier.

Passer *l'onde* noire
Dans un style poétique maintenant délaissé, l'expression signifiait « mourir » (71)
Allusion au Styx qui, dans la mythologie grecque, était le plus grand des fleuves de l'enfer.

Un camelot *ondé*
Le camelot était une étoffe de laine, de soie et de poils de chèvre mélangés que l'on pouvait travailler pour lui donner un aspect ondoyant (72)

À *l'ongle* on connaît le lion (Pro.)
Même dans les plus petits détails, on peut reconnaître le talent, le caractère ou l'action d'une personne de valeur (73)

Avoir du sang sous les *ongles*
Avoir du courage (74)

Avoir les *ongles* fleuris (Arg.)
En argot, avoir l'habitude de mentir (75)

Avoir des *ongles* de velours (Pop.)
Avoir des ongles sales et mal soignés (76)

Ne croître que par les cheveux et les *ongles*
Ne pas grandir, rester de petite taille (77)

Rogner les *ongles* à quelqu'un
Diminuer son pouvoir ou son profit (78)

Lui en donner sur les *ongles*
Le châtier, le réprimander (79)

Il lui faudra de *l'onguent* pour la brûlure (Loc.Pro.)
Se disait d'un homme peu estimable que l'on verrait très bien rôtir en enfer (80)

Avoir de *l'onguent* en boîte (Arg.)
En argot, avoir de l'argent (81)

De *l'onguent* de saint Fiacre
Se disait dans les campagnes d'un mélange d'argile et de bouse de vache que l'on utilisait pour soigner les blessures faites aux arbres (82)

De *l'opale* de bois
Nom que l'on donnait autrefois à l'ambre jaune qui est de la résine fossilisée (83)

Faire *opéra*
Au jeu de nain jaune, se disait lorsque l'on se défait successivement de toutes ses cartes sans en avoir été empêché par son adversaire (84)

Cette affaire est un *opéra*
Se disait d'une affaire très embarrassante (85)

C'est un *opérateur*
Se disait d'un charlatan, d'un escroc (86)

On peut dire qu'il a bien *opéré*
Se disait ironiquement en parlant d'un homme qui a fait du très mauvais travail (87)

Un mal *d'opinion*
Se disait d'un mal imaginaire (88)

Ce n'est *qu'or* et azur
Se disait d'une maison bien décorée (89)
Allusion à certaines églises dont les voûtes représentent un ciel parsemé d'étoiles d'or.

Des jours filés *d'or* et de soie
Se disait des jours heureux (90)

C'est l'histoire de la dent *d'or* (Loc.Pro.)
Se disait d'une prétendue merveille qui demande à être vérifiée pour que l'on puisse y croire (91)
Allusion à une dent en or qui serait apparue mystérieusement dans la bouche d'un enfant allemand. De nombreuses publications savantes ont ensuite traité du sujet avant même que l'on se préoccupe d'en vérifier l'exactitude.

Il possède de *l'or* de Toulouse (Loc.Pro.)
Se disait en parlant d'un homme qui a gagné beaucoup d'argent en employant des moyens qui se situent à la limite de la légalité (92)
Se disait aussi d'un bien mal acquis dont la possession risque de porter malheur. Cette expression est la traduction du proverbe latin « Aurum habet Tolosanum ». À l'époque de l'occupation romaine, Cépion s'est emparé de la ville de Toulouse et l'a livrée au pillage.

On prétend que ceux qui ont volé l'or se trouvant en abondance dans les temples de la cité sont ensuite tous morts rapidement et misérablement.

De *l'orange* à cochons (Pop.)
Se disait dans les campagnes des pommes de terre qui sont cultivées spécialement pour nourrir les cochons (93)

Manger des perdrix sans *orange* (Loc.Pro.)
Parler de choses agréables sans en discerner toutes les subtilités (94)

Des *oranges* mouilleuses
Se disait des oranges pleines de jus (95)
On parle maintenant d'oranges juteuses.

Il fait peu *d'ordure* au logis
Se disait de celui qui ne fait que d'y passer, qui ne s'y attarde jamais très longtemps (96)

C'est un vin à une *oreille*
Se disait d'un bon vin, d'un vin généreux (97)
À l'opposé, un mauvais vin était qualifié de « vin à deux oreilles » parce que celui qui le goûtait secouait les oreilles en signe de mécontentement...

Il en a sur *l'oreille*
Se disait de quelqu'un que la maladie a fait vieillir prématurément (98)

Laisser passer le bout de *l'oreille*
Laisser deviner son caractère, ses pensées ou ses projets (99)

Prendre conseil de son *oreiller*
Se donner une nuit pour réfléchir (100)

Une conscience pure est un bon *oreiller* (Loc.Pro.)
On dort mieux lorsque l'on n'a rien à se reprocher (101)

N'avoir pas *d'oreilles* pour une chose
Refuser définitivement d'y consentir, d'y apporter son soutien (102)
On disait également que l'on n'a « pas d'oreilles pour quelqu'un » lorsque l'on refuse fermement d'entendre ses raisons.

Laisser ses *oreilles* quelque part
Ne pas revenir sain et sauf d'une entreprise périlleuse (103)

Avoir les *oreilles* délicates
Être susceptible, se fâcher pour un rien (104)

Chanter des *oreilles*
Être incapable de chanter ou chanter très mal (105)

Petit chaudron, grandes *oreilles* (Loc.Pro.)
Les enfants écoutent avec avidité ce que les adultes disent devant eux (106)

***D'ores* en avant**
Ancienne forme de l'adverbe dorénavant (107)

Vous êtes *orfèvre*, monsieur Josse (Loc.Pro.)
Se disait à quelqu'un qui prodigue un conseil intéressé (108)
Cette expression devenue proverbiale est tirée de « L'amour médecin » de Molière.

Être grossier comme du pain *d'orge*
Se disait en parlant d'une personne qui ignore la politesse (109)
L'expression s'utilisait aussi pour parler d'une manière générale des choses de mauvaise qualité.
Le pain fait avec de la farine d'orge est moins agréable, plus grossier et moins digeste que celui fait avec du froment ou du seigle.

Il faut mourir, petit cochon, il n'y a plus *d'orge* (Loc.Pro.)
Se disait lorsque l'on estime que tout espoir a disparu (110)

Il est froid comme une carafe *d'orgeat*
Se disait d'un homme que rien n'émeut (111)
L'orgeat était une boisson rafraîchissante préparée autrefois avec une décoction d'orge.
Voir également C61.

Bien faire ses *orges* (Loc.Pro.)
Réussir en affaires, réaliser de gros profits (112)

Ils sont comme des tuyaux *d'orgue*
Se disait d'une famille où les enfants sont de tailles inégales (113)

Il n'est *d'orgueil* que de pauvre enrichi (Pro.)
Les parvenus sont bien souvent les plus orgueilleux (114)

Il n'est si grand dépit que de pauvre *orgueilleux* (Pro.)
Un homme pauvre et orgueilleux est plus que les autres tourmenté par son amour-propre (115)

C'est de la poudre *d'oribus*
Se disait d'un remède de charlatan qui n'a aucun effet (116)
L'oribus était le nom que l'on donnait dans certaines provinces à une chandelle servant à l'éclairage. Faite avec de la résine, elle était en général placée sous le manteau de la cheminée.

Attendre sous *l'orme*
Attendre sereinement une décision de justice dont on espère fortement qu'elle sera favorable (117)
Sous l'ancien régime, un juge « de dessous l'orme » était un magistrat d'un ordre inférieur qui se déplaçait à pied (juge pédané) et qui, n'ayant pas de tribunal, rendait la justice en se tenant debout sous un orme, à proximité du château seigneurial.

Vous m'attendrez sous *l'orme*
(Loc.Pro.)
Se disait pour faire comprendre à quelqu'un que l'on n'a pas l'intention de se rendre au rendez-vous qu'il vous a fixé (118)

Orner sa mémoire
Apprendre par cœur des passages remarquables de divers auteurs (119)

Il boirait dans une *ornière*
(Loc.Pro.)
Se disait ironiquement de celui qui a le visage long et étroit (120)

C'est de *l'orthographe* de cuisinière
Se disait d'une mauvaise orthographe (121)

Faire une faute *d'orthographe*
(Pop.)
Faire une maladresse, une gaffe (122)

Si j'avais de l'argent dans les *os*, je les casserais pour vous le donner (Loc.Pro.)
Se disait à un créancier pour l'apaiser (123)

Si on veut avoir la moelle, il faut briser *l'os*
Pour tirer des bénéfices d'une affaire, il faut s'en donner la peine (124)

Avoir de *l'os* (Arg.)
En argot, avoir de l'argent (125)

C'est aussi sûr que de *l'oseille* (Pop.)
Se disait ironiquement d'une chose sur laquelle on ne peut pas compter (126)

C'est de *l'osier* de cour
Se disait ironiquement d'un courtisan qui est prêt à toutes les bassesses pour obtenir une faveur (127)
D'un homme très accommodant, on disait qu'il est « souple comme de l'osier ».

Tirer en *ouaiche*
Dans la marine, se disait lorsque l'on remorque un navire (128)
L'ouaiche était le sillage de grande longueur qu'un vaisseau poussé par le vent laisse derrière lui.

Mettre une chose en *oubli*
En perdre le souvenir (129)
« Les premières douleurs sont mises en oubli ». Blaise Pascal.

Ça fait *l'oublie*
Se disait d'un linge dont les coins se roulent (130)
L'oublie était une petite gaufre roulée en cornet.

Il *n'oublie* pas ses mains (Loc.Pro.)
Le vol est l'une de ses mauvaises habitudes (131)

Il *n'oublie* rien pour dormir (Loc.Pro.)
Se disait d'un homme qui se tient toujours sur ses gardes ou encore qui ne perd jamais de vue ses intérêts (132)

Qui songe à *oublier* se souvient (Pro.)
Une chose que l'on veut oublier s'imprime encore plus fortement dans nos mémoires (133)

On le ferait chanter les pieds dans l'eau comme *l'oublieur* (Loc.Pro.)
On lui ferait tout faire (134)
Allusion à l'usage ancien selon lequel on pouvait exiger d'un marchand d'oublies qu'il chante les pieds dans l'eau si l'on consentait à lui acheter le contenu de son corbillon.

Avoir les *ouies* pâles (Loc.Pro.)
Porter sur son visage les marques d'une maladie ou d'un grand chagrin (135)

À toile *ourdie*, Dieu donne le fil (Pro.)
Quand une œuvre est commencée, Dieu donne les moyens de la finir (136)

Être fait comme un montreur *d'ours* (Loc.Pro.)
Se disait d'une personne mal habillée ou dont les vêtements sont en désordre (137)

Il faut le faire monter sur *l'ours*
(Loc.Pro.)
Se disait d'un homme peureux, d'un poltron (138)

On ne perd point de temps quand on aiguise ses *outils*
(Loc.Pro.)
Le temps que l'on passe à préparer ce que l'on veut faire n'est jamais du temps perdu (139)

Donner des accolades à *l'outre*
Ironiquement, approcher une outre de ses lèvres pour boire le liquide qu'elle contient (140)

D'outre en outre
De part en part (141)
« Être percé d'outre en outre par un coup d'épée ».

Défier à force *ouverte*
Défier quelqu'un les armes à la main (142)

Dormir les yeux *ouverts* comme un lièvre
Être sur ses gardes jour et nuit (143)

Des *ouvrages* noirs
Se disait autrefois des gros ouvrages de maréchalerie tels que les fourches, les herses, les socs de charrue, etc (144)

À jour *ouvrant*
Au lever du jour (145)

Un jour *ouvrier*
Se disait d'un jour ouvrable (146)

Ouvrir un avis
Dans une assemblée, être le premier à faire une proposition (147)

Ouvrir des yeux comme une salière
Regarder d'un air étonné (148)

P

C'est le cheval de *Pacolet* (Loc.Pro.)
Se disait d'une personne très rapide (1)
Pacolet était le héros d'une légende ancienne que l'on représentait monté sur un coursier.

Mouiller en *pagale*
Dans le langage des marins, se disait lorsqu'on laisse tomber l'ancre subitement, sans prendre les précautions habituelles (2)
L'expression « en pagale » s'employait pour tout ce qui, à bord d'un navire, se faisait dans la précipitation, dans l'urgence.

Un tour de *page*
Se disait d'une espièglerie (3)
Allusion aux jeunes pages qui faisaient partie de l'entourage d'un seigneur ou d'un prince.

Effronté comme un *page*
Se disait d'une personne qui poussait la hardiesse jusqu'à l'impudence (4)

Être hors de *page*
Ne plus dépendre de personne (5)

Il n'y en aura que pour un *page*
Si disait d'un plat qui n'est pas assez copieux (6)

Voir les choses du mont *Pagnote*
Se disait lorsque l'on observe des événements violents d'un lieu où l'on ne court aucun danger (7)
« Pagnote » était autrefois synonyme de poltron.

Dire serviteur à la *paillasse*
Quitter l'armée (8)
Allusion à l'obligation que les soldats avaient de coucher sur une paillasse.

C'est une *paillasse* à soldats

(Loc.Pro.)
Se disait d'une fille ou d'une femme qui s'abandonne au premier venu (9)
« Ça n'avait pas douze ans que ça servait de paillasse à soldats ». Émile Zola.

C'est un saute *paillasse*

Se disait d'un homme politique qui change d'opinion ou de parti selon ses intérêts (10)

Rompre la *paille*

Annuler un accord, un marché (11)
Allusion à une coutume remontant à l'Antiquité qui consistait à rompre une paille et à la jeter devant soi pour marquer son renoncement à l'alliance ou au service de la personne dont on voulait se séparer.

Si cela arrive, croix de *paille*

Se disait pour laisser entendre que l'on ne pense pas qu'une affaire puisse réussir (12)

Tout y va, la *paille* et le blé

Se disait en parlant d'une dépense ruineuse pour celui qui la fait (13)

Avoir de la *paille* jusqu'aux yeux

Vivre dans l'abondance (14)

À longue voie la *paille* pèse

(Loc.Pro.)
Un léger fardeau peut fatiguer celui qui le porte si le chemin est très long (15)

C'est un coq sur son *pailler*

Il est chez lui, dans un lieu où il est le plus fort (16)
Dans le langage populaire, le pailler était une cour de ferme.

De la toile *pailleuse*

Se disait d'une toile très grossière dont on se servait pour l'emballage (17)
Dans cette toile grossière, on trouvait des brins de paille mêlés à la trame.

Du *pain* de chapelle

Se disait d'un petit pain fait avec une pâte bien battue, très légère, à laquelle on ajoutait du beurre ou du lait (18)
En ce qui concerne le pain et ses dérivés, d'autres expressions étaient encore autrefois en usage.
On peut citer notamment :
Du pain balé, assez grossier parce qu'il contenait la bale du blé
Du pain de brode, fait avec du froment et du seigle
Du pain chaland, très blanc, fait de pâte broyée
Du pain chapelé, présenté sans sa grosse croûte
Du pain de chapitre, mollet et très savoureux
Du pain choesne, réservé aux chanoines
Du pain à la duchesse, sorte de gâteau fait avec de la pâte à choux
Du pain ferré, dont le dessous était brûlé
Du pain de Gonesse, fabriqué dans la ville du même nom, réputé pour sa légèreté que l'on attribuait à la qualité de l'eau
Du pain gras-cuit, pâteux et peu fermenté
Du pain Jocko, un produit de luxe fait à Paris
Du pain de Manheim, sorte de petits fours à l'anis
Du pain de mouton, fabriqué pour les fêtes de fin d'année, doré au jaune d'œuf et garni de petits grains de froment
Du pain de rive, bien cuit sur toute sa surface parce qu'il avait été placé sur le bord du four pour qu'il ne soit pas en contact avec les autres

Du pain de Turin, sorte de petits fours au citron
Malgré leur absence des dictionnaires actuels, certaines appellations sont certainement encore connues des professionnels de la boulangerie.

C'est du *pain* de cuit
Se disait d'une chose faite par précaution, en prévision de l'avenir (19)

Être né avant son *pain*
Se disait d'un orphelin ou d'une personne sans ressource (20)

Il y a là un bon morceau de *pain* à manger (Pop.)
Se disait d'une chose qui s'annonce profitable (21)

Le *pain* de douleur
Se disait du temps passé dans l'affliction (22)

La bouche du *pain*
Se disait de la partie unie qui forme le dessous (23)
La « queue du pain » correspondait à la partie inégale qui forme le dessus.

Manger le *pain* hardi
Avoir un emploi de domestique (24)

Manger son *pain* dans sa poche
Manger seul, en se cachant des autres (25)

Il ne vaut pas le *pain* qu'il mange
Se disait d'un bon à rien (26)

Promettre plus de beurre que de *pain*
Se disait des promesses que l'on n'a pas l'intention de tenir (27)

Être au *pain* et au couteau avec quelqu'un (Pop.)
Faire partie de ses amis, de ses familiers (28)

Il a plus de la moitié de son *pain* cuit
Se disait d'une personne qui n'a plus longtemps à vivre (29)

Il a du *pain* quand il n'a plus de dents
Se disait d'un homme qui devient riche lorsqu'il n'a plus les moyens physiques d'en profiter (30)

Il sait plus que son *pain* manger
Se disait d'un homme intelligent et habile (31)

Abattre le *pain* à deux mains (Pop.)
Manger beaucoup (32)

Il a mangé plus d'un *pain*
Se disait de quelqu'un qui a beaucoup voyagé (33)

On croirait qu'il a perdu son *pain* au four
Se disait d'une personne qui ne dit rien, qui semble triste (34)
Avec du pain et du vin, il fera quelque chose. Se disait ironiquement d'une personne qui est incapable de gagner sa vie (35)

***Pain* dérobé réveille l'appétit** (Pro.)
Ce qui est défendu a toujours plus d'attrait (36)

***Pain* coupé n'a pas de maître** (Pro.)
Se disait à table lorsque l'on prend par inattention un morceau de pain que son voisin vient de se couper (37)

Jamais *pain* à deux couteaux ne fut ni bon ni beau (Pro.)
Une chose ne peut être bien faite par deux personnes qui ont un caractère très différent (38)

***Pain* tant qu'il dure, mais vin à mesure** (Pro.)
On peut manger tout le pain que l'on désire, mais on doit boire modérément (39)

À faute de chapon, *pain* et oignon (Pro.)
Lorsque l'on ne peut se payer un chapon, on doit se contenter de manger du pain avec des oignons (40)
On disait également, pour faire comprendre qu'il vaut mieux éviter de parler de sa pauvreté : « À pain et oignon, ni trompette ni clairon ».

Il a trouvé le *pain* cher, il a cherché du vin (Loc.Pro.)
Se disait d'un homme qui a trop bu (41)

Là où *pain* faut, tout est à vendre (Pro.)
Pour manger, on est prêt à vendre ce que l'on a de plus précieux (42)

Du *pain* tranchoir
Se disait au Moyen Age des larges tranches de pain qui remplaçaient les assiettes et même les plats (43)
Imbibées de jus de viandes et de sauces, ces tranches de pain étaient consommées ou données aux pauvres. Cet usage s'est pratiqué pendant de nombreuses années pour le sacre des rois. On en servit jusqu'à mille deux cents douzaines aux fêtes du sacre de Louis XII.

Être en *pain* de mère et de père
Être encore à la charge de ses parents (44)

Du *pain* de trouille
Se disait du tourteau restant après l'extraction des huiles (45)
Autrefois, une trouille était un tourteau.

***Pain* de crapaud**
Nom de plusieurs champignons appartenant au genre bolet (46)

Être *pair* et compagnon avec quelqu'un
Avoir les mêmes idées que lui, la même façon de voir et de faire les choses (47)

S'être tiré du *pair*
Se disait de la personne qui, à force de travail et de volonté, a réussi à s'élever au-dessus de la condition des autres (48)
Si quelqu'un figure parmi les meilleurs, on dit maintenant qu'il est « hors pair ».

C'est une *paire* d'heures
Se disait autrefois d'un livre qui contenait les prières du jour et également celles de la nuit (49)

Une *pairie* femelle
Se disait d'un fief passé aux mains des femmes (50)

***Paître* un oiseau**
Pour un fauconnier, nourrir un rapace (51)

***Paître* la meule**
Dans les moulins à huile, alimenter la meule en répartissant les olives avec une pelle (52)

Se *paître* de vent
Aimer les louanges (53)

C'est la pierre de la *paix*
Se disait d'un lieu qui sert de refuge (54)
C'était à l'origine un siège en pierre destiné aux criminels qui venaient se réfugier dans les églises.

C'est un vrai *paladin*
Se disait d'un homme prétentieux qui se vante d'avoir multiplié les actes de bravoure et les conquêtes féminines (55)

Chanter la *palinodie*
Se rétracter, dire du bien d'une personne après en avoir dit beaucoup de mal (56)

***Pâlir* sur les livres**
Consacrer tout son temps à l'étude (57)

Tenir *palot* à quelqu'un (Loc.Pro.)
Être son égal (58)
Un palot était autrefois un villageois assez grossier.

***Palper* l'eau**
Dans le langage des marins, plonger la pelle d'un aviron dans l'eau et l'y maintenir fermement pour ralentir la marche de l'embarcation (59)

Des *panaches* de porc
Dans le langage des cuisines, se disait des oreilles de cochon panées passées sur le gril (60)

Rester bête comme un *panier* (Pop.)
Se disait d'une personne fautive qui reste muette de surprise lorsqu'elle est démasquée (61)

C'est elle qui porte le *panier*
Se disait de la domestique qui réalise un petit bénéfice sur les marchandises qu'elle se procure au marché pour ses maîtres (62)
Dans le même sens, on dit encore parfois de nos jours qu'elle fait « danser l'anse du panier ».

Au jour du jugement, chacun sera mercier et portera son *panier* (Pro.)
Le jour du jugement dernier, chacun devra payer pour ses fautes (63)

Adieu *paniers*, vendanges sont faites (Pro.)
Se disait lorsqu'une affaire a avorté ou encore lorsqu'elle se termine sans que l'on en tire le moindre bénéfice (64)

Avoir deux doigts de *panne*
Se disait ironiquement des personnes qui ont un peu d'embonpoint (65)

Il crève dans ses *panneaux* (Pop.)
Se disait de quelqu'un qui est trop serré dans ses vêtements (66)
Pour un habit, « panneau » est utilisé ici comme diminutif de « pan ». L'expression s'employait également pour parler de quelqu'un que la colère étouffe.

Il vaut mieux avoir belle manche que belle *panse* (Pro.)
Il est préférable de consacrer son argent à se vêtir correctement plutôt que de faire bombance (67)

Après la *panse* vient la danse (Pro.)
Un repas copieux et bien arrosé rend gai et donne envie de danser (68)

N'avoir jamais fait une seule *panse* d'a
Se disait d'une personne qui n'a jamais écrit de sa vie (69)
L'arrondi de la lettre a était familièrement appelé « ventre » ou « panse ».

Il est bien *pansé* (Pop.)
Dans le langage populaire, se disait d'un homme qui a bien mangé et bien bu (70)

Allez vous faire *panser* (Pop.)
Se disait à ceux que l'on chasse avec mépris (71)

Revêtir le *pantalon* rouge
S'engager dans l'armée (72)

Faire *pantalon*
Se disait chez les imprimeurs des colonnes qui n'atteignent pas le bas de la page (73)

Faire sa *panthère* (Arg.)
En argot, rôder dans les rues, aller d'un bar à un autre (74)
Allusion au va-et-vient d'une panthère en cage.

Raisonner *pantoufle*
Raisonner de travers (75)

Il a mis ses souliers en *pantoufles*
Se disait d'un homme qui se croit bien déguisé et qui n'a presque rien changé à son habillement (76)
Mettre ses souliers en pantoufles, c'était les chausser comme on le ferait avec des babouches.

C'est un livre écrit en *pantoufles*
Se disait d'un livre écrit dans un style négligé (77)

Un vieux *pantouflier* de Sorbonne
Se disait d'un vieux docteur en Sorbonne qui ne sortait de chez lui que pour se rendre aux assemblées de la faculté (78)

Il est comme le *paon* qui crie en voyant ses pieds
Se disait d'un homme exagérément soucieux de son apparence, se plaignant d'un petit défaut de conformation qui, selon lui, le déparerait (79)
Selon une croyance populaire, le paon crierait en regardant ses pieds qu'il trouverait très laids en comparaison de son plumage.

C'est un gros *papa* de bonne mine
Se disait en langage familier d'un homme mûr qui a de l'embonpoint mais de la fraîcheur (80)

C'est un soldat du *pape*
Se disait d'un poltron, d'un mauvais militaire (81)
Les troupes du pape, ne faisant pratiquement qu'un service de parade, passaient autrefois pour être très peu aguerries.

Nous aurions fait un *pape* !
Se disait en plaisantant à une personne qui dit la même chose que vous en même temps (82)

Il n'en branlerait pas pour le *pape*
Se disait d'un homme entêté qui, quelles que soient les circonstances, demeure toujours fidèle à son poste ou à ses opinions (83)

Être assis comme un *pape* Colas
Choisir la meilleure place, prendre exagérément ses aises (84)

Il en met bien dans le grenier du *pape*
Se disait d'une personne qui ne dit qu'une petite partie de ses prières, ou qui n'en dit pas du tout (85)

Un *papetier* colleur de feuilles
Nom que l'on donnait autrefois aux cartonniers (86)

Le *papier* souffre tout (Loc.Pro.)
Ce n'est pas parce qu'une chose est écrite qu'elle est vraie (87)

Il faut toujours le fournir d'encre et de *papier*
Se disait d'un homme qui exige toujours plus que ce que l'on doit lui donner (88)

Être riche en *papiers*
Posséder des biens qui sont tous sujets à litige (89)

Être sur les *papiers* de quelqu'un
Lui devoir de l'argent (90)

Un vol au *papillon* (Arg.)
Vol de linge dans la voiture d'un blanchisseur (91)
En argot, un papillon était un blanchisseur.

Courir après les *papillons*
S'amuser à des bagatelles (92)

Un tableau qui *papillote*
Se disait d'une peinture que l'on remarque pour ses couleurs très vives (93)

Avoir la tête en *papillotes*
Porter des papillotes dans les cheveux (94)
Une papillote était une sorte de bigoudi de papier.

Avoir les yeux en *papillotes*
Avoir les yeux à peine ouverts en se réveillant (95)

Ça n'est bon qu'à faire des *papillotes*
Se disait d'un écrit sans valeur (96)

Des *pâquerettes* de cimetière (Pop.)
Se disait des cheveux blancs qui apparaissent sur la tête d'une personne qui commence à grisonner (97)

Entre *Pâques* et Pentecôte, le dessert est en croûte (Loc.Pro.)
Entre Pâques et Pentecôte, il n'y a déjà plus de confitures alors que les fruits nouveaux ne sont pas encore mûrs (98)
Dans le passé, on disait « Pentecoûte », ce qui ajoutait une rime au proverbe.

Un saint Christophe de *Pâques* fleuries (Pop.)
Se disait autrefois d'un âne (99)
Christophe signifie en grec « Porte christ ». Jésus était monté sur un âne lorsqu'il a fait son entrée à Jérusalem le jour des Rameaux, jour que l'on appelle encore « Pâques fleuries ».

Plier son *paquet* (Pop.)
Donner tous les symptômes d'une mort prochaine, être à l'agonie (100)

Donner dans le *paquet*
Être trompé, tomber dans un piège (101)

Faire des *paquets* sur quelqu'un
Tenir sur lui des propos désobligeants et faux (102)
Dans le même sens, on disait : « C'est un faiseur de paquets ».

Il faut *passer* par là ou par la fenêtre
C'est la seule solution qu'il nous reste (103)

Défiler la *parade* (Arg.)
En argot, mourir (104)

Aller par delà *paradis*
Faire plus que son devoir (105)

Paris est le *paradis* des femmes, le purgatoire des hommes et l'enfer des chevaux (Loc.Pro.)
Les femmes adorent y faire leurs achats, les hommes redoutent qu'elles les fassent et les chevaux y sont toujours pris dans de nombreux embouteillages...(106)

C'est un homme à *paragraphes*
Se disait ironiquement de celui qui se passionne pour l'étude du droit (107)
« Qu'un homme à paragraphes est un joli galant ! »
Pierre Corneille.

Allonger le *parchemin*
En justice, multiplier les écritures inutiles par esprit de chicane ou par intérêt (108)

Péché caché est à moitié *pardonné* (Pro.)
Le péché est moins grand quand le scandale n'y est pas joint (109)
Dans un sens opposé, mais sous une forme voisine, ce proverbe complète celui qui est encore en usage : « Faute avouée est à moitié pardonnée ».

Aller chercher des *pardons* à Rome
Aller très loin pour se procurer quelque chose (110)

Du cidre *paré*
Se disait du cidre fermenté (111)

Du blé *paré*
Se disait du blé vendu dans des sacs où l'on avait pris soin de placer sur le dessus les grains les plus beaux (112)
Vendre du blé paré était considéré comme une escroquerie.

Elle est *parée* comme une châsse
Se disait d'une femme habillée avec trop de recherche, très maquillée et surchargée de bijoux (113)
On disait aussi « parée comme un autel », « parée comme un reposoir » ou « parée comme une épousée ».

L'amour des *parents* descend et ne remonte pas (Loc.Pro.)
L'amour du père et de la mère pour les enfants est plus fort que celui des enfants pour le père ou la mère (114)

Des fruits *parés*
Se disait des fruits déposés dans un fruitier pour y achever leur maturation (115)

Un corset à la *paresseuse*
S'est dit d'un corset qui ne se lace pas (116)
Il était à la mode sous le Premier Empire.

Si *Paris* était de beurre, il fondrait au soleil (Loc.Pro.)
Se disait en guise de boutade pour répondre à une supposition absurde (117)
C'est l'équivalent de la célèbre formule, qui se dit mais qui s'écrit rarement en raison de son caractère irrévérencieux et vulgaire : « Si ma tante en avait, elle s'appellerait mon oncle »…

C'est un *parlement* sans vacances
Se disait par ironie d'une réunion de bavards (118)

Ville qui *parlemente* est à demi vendue (Loc.Pro.)
Celui qui écoute les propositions qu'on lui fait est déjà en passe de les accepter (119)

***Parler* du haut de la tête**
Parler sur un ton très aigu (120)

***Parler* par compas et par mesure**
Parler avec gravité, en mesurant ses paroles (121)

***Parler* à cheval à quelqu'un**
Lui parler sur un ton dur et hautain (122)

***Parler* à chacun sa langue**
Se disait lorsque l'on fait tout pour être bien vu de tout le monde (123)

***Parler* grec**
S'exprimer de façon inintelligible (124)
Dans le même sens, on disait encore « parler bas-breton » ou « parler haut-allemand ».

***Parler* Phébus**
S'exprimer avec emphase (125)
Phébus était le dieu de l'inspiration poétique. « Donner dans le Phébus » se disait à propos de ceux dont le style est obscur et prétentieux.

***Parler* comme saint Paul, la bouche ouverte** (Loc.Pro.)
Parler clairement (126)

On lui fera *parler* français
On lui fera dire la vérité (127)

Trop gratter cuit, trop *parler* nuit (Pro.)
Un grand parleur s'attire souvent des ennuis (128)

Quand d'autrui tu *parleras*, songe à toi et tu te tairas (Pro.)
Si l'on pense à ses propres défauts, on garde le silence sur ceux des autres (129)

Monter sur le *Parnasse*
Écrire des vers (130)
On disait aussi « gravir le Parnasse » ou « franchir le Parnasse ». Le Parnasse est une montagne de Grèce qui se situe au nord de Delphes. La mythologie en faisait la résidence des Muses.

Un coq de *paroisse*
Se disait de celui qui est le plus riche et le plus considéré dans une paroisse de campagne (131)
L'expression était également utilisée pour désigner le plus joli garçon du village.

Porter un habit de deux *paroisses* (Loc.Pro.)
Parler, agir de façon à ménager ses intérêts entre deux partis opposés (132)

Dans ce cas, on dirait maintenant que l'on tient un double langage. À l'origine, l'expression était utilisée pour qualifier un habit taillé dans deux étoffes de couleurs mal assorties. Un usage ancien voulait que, lorsque deux paroisses étaient réunies en une seule, le bedeau portât un habit arborant pour moitié les couleurs de l'une et les couleurs de l'autre.

Il faut être le *paroissien* de son curé

On est bien obligé de s'accommoder de celui qui est notre maître ou notre patron (133)

Avoir affaire au curé et à ses *paroissiens*

Avoir de la peine à satisfaire des personnes ayant des goûts ou des intérêts différents (134)

Parole de grand ne tombe jamais à terre (Pro.)

La parole des grands n'est jamais perdue, il se trouve toujours quelqu'un pour l'écouter et la répandre (135)

Distribuer le pain de la *parole*

Prêcher (136)

Prends les bêtes par les cornes et les hommes par la *parole* (Pro.)

On prend les bêtes par la force et les hommes par la persuasion (137)

À grands seigneurs peu de *paroles* (Pro.)

Il ne faut pas fatiguer les gens importants avec des longs discours (138)

Gagner le *paroli*

À certains jeux anciens comme la bassette ou le pharaon, se disait lorsque l'on gagne le double de sa mise (139)

Faire son petit pot à *part* (Loc.Pro.)

Ne parler à personne de ses affaires (140)

Cela *part* de sa boutique

Cela vient de lui (141)

Se prenait toujours en mauvaise part.

C'est le *partage* de Montgomery, tout d'un côté et rien de l'autre (Pro.)

Se disait d'un partage très inégal, où l'une des personnes reçoit presque tout (142)

On parle maintenant de la « part du lion ». Montgomery est le nom d'une illustre famille normande où la coutume voulait que les aînés reçoivent la presque totalité de l'héritage.

Dans le même sens, on évoquait également le « partage de Cormery ».

Partager un cheveu

Vouloir faire preuve d'une trop grande exactitude dans un partage (143)

Réjouir le *parterre*

Jouer les amuseurs (144)

Cette expression est évidemment tirée du langage des théâtres.

À *parti* pris pas de conseil (Pro.)

Il est inutile de donner des conseils à une personne qui a fermement décidé de ce qu'elle va faire (145)

Le *parti* bleu

Désignait autrefois une petite troupe de soldats maraudeurs qui pillaient les paysans, qu'ils soient amis ou ennemis (146)

Les soldats pris sur le fait étaient pendus.

Aimer son *particulier*

Préférer vivre chez soi (147)

Aller chez sa *particulière* (Pop.)
Se rendre chez sa maîtresse (148)

Peloter en attendant *partie*
Faire une chose de peu d'importance en attendant de trouver une occupation plus conséquente (149)
Le verbe « peloter » est pris au sens de « jouer à la pelote », c'est-à-dire à la paume.

C'est un tableau qui a de belles *parties*
Se disait malicieusement d'une peinture qui n'est réussie que sous certains aspects (150)

Le *partir* d'un cheval
L'instant de son départ (151)
Se disait aussi de sa manière de partir : « C'est un cheval qui a de la grâce au partir ».

Faire aller quelqu'un plus vite que le *pas* (Pop.)
Le mener rudement (152)

Marcher à *pas* d'ambassadeur
Marcher très lentement (153)
On parle maintenant d'un « train de sénateur »...

Plaindre ses *pas*
Se disait de quelqu'un qui n'aime pas beaucoup se dévouer pour les autres (154)

Passager un cheval
Le tenir par la bride dans les passages délicats (155)

Donner l'eau bénite des *passants* (Pro.)
Jeter des pierres (156)
Allusion à l'habitude que l'on avait, dans l'Antiquité, de jeter une pierre en passant devant une sépulture. Ce geste constituait une sorte de salut adressé aux défunts.

Payer la *passe* du sac
Donner une petite somme pour le sac contenant l'argent que l'on reçoit (157)

Passer dans le feu pour quelqu'un
Se disait en parlant d'une personne qui est très dévouée à une autre (158)

Une *passion* iliaque
En médecine, se disait d'une occlusion intestinale provoquant fortes douleurs et vomissements (159)

Mettre une *pastille* dans la bouche de quelqu'un (Pop.)
Dire ou faire une chose qui lui fait plaisir (160)

Une écriture pleine de *patarafes*
Se disait d'une vilaine écriture dont les lettres sont mal formées (161)
Ce terme familier est en réalité une corruption du mot paraphe que l'on écrivait autrefois « parafe ».

N'avoir plus un *patard*
N'avoir plus un sou (162)
Le patard était le nom de l'ancien sou de Flandre et de Brabant. D'une chose de peu de valeur, on disait : « Je n'en donnerais pas un patard ».

Être à nage *pataud*
Se disait d'une personne qui a de gros revenus et qui vit dans l'abondance (163)

Il n'y a ni pain ni *pâte*
Se disait lorsqu'il n'y a rien à manger (164)

Faire le *pâté*
Au jeu, tricher en arrangeant les cartes au préalable pour recevoir une belle main (165)

C'est un gros *pâté* (Pop.)
Se disait d'un enfant gras et potelé (166)

Il mangerait du *pâté* sur sa tête
Se disait d'une personne qui est bien plus grande qu'une autre (167)
De nos jours, c'est de la soupe que l'on mangerait !

Pateliner une affaire
La faire réussir à force d'adresse et de ruse (168)

Il dit sa *patenôtre* de singe
Il grommelle et murmure entre ses dents (169)
Patenôtre est ici synonyme de paroles inintelligibles, comme peuvent l'être celles d'une prière récitée rapidement entre ses dents.

Savoir la *patenôtre* du loup
Savoir se prémunir contre des menaces (170)
La patenôtre du loup était une incantation que les bergers récitaient pour écarter les loups.

Se suivre comme des *patenôtres*
Marcher à la suite les uns des autres (171)
Allusion à des moines cloîtrés.

C'est un mangeur de *patenôtres*
Se disait d'un hypocrite (172)

C'est comme le prix des petits *pâtés* (Loc.Pro.)
Se disait d'une chose dont le prix est connu de tout le monde (173)

Avoir une *patience* d'Allemand
Faire preuve d'une très grande patience (174)
Les Allemands passaient pour être capables de consacrer beaucoup de temps et de soins à des petits ouvrages.

Casser son *patin* (Arg.)
En argot, perdre sa virginité (175)

Il a passé par devant l'huis du *pâtissier*
Se disait de celui qui ne craint pas le scandale (176)
Autrefois, les pâtissiers tenaient cabaret. Comme il était honteux de fréquenter leur boutique, certains s'y rendaient par la porte de derrière. Ceux qui entraient par devant passaient pour des effrontés.

C'est un *pâtissier* de petit four
Se disait à l'origine d'un pâtissier spécialisé dans les petits gâteaux sucrés et aromatisés (177)
Selon les auteurs, la mention « petit four » pourrait trouver deux explications. D'une part, la taille réduite des gâteaux qui permettait d'utiliser des fours plus petits. D'autre part, leur cuisson qui se faisait à four doux, à « petit four ». Quoi qu'il en soit, ce seraient ces pâtissiers qui ont fabriqué les premiers « petits-fours ».

Un *pâtissier-bouche*
Titre que l'on donnait autrefois aux pâtissiers attachés à la maison du roi (178)

C'est le *patron* de la barque
Dans un groupe, se disait de celui qui prend de l'ascendant sur les autres (179)

La *patrouille* grise
Se disait des policiers en civil qui marchaient silencieusement et à distance les uns des autres pour surprendre plus facilement les malfaiteurs (180)

Être *paumé* marron (Arg.)
En argot, être pris en flagrant délit (181)

Se *paumer* la gueule (Pop.)
Dans un langage populaire un peu vulgaire, se battre mutuellement à coups de poings (182)

Compter les *pauses*
Attendre en s'ennuyant (183)
Allusion aux pauses d'une partition musicale.

Vous m'aimez mieux *pauvre* que riche
Se disait à la personne qui vous pousse à acheter quelque chose trop cher (184)

L'arbre à *pauvre* homme
Se disait de l'orme (185) *(Voir également O117)*
L'expression est peut-être liée au fait que les juges pédanés qui officiaient dans les campagnes prononçaient souvent leurs sentences sous un orme. Il a jeûné le carême, il est chu en pauvreté. Se disait ironiquement d'un homme qui a perdu un peu d'embonpoint (186)

Dire des *pauvretés*
Se disaient des paroles basses et méprisables (187)

Tâter le *pavé*
Prendre toutes les précautions avant d'agir (188)

Les *pavés* le disent
Toute la ville le sait (189)

Déserter le *pavillon*
Trahir, changer de parti (190)

***Payer* les violons pendant que les autres dansent** (Loc.Pro.)
Offrir une fête à laquelle on participe peu (191)
Au sens figuré, faire les frais d'une affaire dont un autre tire les profits.

***Payer* de bays** (Pop.)
Répondre par des paroles insignifiantes à une demande de paiement (192)
L'expression trouverait son origine dans la comédie de « L'avocat Pathelin » où le berger Agnelet répond aux questions qu'on lui pose en imitant le bêlement de ses moutons.

Se faire *payer* en bourreau
Se faire payer d'avance (193)

***Payer* en chats et en rats**
Payer en utilisant de la fausse monnaie (194)
Se disait également à propos d'une personne qui ne paye pas ses dettes.

Faire voir du *pays* à quelqu'un
Lui causer des soucis, lui créer des ennuis (195)

Être gros à pleine *peau*
Se disait familièrement de quelqu'un qui est très gros (196)

Cela porte à la *peau*

Se disait d'une potion ou d'une boisson qui vous met en sueur (197)
S'employait également pour parler d'un remède aphrodisiaque.

Mettre un bas en *peau* de lapin

Le retourner pour l'enfiler plus facilement (198)

Crever, enrager dans sa *peau*

Éprouver des difficultés à se taire, à contenir sa colère (199)

Envoyer quelqu'un au *peautre*

Le congédier brusquement, le chasser (200)
De nos jours, on l'envoie promener…Ce terme aujourd'hui disparu de « peautre » était autrefois synonyme de grabat, de mauvais lit. On évoquait le bas peuple en parlant de la « peautraille ».

C'est un *peccata*

Se disait d'un homme stupide (201)
Peccata était le nom que l'on donnait autrefois à un âne. À l'une des anciennes barrières de Paris, la barrière du Combat, on avait installé une sorte de cirque où l'on faisait combattre des animaux. On y produisait régulièrement un âne baptisé Peccata. Par ailleurs, en Normandie, Peccata mundi était un sobriquet dont on affublait la bourrique. Signalons enfin qu'en latin, peccatum se traduit par péché.

Il ne *pêche* qu'au plat (Pop.)

Se disait d'un homme qui aime le poisson, mais qui ne se donne pas la peine d'aller le pêcher (202)
Au sens figuré, s'employait également pour parler d'un homme qui n'aime que les choses toutes faites.

Se dire les sept *péchés* mortels

Se dire les pires injures (203)

Un *pêcheur* à verge

Se disait d'un pêcheur à la ligne (204)

Tenir la *pédale*

Dans l'exécution d'une œuvre musicale, tenir le même son pendant plusieurs mesures alors que les autres continuent leur interprétation (205)

Ronfler comme une *pédale* d'orgue

Se disait d'un dormeur qui ronfle très fort (206)

Enfourcher *Pégase*

En style poétique, faire des vers (207)
Pégase était le cheval ailé de la mythologie grecque. D'un coup de pied, il a fait sortir de l'Hélicon la fontaine de l'Hippocrène où les poètes venaient, dit-on, puiser leur inspiration. D'un mauvais poète, on disait parfois : « Son Pégase est rétif ».

Donner un coup de *peigne* à quelqu'un (Pop.)

Le bousculer, le maltraiter, le battre (208)
De nos jours, on dit encore que ceux qui se battent se « mettent une peignée ».

Il tuerait un mercier pour un *peigne*

Il serait capable de commettre des fautes graves pour des motifs très futiles (209)
Se disait aussi en parlant de celui qui se met en colère pour un rien.

C'est une femme trop *peignée*

Se disait d'une femme dont la toilette est trop recherchée (210)

Une morue *peignée*
Dans le langage des poissonniers, se disait d'une morue qui a perdu une partie de ses écailles (211)

Voilà où les chats se *peignent*
C'est là que se situe la difficulté (212)
À prendre évidemment dans le sens : « Voilà la raison pour laquelle les chats se battent ».

Il est fait à *peindre*
Se disait d'un bel homme (213)

Pour vous achever de *peindre*
Par surcroît de malheur (214)
D'un homme qui met le comble à sa ruine et à son déshonneur, on disait couramment qu'il « s'achève de peindre ».

Peine de vilain n'est comptée pour rien (Loc.Pro.)
On fait peu de cas des efforts et de la fatigue que peuvent ressentir les malheureux (215)

La *peine* de l'authentique
Se disait autrefois de la peine que l'on infligeait aux femmes adultères (216)
« Authentiquer » une femme, c'était la déclarer officiellement coupable d'adultère.

C'est un ouvrage *peiné*
Se disait d'un livre écrit avec difficulté (217)

Sa femme le *peint* en jaune (Pop.)
Se disait d'un mari trompé (218)

Être gueux comme un *peintre*
Ne pas être dans une situation financière bien brillante (219)

Renoncer à la *peinture*
Abandonner un projet, se lasser d'une chose (220)

C'est fait comme une *peinture*
Se disait d'une chose bien faite, d'un ouvrage exécuté avec soin (221)

Je ne voudrais pas y être, même en *peinture*
J'aurais beaucoup de répugnance à me trouver à cet endroit (222)

Je ne la connais ni en *peinture* ni en figure
Se disait d'une personne que l'on n'a jamais vue (223)

C'est une tête *pelée*
Se disait d'un homme chauve (224)
Le terme de « pelé » utilisé pour désigner un chauve s'est trouvé pérennisé par cette expression dont la saveur a maintenu l'usage : « Il y avait quatre pelés et un tondu »...

Rouge au soir et blanc le matin, c'est la journée du *pèlerin* (Pro.)
Se disait pour annoncer une belle journée (225)
Les francs buveurs détournaient ce proverbe en le traduisant de cette manière : « Il faut boire du vin blanc le matin et du vin rouge le soir »...

C'est la *pelle* qui se moque du fourgon (Loc.Pro.)
Se disait d'une personne qui se trouve avoir tout spécialement les défauts qu'elle critique si sévèrement chez les autres (226)
Dans un sens assez voisin, on dit toujours : « C'est l'hôpital qui se moque de la Charité ».

C'est un petit saint de bois sur une *pelle*

Se disait d'un homme plein de vanité et de suffisance (227)

Chasser quelqu'un la *pelle* au cul (Pop.)

Le chasser de façon honteuse, infamante (228)

Tous les renards se trouvent à la fin chez le *pelletier* (Loc.Pro.)

La mort attend tout le monde, sans distinction (229)

Le droit de pelote

En droit ancien, impôt perçu par les évêques ou les abbés sur les artisans de leur juridiction (230)

Dans certaines villes, droit prélevé sur la dot des filles qui se mariaient avec des étrangers.

À Auxerre, jusqu'en 1531, le « jeu de la pelote » était un jeu de paume exploité par les chanoines et les magistrats dans la cathédrale elle-même.

Peloter quelqu'un dans une discussion

Au cours du débat, prendre l'avantage sur lui (231)

Dans un sens plus radical, « se peloter » se disait pour « se battre » ou « se maltraiter ».

Le *penchant* de l'âge

Se disait du début de la vieillesse (232)

Le bruit *pend* l'homme (Pro.)

La mauvaise réputation d'un homme le fait souvent accuser d'un fait dont il est innocent (233)

Dans ce proverbe, le mot « bruit » est pris au sens de « rumeu ».

De la mitraille *pendante*

Se disait de débris de bronze ou de cuivre destinés à la fonte (234)

Par complaisance on se fait *pendre* (Loc.Pro.)

Se disait familièrement lorsque l'on fait quelque chose pour être agréable aux autres (235)

Un prêt à la *pendule*

Se disait, pendant le krach du système de Law, d'un prêt à gros intérêts consenti pour quelques heures seulement (236)

À la demande du Régent, le financier écossais John Law avait créé une banque d'émission qui a connu une faillite retentissante en 1720.

C'est un *pénitent* du diable

Se disait de celui qui retourne au péché après avoir fait pénitence (237)

Il est comme le perroquet de M. de Vendôme, s'il ne dit mot, il n'en *pense* pas plus (Loc.Pro.)

Se disait ironiquement d'une personne qui se tait par ignorance ou par bêtise (238)

Des *pensées* de derrière la tête

Se disait des pensées que l'on ne révèle pas (239)

Entrer en *pensement*

Se mettre à réfléchir (240)

Le substantif « pensement », synonyme de « pensée » ou de « réflexion », a quitté nos dictionnaires au cours du XXe siècle.

Il est de *pension*

Se disait de l'objet qui a été confié à un prêteur sur gage (241)

C'est un paysage bien *percé*
Se disait d'une peinture où des objets éloignés sont finement représentés (242)

Percer au fort
En vénerie, poursuivre le gibier dans les fourrés les plus épais (243)

Percer du vin
Mettre en perce le tonneau qui le contient (244)

C'est un *perceur* de boudins
Se disait pour se moquer d'un massacreur, d'un chasseur qui fait un carnage exagéré (245)

Il est toujours *perché* sur ses aïeux
Se disait d'un homme qui est très fier de l'ancienneté de sa noblesse (246)

Il a le cerveau *perclus*
Se disait d'un homme manquant totalement de jugement, d'un faible d'esprit (247)

Marchand qui *perd* ne peut rire
(Loc.Pro.)
Faire de mauvaises affaires vous retire la joie (248)

C'est aujourd'hui la Saint-Lambert, si on quitte sa place, on la *perd* (Pro.)
Proverbe utilisé par les enfants lorsque l'un d'eux à pris la place d'un autre qui s'est absenté (249)
Version ancienne de « qui va à la chasse perd sa place ».

Qui quitte la partie la *perd* (Pro.)
Si l'on ne veut pas tout perdre, il faut avoir le courage de poursuivre jusqu'au bout ce qui a été entrepris (250)

Perdre son ours
Ne pas réussir, perdre ce que l'on a engagé (251)
Se disait également lorsque l'on ne comprend plus rien à quelque chose.

À tout *perdre*, il n'y a point de reste (Loc.Pro.)
Il ne faut jamais risquer tout ce que l'on possède (252)

À la Saint-Remi, tous perdreaux sont *perdrix* (Pro.)
Ils ne sont plus assez jeunes pour passer encore pour des perdreaux (253)
Au sens figuré, se disait aussi des adolescents qui entrent dans l'âge adulte.

Voyager à ballon *perdu*
Divaguer, errer sans but précis (254)
Les « ballons captifs » étaient munis d'une corde qui les reliaient à la terre. Lorsque les aérostats ont pu s'élever librement dans l'air, on les a qualifiés de « ballons perdus » parce qu'ils étaient soumis aux caprices des vents.

Les enfants *perdus*
Se disait, chez les militaires, des soldats qui se trouvaient aux premiers rangs lors d'une attaque (255)

Renvoyer quelqu'un chez son *père* grand
Lui adresser de sévères remontrances (256)

Subir la communion *pérégrine*
Déchoir de son rang (257)
La communion pérégrine était une sorte de rejet, de dégradation ecclésiastique qui consistait à abaisser un clerc à un rang inférieur et à lui interdire les fonctions publiques de la clé-

ricature. Le pérégrin était à l'origine un étranger dont les errances se sont ensuite appelées des pérégrinations.

Un bouillon *perlé*
Se disait d'un bouillon gras (258)

***Perler* une cadence**
La marquer avec une grande netteté (259)

La *permission* de dix heures
Se disait en argot d'un gros gourdin qui permettait de se défendre lors d'une agression nocturne (260)

Être fier comme un *pernet*
Être rempli d'orgueil (261)
Le pernet était autrefois un petit baron.

Chanter la *péronnelle*
Dire des niaiseries (262)
Rappelons qu'une péronnelle est une jeune femme sotte et babillarde.

Une maison en bâton de *perroquet*
Se disait d'une maison construite en hauteur, dont chaque étage ne comporte qu'une chambre (263)

De la soupe à *perroquet* (Pop.)
Se disait de pain trempé dans du vin (264)

Étouffer un *perroquet* (Arg.)
En argot, boire une verre d'absinthe (265)
De nos jours, un perroquet est un mélange de pastis et de sirop de menthe.

C'est une tête à *perruque*
Se disait d'un vieil homme laid et ridicule (266)

Donner une *perruque* à quelqu'un
Lui faire de très vifs reproches (267)

Avoir la *perruque* de braise
Se disait d'un violent mal de tête survenant le lendemain d'une soûlerie (268)
On parle maintenant d'une casquette de plomb…

C'est le quart d'heure du *perruquier*
Se disait d'une attente très longue (269)

Un arracheur de *persil* (Pop.)
Se disait dans les milieux populaires d'un batelier qui tracte les bateaux en se baissant pour tirer sur la corde, comme s'il voulait cueillir du persil (270)

Grêler sur le *persil*
Prendre un malin plaisir à exercer son pouvoir sur des gens faibles et soumis (271)

Aller au *persil* (Arg.)
Pour une prostituée, se livrer au racolage (272)

Jouer un beau *personnage* (Pop.)
Occuper un emploi qui attire estime et considération (273)

Trancher du *personnage*
Se disait ironiquement en parlant de ceux qui se croient importants, qui paradent et se donnent des grands airs (274)

Aimer sa *personne*
Aimer vivre dans un confort douillet (275)

C'est un homme *pesant* à la main

Se disait d'un homme ennuyeux et lassant pour son entourage (276)

Expression tirée du langage de l'équitation, où un cheval pesant à la main est un cheval qui pousse sur le mors.

Peser des œufs de mouche avec une balance en toile d'araignée

Tenir des raisonnements subtils pour démontrer des futilités (277)

Être assis sur la chaire de *pestilence*

Se disait de ceux qui professaient une doctrine réprouvée par l'Église (278)

Un *pet* de maçon (Pop.)

Dans un langage populaire un peu vulgaire, se disait d'un pet où il n'y a pas que du vent…(279)

Il est glorieux comme un *pet*, qui chante dès qu'il est né (Pop.)

Se disait d'un homme hautain (280)

Répondre à quelqu'un par une *pétarade*

Ne pas tenir compte de ce qu'il vient de dire (281)

Chasser quelqu'un comme un *péteur* d'église (Pop.)

Le chasser d'une manière infamante (282)

Pétiller de faire quelque chose

Avoir très envie de faire cette chose (283)

La *petite-oie* d'un livre

Se disait de ce qui accompagne le texte principal : préface, avertissement, index, etc. (284)

D'une manière générale, ce terme de « petite-oie » désignait les abats d'une volaille. Au XVIIe siècle, les rubans, les gants, les bas, le chapeau, la canne, tous les accessoires faisant partie de la tenue vestimentaire étaient qualifiés de « petite-oie » de l'habillement.

C'est un homme tout *pétri* de salpêtre

Se disait d'un homme coléreux, impétueux (285)

Qui *peu* endure bien peu dure (Pro.)

Il faut être patient pour vivre longtemps (286)

Je lui ferai la moitié de la *peur*

Je lui ferai autant de menaces qu'il m'en fera (287)

Il n'y a point de médecin de la *peur* (Loc.Pro.)

La peur est un mal incurable (288)

Il fait le *phaéton*

Se disait d'un homme qui veut se mêler de commander alors qu'il n'en a pas les capacités (289)

Dans la mythologie, Phaéton, qui était le fils du Soleil, obtint la permission de conduire le char de son père pendant un jour entier. Mais il s'est approché trop près de la terre et a failli l'embraser. Pour le punir, Zeus l'a foudroyé.

Faire la guerre aux *Philistins*

Se tenir la mâchoire (290)

Allusion à la mâchoire d'âne avec laquelle Samson extermina les Philistins.

Croquer la *pie*
Se disait pour manger et boire (291)

Du fromage à la *pie*
Se disait d'une sorte de fromage écrémé (292)

Donner à manger à la *pie*
Au jeu, pendant la partie, mettre dans sa poche une fraction de son gain afin que ce qui reste devant soi paraisse moins considérable (293)

Être au nid de la *pie*
N'avoir jamais eu autant d'argent (294)
La pie fait souvent son nid à la cime de l'arbre le plus élevé.

C'est une bonne *pièce*
Se disait d'une personne sournoise, dont il faut se méfier (295)

C'est une grosse *pièce* de chair
Se disait d'une personne dépourvue d'esprit (296)

Emporter la *pièce*
Critiquer très sévèrement, outrager sans pitié (297)

Mettre la *pièce* à côté du trou
Remédier à un inconvénient d'une manière maladroite, en n'employant pas le bon moyen (298)

Donner une *pièce* au clerc du rapporteur
Donner de l'argent pour obtenir une chose à laquelle on n'a pas droit (299)

Une *pièce* tapée
Se disait d'une pièce de monnaie porteuse du poinçon qui en assure le bon aloi (300)

La *pièce* d'estomac
Se disait d'un morceau d'étoffe chaude que l'on se place sur l'estomac (301)
La ceinture de flanelle utilisée par les générations précédentes correspondrait bien également à cette définition.

La *pièce* de mariage
Se disait de la pièce de monnaie en or ou en argent que le mari donne à sa femme et que le prêtre bénit en même temps que les alliances lors de la cérémonie du mariage (302)

Une *pièce* à écriteau
Se disait d'une sorte de farce qui se jouait à la foire Saint-Germain où chaque acteur, au lieu de parler, présentait au public une pancarte sur laquelle étaient écrits les différents dialogues (303)
En 1710, sur une plainte déposée par les comédiens français, un arrêt avait été pris qui défendait aux théâtres de la foire de faire dialoguer plusieurs personnages sur la scène.

Mettre un livre en *pièces*
En lire des fragments au hasard (304)

Il n'a pas de monnaie faute de grosses *pièces*
Se disait en parlant de celui qui prétend manquer de monnaie pour ne pas avoir à s'acquitter sur-le-champ de ce qu'il doit (305)

C'est un *pied* poudreux
Se disait d'un déserteur qui a quitté tous les régiments dans lesquels il s'est trouvé enrôlé (306)

Être réduit au petit *pied*
Connaître une mauvaise passe, avoir connu des jours meilleurs (307)

Aller à beau *pied* sans lance
Aller à pied (308)
Allusion à l'infanterie, autrefois appelée piétaille, par opposition aux chevaliers qui combattaient la lance à la main.

Il est sur son *pied* gauche
Se disait de celui qui est prêt à se battre (309)

Donner du *pied* à une échelle
L'écarter, l'incliner un peu plus pour qu'elle soit plus stable (310)

Aller où le roi va à *pied*
Aller satisfaire un besoin naturel (311)

Gagner au *pied* (Pop.)
S'enfuir (312)

Faire haut le *pied*
Disparaître (313)

Marcher à *pied* de bas (Pop.)
Marcher sans ses chaussures (314)

Faire le *pied* derrière
Saluer, faire la révérence (315)

Disputer sur un *pied* de mouche
Argumenter sur des choses sans importance (316)

La vache a bon *pied* (Loc.Pro.)
Se disait pour exprimer le fait qu'une propriété saisie est suffisante pour acquitter une dette ou pour couvrir les frais d'un procès (317)

Tenir à quelqu'un le *pied* sur la gorge
Vouloir le forcer à faire une chose (318)

Si vous lui donnez un *pied*, il en prendra quatre
Se disait d'un homme qui abuse des bontés que l'on a pu avoir pour lui (319)

Être déferré des quatre *pieds*
(Loc.Pro.)
Ne plus savoir que faire, que répondre (320)

Elle n'a point de *pieds* (Loc.Pro.)
Se disait d'une chose que l'on attend en vain (321)

Il est encore sur ses *pieds*
Se disait d'un homme qui, n'ayant pas encore d'engagement formel dans une affaire, est libre de faire ce qui lui plaît, de se dédire (322)
« Il n'a pas signé, il est encore sur ses pieds ».
Se disait également d'un homme qui n'est pas encore ruiné, malgré les pertes considérables qu'il a pu subir.

Perdre les *pieds*
Piétiner d'impatience (323)

Tenir à quelqu'un les *pieds* chauds
Le cajoler, en prendre soin dans l'espoir d'en obtenir quelque bienfait (324)
« Il guigne l'héritage, il lui tient les pieds chauds ».

Faire des *pieds* neufs (Arg.)
Se disait en argot d'une femme qui accouche (325)
On disait encore : « Faire des petits pieds ».

Les petits *pieds* font mal aux grands
Se disait en parlant d'une femme dont la grossesse est difficile (326)

Se mettre une chose sous les *pieds*
La mépriser, n'en tenir aucun compte (327)

Il croit tenir le bon Dieu par les *pieds*
Il se réjouit d'une chose dont il exagère grandement l'importance (328)

Six *pieds* sous terre suffisent pour le plus grand homme
(Loc.Pro.)
Tous les hommes sont égaux devant la mort (329)

N'avoir pas une *pierre* où reposer sa tête
Être sans ressources, n'avoir aucun refuge (330)

Jeter la *pierre* en cachant le bras
Nuire à quelqu'un adroitement et secrètement, de manière à ne pas pouvoir être soupçonné (331)

La *pierre* de la criée
Dans les ventes à l'encan, se disait d'une pierre sur laquelle on plaçait les choses à vendre (332)
Dans les quartiers anciens de certaines villes, on peut remarquer que l'on a encore un « Hôtel de la pierre » ou une « Rue de la pierre ».

Porter la *pierre* à la procession
Se disait d'une pénitence publique imposée à une femme qui en avait insulté une autre (333)
Elle devait prendre part à une procession en portant une pierre attachée à son cou.

Avoir une mauvaise *pierre* dans son sac
Avoir contracté une maladie contagieuse (334)
Se disait d'une manière générale lorsque l'on était en péril.

C'est une *pierre* d'attente
Se disait d'une chose qui n'est qu'un commencement, qui doit normalement avoir une suite (335)

Les *pierres* mêmes en parleront
Se disait en parlant d'une chose révoltante (336)

C'est du vin à fondre les *pierres*
Se disait d'un vin excellent (337)

Trouver des *pierres* sur son chemin
Rencontrer des difficultés imprévues qui viennent contrecarrer ses projets (338)

Mener quelqu'un par un chemin où il n'y a pas de *pierres*
Le poursuivre vivement, ne pas le ménager (339)

Être hardi comme un *pierrot*
Être très hardi, effronté (340)
Allusion au nom vulgaire du moineau.

Un *pigeon* privé
Se disait d'un espion infiltré dans un complot (341)

Une coiffure en ailes de *pigeon*
Se disait d'une coiffure où les cheveux forment une aile de chaque côté de la tête (342)

Loger comme les *pigeons*
Habiter l'étage le plus haut d'une maison (343)

Il ne faut pas laisser de semer pour la crainte des *pigeons* (Loc.Pro.)
Il ne faut pas renoncer à faire une chose très utile sous prétexte que l'on rencontre quelques difficultés (344)

Mettre quelqu'un à la *pile* au verjus (Pop.)
Le tourmenter ou dire du mal de lui (345)
La pile était autrefois une grosse pierre qui servait à écraser, à broyer. Rappelons par ailleurs que le verjus est le suc très acide que l'on obtient en pres-sant des raisins verts.

N'avoir ni croix ni *pile*
N'avoir plus d'argent (346)
Croix et pile désignaient autrefois les deux faces d'une pièce de monnaie. Jouer à pile ou face se disait alors « jouer à croix ou pile ».

Aller au *pilier* des consultations
Faire appel au savoir-faire d'un avocat (347)
Autrefois, les avocats donnaient des consultations près de l'un des piliers de la grande salle du palais de justice.

Un *pilier* de boutanche (Arg.)
Se disait d'un commis qui vole son patron (348)
En argot, une boutanche était une boutique.

Un *pilier* de pacquelin (Arg.)
Se disait en argot de celui qui vole les hôtcliers en se faisant passer pour un commis voyageur (349)

Se frotter au *pilier*
Prendre les mauvaises habitudes de ceux que l'on fréquente (350)

Être sujet à la *pince*
Avoir l'habitude de faire des profits illicites (351)

Il est chaud de la *pince* (Pop.)
Se disait d'un débauché, d'un homme qui recherche les conquêtes féminines (352)

Mesurer pince à *pince*
Mesurer trop juste, avoir tendance à sous-évaluer par soucis d'économie (353)

Il a la *pince* rude
Il serre fortement tout ce qu'il saisit (354)

Baiser une femme à la *pincette*
L'embrasser en lui pinçant légèrement la joue (355)

Vendre à pot et à *pinte*
Vendre des liquides au détail (356)

Il est haut comme une *pinte*
Se disait d'une personne de petite taille (357)

Mettre *pinte* sur chopine (Pop.)
S'enivrer (358)

Prendre quelqu'un à la *pipée* (Pop.)
L'attirer dans un piège (359)
Dans la chasse à la pipée, on imitait le cri de la chouette pour effrayer les autres oiseaux et les attirer dans un piège.

C'est un bon as de *pique*
Se disait d'un homme ignorant et stupide (360)

Être en *pique* avec quelqu'un
Se disait lorsque l'on n'a pas de très bons rapports avec lui (361)

Piquer les coffres
Passer beaucoup de temps dans les antichambres, dans les salles d'attente (362)

Piquer l'escabelle
Pour un jeune, travailler dans l'étude d'un notaire ou d'un avoué (363)
L'escabelle correspondait à notre tabouret. Piquer un tabouret, c'était rester assis dessus pendant de nombreuses heures.

Piquer les tables
Avoir l'habitude de s'inviter à la table des autres, de leur rendre visite à l'heure des repas (364)
On parle maintenant d'un pique-assiette.

Piquer des ouvriers
Contrôler la qualité de leur travail, vérifier qu'ils ne perdent pas leur temps (365)

Piquer un renard (Arg.)
En argot, vomir (366)

Piquer un chien (Arg.)
En argot scolaire, dormir au lieu de travailler (367)
D'un lycéen qui rêvasse pendant les cours, on disait qu'il « pique l'étrangère ».

Voilà bien rentrer de *piques* noires
Se disait à propos d'une personne qui rentre dans une conversation pour dire des choses qui n'ont aucun rapport avec celles dont on parle (368)

Vous en êtes à cent *piques*
Se disait à une personne très éloignée de la vérité lorsqu'elle cherche à deviner quelque chose (369)
D'une personne qui est bien supérieure à une autre, on disait également qu'elle « est à cent piques au-dessus ».

Il a passé par les *piques*
Se disait d'un homme qui a échappé à de grands dangers (370)
Allusion au châtiment militaire qui consistait à battre le coupable avec des hampes de piques.

Planter le *piquet* chez quelqu'un
S'installer chez lui pour quelque temps (371)
Allusion au piquet d'une tente. De même, lorsqu'on quitte les lieux, qu'on décampe, on disait qu'on lève le piquet.

À la *piquette* du jour
À l'aube naissante (372)

Ne faire que *pirouetter*
Se disait d'une personne qui répète sans cesse les mêmes choses (373)

Qui a de l'argent a des *pirouettes* (Pro.)
Avec de l'argent, on peut se procurer les choses les plus difficiles à trouver (374)

Qui trop choisit prend *pis*
Si on hésite trop dans un choix, on finit par opter pour la chose qui est la moins intéressante (375)

Tenir les harengs à la *pisse*
Dans le langage des pêcheries, les suspendre pour laisser s'égoutter l'eau et l'huile qu'ils peuvent encore contenir (376)

Pisser contre le soleil (Pop.)
Faire des efforts inutiles (377)
L'expression s'employait également pour parler de ceux qui profèrent des injures contre un personnage important.

Pisser au bénitier (Pop.)
Faire des extravagances (378)

Pisser à l'anglaise (Pop.)
Sortir sous prétexte de satisfaire un besoin naturel et ne pas revenir (379)

C'est Jocrisse qui mène les poules *pisser* (Loc.Pro.)
Se disait d'un homme qui tient à s'occuper des plus petits détails du ménage (380)
Au théâtre, le Jocrisse était un benêt qui se faisait duper.

Pisser sa côtelette (Arg.)
Dans une langue argotique assez vulgaire, se disait d'une femme qui accouche (381)

Tu me fais *pisser* des lames de rasoir
Tu m'ennuies, laisse moi tranquille (382)

Se flanquer une *pistache*
Faire des excès de table (383)

C'est de la *pistole* de gueux
Se disait d'une pièce d'un liard, une monnaie de cuivre de faible valeur (384)
En France, la pistole était autrefois une monnaie de compte qui valait dix livres. Sur les marchés à bestiaux, on se servait encore à la fin du XIXe siècle de pistoles qui valaient dix francs.

Être à la *pistole*
Se disait autrefois d'un détenu qui louait une chambre particulière à l'intérieur même de la prison, s'y faisant servir les repas par le concierge en personne (385)

Manier le *pistolet* de Sancerre
Se servir d'une fronde (386)
On rapporte que les habitants de Sancerre firent un usage meurtrier de cette arme lors d'un siège dont ils sortirent vainqueurs.

Les fourreaux tirent aussi bien que les *pistolets* (Pop.)
Se disait lorsque l'on estime qu'en progressant, les élèves sont devenus au moins aussi habiles que les maîtres (387)

Tourner toujours sur le même *pivot*
Mener une vie monotone (388)

Se mettre à la *place* du niais
Se placer au milieu de la table (389)

Être bas de *plafond*
Être borné, peu intelligent (390)

Avoir un hanneton dans le *plafond* (Pop.)
Ne pas avoir toute sa raison (391)

De nos jours, les hannetons se font plus rares. C'est maintenant une araignée que l'on a dans le plafond...

Chasser sur les *plaisirs* d'un autre (Pop.)
Entrer en rivalité galante avec lui (392)

C'est une *planche* dans le naufrage
Se disait du dernier moyen d'échapper à une ruine totale (393)

Faire la *planche* aux autres
Être le premier à tenter quelque chose qui paraît difficile, mais qui sera profitable aux autres (394)

Cela fait *planche*
Se disait d'une chose qui est faite pour la première fois et qui servira d'exemple par la suite (395)
«Je vous fais là un beau cadeau, mais il ne faudrait pas que cela fasse planche».

Faire sauter quelqu'un au *plancher*
Le mettre hors de lui en ne proférant que des absurdités (396)

***Planer* sur la campagne**
Tenir des propos de très haut niveau (397)

***Planter* une chose au nez de quelqu'un** (Pop.)
Lui reprocher une chose bien en face (398)
On disait aussi « Plaquer une chose au nez ».

Cela ne vaut pas une *plaquette*
Se disait d'une chose sans valeur (399)
La plaquette était une petite monnaie belge, frappée dans un alliage de cuivre et d'argent, valant environ 29 centimes à la fin du XIXe *siècle.*

Il leur sert de *plastron*
Il est en butte à leurs railleries (400)

Servir à quelqu'un un *plat* de son métier
Lui jouer un tour dont il se souviendra (401)

Faire les choses à *plat* couvert
Les faire clandestinement, en cachette (402)

Tout à *plat*
Entièrement, tout à fait (403)
« On lui demande encore d'autres certaines choses, elle refuse tout à plat ». Mme de Sévigné.

Être à *plat* de lit
Être alité (404)

De la morue *plate*
Dans le langage des pêcheurs, se disait de la morue qui a été ouverte pour la sécher et la saler (405)

Tomber à *plate* terre
Tomber de tout son long (406)
Maintenant, on dit plutôt que l'on tombe à « plat ventre ».

Elle a deux doigts de *plâtre* sur le visage
Se disait d'une femme qui est trop fardée (407)
On disait encore, dans le même sens mais d'une manière plus courte : « Elle se plâtre ».

Une paix *plâtrée*
Se disait d'une paix qui a été signée entre des parties qui ne sont pas sincères, d'une paix qui ne pourra être que de courte durée (408)

En faire trois *plats*
Donner trop d'importance à un événement (409)
« Ils en vinrent faire trois plats au roi ». Extrait des écrits du maréchal de Bassompierre. De nos jours, on se contente d'en faire tout un plat…

Avoir un rien entre deux *plats*
(Pop.)
Ne rien recevoir alors que l'on espérait quelque cadeau ou quelque récompense (410)

Il n'est pas gras de lécher les *plats*
Se disait d'une personne qui ne doit son embonpoint qu'à l'abus des nourritures trop riches (411)
Voir également L75.

Mourir *plein* de jours
Mourir à un âge très avancé (412)

Ne *pleurer* quelqu'un que d'un œil (Pop.)
Se disait lorsque l'on ne regrette une personne qu'en apparence, pour la forme (413)

Il faut faire comme on fait à Paris, il faut laisser *pleuvoir* (Loc.Pro.)
Se disait en parlant d'une chose fâcheuse que l'on ne peut empêcher (414)

Ce sont nues et vents sans *pleuvoir* (Loc.Pro.)
Se disait des gens qui font des promesses qu'ils ne tiennent jamais (415)

Plier la toilette
Se disait principalement du personnel de maison qui emporte furtivement la livrée et les accessoires fournis lors de la prise de service (416)

Jeter son *plomb* sur quelque chose
Avoir des vues sur une chose, y prétendre (417)

Les *plombs* de Venise
Se disait des prisons situées sous la toiture en plomb du palais ducal de Saint-Marc (418)
Ces prisons étaient redoutées car les détenus y souffraient beaucoup de la chaleur irradiée par la toiture.

Faire le *plongeon*
Baisser la tête et la rentrer dans les épaules lorsque l'on entend un coup de feu (419)

Il a bien *plu* sur sa friperie
Se disait à propos d'un homme qui a perdu sa fortune ou sa santé (420)

Ce sont les petites *pluies* qui gâtent les grands chemins
(Loc.Pro.)
En se multipliant, les menues dépenses peuvent venir à bout des plus grandes fortunes (421)

La belle *plume* fait le bel oiseau (Pro.)
Un bel habillement, une belle apparence sont propres à mettre en valeur les avantages naturels d'une personne (422)

Écrire sur la *plume* des vents
N'écrire que des choses sans importance (423)

Des écrits que l'on oubliera, que le vent emportera.

On lui a passé la *plume* par le bec
Il a été déniaisé (424)
Se disait par allusion au fait que les écoliers ou les jeunes clercs tenaient souvent leur plume dans la bouche, en la serrant par le milieu. En tirant cette plume brusquement, on leur barbouillait d'encre la bouche et les lèvres. Voir également B135.

C'est une viande qui sent la *plume*
Se disait d'une viande qui n'est pas bien cuite (425)
Allusion au cuisinier qui ne s'est pas levé assez tôt pour allumer son four et réaliser une cuisson correcte.

C'est une *plume* à son chapeau
C'est une chose favorable qui va renforcer sa vanité et sa gloriole (426)

À course de *plume*
Se disait de ce que l'on écrit sans hésiter ni s'interrompre, d'un seul jet (427)

À dure enclume, marteau de *plume* (Pro.)
Les coups du sort n'accablent pas les hommes qui sont patients et résignés (428)

C'est un chien à poil et à *plume*
Se disait d'un chien dressé pour la chasse à tous les gibiers (429)
D'un homme qui se montre apte à exécuter des travaux très différents, on disait qu'il est aussi bon « au poil qu'à la plume ».

Avoir des *plumes* de quelqu'un
Lui soutirer de l'argent (430)

Avoir son *plumet* (Arg.)
En argot, être complètement ivre (431)

Être sur le *plus* ou sur le moins avec quelqu'un
Craindre de lui rendre plus de politesses qu'il ne convient (432)

Le revenu dans la *poche*
Se disait d'un revenu net (433)
« C'est une terre qui produit tous les ans 10 000 F dans la poche ».

Mettre son drapeau dans sa *poche*
Ne pas faire connaître ses opinions (434)

Cela fait *poche*
Se disait d'une chose qui présente des lacunes (435)

Pocher son écriture
Remplir d'encre les « yeux » des lettres (436)
On disait de même que l'on pochait la queue des lettres lorsque l'on arrondissait leur extrémité.

Avoir un jeu de *pochette*
Se disait d'un musicien qui tire un son grêle de son violon (437)

Mettre un enfant sous le *poêle*
Reconnaître à l'église un enfant qui est né avant mariage (438)
À la cérémonie de mariage, on suspendait un voile appelé poêle sur la tête des mariés pendant la béné diction. Les parents des jeunes époux en

tenaient les quatre coins. Pour qu'il soit officiellement reconnu par l'Église, l'enfant était alors placé sous ce voile.

Un *poêle* à la Désarnaud

S'est dit d'un petit poêle que l'on plaçait sous le manteau d'une grande cheminée (439)

Être dans la *poêle*

Se disait d'une personne qui se trouve dans un grand embarras (440)

Le plus embarrassé est celui qui tient la queue de la *poêle*

(Loc.Pro.)
Celui qui dirige une affaire est celui qui a le plus de soucis, qui supporte le plus d'inconvénients (441)

À carême-prenant, chacun a besoin de sa *poêle* (Loc.Pro.)

Se disait à ceux qui cherchent à emprunter une chose au moment où l'on en a besoin (442)
Allusion aux crêpes de la Chandeleur.

Porter le *poids* du jour et de la chaleur

Faire le travail, endurer toute la peine pendant que les autres se reposent ou prennent du plaisir (443)

Une monnaie de *poids*

Se disait d'une monnaie dont le poids est fixé par la loi (444)

J'ai le *poignard* de même

(Loc.Pro.)
Se disait pour refuser de donner une chose en prétextant qu'elle fait partie d'un ensemble dont on ne veut pas se séparer (445)
Autrefois, poignard et épée étaient vendus ensemble et portaient une ornementation semblable.

Prendre une *poignée* de feu

Se chauffer rapidement en passant devant une cheminée (446)

Acheter la viande à *poignée*

L'acheter sans la peser, juger de son poids en se contentant de la soupeser (447)

Avoir le *poil* de la prairie

Se disait à propos d'une personne qui a des manières un peu rustiques et villageoises (448)

Faire le *poil* bien court à quelqu'un

Dans un combat, prendre l'avantage sur lui (449)

Ne pas pouvoir lui refaire le *poil*

Se disait lorsque l'on a affaire à une personne rusée et expérimentée, qu'il est pratiquement impossible de tromper (450)

Avoir eu du *poil* de quelqu'un

Lui avoir fait un affront (451)
Se disait aussi lorsque l'on a gagné une partie de son argent au jeu.

Monter un cheval à *poil*

Monter à cru, sans couverture et sans selle (452)

Il ne vaut pas un coup de *poing*

Se disait d'un homme qui n'a ni force ni santé (453)

Mener quelqu'un sur le *poing*

Dans une cérémonie, conduire une personne pour la présenter (454)

Avoir la tête plus grosse que le *poing*
Se disait d'une personne qui feint d'être malade pour se soustraire à une obligation ou par pour céder à sa mauvaise humeur (455)

Être en *pointe* de vin
Être très gai, avoir bu plus qu'à l'ordinaire (456)

Avoir l'esprit *pointu* comme une boule
Se disait ironiquement d'une personne qui ne comprend jamais rien (457)

Faire sa *poire* (Pop.)
Jouer à l'homme important (458)

La *poire* est mûre
L'occasion est favorable (459)

Ne pas promettre des *poires* molles à quelqu'un (Loc.Pro.)
Le menacer directement, vouloir se venger (460)

Faire avaler des *poires* d'angoisse
Causer un grand chagrin, imposer une mortification douloureuse (461)
La poire d'angoisse était un instrument de torture métallique, en forme de poire, que l'on plaçait dans la bouche du supplicié pour l'empêcher de crier.

Je l'ai vu *poirier*
Se disait d'un parvenu que l'on a connu lorsqu'il n'avait encore qu'une situation très modeste (462)
Allusion à ce que disaient certains paysans des saints de bois qui ornent leur église.

C'est la fleur des *pois*
Se disait d'une personne que l'on tient en très haute estime (463)

Aller et venir comme *pois* en pot
Être continuellement en mouvement (464)

Ce sont des gens à manger des *pois* au veau
Se disait des personnes dépourvues de courage, de fermeté (465)

Vendre à quelqu'un des *pois* qui ne veulent pas cuire
Lui jouer un mauvais tour (466)

Que ce soit *pois* ou fèves
Se disait lorsqu'un choix nous est indifférent (467)

Ceux qui me feront des *pois*, je leur ferai de la purée
Je me vengerai de tous ceux qui voudront me faire du tort (468)

Après la fête et le jeu, les *pois* au feu (Loc.Pro.)
Après s'être adonné au jeu et avoir beaucoup dépensé, il faut songer à nouveau à faire des économies (469)

Il faut manger les *pois* chez les riches et les cerises chez les pauvres (Loc.Pro.)
Les pois sont meilleurs lorsqu'ils sont nouveaux et qu'ils coûtent encore cher, alors que les cerises sont très bonnes et bon marché lorsqu'elles sont bien mûres et qu'on en trouve en grande quantité (470)

Ne pas savoir à quelle sauce manger ce *poisson* (Loc.Pro.)
Se disait lorsque l'on doit accepter un affront (471)

Du *poisson* à bâton
Se disait autrefois de la morue séchée (472)
On peut relever quelques anciennes appellations surprenantes : le poisson d'avril (maquereau), le poisson juif (requin marteau) et le poisson de nuit (hareng vendu le jour de sa capture)…

Boire un *poisson* d'eau-de-vie
Se disait lorsque l'on en boit une quantité relativement importante (473)
Le poisson était une ancienne mesure de capacité équivalente à un quart de setier (environ 1,86 litre).

C'est cher comme *poivre*
Se disait de quelque chose qui est très cher (474)

Moudre du *poivre* (Arg.)
En argot, marcher péniblement (475)

Chier du *poivre* à quelqu'un (Arg.)
En argot, lui jouer un mauvais tour (476)

Piler du *poivre*
Dans le langage de l'équitation, accompagner les mouvements du cheval en se levant et en retombant sur la selle au rythme du trot (477)

C'est un marchand qui *poivre* les clients
Se disait d'un marchand qui vend trop cher (478)

C'est une fille qui *poivre* ses clients (Arg.)
Se disait d'une prostituée porteuse de maladies vénériennes (479)

Un vol au *poivrier* (Arg.)
Se disait d'un vol où la victime est préalablement endormie à l'aide d'un narcotique (480)
En argot, le poivrier était un ivrogne. On parle maintenant d'un poivrot et se soûler se dit toujours se poivrer…

C'est mon étoile *polaire*
Se disait de la personne qui vous guide (481)

C'est un vilain *polaque*
Se disait d'un homme malpropre (482)
Autrefois, dans les milieux populaires, un polaque était un cavalier polonais. De nos jours, cette expression passerait pour une injure raciste…

Avoir la tête comme une *pomme* cuite
Se disait à propos d'une personne qui a reçu de nombreux coups sur la tête (483)

On l'apaiserait facilement avec une *pomme* (Loc.Pro.)
Se disait d'une personne dont la mauvaise humeur n'est pas tenace (484)

Donner la *pomme* à une femme
Lui décerner un prix de beauté (485)
Allusion à la mythologie où Pâris, qui devait choisir entre Héra, Athéna et Aphrodite, a décidé d'accorder la pomme d'or offerte par les dieux à Aphrodite qui lui avait promis l'amour d'Hélène. Cette « pomme de discorde » fut à l'origine de la guerre de Troie.

Être d'une sottise *pommée*
Être d'une bêtise extrême (486)

Jeter des *pommes* cuites
Manifester son mécontentement par des huées, des sifflets (487)

***Pomper* quelqu'un**
Lui faire avouer ses secrets (488)

***Poncer* un dessin**
Le calquer avec la ponce, une sorte de sachet rempli de charbon broyé (489)

Nos poules *pondent* pour lui
Il profite grandement de notre travail (490)

***Pondre* à deux dans un même nid**
Se disait à propos de deux hommes qui ont la même maîtresse (491)

***Pondre* sur ses œufs** (Loc.Pro.)
Jouir tranquillement de ses biens (492)

Je t'en *ponds*
Se disait par dérision à une personne qui demande une chose impossible (493)

Faire le *pont* à quelqu'un
Le favoriser, le pousser en avant (494)

Être sur le *pont* de sainte Larme
Se disait d'une personne qui est sur le point de pleurer (495)

Faire un *pont*
Au jeu, courber certaines cartes et les disposer de telle manière que celui qui doit couper soit presque obligé de le faire à l'endroit que l'on veut (496)
D'une personne qui tombe dans un piège ou qui croit à ce qui n'est qu'un mensonge, on disait qu'elle « coupe dans le pont ».

Marcher en grand *pontificat*
Se disait à propos d'une personne qui a l'habitude de marcher d'une manière solennelle (497)

Des souliers à *pont-levis*
Se disait de chaussures à talons très hauts dans lesquelles ont plaçait des petites mules (498)

Faire le *Pont-Neuf*
Faire quelque chose d'extraordinaire, qui paraît au-dessus de ses forces (499)
Rappelons que le Pont-Neuf est un pont de Paris qui a été construit en 1604. Par ailleurs, un « Pont-Neuf » désignait d'une manière générale une rengaine populaire que tout le monde connaît et que l'on pouvait acheter dans les boutiques établies sur les arches de ce pont. Enfin, un « Pont-Neuf » était également une prostituée qui racolait en ces lieux…

Il a toujours l'air de revenir de *Pontoise*
Se disait de la personne un peu ahurie, dont les idées ne sont pas très claires et qui s'embrouille facilement dans ses explications (500)
Cette expression viendrait du fait qu'en 1720, le Parlement était exilé dans cet ancien chef-lieu du Vexin, à 27 km au N.O. de Paris. Pour qu'ils racontent les moindres faits et gestes des parlementaires, on aurait accablé de questions ceux qui en revenaient, jusqu'à les étourdir…

Être comme un *porc* à l'auge (Pop.)
Se disait de quelqu'un qui possède tout ce qu'il peut souhaiter (501)

À chaque *porc* vient la Saint-Martin (Loc.Pro)
Chacun doit mourir un jour (502)
Dans les villages, on tuait autrefois les porcs à la Saint-Martin.

C'est un *peintre* porcelainier
Se disait ironiquement d'un artiste dont les peintures un peu naïves imitaient les sujets rencontrés autrefois sur la porcelaine commune (503)

Aller à vêpres aux *Porcherons*
Fréquenter les bars, les cabarets (504)
Située au N-O de Paris, la commune des « Porcherons » à été réunie à la capitale à la fin du XVIIIe siècle. On y trouvait de nombreux cabarets.

C'est un homme *portant* barbe
Se disait d'un homme entré dans l'âge mûr (505)

Un évêque *portatif*
Se disait d'un prêtre qui portait le titre d'évêque sans bénéficier des revenus de l'évêché (506)

La somme *portative*
Se disait de la somme d'argent que l'on a toujours sur soi pour faire face à des menues dépenses (507)

C'est un vin qui *porte* bien
Se disait du vin que l'eau n'affaiblit pas trop (508)

Un homme qui *porte* bien le vin
Se disait d'un homme qui peut en boire beaucoup sans être saoul (509)

Un bateau qui *porte* bien la voile
Se disait d'un bateau qui ne prend pas trop de gîte par grand vent (510)

Il *porte* sa hotte
Dans le langage des chasseurs, se disait d'un lièvre très fatigué qui fuit en arrondissant le dos (511)

C'est un homme à *porte* de derrière
Se disait de celui qui trouve toujours des faux-fuyants pour se tirer d'une situation délicate (512)

Autant vaut traîné que *porté* (Loc.Pro.)
Se disait de choses désagréables entre lesquelles il faut choisir (513)
Se disait également à propos de choses qu'il n'est pas plus difficile de faire d'une manière ou d'une autre.

Avoir un ouvrage en *portefeuille*
Pour un auteur, avoir en réserve un manuscrit qui n'a pas été encore publié (514)

Un carrosse à trente-six *portières*
Se disait par ironie d'une charrette (515)

Un *portrait* flatté
Se disait d'un portrait qui atténue les défauts du modèle (516)
À l'inverse, un portrait qui accentue les défauts tout en gardant la ressemblance avec le modèle était et est encore qualifié de « portrait chargé ».

Écrire à main *posée*
Ecrire assez lentement de façon à mieux former ses lettres (517)

Poser sa chique (Arg.)
En argot, observer le silence, cesser de parler (518)

Faire *poser* quelqu'un
Le faire attendre assez longtemps (519)

Avoir du *positif* à la tête
Se disait à propos de la personne qui a des connaissances solides, bien assimilées (520)

Il fait tout en *poste*
Se disait de quelqu'un qui est rapide et qui fait tout à la va-vite (521)
Allusion aux relais de poste qui fournissait des chevaux frais aux cochers des diligences. Courir la poste était alors synonyme d'aller très vite.

Il prend la *poste* aux choux
Dans la marine, se disait par plaisanterie du marin qui se rend à terre en utilisant le petit canot prévu pour le transport des provisions lorsque le navire séjourne en rade (522)

Boire un bouillon *postérieur*
Se disait par plaisanterie en parlant de la personne qui se fait administrer un lavement (523)

C'est un *pot* sans anses, on ne sait pas par où le prendre
Se disait d'une personne au caractère difficile et pointilleux (524)

Faire le *pot* à deux anses
Mettre les poings sur les hanches (525)
Se disait aussi de celui qui donne le bras à deux dames.

Être bête comme un *pot*
Se disait d'une personne très stupide (526)

C'est un marchand à *pot* renversé
Se disait d'un marchand de vin chez qui l'on ne consomme pas (527)

Être à *pot* et à feu vif dans une maison
Y prendre pension (528)
On disait également, dans le même sens, que l'on y est « en pain et en pot ».

Être au *pot* de quelqu'un
Vivre à ses crochets (529)

Il a été fait dans un *pot* à part
Se disait d'un homme bizarre, peu commun (530)
Ironiquement, on disait également : « On vous en gardera dans un pot à part ».

Ils font *pot* à part
Ils vivent séparément (531)

Faire petit *pot*
Avoir un train de vie très modeste (532)

Être à *pot* et à rôt avec quelqu'un
Faire partie de ses familiers, de son entourage très proche (533)

Avoir le *pot* qui bout
Avoir mal au crâne à force de concentration, de réflexion (534)

Parler comme un *pot* cassé
Avoir une voix sourde et fatiguée (535)

Il habite dans un *pot* à moineaux
Se disait par plaisanterie de celui qui habite une très petite chambre ou une très petite maison (536)

Un pot à moineaux était un pot que l'on attachait à l'extérieur d'une maison pour que les oiseaux viennent y nicher. Voir M366.

Tenir le *pot* de chambre à quelqu'un

Avoir pour une personne des complaisances serviles (537)
Signalons par ailleurs qu'en argot, le pot de cham-bre désignait le tribunal.

Les petites sœurs du *pot*

Nom familier donné autrefois aux religieuses qui prenaient soin des malades et des vieillards (538)

Un *potage* aveugle

Se disait d'un potage qui n'est pas enrichi de matières grasses (539)
Allusion à l'absence des « yeux » qui trahissent la présence de matières grasses dans le bouillon.

Un *potage* à la Crécy

Se disait d'un potage à la purée de carottes (540)
La Crécy était le nom d'une variété de carottes que l'on cultivait en abondance dans la commune de Crécy-la-Chapelle, en Seine-et-Marne.

Faire *pot-bouille* (Pop.)

Vivre en concubinage (541)
D'une manière générale, dans la langue populaire, la « pot-bouille » désignait le régime alimentaire qui prévalait dans une maison.

Éveillé comme une *potée* de souris

Se disait d'un enfant vif et gai (542)
Dans l'une de ses correspondances, Mme de Sévigné a cité cette expression sous cette forme.

Brider la *potence* (Arg.)

En argot, manquer son coup (543)

Trancher du *potentat*

Se rendre ridicule en prenant un air important (544)

Il est venu comme un *potiron* (Pop.)

Se disait d'un parvenu dont la fortune s'est faite très rapidement (545)
Allusion à la croissance rapide des potirons.

Être comme un *pou* entre deux ongles

Se disait lorsque l'on est coincé entre deux partis ou entre deux personnages importants (546)

Il est comme un *pou* sur une gale

Se disait ironiquement d'un homme hautain et prétentieux (547)

Être comme un *pou* affamé

Se disait d'une personne qui ne pense qu'à soutirer de l'argent aux autres (548)

C'est un *pou* qui cherche maître

Se disait d'un homme pauvre qui affecte des airs d'opulence (549)

Il trouverait un *pou* sur la tête d'un chauve (Loc.Pro.)

Se disait d'un homme qui critique tout, même les choses parfaites (550)

Le *pou* le mange

Se disait d'un homme malpropre (551)

Lire du *pouce*
Feuilleter rapidement un ouvrage, sans trop faire attention à ce qui est écrit (552)

Y mettre les quatre doigts et le *pouce*
Agir comme un rustre, sans ménagement et sans délicatesse (553)
Il s'agit évidemment d'une allusion à ceux qui mangent goulûment, en se servant de leurs doigts.

J'aimerais autant baiser mon *pouce*
Se disait en parlant d'une chose qui n'est pas agréable (554)

Et le *pouce* (Pop.)
S'ajoutait à une quantité exprimée pour dire qu'il y en a un peu plus (555)
« Elle a trente ans et le pouce ».

Avoir du *pouce* (Arg.)
En argot, se disait d'un ouvrage d'art qui a été construit d'une manière hardie (556)
« C'est un pont qui a du pouce ».

Serrer les *pouces* à quelqu'un
Exercer sur lui certaines pressions pour lui faire dire ce que l'on voudrait savoir (557)
Allusion à la torture pratiquée autrefois qui consistait à presser très fortement les pouces l'un contre l'autre en les introduisant dans un boîtier métallique muni d'une vis.

C'est de la *poudre* à la Saint-Jean (Loc.Pro.)
Se disait d'une chose qui est de saison, dont on ne doit pas s'étonner (558)
Allusion à la poussière qui réapparaissait sur les chemins à la venue de l'été.

Faire de la *poudre*
Faire l'empressé, gesticuler et remuer beaucoup d'air (559)

Un lièvre qui *poudre*
Dans le langage de la chasse, se disait d'un lièvre qui détale en soulevant de la poussière (560)

Être vif comme la *poudre*
S'enflammer pour peu de chose, être très susceptible, avoir un caractère emporté (561)

C'est de la *poudre* d'hospice
Se disait d'un tabac à priser que l'on vendait moins cher dans les hospices (562)

N'avoir ni *poudre* ni plomb
Être sans argent (563)

Faire la *poudrette*
Dans le langage de la chasse, se disait du gibier à plumes qui se roule dans la poussière (564)

Faire *pouf*
Tirer vanité de sa mise, de son costume (565)

Un bois *pouilleux*
Se disait d'un bois un peu vieux qui commence à se couvrir de petites taches rouges et noires (566)

De la *poulaille* sauvagine
Chez les rôtisseurs, nom que l'on donnait au gibier à plumes (567)

Voyager dans un *poulailler* (Pop.)
Se disait d'une mauvaise voiture, par allusion à celles qui servaient au transport des volailles dans les campagnes (568)

Un marchand *poulailler*
Se disait d'un marchand de volailles (569)
L'expression s'utilisait également pour désigner les rôtisseurs.

C'est un cœur de *poule*
Se disait d'un poltron, d'un homme sans vigueur, sans énergie (570)
On parlait également d'une « poule laitée ». De nos jours, l'homme en question est devenu une « poule mouillée »...

Courir la *poule*
Aller en maraude, chercher à commettre des vols dans les basses-cours (571)
Se disait fréquemment en parlant des soldats qui cherchaient à se nourrir sur l'habitant.

Plumer la *poule* sans la faire crier
Commettre une mauvaise action d'une manière très adroite, sans que la victime s'en plaigne (572)

Être comme une *poule* qui a couvé des œufs de cane
Être très étonné, stupéfait (573)

C'est le fils de la *poule* blanche
Se disait d'un homme qui est favorisé par le sort, qui a toujours beaucoup de chance (574)

Faire pondre la *poule*
Tirer de grands profits d'une affaire (575)

Les *poules* pondent par le bec (Loc.Pro.)
Les poules pondent des œufs en plus grand nombre lorsqu'elles sont bien nourries (576)

Renard malin ne mange pas les *poules* de son voisin (Pro.)
Quand on veut commettre un méfait, il ne faut pas que ce soit dans un lieu où l'on est connu (577)

Il veut aller garder les *poules* de monsieur le curé
Se disait d'une personne qui semble promise à une mort prochaine (578)

Du vin de *poulet*
Se disait d'un vin dans lequel on a fait infuser de la fiente de poulet et que l'on employait autrefois contre les coups, les chutes, etc. (579)

Un *poulet* de carême (Arg.)
Se disait en argot d'un hareng frais (580)

C'est un gardeur de *poulets* d'Inde
Se disait par dérision d'un gentilhomme campagnard (581)
La femelle du dindon était encore appelée « poule d'Inde ». Le mâle était le « coq d'Inde » et le dindonneau était naturellement le « poulet d'Inde ».

Sa *poupée* en sait autant qu'elle
Se disait d'une jeune ingénue qui ignore encore tout de la vie (582)

Faire sa *poupée* de quelque chose
Y prendre du plaisir (583)
« Faire sa poupée d'un séjour dans sa petite maison de campagne ».

C'est le *pourceau* de saint Antoine
Se disait de celui qui se trouve partout où l'on peut boire et manger (584)
Saint Antoine est souvent représenté avec le cochon qui lui servait de fidèle compagnon.

Mettre un homme en *pourpoint*
Le dépouiller de son bien, ne lui laisser que les vêtements qu'il a sur le corps (585)

Il a un sot dans son *pourpoint*
Se disait d'un homme connu pour sa bêtise (586)

Il va y laisser le moule de son *pourpoint*
Il va se faire tuer (587)

Se tailler un *pourpoint* dans le manteau d'un autre
Avoir droit à une part de son héritage (588)

On lui a donné un *pourpoint* de pierre
On l'a mis en prison (589)

C'est une planche *pourrie*
Se disait d'une personne sur laquelle on ne peut pas compter (590)

Être *pourvu* de fil et d'aiguille
Avoir tout ce qu'il faut pour mener une affaire à la réussite (591)

Il *pousse* bien son bidet
Il est en passe de se faire une belle fortune (592)
Voir également B200.

***Pousser* un clou**
Le planter, l'enfoncer (593)

Se *pousser* de l'air (Arg.)
En argot, s'enfuir (594)

Un *pousseur* de bois
Se disait au XVIIIe siècle d'un joueur d'échecs ou de trictrac (595)
Le trictrac est l'ancêtre du jeu de jacquet.

Faire de la *poussière*
Se pavaner, agir avec ostentation (596)

Baiser la *poussière*
S'humilier profondément (597)
Dans le même sens, on disait aussi : « Se prosterner dans la poussière ».

Être empêché comme une poule qui n'a qu'un *poussin*
Être embarrassé pour peu de chose (598)
De nos jours, la poule reste la cible des moqueries avec, par exemple, cette locution proverbiale bien connue : « Être comme une poule qui a trouvé un couteau ».

Vouloir la poule et ses *poussins*
Vouloir tout, être très avide (599)
À rapprocher de l'expression qui est encore en usage : « Vouloir le beurre et l'argent du beurre ».

Peindre de *pratique*
Peindre de mémoire, sans sortir de son atelier (600)

En attendant *pratique*
Faire quelque chose pour s'occuper, en attendant une occasion sérieuse d'agir (601)
« Chercher pratique », c'était chercher à monter une affaire.

Donner bien de la *pratique* à quelqu'un
Lui créer des soucis, des embarras, se mettre en travers de ses projets (602)

C'est une bonne *pratique*
Se disait d'une personne qui achète beaucoup et qui paye bien (603)

Il a avalé la *pratique* de Polichinelle
Se disait d'un homme à la voix très enrouée (604)

Être sur le *pré*
En être arrivé au moment où il faut se décider (605)
Allusion aux duels qui, à Paris, se déroulaient au Pré-aux-Clercs, le long de la rive gauche de la Seine.

Épargne de bouche vaut rente de *pré* (Pro.)
Les économies réalisées sur les dépenses de table peuvent être aussi avantageuses qu'un petit revenu (606)

Aller au *prêche*
Se disait autrefois de ceux qui se convertissent au protestantisme (607)

Un mari *prédestiné*
Se disait ironiquement d'un mari trompé (608)

Avoir un visage de *prédestiné*
Se disait du visage rond et coloré d'une personne qui respire la santé (609)

***Prendre* à travers choux**
Conduire une affaire en allant droit au but, en ne prenant rien d'autre en considération (610)
Voir également C370.

***Prendre* en gré**
Éprouver de l'affection pour quelqu'un (611)

***Prendre* jour**
Fixer un jour pour un rendez-vous (612)
On dit maintenant « Prendre date ».

***Prendre* un rat**
Manquer son but, échouer dans une entreprise (613)

***Prendre* le tison par où il brûle**
S'engager dans une affaire en commençant par ce qu'elle a de plus difficile et de plus dangereux (614)

***Prendre* la cinquième rêne**
Dans le langage de l'équitation, s'accrocher à la crinière ou à la selle pour ne pas tomber (615)

Avoir le *prendre* ou le laisser
Être complètement libre de son choix (616)
Cette expression perdue est une sorte de cousine de notre « c'est à prendre ou à laisser ».

Il serait capable d'en *prendre* sur l'autel
Se disait d'un voleur que rien n'arrête (617)

Être *près* de ses pièces
N'avoir presque plus d'argent (618)

Prendre à *présent* forfait
Prendre sur le fait, en flagrant délit (619)

À petit *présent* petit merci (Loc.Pro.)
La reconnaissance doit être proportionnée à l'importance du bienfait (620)

Avoir la mémoire *présente*
Avoir une excellente mémoire, se souvenir très facilement de ce que l'on a vu ou lu (621)

***Présenter* un chat par les pattes**
Présenter une affaire en commençant par ce qu'elle a de plus difficile ou de plus risqué (622)

Je n'y ferai pas *presse*
Se disait pour exprimer le fait que l'on n'a pas l'intention d'aller se mêler à la foule (623)

Être dans la *presse*
Se retrouver dans une situation fâcheuse, dont on ne sait de quelle façon se sortir (624)

À la *presse* vont les fous (Loc.Pro.)
Les curieux et les sots sont attirés par la foule (625)

Avoir une trogne de *pressureur* (Arg.)
En argot, avoir une face d'ivrogne (626)
Le pressureur est évidemment celui qui assure le fonctionnement d'un pressoir à vin. L'expression est perdue, mais le terme en lui-même ne l'est pas.

Ce n'est pas viande *prête*
Se disait d'une chose qu'il faudra encore attendre pendant un certain temps (627)

Se *prêter* à soi-même
Se laisser aller à ses propres sentiments (628)

C'est un *prêter* à ne jamais rendre
Se disait d'un prêt à une personne insolvable (629)

C'est le *prêtre* Martin
Se disait d'une personne qui fait les demandes et les réponses (630)
On qualifiait de « Prêtre Martin » le chantre qui psalmodiait à la fois les versets et les répons.

Il est *prévenu* de sa grandeur
Se disait de celui qui est bouffi d'orgueil (631)

Il ne *prie* pas comme il joint les mains (Pop.)
Se disait d'un hypocrite (632)

C'est un dîner *prié*
Se disait d'un dîner où l'on ne se rend que sur invitation (633)

Ce n'est pas pour avoir toujours *prié* Dieu
Se disait à propos d'une personne qui se voit infliger une juste punition (634)

Il faut toujours dire du bien de monsieur le *prieur* (Loc.Pro.)
Dans ses paroles, il faut toujours ménager les gens en place, notamment les personnes dont on dépend directement (635)

C'est la *principale* pièce du sac
C'est la partie la plus importante de l'affaire (636)

Jamais pluie dans le *printemps* ne passa pour mauvais temps (Loc.Pro.)
Les pluies du printemps sont bonnes pour les cultures (637)

Il a été *pris* par les yeux
Il a été séduit par les apparences (638)

Quand il était *petit*, il a pris sa bouillie avec un balancier d'horloge
Se disait ironiquement d'une personne qui a une grande bouche (639)

Tous les jours de chasse ne sont pas des jours de *prise* (Loc.Pro.)
Il ne faut pas s'attendre à réussir tout ce que l'on entreprend (640)

Elle est demeurée pour la *prisée*
Se disait d'une vieille fille qui a refusé des bons partis (641)
Allusion à une vente aux enchères où un objet qui n'a pas trouvé preneur peut être proposé à une autre occasion, avec une nouvelle mise à prix.

Être dans la *prison* de saint Crépin
Porter une chaussure trop étroite qui vous blesse et vous fait souffrir (642)
Saint Crépin est le patron des cordonniers.

C'est un canard *privé*
Se disait d'un homme dont on se sert pour en faire tomber d'autres dans un piège (643)

Vendre à *non-prix*
Vendre une chose en-dessous de sa valeur (644)
Autrefois, non-prix était synonyme de bas prix ou de vil prix.

Pendre un *procès* au croc
Retirer sa plainte, faire cesser les poursuites (645)

Faire comme la *procession*
Partir par un chemin et rentrer par un autre (646)

Marcher comme à la *procession*
Marcher très lentement (647)

Mettre un récit sur le lit de *Procuste*
Plier, courber la réalité pour qu'elle corresponde à sa manière de voir (648)
Dans la mythologie grecque, Procuste était un brigand de l'Attique qui étendait les voyageurs sur un lit de fer, étirant ceux qui étaient trop petits et mutilant ceux qui étaient trop grands.

Il fait un temps de chien et de *professeur* (Loc.Pro.)
Se disait d'un très mauvais temps (649)
Allusion au fait que les professeurs avaient la réputation d'assurer toujours leurs leçons, même en cas de mauvais temps.

C'est un dévot de *profession*
Se disait d'un homme qui simule la dévotion par intérêt (650)

Des vêtements usés à *profit*
Se disait de vêtements usés jusqu'à la corde (651)
Dans le même sens, on dit maintenant qu'une chose nous à fait du profit.

Menteur comme un *programme*
Se disait par allusion au fait que les programmes annoncent de belles choses qui ne se réalisent pas toujours (652)
Dans l'esprit des électeurs modernes, cette expression garde certainement toute sa valeur!

Recommander quelqu'un au *prône*
Se disait lorsque l'on veut nuire à une personne en répandant sur elle des propos malveillants (653)

Petit faiseur et grand *prôneur*
Se disait de quelqu'un qui parle beaucoup et qui agit peu (654)

Voilà de quoi le rendre *propre* (Pop.)
Voilà ce qui va le ruiner (655)
De nos jours, ne dit-on pas dans ce cas que l'on est nettoyé ou lessivé ?

La fortune est une fille de bonne famille qui trop souvent se *prostitue* à des valets (Loc.Pro.)
La fortune qui est le produit d'un travail honnête est souvent dilapidée par des gens qui n'ont aucun mérite (656)

Qui *prouve* trop ne prouve rien (Loc.Pro.)
On éveille souvent le doute en faisant trop d'efforts de persuasion (657)

On lui fera sa *provision* de bois pour l'hiver
On lui donnera des coups de bâton (658)

***Provision*, profusion** (Loc.Pro.)
Avoir des provisions incite à consommer plus (659)

C'est un tourneur de *prunelle*
Se disait d'un homme qui a l'habitude de faire de l'œil aux femmes (660)

Être bête comme un *prunier* (Pop.)
Dans le langage populaire, se disait d'une personne qui est d'une grande bêtise (661)
Cette expression viendrait peut-être du fait que les pruniers poussent des drageons qui l'épuisent et qu'il faut supprimer dès qu'il apparaissent.

À la Sainte-Luce, du saut d'une *puce* (Pro.)
À partir de la Sainte-Luce, le 23 décembre de l'ancien calendrier, les jours ne croissent que très lentement (662)

Du charbon *puceau*
Se disait en parlant d'un charbon très pur (663)

Qui se couche avec les chiens se lève avec les *puces* (Pro.)
Les mauvaises fréquentations ne peuvent apporter que des désagréments (664)

Il n'a pas le temps de chercher ses *puces*
Se disait d'un homme très occupé (665)

Il ne faut pas puiser au ruisseau quand on peut *puiser* à la source (Loc.Pro.)
Il est préférable de remonter à la source si l'on veut recueillir des informations plus sûres (666)

Ce qu'on lui dit tombe dans un *puits*
Il est secret et réservé, on ne peut lui faire dire ce qu'il sait (667)

Cela ne tombera pas dans le *puits*
Cela ne s'oubliera pas, on saura s'en souvenir quand il le faudra (668)

Pénétrer dans le *puits* de Démocrite
Découvrir la vérité (669)
On disait que le philosophe grec Démocrite avait placé la vérité au fond d'un puits.

Montrer à quelqu'un la lune dans le *puits* (Pop.)
Lui en imposer, le dominer (670)

Il faut puiser lorsque la corde est au *puits* (Loc.Pro.)
Il faut profiter de l'occasion qui se présente (671)

Parler du *puits* (Arg.)
Dans l'argot des théâtres, perdre son temps à parler d'une histoire qui n'a pas de fin ou d'une chose que l'on ne parvient pas à terminer (672)

Préférer la *purée* aux pois (Pop.)
Préférer le vin au raisin (673)

Le feu du *purgatoire* fait bouillir la marmite des moines (Loc.Pro.)
Allusion aux moines payés par certains fidèles pour qu'ils prient en faveur de leur salut (674)

Se *purger* par serment
Se disait en termes juridiques lorsque l'on proclame son innocence par serment devant des juges (675)

Mettre la *pyramide* sur sa pointe
Placer un objet dans une position instable pour qu'il soit plus facile de le renverser (676)

Un silence *pythagorique*
Se disait d'un silence prolongé (677)
Allusion aux silences que le philosophe et mathématicien grec Pythagore imposait à ses disciples. Il était également connu pour observer des diètes assez sévères que l'on appellera par la suite des « diètes à la pythagorique ».

Q

N'avoir ni *quart* ni part
Ne contribuer en rien à une chose (1)

Le *quart* d'heure de Rabelais
Se disait du moment où il faut payer ce que l'on doit (2)
Allusion à la situation embarrassante qui fut celle de François Rabelais qui, dit-on, n'avait plus d'argent au moment de payer sa note au patron d'une hôtellerie de Lyon.

Un *quart* d'œil (Arg.)
Se disait en argot d'un commissaire de police (3)

Battre son *quart* (Arg.)
Pour une prostituée, se livrer au racolage dans la rue (4)

Avoir des amants par *quartier*
Avoir des amants qui n'occupent chacun qu'une partie de son cœur (5)

Du bois de *quartier*
Se disait du bois de chauffage provenant de billes fendues en quatre (6)

C'est le plaisant de son *quartier* (Pop.)
Se disait d'un homme qui est toujours de bonne humeur, qui cherche constamment à faire rire son entourage (7)

Tomber sur les quatre *quartiers* de quelqu'un (Pop.)
Le traiter avec une rigueur excessive (8)
Dans les duels judiciaires ou les tournois, on ne pouvait frapper son adversaire qu'au buste. Mais dans les combats à l'espadon, une grande et large épée tenue à deux mains, il était permis de porter des coups sur toutes les parties du corps. L'expression fait allusion à ce type d'affrontement.

Payer son loyer par *quartiers*
Le payer par trimestres (9)

Renvoyer de sept en *quatorze*
Se disait lorsque l'on décide d'ajourner indéfiniment un projet (10)
Allusion aux sept jours de la semaine.

Une rente au dernier *quatorze*
Se disait d'un placement d'argent qui rapporte tous les ans un intérêt égal à la quatorzième partie du capital (11)

Avoir quinte et *quatorze*
Dans une affaire, avoir une grande avance, avoir de fortes chances de succès (12)
Au piquet, un jeu qui se jouait à deux et avec 32 cartes, on parlait d'un quatorze de rois lorsque l'on avait les quatre rois, ce qui représentait un total de quatorze points. C'était également valable pour les dames, les valets et les dix. On sait que la quinte, quant à elle, est une suite ininterrompue de cinq cartes de la même couleur. Avoir quinte et quatorze, c'était donc avoir une forte chance de gagner la partie.

Attraper quinte et *quatorze*
(Arg.)
En argot, contracter une maladie vénérienne (13)
Voir Q12.

Se faire tirer à *quatre*
Faire beaucoup de difficultés pour consentir à accorder ce que l'on vous demande (14)
Allusion au supplice de l'écartèlement où chaque membre du condamné était relié à un cheval.

Donner cinq et *quatre*, la moitié de dix-huit (Pro.)
Gifler en donnant un aller et retour de la main (15)
À l'aller, les cinq doigts portent. Au retour qui se fait avec le revers de la main, le pouce n'est pas concerné...

Faire une chose *quatre* à quatre et le reste en gros (Pop.)
Faire une chose rapidement, d'une manière désordonnée et peu soignée (16)

Avoir la tête en *quatre* (Pop.)
Avoir une forte migraine (17)

Tendre un *quatre* de chiffre
Le quatre de chiffre était le nom que l'on donnait à une sorte de piège servant à la capture des rats, des souris et des petits oiseaux. Il était composé d'une planche soutenue par quatre petits morceaux de bois assemblés en forme de quatre. Le montage, sur lequel on plaçait une pierre, était très instable et s'abattait sur la petite victime au moindre choc (18)

Être fait comme les *quatre* chats
(Pop.)
Porter une tenue négligée, peu soignée, faite de pièces de vêtements disparates (19)

Se tenir à *quatre*
Faire un grand effort sur soi-même pour ne pas se mettre en colère (20)
Allusion aux quatre personnes qui seraient nécessaires pour contenir le coléreux potentiel...

Être toujours sur le *que* si, que non
Ergoter, aimer la contradiction (21)

Il y a des étoupes dans sa *quenouille*
Son affaire lui crée bien des difficultés (22)
Allusion aux nœuds qui peuvent se former dans la laine ou le chanvre dont la quenouille est garnie.

***Quereller* en mariage n'accroît ni grain, ni bien, ni héritage** (Pro.)
Entre époux, les querelles ne peuvent que nuire aux intérêts communs (23)

Ce n'est pas tout que de prêcher, il faut aussi faire la *quête* (Pro.)
Se disait pour affirmer que les études faites dans sa jeunesse doivent être utiles par la suite (24)

Faire la *queue* à quelqu'un
Le tourner en ridicule, se moquer de lui (25)
Se disait aussi pour « le tromper, le duper ». L'origine de cette expression est très ancienne. Les Romains avaient pris l'habitude d'attacher la queue d'une bête au derrière de ceux qui s'endormaient lors d'une soirée passée avec des amis (Homuncio trahit caudam).

Quand il peut courir, la *queue* lui choit
Au moment où il croit réussir, un obstacle imprévu vient se mettre en travers de sa route (26)

N'en voir plus ni *queue* ni oreilles
Se disait lorsque l'on ne retrouve rien d'une chose perdue ou volée (27)

C'est une affaire qui a fini en *queue* de rat (Pop.)
Se disait d'une affaire qui n'a pas eu les suites graves que l'on pouvait redouter (28)

Cette *queue* n'est point de ce veau-là (Pop.)
Se disait de deux choses qui ne font pas partie du même ensemble (29)

Ce n'est pas sa faute si les grenouilles n'ont pas de *queue*
Se disait d'une personne qui est incapable d'imaginer quoi que ce soit (30)

La *queue* en sera difficile à écorcher
Il ne sera pas facile de terminer cette affaire d'une manière très profitable (31)

Il viendra un temps où les renards auront besoin de leur *queue* (Loc.Pro.)
Il y a des choses ou des personnes que l'on méprise aujourd'hui et dont on aura besoin plus tard (32)

À la *queue* est le venin (Pro.)
Dans certaines affaires ou encore pour certaines maladies, c'est toujours la fin qui risque d'être dangereuse (33)

Se donner la discipline avec une *queue* de renard (Loc.Pro.)
Mener une vie douillette en affectant l'austérité (34)
La discipline était autrefois une sorte de petit fouet garni de chaînettes.

Brider son cheval par la *queue* (Loc.Pro.)
Commencer une chose par la fin (35)

Ajouter des *queues* aux zéros

Falsifier des écritures (36)
Allusion aux faussaires qui ajoutaient une queue aux zéros pour qu'ils ressemblent au chiffre neuf.

C'est un pacha à trois *queues*

Se disait d'un personnage important (37)
Dans l'ancien Empire ottoman, un pacha qui exerçait la fonction de gouverneur de province avait le droit de faire porter devant lui un étendard composé d'un bâton surmonté d'un croissant et sur lequel flottait une, deux ou trois queues de cheval, comme marque de sa dignité. Le pacha à trois queues était le plus haut placé dans la hiérarchie militaire. Seul le grand vizir avait droit à cinq queues. Cette coutume viendrait d'un général turc qui, pour rassembler des soldats ayant perdu leur drapeau, aurait eu l'idée de couper la queue d'un cheval et de la placer au bout d'une lance.

Qui coule la lessive le saint vendredi veut la mort de son mari

Les lavandières pouvaient travailler tous les jours sauf le vendredi saint (38)
Couler la lessive, c'était verser à plusieurs reprises de l'eau chaude sur le linge qui avait été entassé dans un cuvier.

Ne laisser aux autres que le sac et les *quilles* (Pop.)

Prendre pour soi ce qu'il y a de meilleur et abandonner aux autres ce qui a peu de valeur (39)

Trousser son sac et ses *quilles* (Pop.)

Plier bagage, se sauver (40)

Jouer des *quilles* (Arg.)

En argot, s'enfuir (41)

Servir de *quintaine*

Être l'objet d'attaques incessantes (42)
Rappelons que la quintaine était une sorte de mannequin monté sur pivot qui servait à l'entraînement des cavaliers porteurs d'une lance.

Être *quinteux* comme une mule

Être d'un caractère ombrageux, susceptible (43)
Autrefois, un quinteux était un homme capricieux, sujet à des accès de mauvaise humeur.

Les lunettes et les cheveux gris sont des *quittances* d'amour (Loc.Pro.)

Les jeux amoureux sont pour les jeunes (44)

***Rabattre* les coups** (Pop.)
Adoucir les rapports entre des gens qui ne sont pas en bons termes (1)

***Rabattre* les coutures à quelqu'un** (Pro.)
Le frapper dans le dos ou sur les épaules (2)
Voir également C701.

Tout bien compté et *rabattu*
Se disait pour « tout bien examiné » (3)
« Tout bien compté et rabattu, il n'y a personne en Bretagne qui ait un si bon cœur et de si nobles sentiments ». Mme de Sévigné.

Craindre le *rabouin* (Arg.)
Avoir peur du diable (4)

***Raccommoder* ses flûtes**
Réparer une sottise ou une maladresse (5)

Méchante petite *race*
Se disait à des petits enfants en manière de reproche ou de réprimande (6)

À barbe de fou on apprend à *raire* (Pro.)
On devient habile dans un métier si l'on trouve des gens assez fous pour se prêter aux expériences que l'on décide de faire sur leur propre personne (7)
Le verbe raire, qui s'emploie pour évoquer le brame du cerf, avait un autre sens aujourd'hui disparu. Il signifiait également raser, effacer. Ce vieux proverbe affirme ici que les barbiers ne peuvent apprendre leur métier que parce qu'ils trouvent des clients téméraires qui acceptent de se prêter au jeu…

Le livre de *raison*
Le grand livre de comptes d'un commerçant (8)

Ramasser son paquet (Pop.)
S'enfuir (9)

Cela ne vaut pas le _ramasser_
Cela ne mérite pas que l'on s'y intéresse (10)

Ramoner quelqu'un (Pop.)
Lui faire de vives remontrances (11)
Le verbe a ensuite migré vers le langage argotique où il survit encore de nos jours.

Ramponner dans les faubourgs
Se soûler dans les bars, à l'extérieur de la ville (12)
Allusion au cabaret de Jean Ramponneaux, un tenancier parisien très célèbre au XVIIIe siècle. Il était propriétaire du « Tambour-Royal », un établissement de la rue Saint-Maur qui était fréquenté par toutes les couches de la société, y compris par les plus modestes. En 1771, il a ouvert également la « Grand'Pinte », un autre cabaret que l'on trouvait alors rue Saint-Lazare, au coin de la rue de Clichy.
Maintenant écrit « ramponneau », le mot est devenu synonyme de bourrade, coup violent.

C'est de la _rancune_ de prêtre (Pop.)
Se disait d'un tissu ou d'un cuir inusable (13)

Ranger sa voiture (Pop.)
Se conduire d'une manière plus convenable (14)
Aujourd'hui, d'un malfrat repenti, on dit encore qu'il est « rangé des voitures ».

Faire les choses à la _rangette_
Les faire l'une après l'autre (15)

Donner à quelqu'un de la _râpe_ douce (Pop.)
Le flatter (16)

Boire sur le _râpé_ (Pop.)
Avoir les restes d'un autre (17)
On disait : « Ce nouveau marié a bu sur le râpé » pour laisser entendre que son épouse avait eu des aventures amoureuses avant de le connaître…

Avoir l'air _râpé_
Porter des vieux vêtements usés (18)

Rare comme les beaux jours (Pop.)
Se disait d'une personne, d'un animal ou d'une chose que l'on ne voit pas souvent (19)

Un gibier qui _rase_
Dans le langage des chasseurs, se disait d'un animal qui se tapit contre terre pour se cacher (20)

Il pleut des _rasoirs_
Se disait d'une forte pluie (21)
On dit toujours : « Il pleut des hallebardes »

C'est un esprit _rassis_
Se disait d'une personne posée, réfléchie (22)

Agir de sang _rassis_
Agir calmement, sans se troubler (23)

Rassurer un mur
Le renforcer (24)

Être comme _rat_ en paille
Être à son aise, ne manquer de rien (25)

Un fusil qui prend un *rat*
Se disait d'un fusil qui s'enraye (26)
Voir également P613.

Courir le *rat* (Arg.)
En argot, voler la nuit dans les maisons (27)

C'est une vieille *rate* (Pop.)
Se disait d'une vieille femme avare et rusée (28)

Vous avez bon foie, Dieu vous sauve la *rate* (Loc.Pro.)
Se disait à une personne qui tient un discours extravagant (29)

Dire sa *râtelée*
Dire tout ce que l'on a sur le cœur (30)
On parlait de même d'une « râtelée d'injures ».

Mettre à quelqu'un le *râtelier* bien haut
Lui rendre les choses bien difficiles, presque impossibles (31)
Allusion au râtelier qui, dans les étables ou les écuries, recevait le foin destiné aux bêtes. Lorsque l'on décidait de couper les vivres à quelqu'un, on disait qu'on lui haussait le râtelier.

Faire *ratisse*
Passer son index sur l'index de l'autre main pour se moquer de quelqu'un (32)

Je t'en *ratisse*
Se disait ironiquement pour exprimer un refus (33)
« Des poires de mon verger, je t'en ratisse ».

Avoir des *rats* dans la tête
Faire des caprices, se comporter d'une manière bizarre (34)
On disait souvent, d'une manière plus courte : « Il a des rats ».

Il prend des *rats* par la queue (Arg.)
Se disait en argot d'un voleur à la tire, d'un coupeur de bourse (35)

Un saumon *ravalé*
Se disait d'un saumon qui a été pêché depuis un certain temps et qui n'est plus très frais (36)
L'expression s'utilisait également pour désigner un saumon femelle au ventre aplati après le frai.

Des bas *ravalés*
Se disait des bas qui tombent sur les pieds (37)

C'est un mangeur de *ravelins*
Se disait d'un militaire intrépide (38)
Le ravelin était un ouvrage de fortification extérieure comprenant deux faces qui forment entre elles un angle saillant. Il servait généralement à couvrir une courtine ou un pont. En forme de demi-cercle, on lui donnait alors le nom de demi-lune.

Il s'est *ravisé* en mangeant sa soupe (Pop.)
Se disait en parlant de quelqu'un qui n'a pas tenu sa promesse (39)

***Ravoir* n'est pas sans peine** (Loc.Pro.)
Il est souvent difficile de rentrer en possession de ce que l'on a perdu (40)

Qui bat sa femme, il la fait taire, qui la *rebat*, il la fait braire (Pro.)
Pour être efficace, le châtiment corporel se doit d'être exceptionnel (41)

Reflets de la mentalité de leur époque, les vieux proverbes sont souvent empreints de misogynie.

Un visage de *rebec*
Se disait d'une figure disgracieuse (42)
Instrument très utilisé par les ménétriers qui égayaient les noces villageoises, le rebec était une sorte de violon à trois cordes accordé de quinte en quinte. L'extrémité de son manche comportait souvent une tête sculptée en forme de grotesque.
« Elle avoit visage de rebec ». Rabelais.

Être sec comme un *rebec*
Se disait de quelqu'un qui est très maigre (43)

Avoir le ventre creux comme un *rebec*
Être affamé (44)

De l'huile de *recense*
Se disait d'une huile de qualité inférieure que l'on fait avec de l'eau bouillante et des résidus d'olives déjà pressées (45)

C'est un *réchappé* de potence
Se disait d'un homme qui est capable des plus mauvaises actions (46)
De nos jours, on parle d'un « gibier de potence ».

Venir à la *recharge*
Revenir à la charge (47)

Une laine *rechinsée*
Se disait de la laine qui a été lavée dans l'eau claire pour la dégraisser (48)

Faire de grands *récits* de quelqu'un
En parler avantageusement, en dire du bien (49)

Réconcilier une église
La bénir à nouveau après une profanation (50)

Recoquiller un chapeau (Pop.)
En retrousser les bords (51)
« Planté devant moi, il recoquillait son chapeau pour se donner une contenance ».

Recorder sa leçon
La répéter afin de l'apprendre par cœur (52)

Recrépir une vieille histoire
Lui donner une nouvelle forme sans en changer le fond (53)

Gagner sa vie à *reculons*, comme les cordiers (Loc.Pro.)
Faire de mauvaises affaires, se ruiner (54)
Les cordiers travaillaient souvent à deux. L'un des hommes tournait la roue qui croisait les torons et l'autre, en reculant, tirait sur la corde ainsi fabriquée et la lovait.

Ce n'est pas à votre *refus*
Se disait à propos d'une chose que l'on ne vous offre pas (55)

Quand vous *régalez*, on n'est pas longtemps à table (Pop.)
Se disait, au jeu, à une personne qui gagne rapidement une partie (56)

Le tabac du *régent*
Se disait d'un tabac qui est préparé avec des aromates (57)

Il est sur mes *registres*
Je me souviendrai du tort qu'il m'a fait (58)

La *règle* lesbienne
Dans le langage des architectes, se disait autrefois d'une règle de plomb se pliant facilement, que l'on utilisait pour mesurer le contour d'une pierre (59)

Cela trace comme la *réglisse* (Pop.)
Se disait d'une plante qui pousse très rapidement et qui envahit tout (60)
La réglisse est une légumineuse très prolifique dont le rhizome a été très utilisé pour préparer une boisson rafraîchissante appelée « coco ».

C'est la *reine* d'Antioche (Pop.)
Se disait d'une femme altière et dominatrice, qui veut prendre le pas sur ses égales (61)
Rappelons qu'Antioche a été autrefois la florissante capitale de la Syrie où elle a compté jusqu'à 500 000 habitants. Les premiers disciples du Christ y prirent le nom de chrétiens.

Lui sonder le cœur et les *reins*
Pénétrer les pensées intimes d'une personne (62)

Elle est chaude des *reins*
Se disait d'une femme qui est portée sur les choses de l'amour (63)

C'est un vieux *reître*
Se disait d'un homme qui a beaucoup voyagé, qui est rusé et très expérimenté (64)
Ce nom vient des cavaliers allemands qui, au XVIe siècle, ont servi en France pendant le régence de Catherine de Médicis.

C'est la *réjouissance* du boucher
Se disait autrefois d'un bas morceau que le boucher mêlait à de la viande de choix et qu'il vous faisait payer au prix fort (65)

Être de *relais*
Ne plus avoir d'emploi, être momentanément au chômage (66)

Il veut adopter la *religion* de saint Joseph, avec quatre pantoufles sous son lit (Loc.Pro.)
Se disait de quelqu'un qui désire se marier (67)

Il a été un peu *rembourré*
On lui a parlé avec rudesse (68)

***Rembourrer* son pourpoint** (Pop.)
Manger en abondance (69)

Je vous *remercie* de vos confitures
Se disait ironiquement à une personne qui vous donne des mauvais conseils (70)

Il est sous la *remise*
Se disait de quelqu'un qui a perdu son emploi (71)
Allusion au petit bâtiment qui sert de réserve.

Parler à *remises*
Parler en faisant des pauses (72)

***Remonter* la tête à quelqu'un**
Apaiser ses craintes, le ramener à la raison (73)

Mettre une fille sur le *rempart*
L'initier à la galanterie et à l'amour (74)

C'est une coureuse de *remparts*
Se disait d'une femme qui se donne au premier venu (75)

***Remplir* quelqu'un de ses frais**
Lui rembourser ce qu'on lui doit (76)

Un cousin *remué* de germain
Se disait d'un cousin issu de germain (77)

***Remuer* la vaisselle de quelqu'un** (Pop.)
Lui envoyer un huissier dans le but de faire établir l'inventaire de ses biens (78)

***Remuer* un enfant**
Lui changer ses langes (79)
Dans les grandes maisons, la remueuse était une femme que l'on engageait pour aider la nourrice.

***Remuer* les puces à un enfant**
Lui donner le martinet (80)

C'est le *renard* qui prêche aux poules (Pop.)
Se disait d'un imposteur qui endoctrine des personnes simples et ignorantes dans le but de les duper ou de les exploiter (81)

Il fait comme le *renard* des mûres
Se disait de celui qui fait semblant de mépriser une chose parce qu'il ne parvient pas à l'obtenir (82)

***Renard* qui dort la matinée n'a pas la gueule emplumée** (Pro.)
Il faut se lever tôt le matin pour que la journée soit profitable (83)

Prendre martre pour *renard*
Faire un échange où l'on est gagnant (84)
La fourrure de la martre était plus estimée que celle du renard. L'expression s'utilisait également pour dire à quelqu'un qu'il se trompe lourdement.

Faire le *renchéri*
Faire le difficile (85)

C'est une marchandise de *rencontre*
Se disait d'un achat qui n'était pas prévu (86)

C'est bien *rencontrer*
C'est parler en termes judicieux (87)

Fille qui chante est à demi *rendue* (Pro.)
Une fille gaie est plus facile à séduire (88)

C'est un sot *renforcé*
Se disait d'un homme qui a la réputation d'être d'une grande bêtise (89)

***Renifler* sur l'avoine** (Pop.)
Se disait d'un enfant qui fait le difficile et qui refuse de manger (90)
Allusion au cheval qui n'accepte pas immédiatement son picotin d'avoine.

Il s'est fait *renommer* partout
Il est devenu très populaire (91)

Les jambes me *rentrent* dans le corps (Pop.)
Se disait lorsque l'on est fatigué d'avoir trop marché ou d'être resté debout sans bouger (92)

Se *repaître* de vent et de fumée
Entretenir de vaines espérances (93)

Il s'est laissé *répandre*
Il a perdu de grosses sommes d'argent au jeu (94)

Un vol à la *réparation* (Arg.)
Se disait en argot d'un vol commis par un individu qui se prétend ébéniste et qui emporte un meuble sous prétexte de le réparer (95)

Faire un *repas* de bernardins
Se disait d'un repas très copieux (96)
Les bernardins sont des religieux cisterciens.

Aller au *repas* de la cigogne
(Loc.Pro.)
Se disait d'un repas où le maître des lieux est le seul à avoir accès aux meilleurs plats (97)
Allusion évidente à la fable de La Fontaine « Le renard et la cigogne».

Faire un *repas* de Gascon
Se disait d'un déjeuner si copieux qu'il permet de se passer de dîner (98)
Allusion au proverbe méridional « Quand je déjeune bien je ne dîne pas ».

Si le diable voulait *replanter* sa femme, il lui couperait la tête
(Loc.Pro.)
Allusion au principe de jardinage qui veut que l'on doit étêter ce qui est destiné à être replanté (99)

***Reprocher* les morceaux à quelqu'un**
Lui faire sentir que l'on regrette un peu qu'il mange autant (100)

C'est une chose de *requise*
Se disait d'une chose rare (101)

C'est l'âne qui *ressemble* à un moulin à vent (Loc.Pro.)
Se disait à ceux qui confondent des choses très différentes et qui ne se ressemblent en rien (102)

***Ressembler* à un monsieur de boutique** (Pop.)
Être vêtu de façon un peu ridicule (103)

Le temps se *resserre*
Le temps se refroidit (104)

Un *resserrement* de l'argent
Se disait d'une période où les prêts sont difficiles à obtenir (105)

N'agir que par *ressort*
N'agir que lorsque l'on vous y incite (106)

Se *ressuyer* au soleil
Se faire sécher aux rayons du soleil (107)
« Le vent chaud et sec ressuie rapidement les terres mouillées ».

Le *restaurant* des pieds humides
(Pop.)
Se disait des cuisines en plein air que l'on trouvait autrefois dans les halles et les marchés de Paris où les consommateurs mangeaient debout (108)

C'est un *retapé* (Pop.)
Se disait d'un vantard qui exagère ses mérites, qui se donne des qualités qu'il n'a pas (109)
Retaper les cheveux consistait à les crêper en les peignant à rebours pour les faire renfler.

Il voudrait bien *retenir* ce qu'il a dit
Il voudrait bien ne pas l'avoir dit (110)
On voit qu'il n'était pas ici question de mémoire.

***Retirer* son haleine**
Faire rentrer de l'air dans ses poumons (111)

Se *retirer* à la Mazarine
S'échapper, sortir rapidement (112)
Allusion au retrait forcé du cardinal Mazarin à Cologne, en 1651. Il y gouverna la France du fond de cet exil, ne le quittant qu'en 1652, avec une petite armée... Il fut par la suite obligé de renouveler cet aller et retour.

Ne faire que tordre et *retordre*
Manger souvent, beaucoup et très vite (113)

Un cheval aux flancs *retroussés*
Se disait d'un cheval aux flancs creux (114)

À vous, je vous *réveille* (Pop.)
Se disait autrefois lorsque l'on trinquait à la santé de quelqu'un (115)

Il vous en *revendrait*
Il est bien plus malin que vous (116)
D'un homme qui se donne de belles apparences, on disait également : « Il en revend ».

***Revenir* du pays où tout le monde va**
Échapper à une maladie mortelle (117)

***Revenir* de Poitiers**
Se disait d'une personne qui se complet dans le mensonge (118)
Allusion au personnage principal du « Menteur » de Corneille, qui arrive de Poitiers.

***Rêver* à la Suisse**
Avoir l'air d'être plongé dans une profonde méditation, alors qu'en réalité, on ne pense à rien (119)

Planter là quelqu'un pour *reverdir*
Laisser attendre longtemps une personne (120)

C'est un gueux *revêtu*
Se disait d'un parvenu plein d'arrogance (121)

Un *rez* de pied
Se disait d'un rez-de-chaussée (122)

Passez-moi la *rhubarbe*, je vous passerai le séné (Loc.Pro.)
Faites-moi des concessions et je vous en ferai d'autres en retour (123)

Être *riche* comme un puits
Avoir une grande fortune (124)

S'il est *riche*, qu'il dîne deux fois (Loc.Pro.)
Se disait d'un homme riche qui pense que tout peut s'acheter (125)

Elle est *richement* laide
C'est une femme d'une grande laideur (126)

C'est la chanson du *ricochet*
C'est toujours la même chose (127)
De nos jours, on emploie une expression voisine en disant : « C'est toujours la même chanson ».

Se tenir derrière le *rideau*
Diriger une affaire sans jamais se montrer (128)

Il fait de cent sous quatre livres, et de quatre livres *rien* (Loc.Pro.)
Se disait de celui qui gaspille son argent (129)
Cent sous correspondaient autrefois à quatre livres.

Il ferait *rire* un tas de pierres
Se disait d'un homme irrésistible qui est doué d'un grand sens comique (130)

Un habit qui commence à *rire*
Se disait d'un vêtement usé, très fatigué (131)

Il est comme le château de Dammartin, il crève de *rire*
(Loc.Pro.)
Il rit à gorge déployée (132)
Allusion aux tours de ce château qui a été démantelé sous Louis XIII et qui présentaient des fissures largement baîllantes.

***Rire* à la caisse** (Arg.)
En argot, passer à la caisse pour se faire donner de l'argent (133)

Ça n'a ni fond ni *rive*
Se disait d'une chose qui est très embrouillée (134)

Porter de l'eau à la *rivière*
Apporter en un lieu une chose qui s'y trouve déjà en abondance (135)
Voir également E1.

La *rivière* est marchande
Se disait d'un cours d'eau dont les eaux sont suffisantes pour porter un bateau (136)

La *rivière* ne grossit pas sans être troublée
Une grande fortune ne se construit pas sans avoir recours à quelque moyen illicite (137)

Ventre de son et *robe* de velours
Se disait en parlant des gens qui préfèrent économiser sur la nourriture afin de pouvoir se payer des vêtements de luxe (138)

Cela ne vous déchire pas la *robe*
Il n'y a pas là de quoi vous offenser (139)

On a failli lui déchirer sa *robe*
Se disait à propos d'une personne sur laquelle des pressions ont été exercées pour qu'elle consente à faire quelque chose (140)

Une *robe* de corps
Se disait d'un habit de deuil (141)

C'est un chirurgien de *robe* courte
Se disait autrefois d'un chirurgien qui n'avait pas suivi les cours de l'école de médecine (142)
Par opposition, ceux qui possédaient un diplôme étaient qualifiés de « chirurgiens de robe longue ».
Voir également C678.

Renvoyer quelqu'un à la *robe* de soie
Lui reprocher sa naissance (143)

Selon le corps, il faut tailler la *robe* (Loc.Pro.)
Il faut savoir proportionner ses dépenses à ses besoins (144)

Une sauce *Robert*
Se disait d'une sauce préparée avec des oignons et du vinaigre (145)
Rabelais en fait mention en 1552.

Il fit comme *Robin* à la danse (Pop.)
Il fit du mieux qu'il put (146)
Allusion au nom que l'on donnait au berger dans les églogues, ces petits poèmes champêtres écrits par Virgile, Ronsard ou Marot.

C'est la maison de *Robin* de la Vallée, il n'y a pot au feu ni écuelle lavée (Pop.)
Se disait d'une maison mal tenue (147)

Toquer sur le *Robin*
Donner des pichenettes sur le front d'un jeune garçon (148)
Allusion au fait que les garçons, comme les filles, portaient une robe dans leur très jeune âge.

C'est un *robinet* d'eau tiède
Se disait d'une personne qui parle beaucoup pour ne dire que des choses banales (149)

Se coiffer comme saint *Roch*
Mettre son chapeau de travers (150)
Saint Roch est né à Montpellier en 1295. Lors d'un pèlerinage en Italie où il soignait des pestiférés, il fut atteint par la maladie et faillit en mourir. Guéri, il reprit la route accompagné d'un chien qui l'avait rejoint dans la grotte où il s'était réfugié. Au bout de plusieurs années, il revint dans sa patrie qui était alors en guerre. Accusé d'espionnage, il mourut en prison en 1327. On lui attribuait le pouvoir de guérir la peste. Des peintures et des sculptures, très nombreuses dans nos églises, le montrent en tenue de pèlerin, portant un chapeau à larges bords et accompagné de son chien.

C'est saint *Roch* et son chien
Se disait de deux personnes que l'on voit toujours ensemble (151)

Ce sont des amis de la vieille *roche*
Se disait des personnes qui sont liées par une amitié très solide (152)

C'est un homme de la vieille *roche*
Se disait d'un homme qui est d'une honnêteté absolue (153)

Rouler le *rocher*
Faire un travail pénible et inutile (154)
Allusion à la mythologie et au rocher de Sisyphe.

Pleurer à fendre les *rochers*
Pleurer de façon sincère et très émouvante (155)

C'était du temps du *roi* Guillemot (Loc.Pro.)
Se disait pour évoquer des temps passés déjà très lointains (156)

C'est le *roi* de Poitiers (Loc.Pro.)
Se disait d'une dignité éphémère (157)
Allusion à celui qui reçoit la fève le jour de l'épiphanie.

Faire le *Roland*
Faire le brave (158)
Allusion au comte Roland, le paladin de Charlemagne et à sa fin tragique lors de la bataille de Roncevaux le 15 août 778.

C'est le dernier des *Romains*
Se disait d'un homme dont les qualités de noblesse et de vertu ne sont plus de son temps (159)
Les Romains jouissaient par le passé d'une très haute estime. D'un homme connu pour son patriotisme et ses grands sentiments, on disait : « C'est un Romain ». Une action courageuse, généreuse était qualifiée d'« acte de Romain ».

Prendre le *roman* par la queue
Vivre en couple avant le mariage (160)
Se disait de toutes les choses qui se font à l'envers, en commençant par ce qui devrait être la fin.

***Rompre* les chiens**
Empêcher qu'un discours qui pourrait être très mal perçu puisse se continuer (161)
Cette expression est tirée du langage de la vénerie où l'on stoppe brusquement les chiens qui suivent une piste.

Vous verrez beau jeu si la corde ne *rompt* (Pop.)
Pour peu que l'on m'en donne les moyens, vous verrez de quoi je suis capable (162)

Un nombre *rompu*
Se disait en arithmétique d'une fraction (163)

Manger à table *ronde*
Participer à un repas d'où les exigences de l'étiquette sont bannies (164)

À la *ronde*, mon père en aura
Se disait lorsque l'on fait passer quelque chose de main en main (165)
Cette expression proverbiale viendrait d'un conte où un jeune homme, assis à côté de son père à la table d'un grand festin, en reçut une gifle pour une parole inconvenante. Vexé, mais ne pouvant se venger sur son père, il s'est levé et a giflé son autre voisin qui semblait sourire, lui disant : « À la ronde, mon père en aura ».

Une *ronde* de table
Se disait d'une chanson à refrain où chacun chante à son tour (166)

C'est un comédien qui a de la *rondeur*
Se disait d'un acteur qui joue avec beaucoup de naturel (167)

Jouer à la *ronfle* (Arg.)
En argot, dormir (168)
La ronfle était en réalité un ancien jeu de cartes qui présentait des similitudes avec l'écarté. La langue argotique jouait ici sur l'homonymie.

Faire *ronfler* des vers
Les déclamer avec emphase (169)

C'est un ver *rongeur* (Pop.)
Dans la langue populaire, se disait d'une voiture de louage payée à l'heure, qui attend à la porte et qui coûte d'autant plus cher que l'on s'attarde davantage (170)

Abattre la *rosée* (Pop.)
S'éclaircir la voix en buvant un coup (171)

Un *rossignol* d'Arcadie (Arg.)
Se disait en argot d'un âne (172)
Se disait aussi d'un mauvais chanteur.

S'endormir sur le *rôti*
Négliger des occupations importantes (173)

Ne pas se contenter de la fumée du *rôti*
Ne pas se contenter de l'apparence des choses (174)

Faire des *rôties* d'une chose
Se disait d'une chose que l'on aime beaucoup, que l'on mange en se régalant (175)
La rôtie était une tranche de pain que l'on fait rôtir sur le gril ou devant le feu. Par extension, le terme désignait toute tranche de pain grillé recouverte de miel, de confiture, de gelée, etc. On préparait également des rôties au beurre, à l'huile ou au vin.

Une *roue* de derrière (Pop.)
Se disait d'une pièce de cinq francs en argent (176)
Allusion au grand diamètre de cette pièce de monnaie.

Être sur la *roue*
Éprouver de très grandes douleurs, physiques ou morales (177)
Allusion à l'ancien supplice de la roue.

Être au plus haut de la *roue*
Vivre une période de grande prospérité (178)
Dans le sens contraire, l'expression « Être au plus bas de la roue » existait également.

La plus mauvaise *roue* d'un chariot est toujours celle qui fait le plus de bruit (Loc.Pro.)
Ce sont toujours les gens les moins utiles qui causent le plus d'embarras (179)

Un *rouge* bord
Se disait d'un verre de vin rempli à ras bord (180)

Avoir un pied de *rouge* sur le visage
Pour une femme, être exagérément fardée (181)
Le pied correspondait à environ 32,5 cm…

Les plus *rouges* y seront pris
Les plus malins et les plus habiles s'y laisseront prendre (182)

***Rouler* le quartier** (Pop.)
Aller et venir dans tous les sens pour faire ses achats (183)

***Rouler* sa vie**
Vivre comme on le peut, au jour le jour (184)

Un ouvrier *rouleur*
Se disait d'un mauvais ouvrier que personne ne veut garder (185)

Voler une *roulotte* en salade
(Arg.)
En argot, couper l'emballage des marchandises pour voler le contenu des ballots transportés sur une charrette (186)
De cette ancienne expression argotique, il nous reste la formule « vol à la roulotte » pour évoquer le vol d'objets dans un véhicule en stationnement.

Barbe *rousse* et noirs cheveux, ne t'y fie pas si tu veux (Pro.)
Ceux qui avaient les cheveux noirs et une barbe rousse passaient pour être des hommes dangereux, dont il fallait se méfier (187)
Selon certains auteurs, cette croyance viendrait de Barberousse, le corsaire turc de la première moitié du XVIe *siècle. Devenu grand amiral de la flotte ottomane, il affronta Charles Quint.*

Être *rousti* (Arg.)
En argot, être arrêté par la police (188)
De nos jours, on parle encore parfois de « rousse » pour désigner la police et de « roussin » pour évoquer le policier. Le verbe « roustir », par contre, a vu son usage se perdre complètement. Il signifiait escroquer, voler, rafler. Signalons enfin que, dans l'argot des théâtres, une « roustissure » était un mauvais rôle ou une mauvaise pièce. La « rouste », quant à elle, était et demeure une grêle de coups, une volée.

Les vents *roux*
Se disait des vents d'avril qui, parce qu'ils sont souvent froids et secs, peuvent causer des dommages aux arbres fruitiers (189)
À rapprocher de la « lune rousse » qui commence après Pâques. Cette période redoutée des jardiniers peut connaître encore des gelées nocturnes qui « roussissent » les jeunes pousses.

Payer sa *royauté*
À l'époque de l'Épiphanie, offrir une autre galette lorsque l'on a été soi-même le roi (190)

Faire *rubis* sur l'ongle
Boire tout le vin qui est dans son verre (191)
Allusion au fait qu'en penchant son verre, on ne peut alors en tirer qu'une toute petite goutte qui tiendrait largement sur un ongle.

Savoir toutes les vieilles *rubriques*
Connaître toutes les ruses et les finesses (192)
Allusion aux règles liturgiques qui figurent en rouge dans le missel.

Il ne faut point fâcher une *ruche* (Loc.Pro.)
Il faut éviter de déplaire au plus grand nombre, de se créer une foule de petits ennemis (193)

Il ne mord ni ne *rue*
Se disait d'un homme que l'on ne remarque pas, ni en bien, ni en mal (194)

Le bout de la *rue* fait le coin
Se disait pour se moquer d'une personne qui ne dit que des banalités, qui parle pour ne rien dire (195)

Il est fou à courir les *rues*
Il est complètement fou (196)

Les *rues* en sont pavées
Se disait de choses qui sont très communes (197)

Ses plus grands coups sont *rués*
Se disait d'un vieillard épuisé, qui a perdu l'essentiel de ses forces (198)

Battre quelqu'un en *ruine*

Dans une discussion, l'attaquer avec une telle force qu'il ne trouve plus ensuite d'arguments pour se défendre (199)

Les pères de la *ruse*

Nom donné autrefois aux jésuites par ceux qui les accusaient de duplicité (200)

Les injures se gravent dans l'airain, les bienfaits dans le *sable* (Loc.Pro.)
On garde longtemps le souvenir d'une injure, mais on oublie rapidement celui d'un bienfait (1)

Semer sur le *sable*
Faire une chose inutile, perdre son temps (2)

Elle a cassé son *sabot*
Se disait d'une fille qui a perdu sa virginité (3)

Il a été fouetté comme un *sabot*
Se disait en parlant de celui qui a reçu une sévère correction (4)

C'est Guillemin Croquefolle, carreleur de *sabots* (Pro.)
Se disait d'un fainéant qui s'invente une profession purement imaginaire (5)

Il a quitté les *sabots*
Se disait d'un homme pauvre qui a réussi à s'élever dans l'échelle sociale (6)

Se couvrir d'un *sac* mouillé
Souligner ses torts en avançant de mauvaises excuses, trahir ses défauts en cherchant à les cacher (7)
Allusion à la draperie humide que les sculpteurs appliquent parfois sur une statue pour mettre ses formes encore plus en évidence.

Il faut lier le *sac* avant qu'il soit plein (Loc.Pro.)
Il faut savoir fixer certaines limites à ses projets de fortune (8)

On ne saurait sortir d'un *sac* que ce qui s'y trouve (Loc.Pro.)
Un sot ne peut dire que des bêtises, un homme mal élevé ne peut dire que des grossièretés (9)

Voir le fond du *sac* (Loc.Pro.)
Pénétrer tous les secrets d'une affaire (10)

C'est un *sacré* chien (Pop.)
Se disait d'une eau-de-vie très forte qui brûle le gosier (11)

Avoir tous ses *sacrements* (Pop.)
Se disait dans la langue populaire d'une chose à laquelle il ne manque rien, qui est faite dans toutes les règles de l'art (12)

Aller au *safran*
Faire de mauvaises affaires (13)

Elle le cuisine au *safran*
Se disait à propos d'une épouse qui trompe son mari (14)
Le jaune, la couleur du safran, n'a pas bonne réputation... C'est la couleur emblématique de la trahison, que l'on attribue tout spécialement aux maris trompés et aux briseurs de grève.

Bœuf *saignant* et mouton bêlant (Pro.)
Les viandes de bœuf et de mouton ne doivent pas être trop cuites (15)

Selon le bras la *saignée* (Pro.)
Les charges doivent être proportionnées à la fortune de celui qui les paye (16)

***Saigner* l'âme de quelqu'un** (Pop.)
Lui causer un grand chagrin (17)

Être *sain* comme une cloche (Pop.)
Être sûr et fiable, être digne de confiance et n'avoir qu'une parole (18)
Allusion à la note toujours identique à elle-même qu'une cloche peut donner.

Cette année, les maladies ne sont pas *saines* (Pop.)
Se disait ironiquement à une personne qui perd son temps à prouver des choses qui sont pourtant évidentes (19)

À chaque *saint* sa chandelle
(Loc.Pro.)
Il faut savoir plaire à tous ceux qui peuvent faire réussir une affaire (20)

Être raide comme un *saint* de bois
Se tenir parfaitement immobile (21)

Ce n'est que de la *Saint-Jean*
Ce disait de ce qui a très peu d'importance (22)

Elle retourne encore la *salade* avec les doigts
Se disait d'une femme qui est encore jeune (23)
Autrefois, la coutume permettait aux jeunes femmes de retourner la salade avec les doigts.

C'est une *salade* de Gascon
(Pop.)
Se disait autrefois d'une corde de pendu (24)
On prétendait jadis que les Gascons usaient de la corde lorsqu'ils voulaient en finir avec la vie. Cette expression était également utilisée pour désigner le chanvre en général.

La politesse est au fond du *saladier*
(Loc.Pro.)
Il est poli de laisser aux autres le fond du saladier qui est le meilleur parce que le mieux assaisonné (25)

C'est un Bourguignon *salé*
(Loc.Pro.)
Se disait d'un Bourguignon authentique, de vieille souche (26)
De tous les peuples originaires de ce que l'on appelait la Germanie, les Bourguignons furent les premiers à se convertir au christianisme. Les populations voisines, restées païennes, les qualifiaient de « salés » à cause du sel placé sur la langue de ceux qui recevaient le baptême.

Elle a deux *salières* et cinq plats
(lire « seins plats ») (Pop.)
Se disait d'une femme maigre qui n'a que très peu de poitrine (27)

Donner la *salle* à un écolier
Le fouetter en présence de tous ses camarades (28)

Faire péter le *salpêtre*
Tirer des coups de feu pour célébrer un événement comme un baptême, un mariage, etc. (29)

Il faut chanter le *Salvé*
Se disait lorsqu'une affaire a échoué (30)
Le Salvé est une prière en l'honneur de la Vierge que l'on chantait autrefois lors d'une exécution.

S'escrimer des armes de *Samson*
(Pop.)
Jouer des mâchoires, bien manger (31)
Allusion à la force extraordinaire que la légende attribuait à Samson, juge d'Israël au XIIe siècle avant Jésus-Christ. Il aurait notamment tué mille Philistins avec une mâchoire d'âne qui lui était tombée sous la main.

Peser au poids du *sanctuaire*
Peser une chose avec une grande exactitude (32)
Chez les Juifs, les prêtres étaient autrefois les gardiens des poids de pierre qui servaient d'étalon.

On l'attend au *Sanctus*
On va voir comment il va affronter la première grande difficulté (33)
On jugeait autrefois du talent d'un chantre à sa façon de chanter le Sanctus qui exige beaucoup de force et de souplesse dans la voix.

Secouer la poussière de ses *sandales*
Rester définitivement éloigné d'un lieu ou d'une personne (34)

Ce n'est que du *sang* volage
Se disait autrefois du sang qui s'écoulait d'une blessure légère (35)

La *santé* du corps (Pop.)
Nom que les Parisiens donnaient autrefois au cresson de fontaine (36)

Le pays de *sapience*
Se disait autrefois de la Normandie (37)
Allusion à la grande connaissance des lois qui était attribuée aux Normands.

Danser la *sarabande* au-dessus du passé (Arg.)
En argot, être exécuté par pendaison (38)

Parler par *sarbacane*
S'exprimer par personne interposée (39)

À la Saint-Vincent, le vin monte au *sarment* (Pro.)
Vers le 22 janvier, quand le froid n'est pas trop rigoureux, un premier mouvement de sève se manifeste dans la vigne (40)

Passer une chose au gros *sas*
L'examiner très rapidement, avec peu de soin (41)

Faire tourner le *sas*
Avec un tamis, faire des passes qui se voulaient magiques dans le but annoncé de découvrir l'auteur d'un larcin (42)

Avec le temps et la patience, la feuille de mûrier devient *satin* (Loc.Pro.)
Le travail et la patience viennent à bout de tout (43)

Gâter la *sauce*
Compromettre le succès d'une affaire (44)

De la *sauce* au pauvre homme
Se disait d'une sauce froide faite avec de l'eau, du sel et de la ciboule (45)

Il n'est *sauce* que d'appétit (Loc.Pro.)
Pour apprécier un plat, la faim est le meilleur des assaisonnements (46)

Saucer quelqu'un (Pop.)
Lui adresser une sévère réprimande (47)

Donner ordre aux *sauces*
Aller surveiller le travail qui se fait en cuisine (48)

Il n'y a ni sel ni *sauge*
Se disait d'une chose fade, sans goût (49)
Certaines variétés de sauge s'utilisent en cuisine.

Il faut perdre un vairon pour gagner un *saumon* (Loc.Pro.)
Il ne faut pas hésiter à faire le petit sacrifice qui sera capable de nous faire obtenir un résultat plus intéressant (50)
Poisson carnassier, le saumon peut éventuellement se pêcher au vif avec un vairon comme appât.

Se faire payer comme un *saunier* (Loc.Pro.)
Se faire payer avec exactitude (51)
Autrefois, les sauniers avaient la réputation de ne pas faire crédit.

Il a léché le cul du *saunier* (Pop.)
Se disait de quelqu'un qui a une grande soif (52)
Rappelons que, dans le passé, le mot « cul » n'avait pas une connotation aussi vulgaire que celle qu'il a aujourd'hui. On pouvait facilement le glisser dans une phrase sans s'attirer les regards réprobateurs. Les plus grands auteurs l'ont utilisé sans retenue. Citons Mme de Sévigné : « Je suis persuadée que la plupart des maux viennent d'avoir le cul sur la selle ». Voir C755 à C767, C773 et C774.

Faire faire le *saut* à quelqu'un
Lui faire perdre son emploi (53)
On employait également cette expression en faisant allusion à une femme. On devine aisément le sens qu'elle prenait dans ce cas, un sens qui est d'ailleurs toujours d'actualité…

Faire le *saut* en l'air (Pop.)
Être pendu (54)

Faire le *saut* de Curtius
Se dévouer (55)
Allusion à la légende du patricien Curtius qui s'est précipité dans un gouffre pour écarter un grand malheur qui menaçait Rome.

C'est du vin *sautant*
Se disait du vin de Champagne (56)

Faire *sauter* des bouteilles
Les boire (57)

***Sauver* le premier coup d'œil**
Ne rien laisser paraître de la mauvaise impression que l'on a en voyant une personne laide ou une chose désagréable pour la première fois (58)

C'est un *savant* en us (Loc.Pro.)
Se disait d'une personne prétentieuse qui a tendance à mettre en avant toutes ses connaissances (59)
Autrefois, certains avaient l'habitude de latiniser leur nom en y ajoutant la finale « us ». Molière a brocardé cette manie ridicule dans « Le malade imaginaire » avec son personnage de Diafoirus.

C'est de la *savate* (Pop.)
Se disait d'un mauvais travail, d'une besogne bâclée (60)

Une *savonnette* à vilain
Se disait d'une charge achetée pour s'ennoblir (61)

C'est un vrai *savoyard*
Se disait d'une personne assez grossière et sans éducation (62)

Un fer de *scie*
Se disait d'une équipe de deux scieurs de long qui manœuvrent ensemble leur passe-partout (63)

***Scier* les blés** (Pop.)
Les couper à la faucille (64)

***Scier* du boyau** (Arg.)
En argot, jouer d'un instrument à cordes (65)
Se disait surtout à propos d'un joueur médiocre.

Devenir rouge comme la *sébile* du pressoir (Loc.Pro.)
Rougir fortement (66)
Autrefois, la sébile était un récipient de bois en forme de louche à queue verticale. On en utilisait notamment une pour transvaser le jus de raisin de la cuve dans le tonneau.

Être *sec* comme un pendu d'été (Pop.)
Se disait d'une personne très maigre (67)

Il y a longtemps qu'il devrait être *sec*
Se disait d'un criminel qui mérite la corde (68)

La donner bien *sèche*
Ne prendre aucun ménagement pour annoncer une mauvaise nouvelle (69)

Il n'y a qu'à *secouer* un peu l'oreille
Se disait à propos d'une chose qui ne vaut pas la peine que l'on s'en préoccupe (70)
« Cette dame a un bobo au doigt, elle n'a qu'à secouer un peu l'oreille et ça passera ».

C'est un *secret* d'abbé que les moines n'entendent pas
Se disait d'une chose qui ne peut être connue qu'au sommet de la hiérarchie (71)

Faire *secte* à part
Avoir des opinions singulières, très différentes de ce qui est généralement admis (72)

On l'a battu comme *seigle* vert
(Pop.)
Se disait d'une personne qui a reçu une bonne correction (73)

En avoir *seize* en plus
Recevoir en cadeau un peu plus que ce que l'on avait demandé (74)
Allusion au seizième d'une aune, soit environ 8 cm.

Il est gras et *séjourné*
Il a bénéficié d'une longue période de repos (75)

Aller au *sel*
Aller chercher des provisions (76)

C'est un grenier à *sel*
Se disait d'une personne qui a la réputation de dire des bons mots (77)

Porter la *selle*
Subir une punition infamante qui consistait à porter une selle d'un village à un autre (78)

C'est une *selle* à tous chevaux
Se disait d'un lieu commun, d'une maxime passe-partout (79)

Avoir sa male *semaine* (Pop.)
Se disait d'une femme qui a ses règles (80)
Disparu de nos jours, « male » a été remplacé par « mauvaise ». La mauvaise semaine…

C'est un gentilhomme à simple *semelle*
C'est un homme dont la noblesse est douteuse (81)

C'est un homme qui *sent* son terroir
Il a bien les travers des gens de son pays (82)

C'est un valet qui *sent* le vieux battu
Se disait autrefois d'un domestique devenu négligent ou insolent parce qu'un maître bon et compréhensif a oublié trop souvent de le punir (83)

C'est la *sentine* de tous les vices
Se disait d'un lieu où se rassemblent les gens peu recommandables (84)
On préfère maintenant parler de « bas-fonds ». À l'origine, la sentine désignait la partie basse d'un navire où les eaux s'amassaient et croupissaient.

C'est une jeune fille qui commence à se *sentir* (Pop.)
Se disait d'une jeune fille qui commence à éprouver les premiers effets de la puberté (85)

***Septembre* est le mai d'automne**
(Pro.)
Le mois de septembre connaît encore souvent des beaux jours (86)

Il est *sérieux* comme un âne qui boit dans un seau (Pop.)
Se disait d'un homme qui affecte la gravité dans des circonstances où elle peut paraître ridicule (87)

Chanter comme une *seringue* (Pop.)
Chanter faux (88)

C'est le *serpent* caché sous les fleurs
Se disait d'un danger qui se cache sous des apparences séduisantes (89)

Un cheval à la langue *serpentine*
Se disait d'un cheval dont la langue est sans cesse en mouvement (90)

C'est un fruit de *serre* chaude
Se disait d'un talent précoce qui n'a pas eu le temps de se développer d'une manière naturelle (91)

Il a la *serre* bonne
Il a une poignée de main très énergique (92)
On employait également cette expression à propos d'un avare ou d'un voleur.

Être du genre *serré*
Se disait d'une personne qui ne laisse pas facilement deviner ses intentions (93)

L'estomac est un coffre sans *serrure*
L'argent dépensé en excès de table est de l'argent perdu, qui n'est plus d'aucun rapport (94)

Être comme la *servante* à Pilate, qui se plaît dans le désordre
Se disait à propos des gens qui cherchent à faire naître des querelles (95)

***Service* de grand n'est pas héritage** (Loc.Pro.)
On s'enrichit rarement en se mettant au service des grands (96)
Voir également H56.

***Servir* quelqu'un à plats couverts**
Chercher à lui nuire en secret (97)

***Servir* quelqu'un sur les deux toits**
Lui fournir l'occasion de faire ce qu'il désire (98)
Cette expression trouve son origine dans le jeu de la courte paume.

Faites *serviteur*
Formule destinée aux enfants pour les inciter à faire une révérence (99)

***Siffler* quelqu'un**
L'instruire de ce qu'il devra dire ou faire (100)

Donner trop sur le *sifflet* (Loc.Pro.)
Faire des dépenses inutiles (101)

S'il n'a pas d'autre *sifflet*, ses chiens sont perdus (Loc.Pro.)
S'il n'a pas d'autre moyen que celui-là pour réussir cette affaire, c'est l'échec assuré (102)

Il fait plus de remous que de *sillage*
Dans le langage des marins, se disait d'une personne qui fait plus de bruit que de besogne (103)

C'est un bœuf qui fait bien son *sillon*
Se disait d'un homme médiocre, lourd et très laborieux (104)

Parier le double contre le *simple*
Parier à deux contre un (105)

Boire du *sirop* de l'aiguière
Se disait en plaisantant lorsque l'on boit de l'eau pure (106)

Faire la *sœur* Colette
Parler avec une onction affectée, avoir des manières papelardes (107)
Ces sœurs étaient des religieuses de l'ordre de sainte Claire.

Une *sœur* écoute
Se disait d'une religieuse qui en accompagne une autre en dehors du couvent, lui servant de chaperon et de surveillante (108)
Dans la pratique, une «sœur écoute» désignait plus généralement une espionne.

Tomber sur ses deux *sœurs* (Pop.)
Tomber sur les fesses (109)

Boire le bouillon des deux *sœurs* (Pop.)
Se faire administrer un lavement (110)
Voir également B335.

C'est *soie* sur soie
Se disait de deux choses agréables ou avantageuses qui arrivent presque en même temps (111)

Quand l'un a *soif*, l'autre veut boire
Se disait de deux ivrognes que l'on voit toujours ensemble (112)

Avoir autant faim que la mer a *soif*
Se disait lorsque l'on a perdu l'appétit (113)

Avoir *soin* de ses fièvres (Arg.)
En argot, bien boire et bien manger (114)

Ce qui tombe dans le fossé est pour le *soldat* (Loc.Pro.)
Les personnes soigneuses profitent de ce que les autres perdent par négligence (115)

À jeune *soldat* vieux cheval (Pro.)
L'ardeur d'un jeune soldat a souvent besoin d'être modérée (116)
Voir également C323.

Faire honneur au *soleil*
Se lever tard, longtemps après le soleil (117)

Cela n'a vu ni lune ni *soleil* (Loc.Pro.)
Se disait de ce qui est toujours resté caché (118)

Adorer le *soleil* levant
Faire sa cour à un personnage qui vient d'être nommé à un poste important (119)

Marcher entre deux *soleils*
Marcher du lever au coucher du soleil, sans discontinuer (120)

Compter les *solives*
Être désœuvré, ne savoir comment s'occuper (121)
On retrouve notamment cette expression dans les correspondances laissées par Mme de Sévigné.

Tomber dans le haut *somme*
Se disait d'une crise d'apoplexie (122)

Moitié farine et moitié *son*
Se disait de deux choses de qualités différentes qui ont été mélangées (123)
L'expression s'employait aussi pour dire que l'on faisait une chose un peu contre son gré.

C'est un père *sondeur* (Arg.)
Se disait en argot d'un homme habile à percer les secrets des autres et à tirer profit de tout ce qu'il peut ainsi découvrir (124)

Être logé chez Guillot le *songeur*
Se trouver dans une position qui nécessite réflexion et concentration (125)

Arriver *sonica*
Arriver au bon moment, à point nommé et sans que l'on s'y attende (126)
L'expression trouve son origine au jeu de la bassette ou du pharaon pour parler d'une carte gagnante qui arrive en surprenant tout le monde.

Faire *sonner* un mot
Le prononcer avec emphase (127)

Boire comme un *sonneur* (Pop.)
Boire beaucoup, se saouler (128)

Avoir une bonne *sorbonne* (Arg.)
Être bien organisé, avoir de bonnes capacités intellectuelles (129)

Être *sorcier* comme une vache (Pop.)
Manquer de jugement, de sagacité (130)

Parler de la bonne *sorte* à quelqu'un
Lui faire une sévère réprimande (131)

***Sortir* de fille**
Pour une jeune fille, se marier (132)

Un gros *sou*
S'est dit d'une pièce de cuivre qui valait deux sous, soit dix centimes (133)
Par opposition, la pièce de un sou était appelée « petit sou ». De nos jours, on dit encore que l'on va sortir ses « gros sous » pour parler d'une dépense importante, mais on ne sait plus que l'on évoque ainsi une pièce de monnaie bien précise.

Être jaune comme un *souci* (Pop.)
Avoir le teint très jaune (134)

Je ne m'en *soucie* pas plus que madame Hérault (Loc.Pro.)
Je ne m'en préoccupe pas du tout (135)
Les chroniques anciennes nous apprennent que cette expression proverbiale était très utilisée à la cour de Louis XIV. On disait également « Je m'en soucie comme d'un fétu » ou encore « Je m'en soucie comme un poisson d'une pomme ».

On ne peut *souffler* et humer en même temps (Loc.Pro.)
On ne peut faire en même temps des choses qui ne peuvent être produites que par des actions contraires (136)

***Souffler* au poil du lièvre**
Se disait d'un chien de chasse qui suit le lièvre de très près (137)
Par extension, mais pour une personne, on disait également « Il a failli être pris, les gendarmes lui soufflaient au poil ».

***Souffler* un verre de vin**
Le boire d'un seul trait, sans reprendre sa respiration (138)
Dans le même sens, on parlait aussi de « souffler la rôtie ».

***Souffler* des pois** (Pop.)
Ronfler bruyamment (139)

***Souffler* un vaisseau**
Dans le langage de la marine, en renforcer le bordage (140)

Donner un *soufflet* à quelqu'un sur la joue d'un autre
Faire à une personne des reproches qui retomberont ensuite sur une autre (141)

Un *souffleur* de canevas
Se disait autrefois de celui qui soufflait à un juge le prononcé du jugement qu'il devait rendre (142)

Mourir dans ses *souliers*
Ne pas mourir dans son lit (143)

C'est un faiseur de vieux *souliers*
Se disait d'un homme qui s'agite beaucoup pour finalement ne rien faire (144)

Mettre son pied dans tous les *souliers*
Se mêler des affaires des autres (145)

C'est une *soupe* de rentier
Se disait d'un repas médiocre, peu appétissant (146)

Prendre *soupe* au plat (Loc.Pro.)
Se trouver entraîné dans une mauvaise affaire (147)

Une *soupe* de Palestine
Se disait d'une soupe faite avec des topinambours, par allusion au nom d'« artichaut de Jérusalem » que les Anglais donnaient à ce tubercule (148)

Mesurer la *soupe* à sa bouche (Loc.Pro.)
Adapter ses dépenses à ses revenus (149)

C'est une *soupe* de saint Bernard, dont le diable a emporté la graisse (Loc.Pro.)
Se disait d'une soupe trop claire (150)
Dans le même sens, on disait encore : « C'est la soupe de la Vierge Marie, on se mire dedans d'un quatrième étage ».

Tremper une *soupe* à quelqu'un (Pop.)
Lui donner une correction (151)
« Quand il rentrera, je lui tremperai une soupe ».
Rappelons que l'on trempait une soupe lorsque l'on versait du bouillon sur des tranches de pain dans une soupière.

Une *soupe* à trois tours
Se disait ironiquement d'un repas léger qui ne comprend qu'un plat vite préparé (152)
Allusion à la soupe que l'on repasserait trois fois…

Un *soupir* d'ivrogne (Pop.)
Se disait ironiquement d'un rot bruyant qu'une personne ivre laisse échapper (153)

Tirer des *soupirs* de ses bottes (Pop.)
Pousser avec affectation des soupirs exagérés (154)

Un tour de *souplesse*
Se disait d'une tromperie qu'une personne fourbe commet en usant de moyens déloyaux (155)

***Sources* hautes, blé cher** (Pro.)
Une année trop pluvieuse n'est en général pas favorable aux récoltes céréalières (156)

C'est une lime *sourde*
Se disait d'une personne qui cherche à nuire en secret, par derrière (157)
Rappelons qu'en terme de métier, une lime sourde est une lime qui ne fait pas de bruit lorsque l'on s'en sert.

C'est une pierre *sourde*
Se disait en joaillerie d'une pierre qui ne brille pas comme elle devrait le faire (158)

Une quantité *sourde*
En mathématiques, se disait d'un nombre qualifié maintenant d'irrationnel, qui ne peut s'exprimer ni par un entier, ni par une fraction (159)
La racine carrée de deux (1,414...) est un exemple de ce l'on appelait une quantité sourde.

Faire la *souris* (Pop.)
Fouiller adroitement dans la poche des autres (160)

Brûler les *souris* (Arg.)
En argot, mettre le feu à une maison (161)

***Souris* qui n'a qu'un trou est bientôt prise** (Pro.)
Il est préférable de diversifier ses placements de précaution (162)

Dans cette opération, il est en *sous*
Il est placé sous les ordres de quelqu'un (163)

Le *sous-double*
En mathématiques, se disait de la moitié (164)
Deux est le sous-double de quatre.

***Soutenir* la nature**
S'alimenter, faire un repas (165)

Il n'est pas vieux, mais il se *souvient* de loin (Pop.)
Se disait par ironie d'un vieillard qui veut paraître jeune (166)

Faire *suer* une affaire
En tirer tous les bénéfices qu'elle est capable de produire (167)

Qui n'a *suffisance* n'a rien
Celui qui ne sait pas se contenter de ce qu'il a est malheureux comme s'il n'avait rien (168)

Donner un *suif* (Pop.)
Adresser une sévère réprimande (169)

N'avoir ni enfants ni *suivants*
N'avoir ni enfants ni proches parents (170)

On n'a point d'avocat pour du vin de *Suresnes* (Loc.Pro.)
Le vin provenant de la commune de Suresnes avait la réputation d'être de mauvaise qualité (171)

Le *surplus* rompt le couvercle
(Loc.Pro.)
Le surplus est parfois plus nuisible qu'utile (172)

La *sursomme* abat l'âne
(Loc.Pro.)
Des exigences non prévues peuvent compromettre une affaire (173)
Sursomme était synonyme de surcharge.

Enterrer la *synagogue* avec honneur
Terminer une œuvre ou mettre fin à une carrière en faisant quelque chose de remarquable (174)

Il est tout *syncopé*
Se disait de quelqu'un qui est stupéfait (175)

T

Ouvrir sa *tabatière* (Arg.)
En argot, lâcher un pet (1)

Donner de la *tablature* à quelqu'un
Lui créer bien des ennuis (2)

Dîner à la *table* de son maître
(Loc.Pro.)
Se disait à propos d'un homme qui se laisse mener par sa femme (3)

C'est un chevalier de la *table* ronde
Se disait ironiquement d'un homme gourmand qui reste à table très longtemps (4)

Ils ne font qu'un lit et qu'une *table*
Se disait d'un homme et d'une femme qui vivent ensemble (5)

Être à la *taille*
Se disait à propos de quelqu'un dont la tête est mise à prix (6)

Repasser quelqu'un en *taille-douce*
Le battre sans ménagement (7)
Rappelons qu'une gravure en taille-douce est une gravure sur cuivre qui n'est faite qu'au burin, sans le secours de l'acide.

C'est de la besogne toute *taillée*
Se disait d'un travail bien préparé, où les matériaux à mettre en œuvre sont à portée de main (8)

Sa plume est bien *taillée*
Se disait d'une personne qui écrit dans un style remarquable (9)

Se quitter comme des *tailleurs*
(Pop.)
Se quitter sans boire (10)

Gagner le *taillis* (Pop.)
S'enfuir, se mettre en sûreté (11)

Elle a le *talon* court
Se disait d'une femme qui cède facilement aux propositions d'amour (12)
Allusion au fait qu'il serait plus facile de tomber à la renverse lorsque l'on porte des talons courts…

On n'aime que ses *talons*
Se disait de quelqu'un que l'on est content de voir partir (13)

Arriver comme *tambourin* en noce (Pro.)
Arriver fort à propos (14)

C'est un bon cheval de *tambourin*
Se disait d'un cheval qui n'a pas peur du bruit (15)
S'employait également à propos d'une personne.

Qui vit en espérance danse sans *tambourin* (Loc.Pro.)
L'espérance n'est pas suffisante pour assurer un bonheur complet (16)

Ménager le valet du *tambourineur* (Pop.)
Essayer de contenter tout le monde pour favoriser sa propre réussite (17)

Passer quelqu'un par le *tamis*
Lui faire subir un examen sévère et complet, notamment en ce qui concerne ses mœurs, sa conduite et ses connaissances (18)

***Taper* de l'œil** (Arg.)
En argot, bien dormir (19)

Se *taper* les cheveux
Les crêper pour leur faire prendre du volume (20)

Tarare-pon-pon
Se disait autrefois pour se moquer de la vanité qui inspire les récits ou les projets d'une personne (21)

Les *tartes* bourbonnaises
Se disait, dans la région de Moulins, des bourbiers dont la croûte durcie au soleil pouvait donner une fausse impression de solidité (22)

Il n'en *tâtera* que d'une dent (Pop.)
Il n'en aura que très peu (23)

Cela sert comme une *taupe* dans un pré
Se disait d'une chose qui ne sert à rien (24)

Marcher comme un preneur de *taupes*
Marcher doucement, sans faire de bruit (25)

C'est un preneur de *taupes*
Se disait d'un homme très adroit, très habile (26)

C'est un peintre de *taverne*
Se disait d'un mauvais peintre, juste bon à décorer les murs d'une taverne (27)

***Tel* refuse qui après muse** (Pro.)
On regrette souvent d'avoir refusé (28)

Faire le *télégraphe*
Gesticuler en tous sens (29)

Il s'agit évidemment du télégraphe aérien inventé par Claude Chappe, dont la première ligne a été installée entre Paris et Lille en 1794. Les signaux codés étaient transmis par des bras mobiles d'un poste à l'autre.

Tempérer sa bile
Réprimer sa colère (30)

Il fait un _temps_ de demoiselle
Se disait lorsque le temps est doux et qu'il n'y a ni pluie, ni vent, ni soleil (31)

C'est un _temps_ bien salé (Pop.)
Se disait d'un temps de canicule qui fait naître la soif...(32)

L'amour fait passer le _temps_ et le temps fait passer l'amour
(Loc.Pro.)
L'âge nous prive peu à peu des divertissements de l'amour (33)

Tirer sur le _temps_
Profiter de l'occasion (34)
Cette formule est extraite du vocabulaire de la chasse où elle signifiait : « Tirer au moment favorable, juste à temps ».

Il a la peau _tendre_
Se disait d'un homme irritable (35)

Avoir la vue _tendre_
Avoir une vue assez faible (36)

Dieu vous assiste, notre pain est _tendre_, nos couteaux sont rouillés (Loc.Pro.)
Nous n'avons rien à vous donner (37)
Le pain tendre était du pain frais.

Un _teneur_ de bouterne (Arg.)
Se disait d'un filou qui sévissait sur les foires et les marchés (38)
En argot, une bouterne était une boîte carrée dans laquelle on jouait aux dés et qui contenait deux ou trois lots importants mêlés à une quantité de petits objets sans valeur. On appelait « bouternier » celui qui organisait le jeu.

Tenir quelqu'un au filet
En faire son allié en lui faisant des promesses (39)

C'est un _terne_ à la loterie
Se disait d'un gain ou d'un avantage qui n'est dû qu'au hasard (40)
Rappelons qu'à la loterie, un terne était l'équivalent d'un tiercé au P.M.U.

Donner du nez en _terre_ (Pop.)
Échouer dans une affaire (41)

Il vaut mieux en _terre_ qu'en pré
(Loc.Pro.)
Se disait d'un homme que l'on ne regrette pas après sa mort (42)

Perdre _terre_
Perdre pied lorsque l'on est dans l'eau (43)

Terrer une étoffe
L'enduire de terre à foulon pour la dégraisser (44)
On employait pour ce faire une variété particulière d'argile.

Une toux de renard qui mène au _terrier_ (Loc.Pro.)
Se disait d'une toux chronique qui finit avec la vie (45)

Grande chère et petit *testament* (Loc.Pro.)
Se disait à propos d'une personne qui mène grande vie et qui laisse peu de biens à ses héritiers (46)
Dans le même sens, on disait aussi : « Grande cuisine, maigre testament ». Voir également G154.

C'est un *teston* rogné
Se disait d'un ignorant (47)
Allusion à la monnaie d'argent appelée teston. Les mentions qui figuraient sur le pourtour de ces pièces devenaient illisibles lorsque le métal en était rogné. Les premiers testons furent frappés sous Louis XII en 1513.

Avoir toujours le *teston* au gousset
Avoir toujours de l'argent sur soi (48)

Avoir l'âge d'un *teston*
Avoir quinze ans (49)
Expression basée sur un mauvais jeu de mots qui faisait allusion à l'apparition de la poitrine chez les jeunes filles.

Y aller de cul et de *tête*
Employer tous les moyens que l'on a pour réussir une chose (50)
Dans le même sens, on trouvait aussi une forme plus complète de cette expression : « Y aller de cul et de tête, comme une corneille qui abat des noix ».

Avoir la *tête* bonne
Être capable de boire beaucoup sans pour autant s'enivrer (51)

Sa *tête* donne bien du mal à ses pieds (Pop.)
Se disait d'un homme inquiet, qui va et qui vient, qui s'agite beaucoup (52)

Mal de *tête* veut paître (Pro.)
Il faut manger si l'on veut pouvoir guérir un mal de tête (53)

Un *thé* de bœuf
Se disait d'une infusion préparée pour les malades avec de la viande hachée (54)

Être derrière le *théâtre*
Ne pas prendre part aux affaires (55)

Il marche en roi de *théâtre*
Se disait d'un homme qui marche gravement, en prenant un air majestueux (56)

Il a mal pris son *thème*
Se disait d'une personne qui a dit une bêtise (57)

Les chevaliers de la *thune* (Arg.)
Se disait en argot des mendiants (58)
Dans la langue verte, la thune était une aumône.

Faire bouillir la *timbale* (Arg.)
Faire bonne chère (59)
En argot, la timbale était une marmite.

Le cerveau lui *tinte*
Il a la tête dérangée, il est un peu fou (60)

Vous n'avez qu'à *tinter* (Pop.)
Vous n'avez qu'à faire connaître votre volonté et l'on vous obéira (61)

Être saoul comme une *tique*
Être complètement saoul (62)
Allusion à la tique qui est gorgée de sang.

Tirasser aux cailles
Les prendre au filet (63)
La tirasse était un filet composé de deux panneaux qui se rabattaient l'un sur l'autre en se croisant.

Il est bien _tiré_
Il est bien habillé, il est vêtu proprement (64)
On dit maintenant que l'on est « tiré à quatre épingles ».

Il a la mine réformée comme la _tirelire_ d'un enfant rouge (Loc.Pro.)
Il est habillé de neuf, il a subi une transformation complète (65)
Se disait par allusion à certains enfants pauvres qui étaient habillés de rouge pour mendier. Lorsque leur tirelire était pleine, ils la cassaient et la remplaçaient par une neuve.

Tirer une dent à quelqu'un
Parvenir à lui subtiliser une chose (66)

Tirer le poil à quelqu'un (Pop.)
Lui soutirer de l'argent par ruse ou par force (67)

Tirer la courroie
Se priver pour faire face à une grosse dépense (68)

Pour lui parler, il faut le _tirer_ au vol
Se disait d'un homme qui est difficile à joindre (69)

On _tirerait_ plutôt un pet d'un âne mort qu'un sou de sa bourse (Loc.Pro.)
Se disait d'un avare (70) Voir A154.

Il se _tirerait_ d'un puits
Se disait d'une personne qui parvient toujours à se sortir d'une situation périlleuse (71)

C'est une _tisane_ de Champagne
Se disait d'un vin pétillant de qualité très inférieure au Champagne (72)

De la _tisane_ de bois tortu (Arg.)
Se disait du vin en argot (73)
Allusion à la forme contournée du cep de vigne.

Sonner le _tocsin_ contre quelqu'un
Exciter le public contre lui (74)

On ne rend pas l'argent quand la _toile_ est levée (Loc.Pro.)
On ne revient pas sur une chose qui a reçu un commencement d'exécution (75)
Allusion aux voiles d'un navire qui ont été hissées.

Des propos de _toilette_
Se disait de propos galants fades et précieux (76)

Il va _tomber_ des curés (Pop.)
Se disait lorsque le ciel se charge de gros nuages noirs (77)
Allusion à la couleur noire de la soutane. Émile Zola a utilisé plusieurs fois cette formule.

Tomber en chartre
Maigrir considérablement (78)

Faire le second _tome_ de quelqu'un
Ressembler à une autre personne, en avoir tous les défauts (79)

Tant *tonne* qu'il pleut (Loc.Pro.)
Après les menaces viennent les coups (80)

Il a épousé une *tonne* d'or
Se disait d'un homme qui s'est marié avec une femme très riche (81)

Rouler son *tonneau*
Travailler sans obtenir de résultat, ou encore faire semblant d'être très occupé (82)
Le philosophe grec Diogène, pour marquer son mépris des richesses, avait décidé d'habiter dans un tonneau. Voyant les Corinthiens faire des travaux pour préparer un siège, il roula son tonneau pour montrer qu'il n'était pas désœuvré.

Les *tonneaux* vides sont ceux qui font le plus de bruit (Loc.Pro.)
Ceux qui parlent beaucoup disent des choses sans intérêt (83)

***Tonner* sur les choux**
Déployer beaucoup de force et de puissance pour vaincre ce qui n'est pas en mesure de résister, ce qui est sans défense (84)
Dans le même sens, on disait encore : « Grêler sur le persil ». Voir P271.

C'est un docteur à simple *tonsure*
Se disait d'un médecin qui n'est pas très habile (85)

Être de la haute *tonsure*
Se disait d'un membre du haut clergé (86)

En avoir dans le *toquet* (Arg.)
En argot, être ivre (87)
Le toquet était un bonnet porté par les femmes ou les enfants.

C'est une Nanon *toquet* (Pop.)
Se disait d'une femme qui est coiffée d'une manière bizarre et ridicule (88)

Il n'a qu'à s'en *torcher* le bec (Pop.)
Se disait pour exprimer le fait qu'un homme n'aura pas ce qu'il désire (89)
Plus anciennement, on disait dans le même sens : « Il n'a qu'à s'en torcher le nez » ou « Il n'a qu'à s'en torcher la barbe ». De nos jours, et avec plus de vulgarité, on entend encore dire parfois : « Il peut toujours se torcher »…

Net comme une *torchette* (Pop.)
Aussi propre qu'après un bon nettoyage(90)
Après avoir désigné une poignée de paille, la torchette était devenue synonyme de petit torchon.

Donner dans le *torquet* (Pop.)
Tomber dans le panneau, se laisser duper (91)

Se modeler le *torse* (Pop.)
Manger abondamment (92)

Avoir des manières de *torticolis*
Des manières d'hypocrite, de faux dévot (93)
Les cagots penchaient parfois la tête pour faire croire qu'ils étaient en proie à une extase mystique. Ils se tenaient alors un peu comme ceux qui souffrent d'un torticolis.

Faire usage de ses pieds *tortus*
S'évertuer à faire une chose, se donner beaucoup de peine (94)

Une partie de *toupet*
Se disait d'une dispute où l'on finit par s'attraper par les cheveux (95)

C'est la version ancienne du crêpage de chignon…

Il est gros comme une *tour*
Se disait d'une personne dont l'embonpoint paraît excessif (96)

Il nous a fait voir le *tour* (Pop.)
Il nous a trompés, escroqués (97)

Un *tour* de cheveux
Se disait des faux cheveux bouclés que certaines femmes ajoutaient à leurs cheveux naturels lorsqu'elles les trouvaient trop courts ou trop peu volumineux (98)

Les petites lettres du feuillet *tourné*
Se disait des textes écrits au verso en petits caractères (99)
D'une manière générale, le « feuillet tourné » désignait autrefois le verso.

Être dans la rue de *Tournon* (Pop.)
Être dans l'embarras, ne plus savoir s'il faut reculer ou avancer (100)

Faire des quinze *tours*
Perdre son temps à faire des allées et venues inutiles (101)

Faire de la pâte le *tourteau* (Pop.)
Se disait d'un négociant qui, pour payer les marchandises qu'il a achetées, se sert de l'argent qu'il en tire en les revendant (102)
Lorsqu'il est basé sur un jeu d'écritures bancaires croisées, ce procédé frauduleux porte maintenant le nom de « cavalerie ». D'autre part, en dehors du sens qu'on lui connaît actuellement, le tourteau désignait également une sorte de gâteau. C'est notamment le cas pour l'expression mentionnée ici.

Cela ne durera que jusqu'à tant que je *tousse* (Pop.)
Se disait d'une chose peu durable et de peu d'importance (103)

***Tout* coup vaille** (Loc.Pro.)
Se disait lorsque l'on s'en remet au hasard (104)

Ce n'est pas le *tout* que des choux, il faut encore de la graisse (Loc.Pro.)
Se disait lorsque l'on n'a qu'une partie de ce qui est nécessaire (105)

Faire le petit *trafic*
Être le patron d'un lieu de débauche (106)

Faire du *train*
Faire du bruit, provoquer des querelles (107)

***Traîner* sa chaîne**
N'avoir que des malheurs dans la vie (108)

Il n'est pas *traître* à son corps (Pop.)
Se disait d'un homme qui ne se refuse aucun des plaisirs de la vie (109)

On lui a *tranché* les éperons
Se disait lorsqu'un chevalier a été dégradé (110)

Les *tranchées* de saint Mathurin (Pop.)
Nom que l'on donnait dans le langage populaire aux accès de folie (111)

En pathologie, les tranchées étaient des douleurs aiguës que l'on ressentait dans le ventre. Mathurin, prêtre qui vécut en Gaule au IXe *ou au X*[e] *siècle, passait pour être capable de guérir la folie. De ce fait, dans la langue populaire, un « mathurin » était un fou et la folie elle-même était appelée « colique de saint Mathurin ».*
Voir également M217.

Être monté sur le *traquenard* de saint Michel
Se disait en parlant d'une personne qui semble être la proie du démon (112)
Allusion à saint Michel terrassant le dragon.

C'est un acteur *travaillé* par le public
Se disait d'un acteur auquel le public témoigne son mécontentement par tous les moyens qui sont en son pouvoir (113)

Un cheval aux jambes *travaillées*
Se disait d'un cheval dont les jambes sont fatiguées, ruinées par le travail (114)

Venir à la *traverse*
Faire surgir un obstacle imprévu (115)

Prendre quelqu'un au *trébuchet*
L'amener adroitement à faire une chose désavantageuse, contraire à ses projets (116)
Le trébuchet était un piège en forme de cage avec lequel on capturait les oiseaux.

Être insolent comme un valet de *trèfle*
Se disait d'une personne insolente et brutale (117)
L'expression vient du jeu de la mouche où le valet de trèfle est la carte maîtresse.

C'est une boutique à *treize*
(Pop.)
Se disait d'un petit étalage où l'on vendait des objets de peu d'importance (118)
Les marchandises y étaient souvent proposées pour le prix de treize sous.

C'est un mariage du *treizième* arrondissement (Pop.)
Se disait à Paris d'un concubinage, d'une union qui n'avait pas été officialisée en mairie (119)
L'expression est apparue à une époque où la capitale ne comprenait encore que douze arrondissements…

Tremper son vin
Y ajouter beaucoup d'eau (120)

Être sur le *trépied*
Parler avec enthousiasme (121)

De la laine *trépignée*
Se disait en parlant d'un tissu fabriqué avec des laines dont les couleurs ont été mélangées (122)

Les *trésoriers* sont les éponges des rois
Ils pompent la richesse publique…(123)
Heureusement, comme c'est le cas pour les éponges, on peut ensuite leur faire rendre gorge…

Il dit des merveilles quand il est entre deux *tréteaux* (Pop.)
Se disait de quelqu'un qui parle beaucoup lorsqu'il est à table et qu'il a un peu trop bu (124)
Allusion aux banquets où l'on dresse les tables en disposant des planches sur des tréteaux.
L'expression pouvait également évoquer les deux pièces de bois entre lesquelles on allongeait un accusé soumis au supplice de la question. Ces pièces de bois s'appelaient également des tréteaux.

Faire le *triboulet*
Faire le bouffon (125)
Dans le langage populaire, un triboulet était un homme gros et de petite taille.

Sentir le *tricot* (Pop.)
Mériter des coups de bâton (126)
Dans le langage populaire, le tricot était un bâton gros et court.

Il ne faut s'épouvanter, qu'on ne voie ses *tripes* en son giron (Loc.Pro.)
Il ne faut pas s'effrayer de ce qui n'en vaut pas la peine (127)
Rappelons que, pour une personne assise, le giron désignait l'espace qui va du ventre aux genoux.

Battre un homme dans son *tripot*
Avoir l'avantage sur lui dans des choses qui sont pourtant de sa compétence (128)
Rappelons que le tripot était à l'origine un jeu de paume.

Voilà un beau *trochet* de chenilles (Pop.)
Se disait autrefois lorsque l'on voyait un groupe de laquais derrière un carrosse (129)
Le terme aujourd'hui perdu de « trochet » désignait un groupe de fleurs ou de fruits formant une sorte de bouquet.

Il est arrivé lui *troisième*
Il est arrivé avec deux autres (130)

Faire sonner la *trompette*
Faire une chose avec éclat pour en tirer vanité (131)

Être secret comme une *trompette*
Ne pas savoir retenir sa langue (132)

Il a été bercé *trop* près du mur
Se disait de celui dont le comportement est un peu bizarre, qui semble un peu fou (133)

Faire *trotter* une chose
La faire passer par plusieurs mains (134)

Les étourneaux sont maigres parce qu'ils vont en *troupe*
(Loc.Pro.)
Il ne faut pas être trop nombreux à profiter d'une affaire (135)

***Trousser* une volaille**
La préparer pour la mettre à la broche (136)

S'il ne le *trouve* bon, qu'il y fasse une sauce (Pop.)
Se disait lorsque l'on n'attache aucune importance aux remarques et aux critiques émises par une personne (137)

Il s'est *trouvé* là comme lard en pois (Pop.)
Il s'est trouvé là fort à propos (138)

Voilà un beau temps pour les *truffes* (Pop.)
Se disait lorsque l'orage menace et que le tonnerre se fait entendre (139)

Garnir un plat avec des *truffes* de savetier (Pop.)
Le garnir de marrons (140)

C'est un *tueur* de gens
Se disait d'un homme qui fait le brave (141)

Traiter quelqu'un de *Turc* à More (Pop.)
Le traiter durement, ne pas le ménager (142)
Allusion à la haine qui opposait Turcs et Arabes.

Faire ses *turluts*
Se disait autrefois de ceux qui se lamentent sans cesse (143)
Le turlut désignait le chant assez lassant de la farlouse encore appelée « pipit des prés ».

Elle est coiffée à la *turque*
Se disait de celles dont la coiffure est étrange (144)

Jouer des orgues de *Turquie* (Pop.)
Mastiquer, manger bruyamment (145)

U

Le médecin qui a vu son *urine* dit qu'il n'ira pas loin (Loc.Pro.)
Se disait en parlant d'un objet usé dont on ne pourra plus se servir encore pendant longtemps (1)

Un médecin des *urines*
Se disait d'un médecin qui cherche à guérir toutes les maladies par l'inspection des urines (2)

Vider les *urnes*
Vider les verres (3)
L'expression était très utilisée sous la Révolution.

Une fille majeure *usante* et jouissante
Se disait en droit d'une fille majeure qui n'a plus ni père ni mère, qui n'est placée sous l'autorité de personne (4)

Il en *use* comme des choux de son jardin
Se disait de celui qui agit trop librement et qui se croit partout chez lui (5)

La fureur *utérine*
Se disait de la nymphomanie (6)

V

Chercher *vache* noire en bois brûlé (Pop)

Chercher une chose qui est presque impossible à trouver (1)

De ceux qui se forgent des rêves merveilleux mais irréalisables, on disait également qu'ils « voient vache noire en bois brûlé ».

C'est un pauvre *vaisseau*

C'est un bon à rien qui ne sait pas se conduire (2)

Fondre la *vaisselle* de quelqu'un (Pop)

Le ruiner (3)

De la *vaisselle* de poche (Arg.)

En argot, de l'argent, des pièces de monnaie (4)

Faire le bon *valet*

Témoigner du zèle, de l'empressement par crainte ou par intérêt (5)

C'est un *valet* de carreau

Se disait d'un homme peu estimable (6)

Voir également C86.

Adieu la *valise* (Pop)

Se disait lorsque tout est perdu, que la situation est sans issue (7)

La *vallée* d'Angoulême (Arg.)

En argot, se disait du gosier (8)

Cette expression vient de l'homophonie qui existe entre les premières syllabes du vieux verbe engouler (avaler goulûment) et Angoulême. C'est ainsi que l'on pouvait dire : « Ils ont fait prendre la vallée d'Angoulême à une douzaine d'escargots ».

Nous ne nous reverrons que dans la *vallée* de Josaphat

Se disait lorsque des personnes se quittent en pensant qu'elles ne se reverront plus (9)

Dans l'Écriture sainte, la vallée de Josaphat est le lieu où les morts ressuscitent.

Grands *vanteurs*, petits faiseurs (Loc.Pro.)

Ceux qui se vantent beaucoup sont souvent ceux qui en font le moins (10)

Vanteur et vanteuse, employés comme substantifs ou adjectifs, ne sont plus actuellement en usage. Ils ont été remplacés par vantards, vantardes qui sont plus forts.

Un *va-te-laver* (Pop)

Se disait d'une correction administrée à coups de bâton (11)

Fuir à *vau-de-route* (Loc.Pro.)

Fuir précipitamment, se sauver dans la panique et le désordre (12)

Faire le pied de *veau* (Pop)

Montrer une complaisance servile, faire bassement sa cour (13)

Adorer le *veau* d'or

Faire sa cour à une personne qui n'a d'autre mérite que sa fortune (14)

Se faire poissonnier la *veille* de Pâques (Pop)

Prendre un parti au moment où il cesse d'être profitable (15)

Prêcher sur la *vendange* (Pop)

Discourir avec un verre à la main en oubliant de boire (16)

Une soupe de *vendangeur*

Se disait d'une soupe faite de choux blancs et de pain bis (17)

C'est un *vendeur* d'allumettes

Se disait d'un homme qui ne dit que des bagatelles, des sornettes (18)

Il est fait comme un *vendeur* de cochons

Se disait d'un homme mal vêtu ou mal bâti (19)

Vendre un cheval crin et queue

Le vendre très cher (20)

Vendre des guignes (Pop)

Dans le langage populaire, loucher (21)

Rappelons que la guigne est une petite cerise très rouge et que guigner signifie « regarder en coin »...

Vendre son cheval pour acheter du foin

Faire deux choses contradictoires (22)

Vendre des coquilles à ceux qui reviennent de Saint-Michel

Proposer aux autres ce qu'ils ont déjà en grande quantité (23)

Allusion aux pèlerins qui revenaient du Mont-Saint-Michel.

Courir à une chose comme le *vendredi* aux tripes (Pop)

Se disait lorsque l'on répugne à faire une chose (24)

Allusion aux catholiques qui doivent s'abstenir de manger de la viande le vendredi.

Donner la *venette*

Inspirer une peur proche de la panique (25)

Avoir l'aller pour le *venir*
Faire une démarche qui reste sans résultat (26)

Il faut laisser courir le *vent* par-dessus les tuiles (Loc.Pro.)
Il faut supporter ce que l'on ne peut empêcher (27)

Humer le *vent*
Croire bêtement à tout ce qui se dit (28)

Avoir le visage au *vent*
Être dans le malheur, ne pas réussir (29)

Autant chercher à lier le *vent*
Tenter quelque chose d'impossible (30)

Retenir son *vent*
S'arrêter de respirer (31)

Avoir le dessus du *vent*
Prendre l'avantage sur quelqu'un (32)
Cette expression est tirée du langage de la marine.

C'est un vin qui a pris du *vent*
Se disait d'un vin qu'une trop longue exposition à l'air a fait tourner à l'aigre (33)

Donner du *vent* à un tonneau
Y percer un petit trou sur la partie haute pour faire sortir l'air qui est repoussé par les gaz provenant de la fermentation alcoolique (34)

Jeter la paille au *vent*
Se disait lorsque l'on s'en remet au hasard pour prendre une décision (35)
Dans le même sens, on disait également que l'on jette la plume au vent.

C'est un cheval qui a du *vent*
Se disait d'un cheval qui vieillit et qui commence à devenir poussif (36)

Un vol à la *venterne* (Arg.)
Vol commis en passant par une fenêtre (37)
En argot ancien, la venterne était une fenêtre et la double venterne désignait une paire de lunettes.

Manger des légumes *venteux*
Se disait des légumes qui, comme les haricots, provoquent l'apparition de gaz intestinaux (38)

Être sujet à son *ventre*
Se laisser aller à la gourmandise (39)

Par le *ventre* !
Juron qui était autrefois en usage dans le langage populaire (40)

À *ventre* saoul cerises amères (Pop)
Les meilleurs choses ne font plus envie à ceux qui en ont abusé (41)

Habit de velours, *ventre* de son (Pro.)
Se disait de ceux qui épargnent sur la nourriture et gardent leur argent pour leur habillement et les dépenses d'ostentation (42)

Grain à grain la poule remplit son *ventre* (Pro.)
Les plus petites sommes, patiemment économisées, sont souvent à l'origine d'une grande fortune (43)

Le parti du *ventre*
En politique, se disait par dénigrement d'un parti centriste qui se range toujours aux côtés de la majorité parlementaire (44)

Aux grands poteaux les grands *vents* (Loc.Pro.)
Ceux qui sont à la tête d'une affaire sont plus exposés aux revers de la fortune (45)

Faire les choses à la bonne *venue*
Agir en s'en remettant au hasard (46)

Le coup de pied de *Vénus* (Pop.)
Se disait autrefois de la syphilis (47)

Une *Vénus* de carrefour
S'est dit autrefois d'une prostituée (48)
Cette expression a été employée en particulier par Honoré de Balzac.

Aller de travers comme un chien qui va à *vêpres* (Pop.)
Se disait d'un homme qui ne marche pas droit (49)

C'est comme si l'on chantait *vêpres*
Se disait de ce qui ne produit aucun effet (50)

Après *vêpres* complies
(Loc.Pro.)
Il faut faire chaque chose en son temps (51)

Il ne va ni à *vêpres*, ni à messe
Se disait d'un mauvais catholique (52)

N'avoir ni *verge* ni bâton
Ne pouvoir ni attaquer ni se défendre (53)

C'est du bois *vergé*
Se disait d'un bois vermoulu (54)

Faire baiser les *verges* à quelqu'un
Après l'avoir châtié, l'obliger à demander pardon et à reconnaître le bien-fondé de la sanction (55)
Voir également B345.

***Vergeter* un habit**
Le nettoyer avec une brosse (56)
Une vergette était une brosse faite avec des poils de sanglier ou de porc. On s'en servait surtout pour le nettoyage des vêtements.

Un diamant de *véricle*
Se disait en joaillerie d'une fausse pierre taillée généralement dans du cristal (57)

Tomber sur son *verre* de montre (Pop.)
Tomber sur le derrière (58)
Les verres des grosses montres de gousset avaient souvent une forme rebondie…

Boire dans le *verre* de quelqu'un
Vivre avec lui en complète intimité (59)

Être entre les *verres* et les pots
(Pop.)
Être à table et boire abondamment (60)

Courir comme un *verrier* déchargé (Pop.)
Courir légèrement, marcher très vite (61)

Porter l'épée en *verrou*
La porter horizontalement (62)

Lui baiser le *verrou*
Rendre un hommage appuyé à quelqu'un (63)

Se disait par allusion à une coutume féodale qui voulait qu'en cas d'absence du seigneur, on pouvait accomplir l'hommage en se contentant de baiser le verrou de son manoir.

Manger son bien en *vert*
Dépenser son argent avant de l'avoir reçu (64)
Allusion au blé en herbe.

Prendre quelqu'un sans *vert*
Le prendre au dépourvu (65)
Allusion au jeu qui se pratiquait au mois de mai où, sous peine d'un gage, l'on était obligé d'avoir sur soi quelques feuilles vertes cueillies le jour même et où chacun cherchait à surprendre un compagnon de jeu à un moment où il n'avait pas de vert.

C'est une tête *verte*
Se disait d'une personne étourdie, qui manque d'expérience et d'aplomb (66)

De la morue *verte*
De la morue fraîche, qui n'a pas été séchée (67)
Voir également P472.

Entre deux *vertes* une mûre
Se disait lorsque, entre deux choses médiocres, on en trouve une qui est meilleure que les autres (68)

Il trouve les raisins trop *verts*
Se disait d'une personne qui fait semblant de dédaigner ce qu'elle ne peut obtenir (69)
Allusion au renard de La Fontaine.

Face d'homme porte *vertu*
(Loc.Pro.)
La présence d'un homme est utile en affaires (70)

***Vesser* comme un daim** (Pop)
Péter continuellement (71)
Pour ceux qui ont mauvaise haleine, le langage populaire avait l'expression : « Vesser du bec ».

Donner d'une *vessie* par le nez de quelqu'un (Pop.)
Le punir pour son impertinence (72)

Assieds-toi sur ma *veste* et fais attention de ne pas casser ma pipe (Pop.)
Se disait à quelqu'un dont le discours importune et que l'on voudrait bien faire taire (73)

Suivre les *vestiges* de quelqu'un
S'en inspirer, l'imiter (74)
« Suivez donc les vestiges de votre père ».

Un écolier *vétéran*
Se disait d'un collégien qui redouble sa classe (75)

Le denier de la *veuve*
Ce que l'on prend sur ce qui nous est strictement nécessaire (76)
« Je ne vous donne pas grand-chose, mais c'est le denier de la veuve ». L'expression est une allusion à une parabole de l'Évangile.

Épouser la *veuve* (Arg.)
En argot, périr sur la guillotine (77)

Une église *veuve*
Se disait d'une église collégiale qui avait été cathédrale et qui, de ce fait, était autrefois desservie par un évêque (78)

De la *viande* creuse
Se disait d'un plat léger, peu consistant et peu nourrissant, que l'on

mange uniquement par gourmandise (79)
« La crème fouettée est de la viande creuse pour un homme qui a bon appétit ». Voir C716.

De la *viande* noire
Se disait du gibier (lièvre, sanglier, etc.) (80)

C'est un homme qui n'a qu'un *vice*
Se disait d'un homme dont on veut laisser entendre qu'il a tous les vices (81)

Une côtelette à la *victime*
Dans le langage des cuisines, se disait d'une côtelette qui est cuite sur la braise entre deux autres que l'on appelait les victimes parce qu'elles ne sont là que pour lui donner tout leur jus (82)

Porter une tenue à la *victime*
Se disait d'un costume, d'une coiffure inspirés de la toilette des condamnés à la guillotine (83)
Cette mode fut lancée dans certains salons lors de la réaction qui fit suite au 9 thermidor et à l'exécution de Robespierre.

Un bref de *victuailles*
Se disait autrefois du congé accordé aux marins qui leur permettait de faire leurs provisions dans les ports de Bretagne (84)

Une jument *vide*
Se disait d'une jument qui ne porte pas (85)

Mâcher à *vide* (Pop.)
Nourrir de vaines espérances (86)

Donner à quelqu'un son *vidimus*
Le congédier, le renvoyer (87)
Un vidimus est un certificat attestant que la copie d'un acte est bien conforme à l'original.

Il faut faire *vie* qui dure
(Loc.Pro.)
Il faut ménager son bien et sa santé (88)

Il a plus de bien que de *vie*
(Loc.Pro.)
Se disait d'un vieillard qui est très riche (89)

Être de petite *vie*
Manger très peu (90)
À l'opposé, on disait « Être de grande vie » pour parler de quelqu'un qui mange beaucoup. De nos jours, l'expression a pris un sens plus large. On mène la grande vie lorsque l'on dépense beaucoup d'argent en plaisirs de toutes sortes.

Mener une *vie* de hibou
Vivre à l'écart de la société (91)

Raconter ses *vieilles* guerres
Parler d'une manière ennuyeuse de ses faits et gestes du passé (92)

Nécessité fait trotter les *vieilles*
(Loc.Pro.)
La nécessité, le danger rendent des forces à ceux que l'âge affaiblit (93)

Il est long comme une *vielle*
(Pop.)
Se disait de celui qui s'attarde longuement dans tout ce qu'il fait ou qu'il dit (94)

Il est du bois dont on fait les *vielles* (Pop.)

Se disait de quelqu'un qui est accommodant et facile à vivre (95)
Maintenant, on est plutôt « du bois dont on fait les flûtes » …

C'est de la pistole de *vielleur*

Nom que l'on donnait autrefois à de la petite monnaie de cuivre comme le liard ou le double (96)
Valant à l'origine trois deniers, le liard fut réduit au XVIIIe siècle à la valeur de deux deniers, ce qui lui valut alors le nom de « double ».
Le vielleur, encore appelé vielleux, était un musicien populaire qui animait autrefois les mariages et les fêtes villageoises. En usage dans la haute société, la vielle fut ensuite utilisée dès le XIVe siècle par les pauvres et les aveugles pour gagner leur vie.

Le baiser de la *vierge*

Nom que l'on donnait au supplice qui consistait à enfermer le condamné dans une statue de femme en fer qui se refermait sur lui et l'étouffait (97)

Une *vierge* de remparts (Pop.)

Se disait d'une prostituée de bas étage (98)
Voir R74.

C'est l'amoureux des onze mille *vierges*

Se disait d'un homme qui tombe amoureux de toutes les femmes qui s'offrent à sa vue (99)
D'après la légende, les onze mille vierges seraient ces jeunes filles qui, avec sainte Ursule, ont été massacrées à Cologne par les barbares. Nombreux sont ceux qui pensent maintenant que ces vierges n'étaient en réalité que onze et que l'abréviation XI.M.V. qui signifiait « onze martyres vierges » a été traduite par erreur par « onze mille vierges ».

Chanter l'Évangile des *vierges*

Avouer que l'on a été victime d'une duperie (100)

Un voleur à la *vigie* (Arg.)

Se disait en argot d'un voleur qui se mêle à des voyageurs, qui monte sur l'impériale d'une diligence et qui fait tomber colis et bagages que des complices s'empressent de ramasser (101)

Ils auront la *vigne* de l'évêque (Pop.)

Se disait de deux époux qui, après un an de mariage, ne regrettent pas leur engagement matrimonial (102)

À la Saint-Urbain, ce qui est à la *vigne* est au vilain (Pop)

Au 25 mai, le vigneron ne doit plus redouter les méfaits du gel (103)
La Saint-Urbain était autrefois fixée au 25 mai.

C'est un Jean des *Vignes*

Se disait d'un homme sot ou mal bâti (104)
Voir également J45 et J46.

C'est un *vilain* botté

Se disait autrefois d'un mauvais cavalier (105)
L'expression était en réalité une véritable injure.

Priez le *vilain*, il en fera moins (Pro.)

Il ne faut pas trop ménager les gens de basse condition (106)

On disait également, dans le même sens : « Qui prie le vilain se fatigue en vain ». Ces vieux proverbes montrent clairement la véritable nature des rapports qui existaient autrefois entre les membres des différentes classes sociales. Nos dictionnaires mentionnent toujours un proverbe d'anthologie qui exprime bien le mépris que l'on pouvait avoir pour ceux qui travaillaient la terre : « Poignez vilain, il vous oindra ; oignez vilain, il vous poindra ».

C'est la fille au *vilain* (Pop.)
Se disait d'un objet, d'une chose qui va à la personne qui en donne le plus (107)

Être *vilain* comme lard jaune (Pop.)
Se disait d'une personne qui est d'une grande avarice (108)
Le lard qui a été économisé et gardé trop longtemps rancit et devient jaune. Le mot « vilain » a d'ailleurs été autrefois synonyme d'avarice.

Avoir les jambes en *vilebrequin* (Arg.)
En argot, avoir les jambes torses (109)

Ce n'est qu'un sot, il sera marié au *village*
Se disait d'un homme que l'on estimait peu apte à faire fortune (110)

Il ne faut point se moquer des chiens qu'on ne soit hors du *village* (Loc.Pro.)
Il faut se mettre à l'abri du danger avant de pouvoir s'en moquer (111)

Montrer à quelqu'un le chemin de son *village*
Le renvoyer, le congédier sans ménagements (112)

Il a des manières *villageoises*
Se disait d'un homme ignorant et mal élevé (113)

Les faubourgs sont plus importants que la *ville* (Pop.)
Dans le langage populaire, se disait d'une femme qui a de très grosses fesses (114)

Le jeu des *villes*
Se disait d'une sorte de jeu de billes (115)

C'est un *vin* de buffet
Se disait d'un vin coupé d'eau (116)

Du *vin* en cercles
Se disait du vin que l'on fait vieillir dans des tonneaux (117)
Voir également C135.

Un *vin* de Parisien
Nom donné dans certains pays vignerons à un vin de qualité inférieure, dont les autochtones ne voulaient pas mais que les Parisiens achetaient... (118)

C'est un *vin* à laver les pieds des chevaux (Pop.)
Se disait d'un vin très acide (119)
On parlait aussi de « vin de Brétigny ». Voir D17.

S'enivrer de son *vin*
Pour une personne vaniteuse, se féliciter publiquement de ses propres actions (120)
S'employait également pour brocarder ceux qui mettent trop d'ardeur et d'entêtement à défendre leurs idées.

Mettre un verre de *vin* en prison (Pop.)
Boire un verre de vin entre deux bouchées (121)

C'est un *vin* de singe (Pop.)
Se disait d'un vin qui monte à la tête (122)

Un *vin* bon à teindre les nappes
Se disait d'un vin coloré mais faible en alcool (123)

Avoir un *vin* de pie
Parler continuellement après avoir bu quelques verres (124)

Faire jambes de *vin*
Boire quelques verres pour se préparer à une longue marche (125)
De nos jours, on parle d'un « petit dernier pour la route »...

À bon *vin* point d'enseigne (Pro.)
Ce qui est bon peut se passer de publicité (126)

Où l'hôtesse est belle le *vin* est bon (Pro.)
Proverbe galant en usage dans les auberges...(127)

Lait sur *vin,* c'est venin (Pro.)
Cesser de boire du vin pour boire du lait n'est pas signe de bonne santé (128)

Bon *vin* réchauffe le pèlerin (Pro.)
Un verre de vin réconforte celui qui doit parcourir les chemins (129)
On citait notamment ce vieux proverbe pour se donner l'excuse de boire un dernier verre.

Un habit de *vinaigre*
Se disait d'un habit trop léger pour la saison (130)

Le *vinaigre* des quatre voleurs
Se disait d'une sorte de vinaigre à base d'ail et de camphre que l'on portait sur soi pour se préserver, croyait-on, de l'infection et de la contagion (131)
On rapporte que cette préparation fut inventée par quatre voleurs lors de la grande peste de Toulouse en 1720.

Voir des anges *violets*
Se disait lorsque l'on reçoit un coup sur la tête qui provoque un étourdissement (132)

De nos jours, on *voit* plutôt trente-six chandelles...
L'expression s'employait également pour parler de ceux qui entretiennent des vaines espérances.

Faire des contes *violets*
Raconter des histoires qui n'ont aucune vraisemblance (133)
On a fait par la suite une légère évolution dans les couleurs en disant : « Faire des contes bleus ».

Il est sec comme un *violon*
Se disait d'un homme très maigre (134)

Se donner les *violons* de quelque chose
En tirer vanité (135)

C'est un homme ponctué et *virgulé*
Se disait d'un homme qui se distingue pour son goût exagéré de l'exactitude (136)

Une portion *virile*
En droit, se disait de ce qui revient à chaque héritier dans une succession également partagée (137)

Il n'a d'humain que le *visage*
Se disait d'un homme cruel et barbare (138)

Avoir un *visage* d'excommunié
Être pâle et avoir l'air abattu (139)

Avoir un *visage* de bois flotté
Avoir la peau du visage très marquée, vieillie (140)
Dans le même sens, on parlait également d'un visage de cuir bouilli ou d'un visage à étui.

Épouser un *visage*
Épouser une femme pour sa beauté (141)

Porter un fol *visage*
Porter un masque (142)

Le *visage* sans nez (Pop.)
Se disait du derrière (143)
« L'effronté nous a montré un visage sans nez ».

Ce n'était pas mal *visé* pour un borgne (Pop.)
Se disait en parlant d'un homme qui a mieux réussi qu'on ne croyait (144)

Rompre en *visière*
Attaquer, contredire quelqu'un en face, brusquement et violemment. Lui dire en face quelque chose de désobligeant ou d'injurieux (145)
Cette vieille expression s'employait autrefois dans les tournois où l'exploit consistait à rompre sa lance dans la visière du casque de l'adversaire.

Avoir la *visière* courte
Être dépourvu de sagacité, d'intelligence (146)

Avoir la *visière* troublée
Se disait d'une personne qui a l'esprit confus (147)

Donner dans la *visière* de quelqu'un
Lui inspirer de l'amour (148)
De nos jours, on dit qu'elle ou qu'il lui a tapé dans l'œil...

Faire une *visite* de digestion
Se disait lorsque l'on rend visite à une personne chez laquelle on a dîné (149)

Faire une *visite* en robe détroussée
Se disait d'une visite de cérémonie (150)
Autrefois, les dames avaient l'habitude de relever légèrement leur robe pour éviter qu'elle ne soit maculée par la poussière ou la boue. Cette pratique n'avait évidemment plus cours lors d'une cérémonie où il convenait alors de laisser retomber le bas de sa robe.

Une *visite* de cadavre
Se disait autrefois d'une autopsie (151)

Avoir la *vitre* belle (Arg.)
En argot, avoir de beaux yeux (152)

Casser les *vitres*
Dire crûment toute la vérité (153)
On dit maintenant que l'on fait des révélations fracassantes.

Vivre avec les *vivants*
S'habituer aux gens avec lesquels on a l'obligation de vivre (154)

C'est un *vive-la-joie*
Se disait d'un bon vivant, d'un homme joyeux qui n'engendre pas la mélancolie (155)

Vivre avec le public
Se prostituer (156)
Ce qui rejoint le nom de « fille publique » que l'on donne aujourd'hui aux prostituées.

Vivre âge d'homme
Atteindre un âge de cinquante ou soixante ans (157)

Vivre paix et aise
Passer sa vie dans la tranquillité et l'aisance (158)

Il faut *vivre* à Rome comme à Rome (Pro.)
On doit apprendre à s'accommoder du caractère et de l'humeur de ceux avec lesquels on vit (159)

Être à bout de *voie*
Avoir épuisé toutes ses ressources (160)

N'avoir ni vent ni *voie* de quelque chose
Ne pas savoir ce qu'elle est devenue (161)

Mettre *voile* au vent
S'enfuir (162)

Aller à *voiles* et à rames dans une affaire
Mettre tout en œuvre pour assurer sa réussite (163)

Voguer à pleines *voiles*
Se disait à propos de ceux qui sont favorisés par la fortune ou par les circonstances (164)
S'employait également dans le sens de : « Profiter pleinement de la vie ».

Voir à l'huile et au gaz
Dans la langue des théâtres, assister à la répétition générale d'une pièce (165)

Qui à bon *voisin* a bon matin (Pro.)
Celui qui a un bon voisin sait qu'il pourra compter sur lui pour être secouru (166)

Grand clocher est mauvais *voisin* (Pro.)
Il ne faut pas trop se tenir dans l'entourage des hauts personnages (167)

Un vol au *voisin* (Arg.)
Se disait en argot d'un vol où l'on achète une chose à crédit en affirmant être l'employé d'un notable qui habite dans le voisinage (168)

Adieu la *voiture*
Se disait par plaisanterie lorsque l'on voit quelque chose qui est sur le point de tomber (169)

Être venu par la *voiture* des cordeliers
Être venu à pied (170)
On disait également « Être venu par la voiture des capucins » ou encore « Être venu par la voiture à talons ».

Un *vol* à l'américaine (Arg.)
Se disait en argot d'un vol où l'on se fait passer pour un étranger (171)

Un *vol* au bonjour (Arg.)
Se disait en argot d'un vol que l'on pratique en pénétrant dans un appartement et en prétextant une erreur si l'on y fait une rencontre (172)

C'est une *volaille* morte
C'est une personne faible ou de santé délicate (173)

Il a la pistole *volante*
Se disait de celui qui dépense facilement son argent et qui semble ne jamais en manquer (174)
On prétendait en plaisantant que les pièces de monnaie revenaient d'elles-mêmes dans la poche de celui qui venait de les dépenser si facilement...

La petite vérole *volante*
Se disait autrefois de la varicelle (175)

Faire la *vole*
Dans certains jeux de cartes, se disait lorsque l'on fait toutes les mains (176)

Juger une affaire à *volée* de bonnet
Juger sans délibérer et à main levée (177)

Faire une chose tant de bond que de *volée* (Pop.)
La faire comme on peut, d'une façon ou d'une autre et sans trop réfléchir (178)

C'est un *voleur* de meules de moulin
Se disait ironiquement d'un honnête homme que l'on accuse à tort de malversation (179)
Manière de faire comprendre que l'accusation était totalement invraisemblable et infondée.

Un *voleur* à la vrille (Arg.)
Se disait en argot du voleur qui découpait dans la porte une ouverture carrée délimitée par quatre trous pouvant laisser passer une scie très fine (180)

Les grands *voleurs* pendent les petits (Loc.Pro.)
Les puissants punissent les petites gens pour des fautes qu'ils commettent eux-mêmes sans être inquiétés (181)

Dieu en a fait sa *volonté*
Se disait en parlant d'une personne décédée (182)

Mettre quelqu'un sur ses *voltes*
L'avertir du danger qu'il court et lui indiquer par quel moyen il peut y échapper (183)

Profiter des eaux du *voyage*
Voyager en bateau pendant que les eaux sont encore suffisamment hautes dans la rivière (184)

Cela est *vrai* ou le roi n'est pas noble
Se disait d'une vérité que l'on prétend avérée et irrécusable (185)
Voir également N61.

Elle a *vu* le loup
Se disait d'une fille à qui l'on prête des aventures galantes (186)

Il a *vu* le loup
Se disait d'un homme aguerri et expérimenté (187)
Se disait aussi pour signifier qu'il est très enrhumé.

Je l'ai *vu* naître
Se disait par plaisanterie d'une personne qui est plus jeune que vous (188)

Juger d'une chose à *vue* de pays
Juger en gros, sans entrer dans les détails (189)

Avoir les *yeux* bordés d'anchois (Pop.)

Avoir les paupières rouges, enflammées (1)

Faire les *yeux* blancs

Défaillir, être au bord de la syncope (2)

Avoir les *yeux* de la grand-mère

Se disait, au jeu de l'hombre, lorsque l'on a dans la main les deux as rouges (3)

Il est fait comme un *Z*
Se disait de quelqu'un qui est mal bâti (1)

Il a le mal de saint *Zacharie*
Se disait de quelqu'un qui est muet (2)
Se disait par allusion à la mutité temporaire qui a frappé saint Zacharie pour le punir du doute qui fut le sien lorsque l'ange lui a annoncé la grossesse de sa femme.

C'est un *zéro* en chiffre
Se disait d'un homme médiocre, de peu de considération (3)

Faire zist et *zest* avec une chose
L'agiter dans tous les sens (4)

Cela ne vaut pas un *zeste*
Se disait d'une chose qui a peu de valeur (5)

C'est un acteur qui a du *zinc*
(Arg.)
Dans l'argot des théâtres, se disait d'un acteur qui a une voix forte et sonore (6)

Index Général

- C -

- D -

- E -

- F -

- G -

- H -

- I -

- M -

Index des Noms Propres

ÇA SE DISAIT AUTREFOIS
Dictionnaire des expressions et proverbes perdus

par Claude BÉRISÉ

Directeur de Collection : Jacques HEL
Rédacteur en Chef : Gérard BARDON
Directeur Technique et Maquette : Alain OSSANT
Édition, réalisation : COMMUNICATION-PRESSE-ÉDITION
RCS B 398-382-416
BP 57 - 5, Allée de la Tuilerie
41202 Romorantin Cedex
Téléphone : 02.54.83.41.41 - Fax : 02.54.83.41.43
e-mail : almanachs@cpe-editions.com
Site Internet : www.cpe-editions.com

Imprimé en France - Septembre 2007
ISBN : 2-84503-512-8
EAN : 9782845035126
Dépôt légal à parution